GAOXIAO JIAOSHI CHUANGBAN SHEHUI GONGZUO JIGOU
KOUSHU SHI

高校教师创办社会工作机构
口述史

【第一卷】

易松国◎主编

中国社会出版社
国家一级出版社 · 全国百佳图书出版单位

本书由深圳市鹏星社会工作服务社提供大力支持！

编委会

序

社会工作创业者的专业情怀与专业理性

北京大学社会学系　王思斌

一、高校教师领办社会工作机构是中国社会工作发展的重要实践

中国本土社会工作的发展有两个不同于境外的特点：一是政府推动，二是高校教师领办社会工作机构（以下有时简称教师办机构）。这两个不同反映了中国社会工作在发展动力、发展模式、发展历程和发展效果上的差异，是很值得深入研究的。二者之间又有一定的联系。这两个重要特点引起了不同方面的关注：政府推动的发展模式对国际社会工作界来说是新奇的东西，毕竟100多年的国际社会工作发展史上没有出现过像中国这样由中央政府如此强有力、大力度地推动社会工作发展的现象；高校教师领办社会工作机构在关心和关注中国大陆社会工作发展的境外同人那里更是一个话题，国内（大陆）一些关心社会工作发展方向、模式和效果的同人对此也特别关注。就后者来说，高校教师领办社会工作机构实际上构成了中国社会工作发展史上的一个事件，它包含了当事人的创业和奋斗、成功与失败，引来了一些人的称赞和一些人的怀疑，甚至它还是人们在猜测的一个谜。

高校教师领办社会工作机构是一个阶段性现象，但是这个阶段还在进行中，在一些后发展地区这种现象会继续发展。于是，怎样看待、理解和评价这一现象，高校教师领办社会工作机构有哪些经验和陷阱，对后来者以及政策制定者有哪些启示，都是值得讨论的。这里呈现在读者面前的是高校教师领办社会工作机构的先行者们对创办机构和机构创办初期发展过程的叙述，既是他们的心路历程的表露，也是他们对机构发展过程的反思，这是很有意义的。作为我国知名的民办社会工作机构的创始人、高校教师领办社会工作机构口述史活动的组织者、深圳大学易松国教授，很希望把创业过程写出来、吐露心声，以与各方人士特别是社会工作界同人分享，并希望我能据此写一

些话。我比较愉快地答应了。

我对高校教师领办社会工作机构的关注是一贯的，在认识方面有如下原因：

第一，社会工作专业实践需要现实的场域，而高效教师领办社会工作机构部分地满足了这一要求。社会工作是实践的，当社会工作专业教育重建并得到一定发展之后，社会工作专业学生需要专业的实习基地，以实现课堂教学与实习的较好结合，社会工作界需要展示自己的实践。高校教师领办社会工作机构建构了这样一个专业实践场域。

第二，我国社会工作的发展需要走专业化与本土化相结合的道路。社会工作重建之初，我国没有像境外社会工作早发地区那样，有比较成熟的、吸纳专业社会工作的社会服务机构。专业社会工作在学校之外广大场域的实现要靠一批懂得社会工作理论、社会工作价值观明确和有一定实践能力的人去尝试、示范，高校教师领办社会工作机构是这方面的重要实践。这一实践是尝试中国社会工作专业化与本土化相结合的发展道路，它将从专业教育的角度实际说明社会工作的“嵌入型发展”是怎样进行的。

第三，高校教师领办社会工作机构在一定程度上代表着我国社会工作专业化、本土化发展的路径和水平。20 世纪 90 年代初，在社会工作教育重建之初，我曾对我国社会工作的发展模式做过预想：一是既要遵循国际规则，又要面对我国实际；二是面对中国的改革，必须处理好专业社会工作与本土实践（行政性社会工作）的关系，并初步讨论了社会工作本土化中的“中体西用”“移植变换”问题。专业社会工作的本土化是十分复杂的过程，笔者认为，从社会工作教育的角度看，本土化有两个环节十分重要：一是高校教师基于自己的生活经验和社会阅历，在教学过程中对来自外部的社会工作理论、方法、价值观进行选择；二是在实践中检验来自外部的知识。从实践的角度看，我认为教师领办社会工作机构从而将自己的专业理论和知识与现实去互动，形成真正有用的实践知识，这很重要。所以我有一种想法，那些领办社会工作机构的教师和对社会工作实践有较深介入的高校教师，既有理论又有实践，是我们发展符合中国实际的社会工作的重要力量，他们的实践在一定程度上反映了我国社会工作专业化、本土化的发展水平。

第四，对领办社会工作机构的高校教师的地位与发展的关注。高校教师领办社会工作机构既是中国政府推动社会工作事业发展的创新举措，也反映了政府部门之间的政策不协调。高校教师领办社会工作机构为我国社会工作教育的发展、社会工作人才的培养、社会工作事业的发展作出了积极贡献，领办机构的教师付出了艰辛，但是这也耽误了他们的学术研究，甚至影响了他们在学校中职称、学术地位的提升。高校教师办机构是一种跨领域实践，其中的许多问题是由于制度政策的不整合造成的，但是这种不整合所造成的负面影响却要由领办机构的教师来承担。我虽然在一些场合有过呼吁，但是效果不彰。好在，一些领办机构的高校教师运用自己的智慧和方法在一定程度上处理了这些矛盾和问题。

可以看出，笔者对教师办机构的关注主要是从我国社会工作教育、社会工作事业发展的角度着眼的，是宏观层面的看法。实际上，要真正理解教师办机构这一“事件”及其丰富的内涵和意义、经验与教训，还要看当事人的实践和体验。所以，领办社会工作机构的高校教师关于这一实践的口述史是重要的。

二、高校教师领办社会工作机构的专业情怀

易松国教授牵头进行的高校教师办机构口述史，是中国社会工作教育协会高校教师社会工作机构专业委员会的一项集体活动。按照这项活动的设计，要选择办机构比较早，而且发展得比较好的机构创办者，围绕高校教师创办社会工作机构的背景、动机、方式及心路历程等进行叙述。这是对时过不久、十分重要的一段历史的回顾。由于时过不久，多数还在继续忙碌，所以对当时创办机构时的情况、重要事件应该是“记忆犹新”的，重要的心理感受也不会完全散去。对于参加此次教师办机构口述史活动的机构，我大多数比较熟悉。一是高校教师社会工作机构专业委员会成立后，每年年会期间都有专门的论坛，相互交流经验和发展中的问题，易松国教授都邀请我参加，我很愿意并积极地参与，听各位机构创办者的情况介绍、感慨和诉求；二是在其他场合，在与机构创办者相遇时，我会主动询问办机构的情况，老师们也很愿意向我介绍和诉说；三是通过网络了解到不少机构的发展动态。

由于对教师办机构情况比较了解，尤其是对创业历程和发展中困难的了解，所以我的感受就是“大家辛苦了”，再就是“谢谢大家”。这是每一次我们相见时我首先说的两句话，这不是客套话，而是发自内心的。

在发展社会工作的制度并不太健全、微观环境也不十分有利的情况下，

是什么力量驱动高校教师拿出他们自己的时间、金钱甚至脸面，去面对未曾预料的困难，并克服困难、不断前行的呢？我认为是专业情怀。我比较过一些办机构的老师，他们在性格上有所不同：有的敢想敢干，有的文静沉稳，有的外向，有的闷头做事。但是有一点是比较一致的：他们多数是社会工作院系、专业的负责人，对社会工作专业的发展有责任感，当然还包括对社会工作价值观的认同，对社会工作理论、方法的很好掌握。我把这些称为社会工作的专业情怀。专业情怀是一个人对自己所从事专业的宗旨和理念的认同，并积极地去实践专业目标和理想的心理特征。专业情怀包含对专业的感情，也包括内在或外显的激情。它实际上反映的是对专业的认同、热爱和内在的责任意识。于是，专业情怀作为一种内在动力促使人们去行动和实践，强烈的专业情怀会有力而持久地支持和推动人们的专业行为。

高校教师创办社会工作机构的专业情怀是什么，在他们的口述史中如下几点是明显的。

第一，为了学生的专业成长。我国的专业社会工作是后发展的，是在计划经济体制遗产的基础上重建的专业社会工作。我国社会工作发展的“教育先行”，使专业社会工作教育超前于“表达出的现实需要”。由于社会体制改革滞后，我国基本上没有可用于社会工作专业学生专业实习的机构。社会工作专业教育与非专业实习（实践）的矛盾一直制约着社会工作教育的发展和人才培养。专业实习机构的缺乏促使有强烈责任感者，在相关政策支持下，自己创办社会工作服务机构，在很大程度上解决了社会工作专业学生的专业实习问题。不少中西部学校的社会工作专业学生到深圳（鹏星社会工作服务社是接待大户）和广州实习。先发展地区和较早创立的社会工作机构在支持全国社会工作的发展上功不可没。

第二，改进自己的教学及促进本校社会工作专业的发展。社会工作是实践的学问和方法，没有专业实践而培养社会工作专业学生就是误人子弟。在缺乏社会工作机构的情况下，一些社会工作专业的学生去了工青妇实习，更多的是到社区实习。但是由于社区缺乏专业社会工作者，又加上社区居委会忙于完成上面派来的行政事务，所以在相当大范围内出现了实习学生被分配做杂务的现象。也由于有些社会工作教师是转专业过来的，所以社会工作专业教学和实习存在缺陷，“以其昏昏，使人昭昭”，不可能办好社会工作专业，社会工作专业教师自身亟待提高。在这种背景下，教师领办社会工作机构也是倒逼自己的做法。一些学校的社会工作专业教师集体创办机构，那些办得好的社会工作机构也吸收了不少社会工作教师做学生的督导，都提高了该学校的社会工作专业教学水平。其间，创办者自己也有提高。

第三，为学生就业找出路。自 1999 年我国高等教育大规模扩招以来，大学生就业就成为一个压在学校和专业身上的石头，社会工作专业也不例外。由于我国的专业社会工作发展较晚，政府部门和社会对它的知晓度不高，再加上人事制度改革滞后，这就使社会工作专业毕业生的就业一时出现问题。在这种情况下，教师办机构就能够吸纳一部分社会工作专业学生就业，一些确实对社会工作有较高认同的学生还可以在机构中得到锻炼和成长。教师创办社会工作机构与企业的最大差别是，社会工作机构是非营利机构，而且把培养人（社会工作专业学生和毕业生）置于重要地位。由于机构招聘来的基本上都是社会工作专业的学生，所以，不管是自己的亲学生还是其他学校的学生，领办机构的老师几乎都是沿用“师生关系”来处理机构内部的工作关系，教师亲手示范，甚至员工出了差错，作为管理者的教师也“心慈手软”。这一切都是为了刚迈入社会的学生的发展。

第四，协助政府做好改善民生、社会建设方面的工作。社会工作的天职是救难解困、扶弱增能、追求社会正义、促进社会建设。改革开放以来特别是我国加快社会转型以来，各种社会问题比较突出。政府在加强和创新社会治理的战略背景下，努力改善民生、促进和谐社会建设，中共中央十六届六中全会就是在这种背景下决定大力发展社会工作的。教师领办社会工作机构是对这一政策的积极呼应。通过政府购买社会工作服务，社会工作机构在改善民生、创新社会治理中作出了成绩，得到了政府和社会的认可。在社会工作发展比较快的地区，民生服务和社会治理模式正在向现代化方向迈进，社会工作机构的专业服务是有贡献的。

第五，促进社会工作事业的发展。这是一个大情怀，在不同的创办者那里会有不同的表现。有的机构创办者就是要利用政府重视的有利条件把社会工作在一定地区做起来、发展起来，既做专业服务，也探索中国社会工作的发展道路；有的创办者除了教学任务就是忙于机构工作，那是一种事业心；有的老师甚至为了一心办好机构提前退休，不畏挫折、不计个人得失，坚持一股劲往前走；还有许多较早创办机构的教师提到了兴办社会工作机构的“溢出效应”，包括接待各方的社会工作专业学生来机构实习，以及毫无保留地向拟兴办机构者介绍经验和教训。

第六，为了专业发展不辞劳苦的实干精神。高校教师给人的印象往往是一星期上几节课，其他时间坐在办公室里看书、喝茶、备课，所谓坐在“象牙塔”中。但是，领办社会工作机构的教师却明显不同。除了政府搭建平台、邀请教师办机构者外，其他所有办机构的高校教师差不多都是从起草申请报告到跑注册，从项目申请到处理政府延期拨款带来的问题，都是亲力亲为。太多的新领域要去涉及，太多的关键问题要去处理，许多困局只有领办教师出面才能解决，还不用说由受人尊敬的大学教授变为向有点实权的公务员催要拖欠项目经费的“乞讨者”。这一切，都要领办教师静下来、搭时间、费精力、带学生、稳心态、建关系，不敢懈怠也不能出差错。这是为什么？就是为了社会工作机构能顺利发展，是社会工作的专业精神和责任心支持着他们实干苦干、取得成功。领办机构的高校教师之所以受敬佩，就是因为他们具有的专业情怀和奉献与奋斗的精神。

三、高校教师领办社会工作机构的专业理性

高校教师领办社会工作机构不但有专业情怀，也有专业理性。所谓专业理性，是指社会工作教师在领办社会工作机构和促进其运行及发展中所表现出来的理性思考和理性行动。这些思考和行动之所以是理性的，是因为经过领办老师认真思考认为是有利于机构和社会工作事业发展的。所以，这里的专业理性是基于机构成长和社会工作专业发展的理性。教师领办社会工作机构的专业理性来自他们对社会工作事业的承诺，也来自制度之间、制度与实践之间、各种角色实践之间存在的张力，即各种不整合的因素要求办机构的教师在矛盾之中选择，而教师的选择是站在有利于专业发展角度的选择。这主要表现在如下一些方面。

第一，对得起学生和工作的责任心。社会工作专业的教学和学生的培养，可以不办机构也可以办机构。教师办机构给学生提供了更多现实的实践机会，学生培养质量提高、学生就业机会改善，有利于促进解决学校关注的困难问题，从而也会有利于社会工作专业在学校里的地位。把创办机构与专业发展、专业地位结合起来，是一种基于专业发展的理性选择。

第二，促进教师更好地承担角色。创办社会工作机构的人多数是资深的高校教师，有相当一部分是院系负责人，他们有提高教学质量、带好队伍的

责任。教师办机构为提高教师的教学质量创造了机会，也为自己履行职业岗位责任创造了条件。

第三，恪守社会工作的价值观和专业信誉。政府购买服务的政策公布之后，创办社会工作机构成为一种“现象”。这一方面促进了社会工作的发展，另一方面也产生了不规范竞争，甚至泥沙俱下、鱼龙混杂。面对这种发展中的紊乱情况，高校教师领办社会工作机构虽不能完全免俗，但是能够坚守专业底线，尽量做好服务、不辱专业名声，并为完善相关制度提出建议。在各地，政府最信任的是高校教师创办的机构，因为教师创办的机构由教师资格和名誉做保证，也以专业为基础。

第四，理解政府，处理好与政府部门的关系。政府购买服务、教师办机构是在政府的政策下实现的，这里体现了政府和社会力量的协作关系，或者称为“政府主导，社会运作”。承认这种关系，理解行政体制和政府责任所具有的科层制特点，是社会工作机构获得支持和发展的现实基础。高校教师办机构要理解政府的政策要求和运作模式，在政策框架下做好服务并有所创新，这有利于强化机构与政府部门之间的良性信任关系，提高政府部门对教师办机构的积极评价。通过高质量的专业服务建立和不断增强与政府的关系，是办机构教师专业理性的组成部分，也是一种实践智慧。高校教师办机构的成功者在这方面的表现是恰当和明显的。

第五，在适当情况下选择退出。社会工作机构兴办之艰难、进程之坎坷、投入之巨大、成长之不易、收获之欣喜，使创办者把机构几乎视为自己的“儿女”。但是，这些创办者又十分清醒：自己是教师，那是自己的正式职业，平常教学工作不能懈怠，最后总要“回归”——把它交给培养起来的、可挑重任的年轻人，培养新一代社会工作带头人，自己退居二线作为支持者或者离开；另外就是将实践经验融入教学过程，总结本土社会工作经验。这是相当理性的。

以上简单分析了高校教师办机构所体现的专业情怀和专业理性，实际上二者是结合在一起的。我不敢说高校教师办机构不存在纠结、各项事务都处理得十分得当，但是可以说专业情怀和专业理性是他们表现出来的最明显特征。我们也可以这样来刻画高校教师办机构的总体特征：专业情，角色明，知进退，反思性。

四、理解社会工作机构创业史

关于组织撰写高校教师领办社会工作机构口述史的目的，易松国教授是明确的：使人们更多地了解和认识高校教师办机构这一现象，为社会工作研究提供素材，为其他已经或计划创办社会工作机构的高校教师提供经验借鉴，作为我国社会工作发展史的重要史料。我以为，这几个目的是可以达到的。易松国教授让我作序，我想了很久：从什么角度去写。我没有参与领办机构，但我对此比较赞赏，当然也有过理性分析；我知道创办者的艰辛，也耳闻过一些人的不理解甚至怀疑；我了解这些社会工作机构发展的曲折，但更关注它对我国社会工作发展道路的意义。关于这篇序，我曾写过一个比较学术性的提纲，但是又觉得与这些口述史的风格、目标不协调，于是有了现在这样一个序。接下来谈谈怎样理解看待口述创业史这批宝贵资料的问题。

我先想到两篇与创业有关的文献，一篇是大家熟悉的《孟子·告子下》，另一篇是柳青的《创业史》。《孟子·告子下》中的名言是："故天将降大任于斯人也，必先苦其心志，劳其筋骨，饿其体肤，空乏其身，行拂乱其所为，所以动心忍性，曾益其所不能。"可以说，大多数教师办机构所经历过的磨难都是难以忘怀的，但其才干的增长也是明显的，在我国社会工作发展史上也是可以写上一笔的。柳青的《创业史》是写中华人民共和国成立后农村合作化的，该书的一部分曾以《梁生宝买稻种》的篇名被选入中学语文课本，那里书写了创业的艰难和成功的快乐。创业有创业的艰难，创业也带来了成功的快乐，而且这种快乐是属于更多人的。高校教师办机构不也是如此吗？

怎样利用这批资料做研究是值得思考的问题。这批资料是口述史，如果希望人们对社会工作机构创办过程和实践有所了解、启迪和思考，认真地阅读这些资料就可以实现。当然，阅读者的角度不同，所得到的启发也不同。如果想利用这批资料做学术研究，则要有分析框架和精准的学术视点。一般来说，口述史的成果形式有两种：回忆录性质的口述史是对当事人的回忆资料的记录、整理、校正、编辑而成的史料；在此基础上，经过研究，形成自己的看法或观点称为口述史研究。口述资料的来源一种是由单一口述者叙述而成的史料，另一种是由多个口述者叙述而成的资料。后者是由多个口述者就某些关键问题进行的、近乎“三角测量”式的口述史资料收集，资料会更完整、更真实，它在确认事实和用以研究方面就更有价值。

现在呈现给读者的这批口述史资料是宝贵的，有心者用这批资料可以做一般的概括分析，可以做扎根理论研究，也可以做资料的内容分析。如果要就某一专题进行研究，可能还要补充资料。因为这些访谈性口述资料所涉及的面很宽，时间跨度也不太短，所以就某些事件的叙述和描述还不太细。这样，有志者如果想在这方面开展研究，就要再深入地挖掘资料。然而无论如何，这些口述史已经给读者提供了一个基本的思考框架。

从更全面的角度来说，这批口述史已经提出了许多值得研究的重要课题。从社会工作教育和社会工作事业发展的角度看，以下课题值得研究：以社会工作机构为载体的社会工作实践发展过程研究；教师办机构过程中的教师、政府部门、学生、服务对象之间的互动研究；教师办机构中的专业成长与政策倡导下的政府购买社会工作服务的制度建设研究；教师办机构与教学改革及成效研究；教师办机构存在的问题与完善研究。从学术研究的角度看，教师办机构现象揭示了如下重大议题：教师办机构视角下的国家与社会关系；教师办机构的实践：实践过程及其范式；教师办机构与中国社会工作发展模式的关系；教师办机构过程中的社会工作行政实践；等等。这些课题意义重大，需要进一步充实资料，系统地整理和分析资料，也需要有较宽的学术视野。相信这些课题的研究对我国社会工作机构的发展、社会工作专业人才的培养、社会工作的教学和研究，以及理解我国社会工作专业和事业的发展道路会大有帮助。

一篇口述史，情深意千言。筚路已成行，花开满社园。

前　言

中国社会工作发展的一个重要特点是高校教师创办社会工作机构。

从政策层面来看，国家鼓励高校教师创办社会工作机构。2009 年，民政部印发《关于促进民办社会工作机构发展的通知》，提出“鼓励社会工作专业教师依托专业资源创办民办社会工作机构”。2011 年 10 月，中央 18 部委和群团组织联合印发《关于加强社会工作专业人才队伍建设的意见》，提出要“建立教师参与社会工作实践制度”。2012 年，《社会工作专业人才队伍建设中长期规划（2011—2020 年）》提出“鼓励社会工作教育与研究人才领办民办社会工作服务机构”。2014 年，民政部印发《关于进一步加快推进民办社会工作服务机构发展的意见》，提出“鼓励社会工作专业教师创办民办社会工作服务机构”。2017 年 3 月，人力资源和社会保障部出台《关于支持和鼓励事业单位专业技术人员创新创业的指导意见》，提出“支持和鼓励事业单位专业技术人员兼职创新或者在职创办企业”，并明确“事业单位专业技术人员在兼职单位的工作业绩或者在职创办企业取得的成绩可以作为其职称评审、岗位竞聘、考核等的重要依据”。政府连续发文鼓励高校教师创办社会工作机构，这在全世界范围内可以说是绝无仅有的。

从实践层面来看，高校教师创办社会工作机构在中国是一个比较普遍的现象，而且很多地区都是通过高校教师创办社会工作机构来推动社会工作发展。中国社会工作教育协会前会长王思斌曾说：各地比较有名的社会工作机构基本上都有社会工作教师的参与，而由高校社会工作教师出头创办社会工作机构已成为这些城市的一道景观。王思斌教授从制度、政策及理论角度对高校教师创办社会工作机构的现象进行了深入分析[①]，认为高校教师办机构是我国社会工作教育先行的必然结果。中国社会工作教育协会前秘书长史柏

---

① 王思斌：《高校教师领办社会工作服务机构的跨域实践》，载《江苏社会科学》2013 年第 5 期。王思斌：《高校教师领办社会工作机构的叠错现象分析》，载《广东工业大学学报（社会科学版）》2013 年第 13（4）期。

年教授充分肯定高校教师创办社会工作机构对推动社会服务和高校专业教育两个方面所起到的重要作用，认为高校教师领办社会服务机构是中国社会工作专业化的一种理性选择①。

2016年，我对创办社会工作机构的高校教师进行了问卷调查。调查发现，全国有300多位高校教师创办了社会工作机构。据我所知，最近几年来各地又有一些高校教师创办了社会工作机构。我推测，中国创办（包括参与创办）社会工作机构的高校教师数量超过400人。调查结果显示，在地域分布上，除西藏以外的所有省、自治区和直辖市都有高校教师创办社会工作机构。从个人特征来看，多数创办社会工作机构的高校教师都是具有高级职称的学科负责人。从社会功能上看，高校教师创办社会工作机构在社会工作师资培训、教学科研、社会服务以及政策推动等方面都起到了重要作用②。

我在与部分西方国家及我国港澳台地区社会工作学者的交流中了解到，这些国家和地区鲜有高校教师创办社会工作机构的现象。因此，我认为，高校教师创办社会工作机构是中国特有的现象，是中国社会工作本土化的重要体现和组成部分，在中国及世界社会工作发展史上都具有重要意义。

通过创办社会工作机构，我深刻感受到高校教师的艰辛以及本土社会工作的重要性。因此，从美国访学回来以后，我就有了两个强烈愿望：一是在中国社会工作教育协会之下成立高校教师社会工作机构专业委员会，二是编辑出版《高校教师创办社会工作机构口述史》。成立高校教师社会工作机构专业委员会的目的是为创办社会工作机构的高校教师提供交流合作及支持平台，并通过专业委员会促进本土社会工作的研究。编辑出版《高校教师创办社会工作机构口述史》是希望为中国社会工作发展提供研究素材并保存中国社会工作发展特定时期的重要历史。

我要特别感谢中国社会工作教育协会老会长王思斌教授帮我实现了第一个愿望。在我跟王思斌教授提出成立高校教师社会工作机构专业委员会的想法并经过多次沟通之后，王教授同意了我的要求。王思斌教授认为，创办机构的高校教师对中国社会工作了解更多、理解更深，在专业教育和研究等方

---

① 史柏年：《教师领办服务机构：中国社会工作专业化的理性选择》，载《华东理工大学学报（社会科学版）》2013年第3期。

② 易松国：《高校教师创办社会工作机构——中国本土社会工作的实证研究》，载《中国社会工作研究》2017年第12（15）期。

面能够发挥更大优势。2016 年，高校教师社会工作机构专业委员会在南京成立。王思斌教授一直以来都对我们高校教师社会工作机构专业委员会寄予厚望并大力支持，而我们专业委员会也的确依托这个平台做了许多有意义的事情，包括这次口述史的编辑出版工作。在此要特别感谢王思斌教授和中国社会工作教育协会对我本人及我们专业委员会的大力支持。

高校教师创办社会工作机构在中国社会工作发展早期具有重要作用，但我同时也深知，社会上有不少人对高校教师创办社会工作机构的现象还不太了解，甚至存在质疑和批评。此外，高校教师创办社会工作机构的现象是中国社会工作特定历史时期的发展产物。或许在 20 年、30 年或者 50 年以后，高校教师办机构的情况就将不复存在。高校教师运用发挥自己的知识和勇气，通过创办社会工作机构来推动和践行社会工作服务，这既是中国社会工作实践发展的一个现状，也是中国社会工作教育的一个特性。高校教师创办社会工作机构未来将成为中国乃至世界社会工作发展的历史。我想通过口述史的方式把这段宝贵历史记录下来。为此，我专程到北京向中华女子学院的李慧波老师和中国社会出版社刘云燕编辑请教。经过多次当面讨论和电话沟通，我们的编辑出版计划逐渐成熟。

为了保证质量，我邀请李慧波老师担任我们这套口述史丛书顾问，并在 2018 年底请李慧波老师到深圳为参与编写口述史的老师和访谈员进行了专门培训。在此之前，我们采取邀请参加和自愿报名两种方式在创办机构的高校教师中征集到 40 多名受访对象。经过努力，我们在不到一年的时间内就收集到了 30 多篇口述史资料（包括访谈录音、逐字稿和整理稿），内容包括高校教师创办社会工作机构的背景、动机、方式及其心路历程等。我们根据整理稿质量和地域代表性从中选出 14 篇放在第一卷出版。以后随着更多创办社会工作机构教师的加入，我们还将继续出版第二卷和第三卷。

我认为，编辑出版《高校教师创办社会工作机构口述史》具有多方面意义：首先，它有助于人们更多地了解和认识高校教师办机构这一历史现象以及各地社会工作发展概貌。其次，它为中国社会工作研究提供素材。对于研究者来说，每一篇访谈录都是一个内容丰富的个案。再次，它可以为其他已经或计划创办社会工作机构的高校教师提供经验借鉴。最后，它将成为我国社会工作发展史的重要史料，记录着我国早期专业社会工作[①]的地方发展历史。我希望未来有更多创办机构的高校教师加入进来，汇入中国社会工作发展的历史长河。

易松国

2020 年 3 月 2 日

① 笔者认为，2006 年党的十六届六中全会是中国专业社会工作的发展开端和里程碑。

目录
Contents

高校教师创办社会工作机构的先行者

——易松国教授访谈录

访谈时间： 2019 年 1 月 15 日 14:00—17:00

2019 年 1 月 22 日 14:00—18:00

访谈地点： 深圳大学理工楼 L3－1210

访 谈 员： 刘沁　卢彦妃　王贝贝　朱晨

受访者简介： 易松国，深圳大学法学院社会学系教授，深圳大学社会治理与创新研究中心主任，创办了深圳市鹏星社会工作服务社等多家社会组织。

编 者 按： 易松国教授创办的深圳市鹏星社会工作服务社，开创了现代中国社会工作发展的新阶段。作为第一个吃螃蟹的人，易教授对中国社会工作发展的艰辛有更强的感受，对中国社会工作的本土性有更深的理解。易教授是深圳社会工作发展的倡导者、推动者、参与者和见证者。易教授创办社会工作机构的经历及其对本土社会工作实践的探索和思考值得研究。

要说我作为第一个吃螃蟹的经历和感受，还真的可以说是历尽沧桑、百味人生。

一、月黑风高，星星点灯

2007年1月的一个上午，我接到深圳市民政局人事处程玉龙处长的电话，说是希望由我来创办第一家社会工作机构（以下简称社工机构）。我感到非常突然，不知所措，只好说让我考虑一段时间。

2006年10月，胡锦涛总书记在党的十六届六中全会上提出要建立一支宏大的社会工作人才队伍。这表明中央开始重视我国社会工作发展了。在此之前，中国社会工作长期处于深冬季节。教育上社会工作在大学是个冷门专业；实践上除了上海市在2003年开展的司法社会工作以外，其他地区都没有社会工作专业服务。上海市政法委下设三大社团，分别提供禁毒、边缘青少年和社区矫正服务，具有很强的政府色彩。

党的十六届六中全会召开以后，民政部为推动我国社会工作发展，于2006年底在深圳召开了全国民政系统社会工作人才建设推进会议。在深圳市民政局领导的争取下，民政部把社会工作试点的任务交给了深圳。民政部之所以选择深圳而不是上海，我想主要原因是希望在中国推行“政府主导，民间运作”的社会工作发展模式。此外，我国香港是社会工作发展比较好的华人社区，而深圳毗邻香港，加上又是改革开放的试验田。民政部希望深圳学习借鉴香港经验，并且得到香港学术和实务界的帮助。

深圳接受试点任务后，很快成立了以市委副书记为组长，市委组织部部长和分管副市长为副组长的社会工作人才建设领导小组。领导小组成立一个跨部门小组专门负责社会工作调研和文件制定。该组成员包括组织、人事、财政、民政、教育、司法、卫生以及工青妇残等10多个部门，我很荣幸受邀参与其中。

在社会工作试点制度出来之前，深圳市民政局就提出想要率先在民政系统先行先试，以“政府主导，民间运作”的模式来探索社会工作实践。局领导希望找个适合的人来创办一家民间社工机构，然后采取政府购买服务的方式在市民政系统开展社会工作服务。我成了这个幸运的人。我想民政局领导选择我多半是因为我的专业背景吧！我博士毕业于香港大学社会工作系，当时又担任深圳大学社会学系主任。所以，我在接到程处长的电话邀请后，虽然当时感到有些诧异，但后来仔细想想还是在情理之中。然而，我要不要接受呢？

现在高校教师广泛参与校外实践，甚至还有开公司的，大家都觉得很正常。然而，在那个时候，高校教师的角色定位就是教学和科研。教师创办机构是一件不能想象、也不敢想象的事情，甚至被认为是离经叛道和不务正业的事情。我多次问自己："这可以吗？可能吗？"先不谈政策上是否允许教师创办机构，更主要的是创办机构可能会遭受校内外广泛的质疑和批评。后来的实际情况也证实了我的这一顾虑。

还有一个很重要的让我犹豫的原因就是当时的社会工作发展状况。现在很多人都知道社会工作，也认为社会工作比较重要。可在当时，除了高校社会工作专业的老师和学生，大多数人都不知道甚至没有听说过社会工作，都把社工看成是居委会大妈或者志愿者。大学里填报社会工作专业的学生很少，就业时也没有社工岗位。在这种背景下要去创办一家社工机构我当然会有很多顾虑。我担心能不能招得到社工，能不能发得出工资，如果以后政府不购买社工服务了，机构和社工怎么办。这些都是非常实际的问题，我必须考虑。老实说，我当时一点信心都没有，一点也看不到社会工作发展和社工机构的未来。

另一方面，社会工作的使命感和责任感又不允许我退缩。我本科学的是英语，做了 9 年大学英语老师，后来因为个人兴趣读了社会学专业研究生，毕业后来到了深圳大学。深圳大学 1997 年成立社会工作专业，我很幸运地成了第一批社会工作专业的老师。1999 年，我去香港大学读了 4 年社会工作专业博士，后来当上了社会学系主任。现在看来，港大的学习经历对我影响很大，让我认识了社会工作，并形成了很强的社会工作使命感；而系主任的职务则让我有了更强的专业责任感。作为系主任，我考虑的不仅是自己的职业发展，还要考虑教学、实习和就业等专业发展问题。当时的社会工作专业环境非常不好，招生没人报、教学师资差、实习没平台、毕业没人要。我也采取了一些办法想要有所改变，但效果甚微。毕竟大环境摆在那儿，个人很难改变。那个时候我们常常抱怨政府不重视社会工作，不给社会工作发展机会。所以，当我们遇到千载难逢的社会工作发展机会时岂能轻易放弃？我当时就想，创办社工机构不仅可以提高自身教学和研究能力，还可以解决我们系师资培养、专业实习和学生就业等一系列问题，甚至还可以推动深圳乃至全国的社会工作发展。

所以，当几天后程处长再打电话询问我的意见时，我就同意了。

二、嫦娥奔月，金轮初转

作出创办机构的决定后，我有很多具体事情要做，比如说找办公场地、机构注册、招聘社工及开展服务等。

（一）机构起名

筚路蓝缕，以启山林。

所有的一切，都要从机构起名开始。机构名字很重要，既要体现服务内容，又要有好寓意，还要符合相关部门的要求。因此，机构起名是一件很难的事情，要考虑的因素很多。

一是机构名号。当时想了不少，也征求了很多人的意见，最后我决定用“鹏星”。为什么叫“鹏星”呢？首先，深圳又名鹏城，我希望机构成为深圳的一颗璀璨的星星。其次，星星象征光明，海星寓意社工。我希望通过机构的专业服务，为在黑暗中的人们带来光明。最后，“星星之火，可以燎原”。我希望鹏星能够催生出更多的民间专业社工机构，推动社会工作在深圳乃至全国蓬勃发展。所以，“鹏星”两字蕴含着我满满的希望。

二是业务范围。我希望机构名称能够体现机构的业务范围，让人一看名称就知道我们机构是做什么的，因此我使用了“社会工作服务”的表述。无论在国外还是我国的港澳台地区，都很少看到社会工作服务的说法。国外和我国港澳台地区一般都说“社会服务”。我之所以用“社会工作服务”，主要是想突出社会工作的专业属性。在那个时候，“社会服务”是一个泛称，主要是政府为社区老年人和妇女儿童等提供的娱乐性服务。几乎所有街道都有社会服务中心，好像既是一个事业单位，又是一个供居民唱歌跳舞打麻将的活动场所。在这种情况下，用“社会服务”难以将我们拟成立的机构与当时的服务中心区分开来，以期让政府和社会尽早了解和接受社工机构和社工服务。我后来使用“社工机构”的表述也是出于同样的考虑。我们现在说起或者听别人说“社工机构”好像都很自然。类似说法还有“社会工作机构”和

"社会工作服务机构"等。然而,"社工机构"及其他类似表述其实也是有问题的。国外和我国港澳台地区都没有"社工机构"之类的说法,一般称为社会服务机构或非营利组织。香港基督教服务处的吴水丽先生多次在不同论坛的发言中提出质疑,认为应该称为"社会服务机构"。但是,我坚持认为,"社工机构"的提法在现阶段有其合理性和必要性。随着社会工作在各地的发展,"社会工作服务"和"社工机构"等类似概念已被媒体、政府以及实务和学术界广泛使用,成为广为接受的专用名词。我认为这些都是具有中国特色的概念,具有特定的外延和内涵,在中国社会工作发展史上具有重要的意义。

三是机构后缀。中国的企业一般称为"公司",但社会工作服务机构是非营利组织,那个时候被称为"民办非企业单位"。这类社会服务机构在当时一般叫"中心",比如前面说的街道"社会服务中心",还有上海的三大社团也都称为中心。但是,考虑到"中心"是一个比较小的单位,而且未来机构还要下设一些服务中心,如青少年服务中心和老年服务中心等,这样在名称层级上就会出现问题。所以我想找一个比"中心"更大的概念。经过长时间思考,我想到了一个字——"社"。在英文里,"社"是 society,"中心"是 center。society 比 center 大,"社"比"中心"大。韩国和日本的大企业好像都翻译为"社",中国的"新华社"不就很大嘛!所以,我决定用"社"。"社"在当时不被大家认可。一些人认为"社"比较小,如"合作社";更多的人则觉得这个字用在机构的名字中非常奇怪,不符合中国人的表达方式,所以当时确实很少人用这个字。但是,我依然选择了"社",因为我打心眼里坚信,"社"是最合乎我要求的词。一些后来成立的社工机构也都称为"社"。不知道它们是不是沿用我们的叫法呢?现在看来,"社"显然比"中心"更合适,而且似乎大家也都普遍接受和认可了。

这就是我们机构名称——"深圳市鹏星社会工作服务社"(以下简称"鹏星")的由来。

(二)机构成立

这些年机构注册比以前容易了许多,那是因为现在赶上了好形势——政府非常重视社会建设和社会治理,需要充分发挥社会组织的作用。所以,各地政府都大力培育和发展社会组织,放宽了社会组织,特别是慈善和社会服务类组织的准入条件,只要符合条件就可以直接到相关部门登记注册。而在那个年代，政府对社会组织不够重视，社会组织很多是带有半官方性质的行业组织，比如说行业协会和商会。个人举办的纯民间社会组织很少，注册成立社会组织难度很大。简单来说，就是社会组织批准注册实行双轨管理，首先需要业务主管单位同意，符合条件后才能到登记管理机关进行审批。双轨制的目的是希望把社会组织的活动纳入主管单位的指导和监督之下。业务主管单位需要为社会组织的行为负责，这也正是社会组织注册困难的关键所在。按照一般规定，业务主管单位必须是政府相关部门。试想一下，哪个政府部门愿意轻易承担这样的责任和风险呢？所以，注册社会组织最大的问题就是寻找一个愿意做业务主管单位的政府部门。业务主管单位成为民间社会组织登记注册的一个门槛。对于大多数人来说，这个门槛太高，难以逾越。

社会工作服务对象包括老年人、残疾人、青少年、妇女儿童及婚姻家庭等不同人群，涵盖民政、残障、司法、教育和卫生等不同领域。在服务领域涵盖多个部门的情况下，寻找业务主管部门更加困难，成立社工机构也就几无可能。幸运的是，为推动社会工作试点，市民政局勇于创新、敢于担当，在没有业务主管单位的情况下于2007年3月特别批准了“鹏星”的成立。可以说，“鹏星”的成立在中国社会工作发展史上具有里程碑意义。2009年，民政部与深圳市政府签署推进社会组织管理体制改革合作协议，深圳建立社会组织直接登记制和备案制。再后来，全国各地社会组织登记注册管理制度逐渐放开。

（三）赴港求助

机构很快批准下来了，但后面的问题还有很多，比如说，机构如何管理？我一介书生，在机构运营管理方面是个门外汉。再比如，机构提供什么样的社工服务？如何提供专业服务？如何培训和督导社工？虽是香港大学社会工作系博士毕业，但我拿的是研究学位，对社会工作实务依然缺乏了解，更不懂得如何去做实务。机构很需要这些方面的支持，我很自然地想到了邻居香港。我国香港社会工作发展水平在亚洲甚至在国际上都处于先进地位，我想香港是一定能够给我们机构提供支持的。

我首先想到了香港中联办。香港中联办是中央人民政府驻香港特别行政区联络办公室，是中华人民共和国中央人民政府（国务院）在香港特别行政区的代表机构。中联办的职能之一就是促进香港与内地之间的交流与合作。

2007 年 7 月 23 日，深圳市鹏星社会工作服务社举行揭牌仪式。中央电视台《新闻联播》等数十家新闻媒体对“鹏星”揭牌仪式进行了宣传报道。

我在读博期间曾经与中联办社会工作部有所接触。于是我拜访了中联办社会工作部领导，汇报了深圳社会工作试点计划以及我本人创办社工机构的想法。香港中联办社会工作部领导对我的机构寄予厚望并提出了很好的建议。

接着我想到了我的博士生导师，香港大学社会工作系陈丽云教授。陈教授担任过香港大学社会工作系主任和社会科学院院长，在香港社会服务界威望很高。陈教授是我的恩师，对我的学习和人生都有重大影响。陈教授向我推荐了几个社会服务机构负责人，并亲自帮我联系他们。后来我陆续拜访了多家香港社会服务机构，并与他们建立了良好合作关系。

（四）初试牛刀

深圳市民政局动作神速，很快就在 2007 年 3 月份确定了市民政系统 11 个社会工作试点单位，包括福利院、救助站、军休所和社区等。深圳的试点模式是“政府主导，民间运作”。市民政局采取招标方式向社工机构购买岗位服务，即先确定 11 个试点单位共 33 个社工岗位，然后向社工机构购买服务——我后来把它称为“购买岗位服务”。

在“鹏星”成立之后，深圳又成立了另外一家社工机构。那么，这 33 个岗位如何向两家机构购买呢？现在大家都知道政府购买社工服务怎么做，但在那个时候可真是一个大难题，那时候在政府采购清单里根本就没有社会工作服务之说，政府购买社会服务也是后几年才提出的概念。民政局领导为此也是煞费苦心，最后想出了竞争性谈判的方法，召集11家用人单位和2家社工机构负责人开会，由2家社工机构负责人陈述各自优势，然后由11家用人单位自行决定选择购买哪家机构的服务，双方达成购买意向后签订服务协议。最后我们机构得到了31个岗位，这或许是政府首次采取招标方式向社会组织购买社会工作服务，"购买岗位服务"的概念应该也是首次出现。在当时向市民政局领导提交的购买社会工作服务建议信中，我把购买社会工作服务分为两类：一是购买岗位服务，二是购买项目服务。我建议深圳在初始阶段购买岗位服务，待条件成熟时再购买项目服务。深圳市鹏星家庭暴力防护中心就是我后来在市民政局购买的"鹏星"反家暴项目基础上独立创办的。其实深究起来，"岗位服务"的概念以及"购买岗位服务"的说法也是不够严谨的，但这些概念和说法后来都被政界、学界和实务界广为使用，这也可以看作是中国社会工作的又一个本土概念吧！

（五）招兵买马

招标工作完成以后，市民政局提出希望首批社工要在9月1日上岗。于是，我一边忙于机构场地装修，另一边又要开始着手社工的招聘。深圳大学社会工作系在2003年之前招收的是大专生，之后开始停招，2005年才开始招收第一届社会工作本科生。所以，当时深圳大学还没有社会工作毕业生。综合考虑之后，我四五月的时候在深圳和北京分别举办了两场社工招聘会。那个年代招聘社会工作岗位可是天大新闻，更别说一招就是几十个，很快我就招够了31个社工。这些社工是幸运的，不仅成为深圳市民政系统的首批社工，而且还得到香港一家社工机构多名资深社工的20多天专业培训和上岗后的长期督导。

2008年初，深圳将社会工作试点从民政系统扩大到全市教育、司法、卫生、信访以及工青妇残等十多个相关领域。在2008年上半年，全市各领域共增设了150个社工岗位。这次仍然由市民政局主导，同样采取竞争性谈判的方式向社工机构购买服务。那个时候深圳的社工机构已经增加到了11家。幸运的是，"鹏星"获得了其中的75个岗位。我们很快在青翼网上发布了社工招聘信息。青翼网是李兆伟在上海创办的主要面对社会工作专业学生的交流平台。在深圳社会工作试点开始以后，青翼网上关于深圳社会工作的信息发布和讨论就多了起来，甚至出现了一些吐槽和争论。这也进一步提高了青翼

2008 年 8 月 10 日，深圳市鹏星社会工作服务社首批社工接受香港督导培训。

网的影响力。“鹏星”在青翼网发布招聘 75 个社工的信息在社会工作界反响巨大，应聘简历也纷至沓来。我们分别在深圳、广州、北京和武汉举办了四场现场招聘会，采取群面和个面相结合的方式招聘社工。初步统计，机构邮箱和招聘会现场收到的应聘简历多达 1500 份。这些应聘者绝大部分都是社会工作专业应届毕业生，而且很多都是优秀学生干部，又来自全国各地不同高校，这也正好有助于我们实现星火燎原的机构目标。为此，我们在录用社工时尽量照顾到不同地域的高校。我当时就希望，这些社工将来能够把社会工作之火点燃到全国四面八方。

三、披星戴月，长夜漫漫

西方社会工作发展历史悠久，专业水平很高。我国港澳台地区的社会工作也比较成熟。它们的经验值得借鉴，但我们却无法套用，因为国情区情不同，方式方法也不相同，深圳社会工作试点的目的之一就是要探索出一条适合我国国情的社会工作发展模式或者道路。既然是探索，就会遇到各种艰难险阻，碰到很多困难和问题。深圳作为试点地区，我作为第一个创办社工机构的高校教师，我们都是先行者。从这个意义上说，我个人、机构和政府相关部门在社会工作试点中披荆斩棘、负重而行。我们在探索试点过程中遇到很多问题，我想跟大家分享几点。

（一）社工角色

政府领导和社会上的绝大多数人一样，都不了解社会工作，也不知道社工是做什么的。所以当政府领导想要进行社会工作试点时，首先需要了解社工是什么、能做什么以及如何做等基本问题。虽然我是社会工作专业教师，但我对这些问题也是一知半解。我们与西方国家和我国港澳台地区的情况不同，社工角色及服务内容和方法都不一样。为了回答这些问题，市民政局委托我做了一个“关于社工岗位设置和工作职责”的研究课题。在调研过程中，我发现人们对社会工作完全缺乏了解。

在我跟别人提及社工时，人们立马会想到义工或居委会的老大妈。在一次调研座谈会上，一位领导说：“我们深圳有几十万义工，我们干吗还要社工呢？”还有领导问：“为什么要给社工发薪酬呢？”我在调研中常常被问到这些问题：社工是做什么的？社工与义工有什么区别？我们的大学教材上有关于社工的解释，但说实话，这些解释太学术化，别说一般的人听不懂，可能连我们这些社会工作专业的老师和学生都不太明白。所以我建构了一套自己的解释：“社工与医生、教师一样是一份职业，是受过社会工作专业训练的人运用所学理论和方法为人们提供服务的职业受薪者。”这个解释把社工的专业和职业属性说清楚了，一般的人也都容易明白。

社会工作服务涉及很多领域，所以我要到不同领域去调研，从而清楚了解和确定社工在不同领域和不同场景做什么。这是一项非常艰巨的工作。西方的社工角色清晰，职责明确，但我国的社会服务体系中没有社工角色。其实我国政府也一直很重视社会服务，只是长期以来我国的社会服务主要由政府来提供。比如说，民政部门有养老、军休、贫困、救助和社区服务；司法部门有矫正和禁毒服务；共青团提供青少年服务；学校提供学生和家长服务；妇联提供妇女儿童和家庭服务；工会有企业人员和劳务工服务。当我们要在这些部门和领域引入社工的时候，这些部门的领导就会问：引入社工做什么？的确，现有的服务体系很多已经包含了我们所说的社会工作服务。之前在这些领域提供服务的人也可以认为是社会工作者，王思斌教授称他们为“实际社会工作者”。2008 年中组部进行了一次全国社会工作人才摸底调查，结果发现全国社会工作人才有好几百万。原来各地把这些实际社会工作者都作为社会工作人才上报了。我在调研中发现最大的问题就是解决几个疑问：在嵌入当前的社会服务体系时，社工的角色是什么？社会工作服务与现有服务的职责边界在哪里？社工与现有服务人员和单位的关系如何界定？为了厘清这些问题，我一个单位接着一个单位地进行调研，与单位相关领导和工作人员进行反复讨论，有些单位甚至去了很多次。我认为在社工到岗之前，这些问题必须要明确。在深圳鹏星中标相关领域的社会工作服务以后，我再次到各用人单位进行深入调研，确定社工的工作职责和服务指标。我们当时确定的服务内容和指标大多成为后来相关社会工作服务的范本。这也是让我至今感到引以为豪的地方。

如果用人单位只是不了解社工的角色，也还可以通过努力让他们认识和支持社工，我担忧的是一些用人单位领导自认为了解却排斥社工。记得在一次与教育系统负责人的座谈会上，我提议在小学和初中引入社工，像我国香港那样将社工派驻到学校（一校一社工）。一位校领导在听说要配备学校社工时，当时就表示反对。他说："你说的社工做的这些事情我们学校都已经有人在做了。我们有德育老师做学生的思想教育工作，有心理老师负责学生的心理和人际关系等问题。"甚至在 2008 年初深圳将社会工作试点扩大到包括教育在内的其他领域，购买社会工作服务的程序结束了，机构也招聘和培训了社工，有个区的教育局领导还明确表示拒绝社工，从而导致学校社工迟迟不能上岗。然而，在一年后民政局统计新增社工岗位时，该区教育局领导不仅不拒绝社工，反而还要增加一些岗位，在更多学校开展社会工作服务。这说明，一年的社会工作服务完全改变了教育局领导对社工作用的认识。

除了岗位服务，社工在一些社区服务中也遇到了很大阻力。这里可能需要先把深圳的社区服务作个简单介绍。2008 年深圳社会工作扩大试点，但仍然主要采取购买岗位服务的方式，各部门购买社工派驻到相关岗位提供服务。由于服务对象大多在社区，所以这些岗位社工也都被安排到社区提供服务。这样在同一个社区里提供服务的就有来自不同机构的社工，比如说有 A 机构的残障社工，B 机构的司法矫正社工，C 机构的禁毒社工，D 机构的妇女儿童和家庭社工，还可能有 E 机构的老年社工。相同社区，相同服务对象，但提供服务的却是不同机构的社工。这显然不利于资源的整合、社工的管理和服务的开展。为此，我写了一封很长的信交给了当时的市民政局刘润华局长，详细分析了当时购买岗位服务的利弊并提出了几点建议，其中就包括建立社区综合服务中心和购买项目服务。刘局长很快接受了我的建议，自2008年起开始使用深圳市福彩公益金购买了20个项目服务，其中包括了我们“鹏星”的反家暴服务项目，并在2009年开始推行社区综合服务，更是将社区综合服务中心纳入了深圳市国民经济及社会发展“十二五”发展规划，提出要在2015年实现深圳全社区服务中心全覆盖。也就是说，要在全市所有社区建立由社工机构提供服务的社区综合服务中心，并要求社区负责提供400平方米的社工办公及活动场所。到2016年底，深圳668个社区全部成立了社区服务中心并由社工机构提供专业服务。目前，这些社区服务中心已改名为社区党群服务中心，仍然由社工机构运营和服务。

在开始的几年，社区服务中心的项目实施困难重重，阻力很大。一是客观上一些社区很难提供社工办公和服务场地。二是一部分社区干部担心社工进入会与社区人员形成竞争关系，影响他们的饭碗。三是中心的角色定位是专业服务。社工不仅不帮社区做行政工作，还要占用社区资源，甚至社区工作人员还要协助社工工作，这让社区干部非常不满。四是部分社区干部不认可社工的专业性，认为社工做的事情社区人员也能做。他们建议把购买社会工作服务的经费交给社区，由社区来提供相关服务。我走访了一些社区，发现不少社区干部都有怨气。其中有个社区负责人对社区服务中心模式非常抵触。我去拜访了好多次，每次他都跟我说：“我不是否定你们社工，我只是非常反对这种做法。”

（二）购买服务

购买服务是社会工作发展中的重要一环，也特别能够体现深圳社会工作的艰难。2008年初，市民政局刘润华局长请我写一个购买社会工作服务的招标方法建议。我认为购买服务应该秉承公平公开的原则，并且通过招投标机制实现优胜劣汰。为此，我建议政府购买社会工作服务的基本思路是：邀请独立第三方专业机构对所有社工机构进行年度评估，评估内容包括机构管理和社会工作服务两大方面，然后将评估成绩作为下年度招投标的最重要依据。政府组成专家组进行评标。其中，机构成绩占80%，专家给社工机构服务方案的评分成绩占20%。得分最高的为中标机构。值得一提的是，当时徐永祥教授应邀在深圳创办了一家专业评估机构，并且该机构从2008年开始就对社工机构进行年度评估。刘局长接受了我的建议，从2009年开始就在市、区两个层面推行这个方案。

然而，实际招投标运作远比想象中的困难。当时市、区社会工作服务的购买主体和经费来源不同：市级社会工作服务（市级相关单位所购买的社会工作服务，比如市残联、市教育、市司法等）的购买经费来源于市福彩公益金，由市民政局社会工作处统一负责招投标；区级社会工作服务由各区财政出资，由区民政局社会工作科统一负责招投标。市里的招投标相对来说比较简单，民政局可以直接运作，但区里就比较麻烦。按规定，各区使用财政经费进行招投标必须经过区采购中心批准。当我去区采购中心调研社会工作服务招投标时，采购中心负责人感到非常困惑甚至很惊讶。政府招投标有一个采购清单。清单在列的产品才可以进行政府采购。然而，在当时的政府采购清单中根本就没有社会工作服务一项。他们反复问我："社会工作服务是什么东西?"在那个年代，政府很少购买社会服务，更何况还是他们从来没有听说过的，而且我们也很难解释清楚的社会工作服务呢!

政府在招标中很重视价格因素，有的招标直接就是价低者得。但是，政府购买社会工作服务则不同。深圳当时全市购买社会工作岗位服务的统一标准是每人每年6.6万元。采购中心负责人很不理解，经常会问诸如此类的问题：为什么社会工作购买费用是每人一年6.6万元而不是6万或者5万元?为什么不能竞价购买呢?我花了很长时间跟他们解释为什么购买社会工作服务不能价低者得。后来反复沟通多次以后，采购中心才迫于需要支持社会工作试点而勉强同意了社会工作服务采购。既不在采购清单中，又说不清产品价值，还不能按价评标，这对于政府采购来说的确无法理解和接受。

在深圳社会工作试点中，我发现一个非常有趣的现象：一些领导在完全不懂的时候通常会尊重权威；而当他们似乎开始明白了以后就往往倾向于尊重权力。这在社工使用及服务采购中表现得特别明显。刚开始完全不了解社会工作服务时，不管是否情愿，政府购买社会工作服务时基本上都是按照专家的建议（即所谓的权威）；但经过几次招投标以后，政府似乎明白了社会工作服务招投标是怎么回事，于是就按照既有规则或者自己的想法进行采购（即所谓的权力），并且市和区有所差异，各区做法也大相径庭。更有甚者，招投标方法还经常变化。

深圳社会工作服务的购买主体众多，包括市民政局、区民政局、政府相关部门和群团组织。有的区还把社区服务中心的招标责任交给了街道办事处。

并非所有的购买主体都是自己负责招投标工作，有的单位把招标工作交给采购中心，有的则交给招标公司。深圳的招标方式主要有公开招标和邀请招标两种。公开招标的方式也是各不相同。评分规则和标准各自制定，定标方法花样百出：有的评委打分定标，有的抽签定标，有的评委打分加抽签定标，有的评委打分加领导议标，可能还有我不知道的。按照招标时间，短则一年一招，长则三年一招。在采购价格方面，有的是按照统一价格招标，有的采取低价中标，现在更多的则是按照公式计算报价得分。深圳社会工作服务采购方式的差异性和多变性反映了政府一直在探索和完善购买社会工作服务的方式方法。政府采购服务依规而行，依情而变，可以理解，值得肯定，但如果不充分考虑社会工作服务的特性，结果会是苦了机构，伤了社工，也影响了服务。所以，我期望深圳在政府购买社会工作服务的制度方面更加专业化、规范化、标准化。

（三）服务行政化

社会工作服务与一般性社会服务及行政服务的最大区别在于其专业性，这可能也是中央要大力发展社会工作服务的主要原因。政府对社会工作服务的定位非常明确，就是专业性的服务。我是社会工作专业教师，所以我当然希望社会工作服务突出专业性。幸运的是，深圳市民政局领导十多年来一直都特别重视和强调社会工作服务的专业性。市民政局在推动社会工作服务专业化方面做了大量工作。按照规定，服务采购结束后，服务购买单位及用人单位要与社工机构签订双方或三方协议。为了体现社会工作的专业性，让社工从事专业服务，避免用人单位安排社工做行政工作，服务协议中明确规定了社工的工作职责和服务指标。不仅如此，民政局领导还通过书面文件或干部培训等不同方式跟用人单位领导反复强调不要让社工做行政事务。此外，社会工作服务评估将服务指标完成情况作为重要评分标准，这也是为了保证社会工作服务的专业性。然而，一些用人单位领导并不了解社工，也不希望社会工作服务专业化。讲到社工用人单位，很多人可能不太理解，国外的人可能更加不懂，所以我在这里要做些简单说明。

深圳的社会工作模式是，政府相关单位作为服务购买主体通过政府采购方式向社工机构购买服务，社工机构按照购买主体的要求招聘社工并与社工签订劳动合同，然后把社工安排到政府指定的场点开展服务。社会工作服务点可能是福利院、学校、医院、残疾人服务中心、街道法制办或社区服务中心等，也有可能是某个独立的单位。但不管怎样，都有一个直接或间接管理社会工作服务的单位。这个单位在深圳称为社工的“用人单位”。“社工用人单位”既可以是狭义的，特指社工的直接服务点，比如某个特定的福利中心、学校、医院和社区服务中心，也可以是广义的，包括社工的直接服务点以及购买和管理该社工服务的上级甚至上上级组织。比如说，在福利中心提供服务的社工，其用人单位可以是福利中心及其上级单位民政局；学校社工的用人单位既可以指社工所服务的学校，也可以指学校上级单位的教育局；社区服务中心社工的用人单位则可能更多，包括所在社区工作站、所在街道办事处，甚至所在区民政局（如果是由区民政局负责招标的话）。实际工作中并未区分广义和狭义，也就是说，两者都在使用。

社工与用人单位是什么关系呢？从理论上讲，社工是机构派到服务场所并且按照合同内容独立地开展服务，用人单位给予指导和支持。这从试点开始至今已基本形成多方共识，而且实践中也基本上保持了这种默契。仔细想想，“用人单位”这个概念也是有问题的。按照词条解释，“用人单位”是指具有用人权利能力和用人行为能力，运用劳动力组织生产劳动，且向劳动者支付工资等劳动报酬的单位。按照劳动合同法第二条规定的理解，用人单位是指与劳动者建立劳动关系的企业、个体经济组织和社会组织等。按照这个界定，为社工的服务提供指导和支持的组织还不能称为“用人单位”，因为，这些组织与社工无劳动合同关系，不向社工支付薪酬，从理论上说对社工也无用人权。此外，我们也不能把这些单位称为“用工单位”。用工单位是指按照劳务派遣协议接受以劳务派遣形式用工的单位。用工单位与被派遣劳动者不是劳动关系，而是劳务关系。被派遣者为用工单位提供服务。社工机构与这些所谓的“用人单位”不是劳务派遣关系；社工的工作是服务购买单位确定的专业服务，而不是这些用人单位的工作任务。这么多年以来，深圳一直用“用人单位”这个词，国内政府、学界和实务界也都这么使用。现在看来，社工的“用人单位”这个说法不够准确，改为“服务单位”比较好。为方便起见，后面我仍然使用“用人单位”这个表述。

当时社会上对社会工作存在两种极端看法：一是把社工看成志愿者或者居委会大妈，认为谁都可以做社工。二是由于政府相关部门、专家学者及媒体反复宣传社会工作的专业性，对社会工作抱有很高期望，希望并且认为社工能够有效解决问题。在深圳社会工作试点初期，用人单位对社工的态度大致可以分为以下几种：一是非常重视、大力支持并寄予厚望；二是对社工不太热心，但与社工保持互动并给予一定支持；三是希望将社工纳入行政体系并承担行政工作；四是对社工不管不问，听之任之；五是排斥社工。

虽然市民政局领导反复强调社工的专业角色并在服务合同中对社工的任务进行了规定，但一方面，由于用人单位缺乏人手，它们时常会安排社工做一些行政性工作；另一方面，由于有些合同中确定的社工职责与用人单位的工作没有明确清晰的界限，很难区分是不是社工的专业工作。用人单位认为是社工该做的而社工则认为是行政性工作。这常常出现在为特定人群提供服务的单位和社区，比如福利院、救助站、残疾人服务中心、司法所（司法矫正）、禁毒办和社区服务中心。此外，一些用人单位领导发现社工素质较高而且比较听话，也非常希望让社工承担一部分行政工作。由于用人单位在社工的评价和机构评估中拥有较大权力，社工和机构往往无法拒绝。在试点的前几年，深圳聘请香港督导到各个服务点为一线社工提供督导服务。有一次我问督导在香港做督导和在深圳做督导有什么区别时，她说最大的区别是，督导在香港主要是指导社工的服务，而在深圳，督导要花很多时间和精力与用人单位沟通社工的职责问题。后来由于用人单位对社工的支配权越来越大，以及社工的服务并没有体现出用人单位所期望的专业性，在某些岗位和社区，社工的行政化问题比较严重。由于社工的角色定位问题，近年来社区党群服务中心的社工行政化倾向也比较明显。即便如此，我认为目前深圳的社会工作发展在全国还是最好的，社会工作服务规范化和专业化程度比较高。特别是在大部分针对特定人群的服务领域，社工的专业性比较强。

（四）欠薪和网络风波

深圳的社工基本上都是刚毕业的大学生。作为职业受薪者，薪酬对于社工来说非常重要，不仅要满足基本生活需要，而且还要及时发放，否则就会让社工陷入生活窘境。深圳社会工作的一般情况是机构在中标以后立刻开始招聘社工，社工与机构签订劳动合同并按照规定时间开始上岗。政府在规定时间向社工机构支付购买经费；社工机构按照劳动合同给社工按时发放工资。购买经费由三部分组成：一是社工人力成本；二是社工服务费；三是机构管理费。政府对各部分的比例都有明确规定。一般来说，社工机构的经费来源基本上都是政府购买服务，而机构每年经费结余不多。因此，政府是否能够及时拨款对于机构运营影响巨大。如果政府拨款及时，社工工资就能够及时发放；否则就会出现欠薪问题。

深圳社会工作服务的购买经费实行市、区负责制。市里承担市级部门的社会工作服务购买经费，而区一级的社会工作服务购买经费由各区负责。在2010年之前，市级购买经费来源于市福彩公益金，区里的经费是财政支出。由于各种原因，机构欠薪的情况在前几年时有发生。一是市福彩公益金每年需要经过公益金委员会审核批准以后才能使用。由于审核批准与经费拨付之间通常会存在一定的时间差，政府也就无法按时给社工机构拨款。区里情况则不相同。因为经验不足，各区在招投标的时间衔接上常常出现问题。比如说，合同到期时间是3月31日，那就应该在这之前完成所有招标程序。但是，由于准备不足，可能到4月甚至更晚才能完成招标工作。中标机构（可能是原机构，也可能是新机构）与政府签订服务合同一段时间后才能收到拨款，而这段时间社工仍然要在岗服务。这就会出现拨款延后和欠薪问题。要知道，区里一年的社会工作服务招标很多，时间点各不相同，招标工作量大人员少，而且还不是专职，所以出现时间断档也很正常。

在2008—2010年，延期拨款和社工欠薪现象时常出现，短则半月到一月，长则一两个月甚至两三个月。社工机构为了应付这个问题也是各显神通。有的机构是政府延多久机构欠多久，有的机构是依靠其他社会工作服务购买经费发放部分工资，有的机构靠贷款发放，还有的机构依靠借款或众筹来发工资。记得“鹏星”首批社工在2007年8月下旬开始培训，9月1日正式上岗，而首期购买经费11月下旬才拨付到账。前几个月我都是拿家里的钱及向同事借钱给社工发工资。之后机构社工人数多，工资数额大，机构也常常面临欠薪问题。总之，那段时间政府延后拨款和机构欠薪问题比较普遍。但不管怎么样，大多数社工还是能够理解和忍受。最大的危机出现在2009年以后，市里的购买经费延后拨款长达数月，几乎所有的机构都陷入了经费紧张和长时间欠薪。据事后了解，是因为市福彩公益金使用的审批时间延后了。按正常情况，六七月份福彩公益金审批通过后政府拨款可以基本与上期衔接，但那年的福彩公益金使用直到11月份才获准通过，导致政府拨款延后了几个月。想想看，工资本来就不高，还几个月拿不到钱，社工日子咋过呢？所以，社工对机构的不满情绪一下子就爆发出来，其中部分社工选择在青翼网上发泄不满。

前面提到青翼网因为深圳社会工作发展而变得更加火热。在2007—2008年，青翼网主要是介绍深圳社会工作、发布社工招聘信息以及分享社会工作实务，但在2008年以后，网上开始出现反映深圳欠薪问题和其他批评机构的声音。到了2009年，特别是在欠薪时间较长的那段时期，网络吐槽越来越多。从工资待遇、社工欠薪、机构管理到工作环境等各个方面，深圳社会工作被喷得体无完肤，一无是处。

我见证了深圳社会工作的发展艰难和创业艰辛，也深知中国社会工作发展的可贵及不易。我不忍心也不希望看到这种情况，我甚至担心这些负面的评价和情绪会影响政府对社会工作的看法和态度，导致深圳乃至中国社会工作发展的倒退。所以我在2009年11月写了一篇帖子发在青翼网上。我希望利用自己当时在网络上的影响力改变这种状况。这篇帖子叫《社工路难》。现在再看看这篇10多年前写的帖子，觉得对于当下社会工作发展仍然具有现实意义。

社工路难

我本科学的是英语，硕士学的社会学，但最终却选择了社会工作事业，而且乐此不疲——说“不疲”是假的，其实是身心皆疲。这里的“不疲”，指的是信念和决心。

我做了9年大学英语老师。当我1997年社会学硕士毕业来到深圳大学社会学系（只有一个社会工作专业大专）任教时，我跟社会上大部分人一样，连什么是社会工作都不知道——深圳大学社会工作专业在国内应该是比较早的吧！然而，为了社会工作的发展，为了专业招生和就业，也为了自己的饭碗，我开始走上社会工作事业，并为之奋斗。

我想到的第一件事情是宣传。我以为如果社会上了解和认识社会工作，就会有更多的学生报考社会工作专业，就会有更多的单位接受社会工作专业学生就业。深圳电视台当时有一个市民喜欢的品牌栏目叫《今日视点》，类似于今天的《第一现场》。我国香港是社会工作非常成熟和发达的地区。于是在1998年，我说服了《今日视点》安排两名记者去香港采访拍摄了2天。我们参访了多家社会服务机构，拍摄了大量一线社工工作的场景，并采访了很多相关人员，包括机构负责人、社工及服务对象。节目连续播放了几期，制作水平不可谓不高，内容不可谓不生动感人，然而，其效果就如同向平静的湖面上丢进了一粒沙子，甚至就连涟漪都没有出现。

我后来认识到政府的推动才是最重要的。当我得知人大议案和政协提案是比较好的办法，可以引起政府的重视时，就开始游说人大代表和政协委员。从2000年开始，深圳市每年都出现了关于社会工作发展的人大议案或政协提案。效果非常明显：市领导要求市民政局进行回应。于是，我非常幸运地加入了市民政局领导组织的上海社会工作考察团。然而，花了很长时间撰写的考察报告提交上去后如泥牛入海，杳无音信。深圳大学社会工作专业依然鲜有人报考，毕业生依然工作难寻。

2002年，深圳大学开始停止大专招生，原来的大专专业需要重新申报本科。基于生源及就业的原因，社会工作本科连续几年得不到批准，社会工作专业也因此停招了几年。这期间我正在香港大学社会工作系在职攻读博士学位。中山大学的领导多次邀请我去中大任教，其他重点大学也有邀请。然而，我爱深圳，更爱深圳大学。我确信深圳社会工作的发展环境很好，未来社会工作的发展空间很大。我不甘心深圳大学的社会工作专业就这么夭折了。为了申报社会工作专业本科，我硬着头皮一次次去找教务处长、校长、书记、市规划局和人事局的领导（他们也参加评审），向他们说明社会工作的重要性以及深圳大学发展社会工作的必要性和优势。最终，评审委员会以最高票通过了社会工作本科招生的申请，那一年是2004年。

2006年，社会工作春风从北京吹到了深圳。胡锦涛总书记在党的十六届六中全会上关于推动社会工作人才建设的指示以及民政部在深圳召开的社会工作人才建设推进会，为深圳社会工作发展提供了巨大的发展契机。深圳市领导抓住了机遇，市民政局领导抓住了机遇，我本人也幸运地抓住了这一千载难逢的机遇。深圳市民政局刘润华局长是我最欣赏的一位领导。他的敏锐、智慧和创造力加速了深圳社会工作的发展。在市政府社会工作人才建设调研组还在进行调研的时候，市民政局已经开始在市民政系统进行了政府向民间机构购买社会工作服务的探索试点。于是也就有了我创办的第一家深圳社工机构——深圳市鹏星社会工作服务社。

创办“鹏星”需要巨大的勇气，后来也的确经历了巨大的艰辛。在我决定创办“鹏星”时，我其实有太多的顾虑。经费从何而来？如何面对世人的误解和非议？如何管好机构？政府以后不购买了怎么办？机构如何持续发展？如何面对今后的各种风险？如此等等的问题困扰了我一段时间。对于一个具有稳定职业和收入的人来说，作出这个看似简单的决定其实并不容易。后来，正如大家所知道的，我迈出了人生中的重要一步。我不仅把创办“鹏星”视为一种挑战，更视为历史的使命。我们花了太多的时间去抱怨政府，而当政府把机会摆在了面前时，我们没有理由不去把握。而且，我把这项工作看成自己事业的一个非常有意义的拓展和延伸。

“鹏星”的创办和发展可能远比一般人想象的困难。在没有政府经费、没有人员帮助的情况下，我一个人为机构的创办而奔波劳累；借钱装修办公场所和购置办公设备；亲自到广州、武汉和北京招聘社工；分别到不同的用人单位调研并与单位领导商谈购买合同；不断地与政府、用人单位和香港督导沟通协调……

没人关心我投入了多少、付出了多少、作出了多少，相反，包括我最亲的亲人、最好的朋友在内，几乎所有的人问的第一个问题都是：你能赚多少？紧接着的第二个问题是：不赚钱的事情你会干吗？在一个功利主义盛行的社会中，甚至找出做事不想赚钱的理由都很困难。我后来干脆都懒得去理会人们怀疑的眼神和酸俗的语气。我只是切身地感受到：当我为机构大大小小的事情亲力亲为时，我像一个苦力；当我把家里的钱拿出去给机构使用时，我像一个小偷；当我四处向同事和朋友借钱给社工发工资时，我像一个乞丐。

但我却非常欣慰。首先，我很自豪亲身参与了深圳社会工作“1 +7”文件的制定，并且为深圳社会工作发展提出了一些建设性的思路和建议，在社会工作理论及实践方面作出了一些有益的探索，为深圳社会工作的发展贡献了一份力量。其次，“鹏星”为社会工作专业学生创造了一百多个就业机会，为社工提供了一个实现专业价值的平台。我们也在机构专业化和规范化建设方面作出了一些努力，取得了一些成绩，得到了政府和业界的肯定。再次，社会上从不认识社工到认同社工，从排斥社工到主动接纳社工，这里面包含有“鹏星”社工两年多的努力。社工的专业服务帮助了困难人群，促进了社会和谐及稳定。最后，对深圳大学社会工作专业的发展也起到了较大的促进作用。通过创办“鹏星”，我从书本走向实践，从课堂走向社会。这大大丰富了自己的社会工作知识，加深了我对本土社会工作的理解，提高了研究和教学能力。“鹏星”与香港社工机构建立了良好的合作关系，我把香港的社会工作资源也带给了深圳大学，比如说，邀请香港资深社工为深圳大学学生开设《个案工作》《小组工作》和《青少年社会工作》等实务课程，并把深圳大学社会工作专业学生安排到香港及深圳的社工机构进行专业实习。深圳大学社会工作专业学生的专业能力和就业机会也因此得到了很大的提高。日前，我又受邀创办了东莞市星扬社会工作服务社（作者注：后改名为“东莞市鹏星社会工作服务社”）。我希望将“鹏星”和深圳的经验带到东莞，为东莞社会工作发展尽微薄之力。

虽有辛酸，但有甘露。吾身已疲，吾心已累，然鞠躬尽瘁，死而后已——虽乃大话，但亦实话。

不为表功，不为抱怨，仅为分享和共勉。我的感受是：社工路难，难于上青天。希望大家多一些耐心，多一些理解，多一些热情，多一些努力——为了我们共同的事业和使命。

我希望以我的经历告诉大家：今天的社会工作发展形势来之不易，我们应该理解和珍惜。青翼网具有很强的社会工作使命感和责任感，把我的帖子长期置顶，点击率和评论率都非常高，正能量满满。不知道是不是这篇帖子产生了正面引导作用，此后网络上批评渐少，逐渐地回归了理性和专业。

深圳社会工作一直在困难和问题中探索前行，然而，包括社工欠薪和网络风波等在内的问题都是发展中的问题。这些问题在发展中产生，也在发展中解决。2010 年以后，在市级购买经费纳入财政预算，以及市区招标工作不断规范和成熟以后，拨款和欠薪的问题也基本得到了解决。

四、月上柳梢，火树银花

作为机构的创办人和负责人，是机构的管理者，当然也需要运筹帷幄，决战千里。然而，社工机构与企业和其他社会组织不同，所面临的问题也不一样。我发现社会上绝大多数人可能都不了解社工机构，把社工机构看成企业，认为也是为了赚钱，所以有人叫我“易老板”，不知道是不是开玩笑，反正听起来就很怪。其实，这两者大不相同。社工机构属于社会组织，在当时叫民办非企业单位，现在叫社会服务机构。社会组织与企业的根本区别是企业是以营利为目的，追求利润最大化，并且利润可以分红；而社会组织属于非营利部门，主要提供公益性服务，不以营利为目的，所得利润也不能在所有者和经营者中进行分配。除了与企业不同，作为社会服务机构的社工机构与另外两类社会组织即社会团体和基金会也有很大不同。社会团体是一个松散的会员组织。会员通常都有自己的工作和职业，与社团组织没有劳动关系。一般的社会团体没有专门办公场地，没有专职工作人员，开展的活动也不多。我在2003年就创办了一个社团组织——深圳市婚姻家庭研究会，主要就是做点婚姻家庭方面的研究，邀请专家学者做些讲座培训或者与相关组织合作开展一些活动。而基金会呢，它是通过募集社会资金开展社会救助和其他慈善公益性服务，其中有一定比例的资金可以用于行政经费，包括租场地和招募专职人员。与它们相比，社工机构就完全不一样了。我们需要专门的办公场地，还需要招聘专职行政和服务人员并签订劳动合同，按月发工资。所有的钱都要由机构自行解决。

那么，我们的钱从哪里来？又如何使用呢？就目前来说，绝大部分社工机构的经费基本上都来自政府购买社会工作服务，而政府对机构经费使用有明确的比例要求，也会请独立第三方机构进行财务评估。你们现在知道创办和管理社工机构多不容易了吧？我们要通过得到足够多的购买服务经费才能维持机构正常运营，还要尽量确保机构管理的规范性和社会工作服务的专业性，因为我们是非营利组织，是专业社会工作服务机构。

我想每个人的性格、理念和行事方式不同，管理方式也会大相径庭。我总体上是一个喜欢做事不喜欢管理的人。当然，你可以说管理也是做事。我所指的做事是指做具体的事情；而管理则是指对权力的掌控，对机构人财物的控制。所以，我从一开始就把机构管理重点确定为两个方面：一是明确总体方向，二是选人和授权。十多年来我对机构的管理方式大概可以分为三个阶段：初期的亲力亲为、中期的逐渐淡出和后期的退居幕后。

（一）亲力亲为

据我了解，我们有些高校教师社工机构是由大学院系创办，有些则是几个人合办。我那时由于顾虑学校及同事对我创办机构可能会有负面看法，所以我没有告知学校任何人，更不敢让同事和学生帮忙。后来有人知道我创办机构的事情，向深圳大学所有校领导都写了举报信，说我不务正业，在外面开公司赚大钱。当我还在借钱给社工发工资的时候，举报信上却说我一年赚100多万。校党委江书记让我去他办公室说明情况。当我讲完创办机构的原委以后，江书记一听就明白了是怎么回事。他鼓励我好好干并说学校会大力支持。之后好几位其他校领导也都跟我提起过收到举报信的事。我很庆幸深圳大学的领导都非常开明，否则我们机构可能早就夭折了。在当时不敢找人帮忙又没钱请人的情况下，我只能什么事情都自己做了。从机构注册、场地装修、社工招聘到机构制度的制定等，所有事情都得亲力亲为。

说到场地装修，我首先得要感谢深圳市民政局领导。为了培育和扶持我办机构，局领导找了一块场地以每平方米一块钱的象征性价格租给我使用一年。虽然只有不到100平方米，但是帮我解决了最急迫的问题。这是个一楼门面毛坯房，装修起来也费点劲。为了让办公场地看起来像社工机构，我通过香港朋友找到一个非常有经验的设计师。他为数十家香港社会服务机构做过装修设计。设计师专门从香港过来进行现场勘察，给我提供了非常好的装修设计图和机构LOGO。他当时一分钱都没收，现在想起来还有点惭愧。为了省钱，我找熟人帮忙装修，我自己当小工。搬砖，刷墙，清扫，我啥都干。也是为了节省钱，我把家里的两台空调拆下来装到机构。人多天热，没空调不行。

应该说在2009年之前，机构的大事小事都由我亲自去做或者指导别人去做。项目策划和设计，招标宣讲，招聘和培训社工，赴香港联系资源，跟用人单位沟通联系，等等。要讲的实在太多了，甚至可以单独写成一本书。当时招聘的社工都是大学刚毕业，没有什么经验，我不做谁做呢？可能有人会问，你是大学老师，还是系主任，你怎么会有时间和精力去做这么多事情呢？我只能说这么一句：我那时从早到晚都在忙碌。

（二）逐渐淡出

我一直认为，教师的主业还是在学校，创办社工机构只能作为副业。而且，我也一直很喜欢大学的教学和科研工作。前面也说过，我本来就不喜欢做管理工作。所以，在机构逐步走上正轨之后，我就开始有计划地淡出社工机构的管理，时间应该是2009年到2014年之间。

我为此所做的第一件事情就是培养副手。2019年，我把行政部主任和服务部主任提拔上来担任机构副总，分管机构行政和服务。我的用人原则是用人不疑，疑人不用。我通常会花较长时间去发现和培养人，一旦提上来后我就委以重任并且完全放权。我把所有行政事务全部交给行政副总，包括招聘、培训、外联、人事和财务等，甚至机构财务审批和签字权都交给了副总；所有涉及服务管理事项都全部交由服务副总负责。但是，淡出机构管理并不意味着放手，不管具体事情并不是说完全不管机构了。在有限参与机构管理的同时，我把工作重点转到了以下三个方面：一是决策，二是支持，三是拓展。

在决策方面主要是确定机构的发展方向和策略。到目前为止，机构的重大决策都还是由我提出或确定。其中有几件事情我至今想起来还觉得特别有意义。第一是机构发展方向。从创办“鹏星”伊始，我就把机构发展方向确定为“规范化管理和专业化服务”。机构的所有工作都紧紧围绕这两点来做。第二是成立机构党支部。在 2007 年深圳开始社会工作试点时，香港的社工界发生了比较持续的抗议活动。我敏锐地察觉到政府对社会工作的顾虑，也意识到社会工作必须是在党的领导下才能够生存发展。所以，我决定在机构成立党支部。2008 年，“鹏星”的 100 多名社工中有 60 多名党员，具备了成立党支部的良好基础。机构党支部成立后参与了机构重大决策。在“鹏星”党支部成立七八年以后，政府才开始大力推动社会组织党建。第三是成立机构同工委员会。我希望在“鹏星”建立一种参与式的管理模式，为此，我成立了同工委员会（简称为同工委）。同工委委员由各区同工民主选举产生，一年一届。同工委参与机构重大决策，特别是涉及同工利益的所有政策和制度基本上都交由同工委讨论决定。可以说，同工委在机构管理中发挥的作用非常大。2019 年，按照相关部门的要求，我们在同工委的基础上顺利地成立了工会。同工委的历史使命圆满结束。第四是举办反家暴论坛。为了宣传反家暴，促进反家暴立法，深圳鹏星 2010—2014 年连续举办了 4 届反家暴论坛，邀请国内外相关领域专家和领

2012 年 12 月 24 日，深圳市鹏星社会工作服务社举办第三届两岸四地反家暴论坛。全国妇联及深圳和港澳台地区相关领导和专家学者参加了论坛。

导参加，社会影响很大。第五是组织策划和举办深圳社工大型集体婚礼。我们在深圳社工界招募50对新婚夫妻，通过链接社会资源，免费为所有新人化妆和拍婚纱照。2012年12月9日，社工集体婚礼在深圳湾滨海公园举办。婚礼邀请深圳电视台主持人董超主持，十几家新闻媒体进行了宣传报道。

2012年12月9日，深圳市鹏星社会工作服务社策划组织的深圳社工集体婚礼在深圳湾滨海公园举办。深圳市民政局及部分兄弟机构负责人出席了社工集体婚礼。

除了决策，我在管理中更多的是做些支持性工作，比如说信任和支持两个副总开展工作，必要时出面与相关方沟通协调，以及联络社会资源等。

2010年11月25日，深圳市鹏星社会工作服务社反家暴社会工作项目启动。深圳大学李凤亮副校长、深圳市相关部门领导、国际友人马克·奥巴马·狄善九先生以及我国香港地区和深圳社会服务机构负责人及部分“鹏星”社工出席了项目揭牌仪式。

在机构拓展方面，我们先是在反家暴项目基础上注册成立了深圳市鹏星家庭暴力防护中心，后来又分别在东莞、顺德容桂和佛山高明等地创办了社工机构。“东莞鹏星”后来又在广东佛山成立了南海鹏星社会工作服务社。经过几年的努力，鹏星家庭暴力防护中心已经成为全国最有影响的专业反家暴机构之一，另外几家社工机构也都成了当地甚至国内的优秀社工机构。

（三）退居幕后

2014 年，深圳的社会工作发展进入了瓶颈期。虽然总体上看还是比较稳定有序，但社会工作职业化和专业化以及社工招聘和流失、薪酬待遇和职业前景等方面依然存在很多问题。我对深圳社会工作发展和机构的未来都感到有些迷茫和困惑了，甚至出现了一些疲惫和倦怠感。此外，按照创办“鹏星”时的计划，我希望在机构进入正常发展轨道以后逐渐退出机构管理，回归学术。经过几年培养，机构两个副总、各部门主管以及督导都具备了很强的独当一面的管理能力。在这种情况下，我认为该是退居幕后，停下来思考和重新规划未来的时候了。

我做的一个重要决定就是出国访学。我的访学目的比较明确：一是放松身体和精神；二是开阔眼界，增长知识；三是联络资源，建立关系。我很幸运地到访了美国宾夕法尼亚大学。这是一所常青藤大学，校园很美。导师是个以色列教授，人特别好，不仅在专业上帮助我，还请我到家里吃饭。现在看来，访学目标基本实现了。这段访学大大丰富了我的人生经历，让我收获颇丰。

我租住在费城的城郊接合区。那里黑人居多，是美国最不安全、犯罪率最高的地区之一。记得刚到美国时倒时差很困难，倒了将近一个月时间。每天下午五六点钟就开始犯困，凌晨 3 点醒来后就再也无法入睡。我每天早上五六点就去街上跑步，每天跑一条不同街道，我称为“扫街”。这样做的目的是希望尽可能多地认识美国社会，了解美国社区。美国的街道很长，跑完一整条街道需要好几个小时。我通常每天跑完一个多小时后就开始往回跑。在跑步过程中我有时会碰到流浪者隔着马路向我打招呼。他们三三两两地聚在一起，露宿街头。我也偶尔几次碰到非常不友好的美国人，他们开口对着我大喊大叫。这种情况 1999 年在耶鲁大学交流期间在大街上也曾经碰到过。还有一天早上一群十几岁的孩子追着我要钱。我曾经跟住在隔壁的一位邻居进行深度访谈，了解美国社区治理的情况。她是一位本地黑人女性，当了20多年社区委员会主任。这个社区委员会有点类似于我们的社区居委会。我问她："你们本地人一般晚上9点以后敢不敢出门?"她说不敢，不安全。想想我那时每天早上"扫街"，还有晚上10点多钟从宾夕法尼亚大学步行三四十分钟，穿过二三十条大街回到租住的房间，路上时不时还会碰到流浪者要钱，现在想起来还是心有余悸。所谓无知者无畏吧，以后打死也不敢了。总之吧，我对美国社会的不安全感深有体会，还是觉得在中国生活很安全。

正如访学之初所计划的那样，我到美国几十所大学社会工作院系进行了交流，有的还建立了合作关系，此外还参观了多家社会服务机构。其中我印象比较深刻的有纽约唐人街社区服务中心、密歇根家庭暴力防护中心以及休斯敦的难民服务中心和退伍军人服务中心等。我感觉美国的社会工作服务的确非常专业，也很有成效。当然，如果考虑到我们政府和社区提供的各种服务，我认为美国的社会服务其实远不如我们。我国的社会服务更加全面和细致，只是我觉得有些过度，效率不高。

旅游也是访学计划的一部分。我很多时候会租车出行，旅游也基本上都是自驾游。在美国期间经历了几次很惊险的事情，至今回想起来还毛骨悚然，但总算平安回来了。记得在出国之前一度非常焦虑，担心到美国后自己什么都不会，不会订酒店，不会租车订机票，不会加油，外出不识路。以前出差订票订酒店之类的事情都是让孩子或学生去做。然而，到美国后我必须什么都要自己去做，所以不久后我就慢慢什么都会做了。美国的经历让我更加理解社会工作的一个专业价值：相信人的潜能。

2015年访学回国以后，我按照计划逐步从机构管理中退居幕后。与上个阶段相比，退居幕后主要体现在几个方面：第一是任命一个专职总干事，全面负责机构日常管理工作，自己不再担任机构总干事。第二是原来机构总干事办公室给了新任者，我在机构没有办公位置了。第三是以前还时不时去下机构，并且部分地参与一些具体工作，后来就很少去了，也基本不参与具体工作。第四是把主要时间和精力放在教学和科研上。然而，退居幕后不等于完全退出。我依然会参与机构重大决策并做一些支持性工作。

现在看来，我的机构管理方式有利也有弊。放权的好处是有利于员工的参与积极性和成长发展。我们机构的中高层管理人员经过一段时间的锤炼以后变得更加成熟、自信和独立了。在我们优秀管理团队的不懈努力下，"鹏星”已经成为全国最优秀的社工机构之一，获得了全国优秀民办社工机构和全国百强社工机构等荣誉称号。毕竟社会工作发展环境还不是很好，他们也都非常年轻，在机构管理上还显得有些力不从心。但是，我想这也是成长中的一个必然过程吧！

五、纤云弄巧，群星璀璨

正如前面所说的，我创办机构的愿望之一就是希望通过我们的努力带动或推动深圳及全国社会工作的发展。从创办机构伊始我就一直朝着这个方向努力。

我的第一个做法就是尽量扩大社工招聘范围，尽可能多地聘用来自不同地区不同高校的社工，通过他们宣传社会工作，把社会工作的种子传播到各地。有人说，“鹏星”是社工界的“黄埔”。我不敢戴这么高的帽子，但是每当我出差到各地开会或交流的时候，常常会碰到曾经的“鹏星”社工。他们有的已经是当地的社会工作领军人才，有的当上了社工机构或其他社会组织的负责人，还有的成了大学教师或政府工作人员。在深圳及国内其他地区，我发现很多前几届的“鹏星”社工都成了社会工作领域的精英和骨干。这说明我们在星火燎原方面的工作起到了一定成效，这让我深感欣慰。

另外一个想法是把“鹏星”办好，办成规范和专业的社工机构，以此来带动和促进其他社工机构及社会工作的发展。深圳的社工机构发展很快。社工机构数量多，规模大，服务和管理也都不错。这主要得益于深圳社会工作快速而有序的发展。我不敢妄自菲薄地说“鹏星”的作用有多大，但不可否认的是，“鹏星”对深圳前期的其他社工机构有一定的影响。在当时，大多数机构创办人基本上不了解社会工作。一些人在创办机构之前多次与我交流，问我如何办社工机构。此外，大部分社工机构负责人也都到“鹏星”考察过。社工机构的名称、机构宗旨目标、组织架构、规章制度及其他机构管理上的一些做法都带有明显的“鹏星”印记，有些甚至完全相同。

除了深圳，我们对国内其他地区的社会工作发展也有一定影响。这种影响主要有三个方面的体现：一是接待各地的考察学习；二是促成更多的高校教师在各地创办机构；三是“鹏星”机构在其他地方落地生根。

深圳是中国社会工作发展最好的地区，而“鹏星”是深圳最早和极具影响力的一家社工机构，所以，到“鹏星”参观考察的人络绎不绝，其中既有专家学者，也有各地政府官员和社会组织负责人。很多政府领导都是带着发展当地社会工作的目的而来考察学习的。“鹏星”的模式和经验或许对他们起到了一定的推动作用。

如果说“鹏星”的推动作用对各地政府来说是间接的话，那么对部分地区的高校机构来说则更加直接。与西方自下而上的发展路径不同，中国的社会工作发展是自上而下，也就是说，是在中央政府的推动下逐渐发展起来的。在党的十六届六中全会提出要建立一支宏大的社会工作人才队伍以后，中组部和其他相关国家部委也都先后发文。社会工作得到了前所未有的重视和发展机遇，高校社会工作专业教师纷纷行动起来，其中一个很重要的方式就是创办社工机构。高校教师创办社工机构有多种动因。一是部分地方政府为了落实中央精神，思考如何推动本地社会工作的发展。与深圳最初的做法一样，组织相关人员到深圳考察学习，并邀请当地社会工作专业教师创办社工机构。二是地方政府发展社会工作的积极性不高，高校教师希望通过创办社工机构来推动当地社工服务和发展。三是高校教师希望通过创办社工机构来提高自己的研究和实务能力。四是专业负责人为了促进学科发展而创办机构。甚至还有部分老师只是在“鹏星”参观考察后才萌生了创办机构的想法。不管是出于什么原因，这些社会工作专业教师参观考察“鹏星”并以创办机构等形式将社会工作之火在各地燎燃。

除了上面所讲，把“鹏星”机构办到外地也是星火燎原的一个重要举措。不过，我在外地创办机构完全是一个被动行为。在初创机构时，我根本没想过要到外地办机构，因为当时连“鹏星”能不能在深圳坚持下去都还不知道呢！后来在其他几个地方创办的几家机构都不是出于主动。

我在深圳以外创办的第一家机构是东莞鹏星。2008 年，东莞就决定要发展社会工作。东莞市领导带队参观深圳及“鹏星”以后，也效仿深圳制定了一个社会工作“1 +7”文件。他们请我参与文件的讨论和修订。讨论会后，东莞市民政局杨局长诚邀我在东莞创办一家机构。我当时没有同意，因为觉得没有时间和精力，也不想太麻烦和折腾。后来我又去了几次东莞，主要是参与文件讨论和给东莞市相关部门领导做社会工作培训。杨局长每次都再三邀请。在差不多半年时间以后，我被杨局长的诚意所感动，决定在东莞创办社工机构。当时给机构起名也是殚精竭虑，最后我们确定的名字是“东莞市星扬社会工作服务社”。为什么叫“星扬”呢？“鹏星”扬帆东莞，“鹏星”之火在东莞点燃嘛！后来在外地成立了多家机构以后，为了打造鹏星集团联盟，需要统一名称、统一 LOGO、统一文化等，我们将东莞机构的名称改成了“东莞市鹏星社会工作服务社”。

第二家机构是在顺德容桂创办。容桂是顺德经济发展比较好的一个镇。容桂有多家知名上市企业，比如科龙、容声、格兰仕、万和新电气和伊之密等。容桂的领导非常重视社会工作，在 2009 年，容桂社会工作局招聘了 20 多名社工并送到香港培训。之后社会工作局领导来“鹏星”考察并请我去作课题调研，他们并不知道如何发展社会工作，后来我知道他们其实一开始就想邀请我去那里办机构，我在容桂调研了一段时间。其间镇党委书记多次邀请我在容桂创办机构。跟在东莞的情形一样，我一直没同意。容桂比东莞更远更不方便啊！后来书记再次盛情邀请时我提出了两个条件，我当时想这个两个条件比较苛刻难以满足。但让我深感意外的是，当我说出这两个条件时书记竟毫不犹豫地答应了。我提出的两个条件，一是提供 10 万元启动资金，二是提供 400 平方米的免费办公场地。书记不仅答应了，后来还亲自出面在正大街上找了一栋楼给我，三层还带后院，并且负责装修好。

后来我又在外地创办了两家。与之前情况一样，一是诚意所动，二是使命所驱。不过我吸取教训，努力做到被“绑架”而不被绑定。方法是我让“鹏星”其他人员担任新办机构的法人代表和负责人，我担任机构理事长或顾问提供后台支持，待机构走上正轨后再全部退出交给当地负责人。佛山高明鹏星社会工作服务社和福建晋江鹏星社会工作研究与评估中心都属于这种情况。我也愿意其他地区合适人员利用“鹏星”品牌在当地创办社工机构，加入鹏星联盟。

六、回首望月，银汉迢迢

从 2007 年开始创办机构至今，我经历了初时的激情和希望，后期的迷茫和倦怠，以及目前的平静和反思。

我在开始创办机构时虽然有些担忧和犹豫，但更多的是面对社会工作发展机遇的激动和对社会工作春天的期盼。那个时候充满动力和激情。在市民政局领导的大力支持下，我按照专业服务的方向设计、实施和推动着深圳社会工作的发展，我所创办的机构也因为专业上的优势而得到了快速发展。这是我最有成就感和最开心的一段时期。

但在五六年以后，深圳的社会工作进入了动荡期。具体表现在几个方面：一是管理制度的变动。之前由市民政局统筹规划和招标社会工作服务的做法改由各区民政局、相关部门甚至街道办具体负责。各区、各部门和各街道办都有不同做法，而且前后做法常常不一致。二是服务内容和方法的改变。深圳从购买社工岗位服务开始，到后来的项目服务和社区综合服务，总体上看都是走的专业方向，强调社会工作服务的专业性。但在社区服务中心被社区党群服务中心取代以后，社区服务逐渐走向行政化，这在社工界也引起了关注和讨论。社会工作的专业性和作用也引起了各级政府的质疑。三是服务购买导致的机构及人员变动。在最初几年深圳只有一二十家社工机构的时候，由于是民政部门的统筹规划，社会工作服务购买和竞争总体上比较有序。但在社工机构快速增加到 100 多家以后，招标竞争变得异常激烈和残酷。招标中的一些不合规做法加剧了竞争的无序性。在这种情况下，高校教师机构的短板逐渐显现出来。面对这种乱象和“鹏星”的颓势，我只能感到困惑、无奈和无助。四是社会工作人才的较大规模流动和流失。由于社工待遇、发展空间、专业性及频繁招标产生的变动等问题，社工招聘难、流动大、流失率较高，这些进而影响到机构的管理和服务的专业水平。

在经历一段时间的悲观和倦怠之后，我开始反思当前的社会工作发展现状。我当初定位的社会工作专业化之路有问题吗？社会工作行政化的原因和后果是什么呢？中国社会工作的出路何在？我后来得到几点认识：第一，中国的社会工作一定是党委领导政府负责下的嵌入式发展，西方的发展模式在中国行不通。中国的社会工作具有很强的本土性特征。第二，社会工作行政化既有制度因素，也与社工的专业能力不足密切相关。社会工作专业化发展既要从制度上加以改善，也要提高自身的专业能力。第三，中国的社会工作之路仍然在于社会工作服务的专业性。基于这些认识，我试图从制度层面来改变当前的困境。一是力促政府购买社会工作服务更加规范和突出专业性；二是在政策上倡导改革社区服务的购买内容和方式。服务内容以需求为本，根据社区需求来确定购买专项服务，而非当前全市统一性的社区党群服务中心运营和服务。购买方式上将招标权下放到各个街道，由各街道根据自身需要确定服务需求和选择服务机构。幸运的是，我发现政府各级部门也都意识到了当前社区服务所存在的问题，也在考虑对当前的社区服务内容和购买方式进行改革，政府同样希望社会工作服务专业化。

虽然十多年来经历了很多困难和挫折，但要说创办社工机构的得与失，我还是认为得到的更多。

第一，我有幸通过创办机构成为社会工作发展的深度参与者。我用“深度”这两个字，所表达的是参与程度。一般的社会工作教师也都可以以不同形式参与，比如说研究、培训、督导、评估和政策倡导等。但作为一个创办机构的教师，身份由“局外人”变成了“局内人”，什么事情都要亲力亲为，就不一般了。我所承担的角色除了前面所说的研究、培训、督导、评估和政策倡导者以外，还是一个推动者、策划者、管理者和服务者。机构和社工都是社会工作发展中的重要部分。我很高兴身在其中，为深圳及其他一些地区的社会工作发展作出了一些贡献。

第二，因为创办机构，我招募和培养了一批优秀社工。由于中国社会工作发展时间晚，大多数社工都是大学刚毕业。他们都很年轻，看起来不是那么成熟。所以一些人对社工颇有微词，认为不够专业，不够敬业。但是我看到更多的却是我们社工的另一面。他们富有爱心，爱岗敬业，极具才华，充满活力，乐观向上和忍辱负重。我们社工在待遇低、环境差的情况下，还能不忘初心、坚守工作，就是值得肯定的。他们在我感到疲惫倦怠的时候给我勇气和力量。在机构社工的不懈努力下，“鹏星”成为全国最具影响的社工机构之一。我在深圳和外地开会交流时也常常碰到曾经的“鹏星”人，他们很多人都已经成为社工界精英，活跃在公益慈善以及社会工作教育和实务领域。我为他们感到自豪。

第三，因为创办机构，我得到了更多的历练。创办机构的艰辛也许只有创办过机构的老师才能够理解。虽然说不上历尽沧桑，但至少可以说是饱尝磨难。高校教师创办机构首先需要面对质疑和批评，说你为了赚钱和不务正业等。直到 2009 年以后，国家多次发文鼓励和支持高校教师创办社工机构，这种情况才稍有改变，但质疑之声从未间断。记得深圳大学一位校领导跟我说过一句话：现在你做志愿服务都有人怀疑你的动机。我创造了自己的座右铭：“做好自己的事，让别人说去吧！”除了质疑，我们教师创办机构还要面对很多挫折。我一直没有离开过大学，从学习到工作好像都非常顺利，但从创办机构开始到现在，我经历了太多的艰难险阻以及挫败和无助。作为大学

2012 年 5 月，全国人大常委会副委员长司马义·艾买提等领导在人民大会堂为全国先进民办社工服务机构颁奖。深圳市鹏星社会工作服务社副总干事谌凤（左起第八位）代表“鹏星”领奖并与领导合影。

教师，我们进入社会工作服务领域，从零开始，在摸索中前进，在前进中探索，如嫦娥奔月，历尽艰辛。我们在困难和挫折中不断成长。

第四，因为创办机构，我有幸见证了中国社会工作的发展。正如前面所讲，我决定创办机构的那个时期，中国社会工作的发展环境不是太好，深圳更是一张白纸。但在我创办机构一年以后，深圳的社工机构超过 10 家，社工人数超过千人，社会工作服务覆盖了十多个领域。现在，社工机构已经达到上百家，社工人数近万人。除了深圳，其他各地社会工作也快速地发展起来。当初我做梦也不敢想象中国社会工作能够发展这么快。创办机构十多年，我深切地感受和见证了深圳及全国社会工作的快速发展。

第五，因为创办机构，我多了一段不平凡的人生经历和感悟。如果不是创办机构，我可能终生待在象牙塔里，工作轻松，生活安逸。创办机构让我的人生更加丰富多彩，对知识、社会和人生也有了全新的理解和感悟。

如果把我高校教师创办机构的经历看成是一个月亮，现在回过头来看，我感受更多的是幸运和欣慰。回首望月，银汉迢迢。虽然这个月亮可能不太圆，也不明亮，不能光彩照人，但它给社会带来光芒，给大地增添光彩。月上柳梢，虽然没有挂在天空那么光亮，却装扮得夜色更美。选择了天空，就会有浮云遮眼，付出和失落，在所难免，但唯有选择了天空，才会遥看星河。月亏则盈，月暗则明，自然常态吧！做公益办机构又何尝不是如此呢！我既已得明月，何必怨苍天。想想多少人欲办不敢、欲做不能，我能第一个吃到螃蟹而知其味，已是万分幸运。古诗有言：“众里寻他千百度，蓦然回首，那人却在灯火阑珊处。”八千里路云和月，我想不管前路多坎坷，还是会砥砺前行吧！

访谈员后记

易松国教授是一位博学多识、平易近人的老师，对他进行访谈是我们几位访谈员的荣幸。作为易教授的研究生，我们已经对他有所了解，所以在两次的访谈中毫不紧张，有的只是无限的敬佩。我们听着易教授绘声绘色的讲述，仿佛置身其中，与他一起重温了创办机构这十多年的风风雨雨，又如同一部寓意深远的电影一般，精彩纷呈。访谈结束后，我们的脑海中总是会闪过易教授为创办社工机构奔波劳碌的身影。看着易教授些许苍白了的发丝，敬佩感油然而生，让我们不禁陷入了深深的思考……作为社会工作专业的学生，我们都知道并深切体会到社会工作这个专业在中国内地发展是多么困难，特殊国情使然，本土土壤使然，舶来品必定要经历九九八十一难才能勉强生根发芽、落地开花。即使到了现在，社会公众对社会工作这一专业的认知度和认可度仍旧不高，甚至包括我们本专业的学生都不太认可，更别提十多年前了。那个时候社会工作发展环境差，人们的思想观念也比较闭塞。就是在这样极其艰难的情况下，易教授肩负着专业的责任感和使命感，走在了社会工作职业和行业的最前沿，为创办第一家社工机构而呕心沥血。功夫不负有心人，“鹏星”果真像易教授所言，星星之火早已燎燃到深圳乃至全国各个地方。作为国内高校教师创办社工机构的第一人，易教授更像那颗最耀眼的星，指引着社会工作行业的发展和前行，为同行者照亮光明前景。

我们这两年曾多次跟随易教授外出调研，看到现在的社会工作发展情况，我们更能深深体会到易教授当时的处境和不易。不论遇到多难的问题，易教授总是能以乐观积极的态度去应对，总是会殚精竭虑地去解决。易教授对社会工作一直充满着热忱和激情。这种饱满的精神和认真的态度使得他能够走到今天这一步，成为中国社工界的杰出人物。易教授的所作所为，深深感染着我们、影响着我们、激励着我们，为继续推动中国社会工作发展而竭力前行。

机构简介

易松国教授于2007年创办了深圳市鹏星社会工作服务社，后来受各地政府邀请创办了多家社工机构，以鹏星社会工作机构联盟的形式资源共享，共同发展。

一、深圳市鹏星社会工作服务社

“鹏星”成立于2007年5月，是深圳市首家专业社工机构。2007年7月，民政部和深圳市相关领导为深圳市鹏星社会工作服务社揭牌，中央电视台《新闻联播》等20多家新闻媒体对“鹏星”的揭牌仪式进行了报道。“鹏星”业务范围涵盖社会工作服务、专业培训、孵化培育、评估研究、顾问督导等。服务内容涵盖民政、妇儿、残障、教育、家庭暴力防护、精神卫生/康复、劳务工、社区党群服务中心和街道社会组织孵育等。“鹏星”是广东省社会工作重点实训基地和民政部行业标准《老年社会工作服务指南》统筹和主要起草单位，先后获评全国先进民办社会工作服务机构、全国百强社会工作服务机构和深圳关爱行动“十佳公益机构”，同时还获评多项国家和省市个人及项目大奖。

二、东莞市鹏星社会工作服务社

“东莞鹏星”于2009年7月注册成立，是东莞市第二家社会工作专业服务机构。机构服务领域包括家庭、社区综合、长者、青少年、志愿者、妇女维权支援、新莞人、民政、司法、信访、残障人士康复就业、计生、环境保护等。“东莞鹏星”是全国百强社工机构，民政部首批企业社会工作试点单位，广东省团委重点培育社会组织，东莞市5A级社会组织、东莞市社会工作协会副会长单位；广东省青少年事务社会工作重点实训基地，广东省民政厅专业人才培育基地和重点实训基地；广东省社会创新实验基地。

三、深圳市鹏星家庭暴力防护中心

深圳市鹏星家庭暴力防护中心于2010年5月在深圳市民政局注册成立，是国内首家以社工为主导的民间家庭暴力防护中心。中心开通了电话热线服务以及QQ、微博和微信等网络咨询服务，开展家庭暴力知识宣传，为受害人及其子女提供个案服务及法律和经济援助，举办反家暴论坛，并承接宝安、龙华和光明等多个区的家庭暴力防护中心运营服务和督导工作。中心获评首届中国公益慈善项目大赛金奖、首届全国优秀专业社会工作服务项目评选活动一等奖、第二届中国社会创新奖入围奖等多项社会荣誉。

四、佛山市顺德区容桂街道鹏星社会工作服务社

“容桂鹏星”2010 年 8 月注册成立。机构服务包括个人及家庭辅导、社会组织培育及发展、社区发展（营造）、地区社会服务发展规划等，另设专项服务包括党建社工、反家暴社工、企业社工、司法社工、院舍社工、文化保育、义工发展、督导培训、慈善传播等。“容桂鹏星”荣获首批全国社会工作服务标准化建设示范单位、全国百强社会工作服务机构以及顺德区 5A 社会组织称号。

五、佛山市高明区鹏星社会工作服务社

“高明鹏星”成立于2013 年4 月，是高明区首家专业社会工作服务机构。机构服务涵盖儿童、青少年、妇女、长者、婚姻家庭、学校社会工作、企业社会工作、社区矫正、禁毒服务以及针对其他特定人群的项目服务。“高明鹏星”先后荣获“高明区青年文明号”“佛山市青年文明号”“佛山公益慈善年度优秀组织”“佛山市品牌社会组织”以及“高明区社区教育先进集体”等称号。

六、佛山市南海区鹏星社会工作服务社

“南海鹏星”成立于 2016 年 3 月，为南海区 5A 级社会组织，有服务站点 20 个，服务领域涉及基层党建、青少年、妇女及家庭、长者、志愿者、督导与培训等。

七、晋江市鹏星社会工作发展与评估中心

晋江鹏星成立于 2016 年 5 月，主要提供社工机构、社会组织、社工人才、公益项目的督导、培训、顾问、评估和孵化等服务，先后承接的评估项目涉及福彩金、民生微实事、民政局社工站与岗位社工、政法委基层服务社会化、团市委社工项目以及残联社工项目等，评估质量得到服务购买方一致好评。

中流砥柱　顺势而为

——徐永祥教授访谈录

访谈时间： 2018 年 12 月 10 日 16:30—18:07

访谈地点： 华东理工大学团结一二楼 319 室

访 谈 员： 周洁　彭诗琪

受访者简介： 徐永祥，华东理工大学社会工作学系教授，1983 年到华东理工大学任教至今，曾任社会工作系主任、社会与公共管理学院院长、应用社会学研究所所长。主要研究方向为社会工作理论与实务、社会体制改革与非营利组织、社区建设与社会服务、社会发展与社会管理。著有《法治与自治：社区组织体制研究》《社区工作》《社区发展论》等学术著作与专业教材，并在国内外学术刊物上发表论文数十篇。徐永祥教授于 2003 年参与上海社会工作制度建设，并担任大型社会工作机构——上海市自强社会服务总社董事长。2010 年创办成立深圳市现代公益组织研究与评估中心。2016 年起任中国社会工作教育协会会长。

编 者 按： 徐永祥教授是中国社会工作教育界前辈，是一位和蔼可亲、乐于助人的学者。一直以来，徐教授在社会工作领域鞠躬尽瘁、辛勤耕耘，为中国社会工作教育发展，特别是中国社会工作教育国际化，作出了突出贡献。更难能可贵的是，为支持政府的社会工作试点，探索社会工作本土实践，徐教授身体力行，创办了中国历史上第一家专业社会工作服务评估机构，极大地推动了社会工作机构和社会工作服务的规范化和专业化发展，在中国社会工作发展史上留下了浓重的一笔。徐教授的离世是中国社会工作教育界的重大损失。但不幸中的万幸是，我们完成了徐教授的创办机构口述史，记录了徐教授为中国社会工作教育和实践发展而作出的不懈努力和殷切期望，犹如一盏明灯指引和激励着后人。

一、曲折前行：社会工作发展的中国路径

高校教师领办社会工作机构是具有中国特色的一个现象，也是中国社会工作发展历程中的一种产物。社会工作这个专业的发展，是和工业化的进程紧密联系的，是和市场经济的逻辑紧密联系的。一旦离开了这些最根本的背景，很多现象就都不能理解，也就无法解释了。那么，我就先从社会工作在我国的发展历程讲起。

（一）早期萌芽

中国社会工作的发展始于1917年，至今已经走过了101个年头。1917年，上海沪江大学社会学系首开社会工作课程。沪江大学就是今天的上海理工大学，当时学校还位于杨树浦军工路的旧址上。在同一年，沪江大学社会学系在杨树浦眉州路设立了一家社会服务中心——“沪东公社”[①]，这是我们中国的第一家社会服务机构。到了20世纪20年代，北京同仁医院开办了医务社会工作课程；燕京大学也在1922年成立了社会学系并且开始了社会服务的专业训练。之后，金陵大学、中央大学等高等院校纷纷开设了社会工作的课程或专业。这个时期，中国社会工作学科教育有了相对较快的发展。

可能正是社会工作专业教育在这个时期发展相对较快的原因，一些学者把20年代当成了中国社会工作的起点。比如，美国加州大学伯克利分校的James Midgley[②]教授在他的著作里提到，中国社会工作教育始于1922年。最初我也接受了Midgley的观点，但后来经过华东师范大学吴铎教授[③]考证，我们得知中国社会工作开始的标志实际是“沪东公社”的创设，这个起始点是早于20世纪20年代的。

中国社会工作虽然在20世纪初期就有了起步，但是在当时，开设社会工作专业教育的学校数量并不多，社会工作服务队伍也很少。后来，抗日战争、

① 据上海理工大学官网介绍，沪东公社（The Yangtzepoo Social Center）为沪江大学于“1913年在东郊租赁屋创办”并于1917年“迁入交通便利的杨树浦路1509号”新址。沪东公社创办人葛学溥教授（Daniel H. Kulp Ⅱ，1888—1980）亦为沪江大学社会学系创系人。

② James Midgley，加州大学伯克利分校社会福利学院教授。

③ 吴铎，华东师范大学法律政治系教授，曾任中国社会学会副会长。

解放战争接连爆发，长期的战乱状态又让社会工作教育与实践发展停步不前。而且更重要的是，在20世纪前半叶，现代化、工业化在中国都主要集中在一些省会和沿海城市，总体上国家仍然属于农耕社会。在这种情况下，以工业化与市场经济为条件的社会工作就很难拓展它发挥作用的范围。我用两个“微”字来概括当时社会工作对国家的经济、政治、文化、社会、生活的影响——“微不足道”“微乎其微”。也就是说，社会工作在当时中国的绝大多数地区影响非常有限。所以，从1917年开始到1949年中华人民共和国成立以前，社会工作在中国只能算是经历了一个萌芽阶段。

一些社会学家和社会工作学家认为，20世纪30年代晏阳初、梁漱溟等人组织带动的乡村建设运动也是我国农村社会工作的一种探索。我是不太同意这个观点的。30年代的河北农村仍然属于传统的农业社会，那里几乎从来没有受到市场经济的冲击，因此也就缺乏社会工作发展的基本条件。实际上，乡村建设运动的实践和理念也和现代社会工作有很大不同。在实践内容形式方面，虽然乡村建设运动推行农民教育，但其主要是针对农民的生产需求、农业实践，比如传授农业科技、改良动植物品种等。这种模式和17—18世纪法国空想社会主义的社会实验有些类似，而和现代科学意义上的社会工作有比较大的区别。在价值观方面，乡村建设组织者的根本动机的确是出于对社会底层的关心与同情，但他们的一些观点也带有精英色彩。比如晏阳初提出，中国农民普遍存在“愚、贫、弱、私”也就是愚昧、弱小、贫穷、自私“四大病害”。这种概括也许自有其理由，但其中所包含的负面价值判断是完全相悖于社会工作价值取向的，因为社会工作的价值观始终要求从积极、接纳的角度来看待服务对象。总之我认为，乡村建设运动不能算作是社会工作。

（二）未盛而衰

从中华人民共和国成立开始，社会工作发展可以算是到了第二个阶段。1952年，全国高等教育实行院系调整。当时，社会工作与社会学、政治学、法学等社会科学领域的很多学科一样，被当成了对发展社会主义没有帮助的“资产阶级学科”，在各大高校中都被取消了，专业教师和科研人员也被遣散。从此开始的30余年里，我国社会工作教育都处于中断期。

不过，也有一种说法认为中华人民共和国成立以后的民政工作也是社会工作的一种形式，比如前全国人大常委会副委员长、中国第一代社会工作者雷洁琼先生的观点就是其中最典型的一种。雷洁琼曾经说，民生工程就是中国的社会工作。虽然我没有具体考证过她的这个说法，但在我看来，这应该也是不对的。因为在最根本上，20 世纪 80 年代以前的中国是缺乏发展社会工作的充分和必要条件的。我们国家在 1957 年基本完成了社会主义改造，这为实施计划经济奠定了基础；在此之后，国家开始逐步走向了计划经济。随后，城乡人民公社、生产大队、工矿企业等一个个“单位”把社会中的成员组织起来，它们同时也接管了社会福利、社会管理。我们可以看到，计划经济社会和市场经济社会具有相当不同的特征：市场经济的社会是高流动性的，计划经济时代的社会和农耕社会都是低流动甚至不流动的；市场经济的社会结构是个体化、碎片化的，计划经济的社会是由单位组织起来的“熟人社会”，人们解决社会问题的方式也是以此为基础的。就像在农耕社会，人们遇到困难、碰到问题主要依靠亲朋好友、依靠家族来解决，在计划经济时期，人们遇到的困难、问题、纠纷等主要是由单位来负责。政府和单位完全承担了社会福利和社会服务的职能。所以，1978 年以前的计划经济时代，客观上并不存在像社区这样社会工作的基本空间。在这种形势下，社会工作自然也就失去它生存发展的土壤了。

（三）困境重生

我们国家的社会重建是随着 1978 年思想解放和改革开放进程开始的。1978 年不仅是我们从计划经济转变成市场经济的开端，也是我们社会学、政治学、法学、心理学等许多社会科学学科恢复与重建的标志。社会工作在中国作为社会学学科内的分支学科，它的恢复重建自然要比社会学稍晚几年。社会学专业是 1981 年恢复办学的，社会工作专业要比这晚了六七年。1987 年，民政部邀请国家教委和一些高校的专家学者在北京马甸的对外经济交流中心举行了社会工作发展论证会。不久以后，国家教委批准北京大学、中国人民大学、吉林大学试办“社会工作与管理”专业，社会工作教育从此正式开始恢复重建。此时，距离社会工作在中国的第一次萌芽，已经过去了近 80 年时间。

不过另一方面，我们知道，1993 年之前中国的改革开放主要还是围绕经济体制的改革。当时，改革的价值取向仍然很不确定。到底是搞市场经济还是计划经济呢？多数人认为，改革只是在计划经济的框架下做一些调整和完善。就像邓小平讲的“摸着石头过河”，改革之初顶层设计上还游移不定，社会结构和特征的变化也就更不清楚。对于当时社会学和社会工作这类专业来说，客观上发展科研与教学的动力还很不足，学科地位整体上是比较边缘化的。

所以，1987 年第一批学校被批准试办社会工作专业的最初这几年时间里，全国开设专业的学校实际只有很少的几家，而且最早拿到批文的几家学校做法也很不同。中国人民大学拿到批文以后一直没办，他们的社会工作专业是直到 21 世纪后才开办的。吉林大学最初是没有社会学专业的，所以在这之前他们是挂着社会工作专业的“羊头”卖社会学的“狗肉”，一直到 1999 年社会学专业才正式创办。他们的社会学专业办得不错，社会工作专业虽然也有几个很好的教师，但总体上却还是没有发展得太好。当时实际只有北京大学一所学校从 1988 年开始办社会工作专业而且坚持了下来。当然，他们的专业能够坚持办学，与民政部 20 世纪 80 年代资助他们 100 万元办学资金有很大关系。当时的 100 万元估计至少相当于现在的 10 个亿了，那可是不得了的一笔天文数字。

社会工作专业实际是在 20 世纪 90 年代初才真正进入快速发展时期的。1992 年邓小平南方谈话里“市场经济不等于资本主义”的论断，掀起了中国的第二次思想解放运动。而 1993 年党的十四届三中全会作出《中共中央关于建立社会主义市场经济体制若干问题的决定》吹响了我国经济领域深化改革的号角，从此市场经济体制作为改革开放的价值取向就确定无疑了。到 2001 年中国正式加入 WTO，市场经济步伐再次加快。在这期间，社会结构和社会分层的变化逐渐突显，各种转型期的社会问题也随之而来。2006 年，党的十六届六中全会作出了《中共中央关于构建社会主义和谐社会若干重大问题的决定》。在此，邓小平理论中没有谈到过的“社会”“社会建设”等概念开始进入指导思想，国家从注重单一的经济发展开始转向了重视经济与社会的协调发展。中国改革开放从此又进入了一个新的阶段。

转型时期对社会问题解决的现实需求，极大地刺激了我们社会工作专业在这个阶段的快速发展。从 1993 年到 2006 年，开设社会工作专业的本科院校从 30 多家扩大到了 100 家。之后的改革开放第二阶段，我们的学科队伍还在不断壮大，实务方面的进步也很迅速。所以我们可以看到：社会工作专业发展的动力，始终是来自它所处的时代背景、社会环境；社会工作发展的整个历程，始终和市场经济的逻辑密切相连。

二、自上而下：社会工作机构的强势推进

（一）世纪之交的困惑

我们华东理工大学是1995年开始招社会学硕士的。但光招硕士不行，还要有本科生。我们招什么呢？我当时对社会工作也不了解，想的当然还是招社会学的本科生。

当时，我们系里还有曹锦清教授①、张乐天教授②，他们跟我提议要搞社会工作。我还想社会工作不是居委会大妈做的事情吗，搞这个有什么用呢？可我们著名的社会学家曹锦清先生很有眼光，他和我说，中央已经确定搞市场经济，所以社会工作未来前景一片看好。而且，目前来看各个学校起步都差不多，所以只要我们好好干，做五年、十年，应该就能够发展到全国领先的地位。我一听觉得很有道理，于是拍板，决定我们招收社会工作本科专业，同时在社会学硕士里设置社会工作方向，培养社会工作方向的硕士研究生，所以说我们的社会工作专业建设算是开始比较早的。

可以说，当时我们整个国家的社会工作专业发展都是教育先行。教育有了发展之后，到了20世纪末、21世纪初，我们就遇到一些困惑。首先是我们招生不行。本科招生，我们学生里第一志愿报考的人很少很少，多数是被调剂来的。其次，我们在培养人才过程当中，学生实习没去处，毕业后就业也没去处。我们当时也希望能想方设法设立几家社会工作机构，解决学生的实习、就业问题。当然，这算是我们一厢情愿的想法了。

实际上，在1994年后上海开展城市建设的过程当中，我就提议推动社会工作。但在20世纪末，上海的社会科学界联合会有关领导还不是很积极，民政部门方面想要推动也不太顺利。我记得大概是2001年的时候，民政部部长请了我、王思斌、李强和张建明③四个人到部长办公室谈社会工作的发展，但谈完以后仍然没有实质结果。在我们上海，市民政局也希望发展社会工作。

---

① 曹锦清，华东理工大学社会与公共管理学院社会工作系教授。

② 张乐天，复旦大学社会发展与公共政策学院社会学系教授，曾于1988年至2001年在华东理工大学任教。

③ 张建明，中国人民大学党委副书记、社会学系教授。

在 2000 年前后，马伊里还在浦东新区[1]时就一直在积极引进社会工作服务。她去了市民政局以后，当时的民政局副局长叶兴华对推广社会工作也很热心。但即使他们努力推动，整个过程一直还是困难重重。对于“社会工作”这个概念，党和政府很多领导还很不理解，他们认为社会工作大概指的是正式工作之外的社会活动，不明白它是一种专业化的职业。当然这也是情有可原的，毕竟领导干部都来自各行各业，对自己领域以外的东西就不太熟悉。所以更根本的原因其实还是在于整个社会、大环境对社会工作都是缺乏了解的。

所以在 21 世纪初，我们在教育领域就遇到了问题。一方面是培养了人才却没有相应的人才使用体系，学生毕业后无处可去；另一方面是整体的社会认知、社会认同度不够，尤其是党和政府领导层面的认识不够。我前两天在北京开会，在国际会议中心吃早餐时正好碰到以前的市委宣传部副部长。他对我说：“你这条路是走对了，真没想到你们会发展得这么快。”确实，谁能预料到后来的情况呢？但在当时，的确也存在这样那样不同的认识。

（二）艰难开局

与此同时，另外一条线就是我们浦东新区乐群社工服务社[2]（以下简称乐群）。乐群是 2003 年 2 月成立的，刘晓芳任总干事，吴铎教授做董事长。晓芳这个机构呢，可以说是我们中国第一家民办社会工作机构。这个机构现在还在，它现在发展还不错，但在当时它却有些问题。

晓芳原本是在上海青年会工作的，后来因为要发展社会工作，她就辞掉了事业单位的编制去创办民间机构，于是就办了这家乐群。当时我印象很深，我们社会工作系最优秀的学生都到乐群实习，毕业后也去那里工作。但他们后来在那边待了一年不到就都落荒而逃了。首先是因为收入太低，当时工资才 1000 多块钱，条件很艰苦。更重要的是当时政府还没有建立对民间机构购买社会服务的制度，只有后来政法委系统支持的强势机构能够得到资金支持。晓芳他们那个机构，就没有这种政府购买服务。乐群的第一笔服务费还是浦东新区社会发展局支付的 10 万块钱。当时马伊里是浦东社会发展

---

① 马伊里曾于 1999 年至 2005 年任浦东新区社会发展局副局长、新区社会发展局局长、新区劳动保障局局长等职务。

② 上海乐群社工服务社，成立于 2003 年 2 月，是中国大陆第一家非营利的社会工作服务机构。

局局长，她对这件事大力支持，就以科研课题的形式给了乐群 10 万块。但是因为没有政府项目持续进来，10 万块钱最终也是杯水车薪，最后机构还是难以为继。

除此以外，晓芳当年还年轻、没有经验，她做事情也有点脱离实际。比如说，他们提供的服务项目主要是什么呢？是外来农民工子女的城市融入，也就是帮助外来农民工子女。在今天看来这很好，但在当时的情况下是不行的，因为农民工子女当时还不是最让政府忧虑的群体。后来晓芳在社区里做服务，很多街道的领导都不支持她，她很痛苦，所以就来找我。我告诉她，你现在做的是锦上添花，而我们政府最需要的是雪中送炭，现在最要紧的是要帮助政府解决经济体制改革产生的一大批人的问题。

当时，上海有三个“一百万”：一百万下岗纺织工人，一百万退休职工，还有一百万农民工。当时因为要适应产业转移，轻纺织企业被关停并转，一百万纺织工人下岗以后，企业管不了，要交给社会；第二个一百万退休工人，是经济体制改革深化要求政企分开，企业不再承担社会事务了，特别是不再承担社会福利的一些职能了，那么退休工人的退休工资和养老、医疗也要交给社会；还有一百万农民工，当时单位制度在市场经济下瓦解了，所以这些农民工也要交给社会。实际上当时还没有社会的概念，于是把这些人交给基层政府、街道来管理，也就是“城市社区建设”。所以其实当时社区建设的根本价值取向还不是社会的，而是经济的，是为国企改革保驾护航的。那么既然当时街道没经验、任务重，非营利社会服务组织包括社会服务机构，就应该为政府分担职能，提供当时市场机制下最缺少的那部分公益性、公共性的服务。但晓芳当时不了解这些背景，我告诉她以后她也没听进去，最后机构财务越来越困难，她也被董事会解雇了。

其实晓芳这个人是非常了不起的。她为了支付员工工资，把自己的婚房也卖掉了。如果当时没卖的话，那套房现在应该都值一千多万了吧！卖掉婚房给员工发工资，她真的是非常有情怀。当然她现在也发展不错，我去年还在纽约见过她，她正在那边读博士。

（三）“迂回战略”

2002 年，可以说是到了我国社会工作实务需要起步的时期。过去，我们是在教学、教育领域先培养人才，在学术研究上也有了基础。那么实践领域呢，也该到了起步的时候。

就在2002年，一个偶然机会，我和张昱[①]教授、曹锦清教授受邀请去给上海市监狱管理协会、上海市检察学会作报告。当时，上海市委政法委提出构建一个预防和减少犯罪的工作体系，作为加强社会管理、维护社会稳定的手段。在那次报告中，张昱教授和曹锦清教授讲了什么我已经不记得了，但我讲的内容我印象仍然很深。我当时说，你们现在搞的社会管理都是老套路，政府的道义成本、政治成本、经济成本不断增加，但实际效果却很差。所以关键在于你们要进行社会管理创新，而且这个管理创新要有两个抓手，一是社会工作，一是民间组织。当时我们还不叫社会组织，叫民间组织。

后来，政法委的领导应该是接受了我们的观点。我的印象是，政法委的书记带队到我们社会工作系，用了半天时间和我们作专门的讨论。当时上海犯罪问题主要突出表现在几个方面：一是毒品形势严峻，另外“两劳”释放人员无法就业、无法融入城市，还有失业、失学、失管的“三失”青少年问题。后来，我们经过讨论达成了共识，提出要建立民间组织的平台，并且这个民间组织是专业的民间组织，要聘用我们专业的社会工作者提供专业服务。所以在这之后，政法委确定了要组建三支社会工作队伍，一支禁毒的，一支社区矫正的，一支针对问题青少年的。这可以说是我国第一批由我们教师和政府联手创办的大型社会工作机构。

在创办这个机构之前，我觉得有一点很重要，就是在中国做事，首先一定要让领导干部对这个事情有个认识。我们的机构是由政法系统牵头的，机构提供的服务也是由政法系统出钱购买的，为了让他们对相关的问题有所了解，在2002年的时候，我就带了15个区县政法委书记去香港理工大学集中学习培训了一个星期。我记得在临走前，市委副书记刘云耕还告诉我，让我们把课排得满一点，不要让这些干部玩。后来这批干部都说那是一次非常疲劳的出差。过去他们出国、出境，开会也就开一天或者半天内容就结束了，剩下的时间就可以观光游玩了，但那一次，大家是正儿八经搞了一个星期的培训。不过，那次学习对他们提高认识确实很有帮助，这对我们后来的事业推进也起了很重要的作用。

通过政法系统来推动实务发展，用我的话说叫“迂回战略”。最初我们

---

① 张昱，华东理工大学法学院院长，社会与公共管理学院教授。

也想直接发展机构，但最后发现还是通过政法系统推动力更强。政法系统是我们国家的权力机构，它最有权势，行政动员、行政推行能力当然很强。2003 年 8 月，上海市委政法委组建了禁毒办公室、社区矫正办公室、青少年事务办公室三个管理机构，分别注册成立相应的社团。三支社工队伍很快建立起来并向各个社区、街道渗透，开始为药物滥用人员、社区矫正人员和社区青少年提供社会工作服务。

民政部门方面也没有落后，他们积极地推动了社会工作的制度建设。2003 年，上海市民政局召集了包括我在内的一些专家做了这样几件事。其中一件是，我们上海开始筹备社会工作者职业资格水平考试①。这个资格考试我们进行到 2008 年，直到全国开考以后上海才停止。另外在建立了职业制度之后，民政局在 2004 年正式成立了社会工作在国内民政部门的第一处，叫社会工作处②，复旦的曾群③老师曾经在那里做过处长。所以到 2004 年，民政部门不但发展了社会工作人才职业化制度，还确定了它对社会工作业务的主管职能。

（四）初见成效

三大社团成立之后，发展非常迅速。在一年时间里，三支社工队伍就聘用了 1300 人，在当时算是规模相当大了。当然，这 1300 人并不都是专业的社工，其中大概有 300 人是来自公安系统、监狱管理系统和司法系统的警察。当时我们的考虑是，这三个机构、三支社工队伍，面临的都是高危人群。我们的学生刚从学校毕业不久，既不了解情况，也没有什么资源，两眼一抹黑，自然需要一些有经验的人来带一带。所以，我们就提出要招募一些年富力强的警察进入队伍。结果呢，年富力强的人没有招募到多少，反而来的许多人都是年纪比较大的、身体状况不大好的，或者就是比较调皮捣蛋的、不受单位领导欣赏的。记得来做社工的有三个副处长。当时上海公安的工资是全国最高的，这些人拿了公安的工资来做社会工作，都想着今后还会回去做警察。

---

① 2003 年 3 月，上海市民政局联合人事局发布《上海市社会工作者职业资格认证暂行办法》；11 月，第一届上海社会工作者职业资格考试正式开考，此为全国第一次社会工作者职业资格考试，共有 5561 人参考。

② 2004 年上海市民政局增设“职业社会工作处”，首任处长为黄志华。

③ 曾群，上海市杨浦区民政局副局长，曾任复旦大学社会学系助教、复旦大学社会发展与公共政策学院社会工作学系常务副主任。

可他们中有不少人后来做得非常好，都不想回归以前的岗位了。记得当时有一位高架支队的民警，他后来就做得非常成功，也非常热爱社会工作。我们最早创办的这三大机构里，这样的案例可不少。

我从 2003 年开始在自强[①]做董事长，一做就是 10 年。其实我过去也从来没了解过毒品，原本更希望做青少年服务的。但后来市委的领导找我谈话，他说因为禁毒最困难，所以“想请徐教授你帮帮忙”，我就这么被“忽悠”了过来。但实际上我这个董事长也不好做。我们的机构是具有官方背景的民间社会工作机构，所以经常会受到方方面面关系的干扰。比如，当时我们在杨浦区招聘社工时，就有很多内部人员或者熟悉的人被安插进来。我们董事会一讨论，发现这些人不合格，就不同意他们进来。但是后来，市委政法委的领导跟我打招呼，对我说：“徐老师，你看要不算了吧?”那我也就没办法了，只好放水、妥协了。虽然在我们看来这个事情不对，但是我们当时更需要的是政府的支持。如果没有政府支持，我们根本就无法开展工作了。

好在后来自强的工作成效还是相当不错的。按照联合国的标准，5 年不再吸毒就算彻底戒毒、脱毒了。我们上海的 5 年戒断率大概是 13.7%，3 年戒断率将近 40%，这在全世界范围来说都是很高的。我们知道，物质戒断非常困难，像我吸烟就很难戒掉，更何况是戒毒。许多吸毒的人虽然一开始戒断了毒瘾，但他们回归社会后还是不能很好地融入，所以他们就又容易重复吸毒，陷入恶性循环了。实际上对吸毒者来说，他们不仅需要从生理上戒毒，更重要的是需要从心理上脱毒。只要吸毒者不离开过去的关系圈子，他们就很容易复吸。所以，我们在工作中特别强调“关系替代”的概念。包括在禁毒、社区矫正当中，我们都需要帮助服务对象进行关系替代。如果我们劝解一个吸毒者，比如让他不要再吸毒或者不要去犯罪，即使说得再打动人心，那也只是感情上、口头上的一种教育，从长远来看是不能解决问题的。相比之下，更重要的是要帮助他离开原来的关系圈子、进入一个新的关系圈子。重建社会关系，是我们在帮助人、改造人过程中一个非常关键的理念，也是我们能够有效降低吸毒人员复吸率的重点手段。

我们还有一种特色服务是“同伴互助”。在我们自强有个女同志叫叶雄，

---

① 上海市自强社会服务总社，成立于 2003 年 12 月，为中国大陆地区首家专业从事禁毒社会工作的民办非营利性社会组织。

她算是资深员工了。叶雄以前是办企业的，后来受生意圈中朋友影响就开始吸毒。一开始家人千方百计让她戒掉毒瘾，但作用不大。她离了婚，孩子也不跟她了，自己也进了强戒所。后来，在我们禁毒社工的帮助下，她不但成功地戒了毒，最后自己还学习成了社工。现在，她有了专门的“叶雄工作室”，为服务对象提供同伴治疗。这种同伴互助的方法在国际上使用得很广泛，它提倡发挥戒毒成功人员的榜样作用，来影响、鼓励、帮助没有戒断毒瘾的同伴，促使他们成功戒毒、恢复社会功能。叶雄后来还学习了心理学，考取了心理咨询师证书。现在，她做得非常成功，很多人请她去讲课。

在预防犯罪这一方面，我们的机构也取得了很不错的成绩。比如在2002年，上海的本地人口犯罪在犯罪总数上占比达到51%，超过了外来人口的犯罪率。过去我们一般认为以农民工为主的外来人口犯罪率较高，但在那一年，上海的本地人口首次在犯罪率上超过了外来人口。后来经过仔细研究比较，我们发现上海的本地犯罪者当中多数都是重新犯罪。为什么会重新犯罪呢？因为他们从劳教场所、监狱释放以后，在社会中天然地受到制度排斥。当时找工作都需要户口本，而户口本上都有特殊标记，记录了曾经吸毒、进过监狱和劳教所的个人历史。所以“两劳”释放人员在找工作时，用人单位一看这些记录，谁还敢要他们呢？这些标签化的东西，也导致他们无法就业，失去经济来源，最终也就无法回归正常生活了。所以“两劳”释放人员铤而走险再次犯罪的非常多，很多人都是“二进宫”“三进宫”。

所以，我们上海预防和减少犯罪体系构建过程中，除了要建设社会工作人才队伍，还有一个重要方面就是要在社会管理方面转变观念，要去掉一些具有标签化性质的东西。过去，我们的传统观念总把吸毒者、犯罪者单纯地看作违法的人，偏重于对他们进行处罚与管控。尤其很多领导干部，他们过去都认为罪犯就需要强压。但是强压、强制管控效果并不好，有时候甚至还会适得其反。所以当时我就提出“柔性管理”的概念，提出要以人为本，把吸毒人员、犯罪人员当作特殊的“病人”，当作需要关怀与救助的服务对象，而不是给他们贴上刻板印象的标签。你看我早期的文章提到过“柔性管理”，我谈到社会工作服务的“柔性管理”与“刚性执法”的不同，这些观点就是这么来的。所以，由于社会工作专业服务的全面介入，上海的犯罪率，特别是重新犯罪率，很快就大幅度降低了。大概到了第二、第三年的时候，上海重新犯罪率降到了1.6‰，至今仍然保持着这个低位水平。

（五）无价经验

三大社团创办之初的情况大致就是如此。可以说，三大社团是我们高校老师领办社会工作机构中的第一例。在这个过程中，我们老师也学到了很多东西。比如，我们的费梅苹[①]教授、张昱教授，他们当时也在政法委挂职了半年，作为我们的司法社会工作人员指导三家机构开展社会工作。在禁毒、社区矫正、青少年服务方面，各位老师都积累了很多经验材料。现在，在这个领域里，张昱教授、费梅苹教授即使不算是数一数二，也是全国前三名的。复旦大学当时也正好开始了本科专业的建设，所以很快复旦大学的老师也比较多地介入了。比如顾东辉，他就在阳光青少年社区事务中心担任理事长。我记得刚开始应该是叫“董事长”。当然，这些都只是个头衔，其实我们都不拿钱的。对于我们高校老师来说，最重要的收获当然是从发展实务中积累经验。

三大社会工作机构带给我们的还不止这些。由于机构的工作效果非常明显，上海市领导、其他省市的领导、中央领导，后来都纷纷来到机构参观考察。现在看来，上海的工作成果在促进党和政府转变观念上起到了很大的作用。在这之前，我们党和政府的高层对民间组织、NGO，对社会服务机构，是抱有很大疑虑的。特别是对民间组织，他们往往是不放心的。通过考察我们的实践过程，党和政府看到了社会工作切切实实的作用，看到了民间组织原来可以成为政府的助手、成为社会管理的一个重要手段。这些都符合我当时所写的文章里论述的观点，也就是专业化、职业化的社会工作组织能够承接政府转型过程中剥离出来的社会服务职能和社会管理事务，能够成为政府的得力助手和合作伙伴。

所以我认为，领办三大社团过程中积累的这些经验是值得我们思考和总结的。后来，我在全国的会议上发言时都多次讲到，社会工作教育、社会工作专业的发展，第一是要提高领导层的认识，用我的话来说叫“洗脑”。观念先行，由观念促进实务，再通过实践的成果进一步推动认识的提高。所以后来政法系统搞培训班让我去讲课，我都很积极地应邀。当然我也从中收获了一些讲课费，但关键还是为了我们的事业。所以我从领办机构这个过程中感受到最重要的经验，就是一定要让我们党委、政府领导提高认识。

---

① 费梅苹，华东理工大学社会与公共管理学院社会工作系教授。

第二，我们社会工作能够让各个领导层重视，一定要跟社会管理创新紧密结合在一起。在20世纪90年代末、21世纪初，我写文章都是从社会管理创新的角度来讲社会工作专业发展、学科发展的，这也的确起了效果。我记得有一次参加的研究班，听到中组部的领导在发言里谈的观点也大都是来自我写的文章。我一听发现这不是我文章里讨论过的吗？于是也觉得很有成就感。这说明我们写的东西是有人在关注的，而且被人接受了。

第三，就是我们中国的社会工作发展路径跟西方不同。这不仅因为我们中国的社会工作、社区发展模式有它们自己的特色，而且因为社会学、政治学、法学等学科一度是被政府停掉的，因此它们的恢复重建工作里当然就有政府的一份责任。包括社会组织在这方面也是同样的道理。社会组织或者NGO，也就是当时所说的民间组织，也是需要政府推动和培育的。“政府的培育和推动”，这是中国式的语言，外国人就很难理解。总之，应该说三大机构从前期铺垫到建立发展的整个过程中，我们上海的经验对推动社会工作、社会组织在全国的发展壮大起到了很大作用。之后的2006年，党的十六届六中全会提出了“关于建构一支规模宏大、素质优良、结构合理的社会工作人才队伍”的战略部署，我认为这和我们在上海领办机构的成功经验是密切相关的。正因为党和政府看到了社会工作在社会建设中的重要性、在社会管理当中的重要性，才把这次试点的成功经验推广到全国。

现在想来，我们在21世纪初所做的这些事仍然让我感到很有成就感，感到很有意义。我们的工作不仅仅只在上海一个地方发挥影响，更重要的是，我们通过专业引领，最终成功地改变了管理层的认识，推动了社会组织的发展，促进了政府社会职能的转变。我想，如果当时我们没有做那些努力，也许就很难有社会组织后来的蓬勃发展。

三、继续迈进：民办机构由起步到繁荣

（一）深圳接棒

2006年12月，在社会工作队伍建设被提上议事日程的两个月后，民政部在广东省召开了全国民政系统社会工作人才队伍建设推进会。所以从2007年起，开始于上海的社会工作热潮延续到了广东。那一年，深圳市委市政府

颁发了文件[①]，从制度上确定了社会工作机构的民间运作模式。易松国成为第一个吃螃蟹的人。2007 年初，在深圳市民政局领导的邀请下，他以高校老师的身份成立了第一家社会工作机构——深圳市鹏星社会工作服务社。不久，民政部和深圳市联合签署协议，要推进社会工作发展，建设社会工作人才队伍。后来，社会工作热潮在广东继续升温，很多高校老师都开始创办机构。到现在，社会工作专业老师创办机构的现象在很多地区都已经十分常见了。

实际上，社会工作之所以在广东发展这么快，跟当时的领导干部的观念转变也有密切的联系。党的十六届六中全会以后，中央开始让组织部来牵头负责社会工作人才队伍的建设。2007 年 3 月，13 个部委的副部长、8 个省区的组织部部长，再加上中央党校、社科院、中央编译局以及来自 7 所学校的学者，一共 30 多人，开办了一期研究学习班。当时，广东省委组织部的部长就在研究班里，而且还是我所在小组的组长。一开始他坚决反对社会工作。他说，我们党有很好的思想政治工作传统，还需要什么社工呢？但是，经过一个星期的学习讨论、参观，他的认识发生了变化。最后，他终于理解了社会工作是解决市场经济条件下社会问题的必要手段。研究班结束以后，他回到广东举办了好几期地市级领导干部的培训班。

可以说，当时那一期研究班对我们中国的社会工作实务的发展，特别是未来广东社会工作发展，一定程度上起到了决定性作用。如果领导干部们不学习、不提高认识，怎么会理解社会工作的作用和意义，又怎么会愿意推动社会工作的发展呢？包括深圳、广州的情况都是如此。正像我前面所说的，提高领导层的认识是非常重要的。

当时，我也经常到广东，有时是参加易松国对深圳市、广东省一些领导干部的培训，有时是培训班邀请我和王思斌去上课。有一天，深圳市民政局局长刘润华找到我，他说："徐教授，我是你的粉丝。"我一开始还不明白他的来意，于是他问我："你能不能动用人脉资源，到我们深圳来办个机构？"我当时考虑到距离太远，就推辞了他这个提议。过了半年，我再次去深圳的时候，他又和我提起这件事。他向我保证："要是你办这个机构有什么困难，我来给你负责解决。"我说："万一你调走怎么办？你也知道我们中国是'人

---

① 即 2007 年深圳市委市政府出台的《关于加强社会工作人才队伍建设推进社会工作发展的意见》及 7 个配套文件。

治'嘛!"但他还是一再地动员我、一再地打消我的疑虑。到最后，我也有些不好意思了，只好说："那行，我考虑考虑吧!"

于是，我找到易松国一起讨论这件事，他找来了他的师弟，也就是我们华东理工大学社会工作系系主任赵环。我原本不认识赵环[①]，他是以前在金山一个学校工作时随着院校合并来华东理工的，之后不久又去了香港大学念博士，所以我虽然是院长，却不知道我手下有这个兵。当天晚上一起吃饭的时候，我就跟他们谈到了受邀办机构的情况，我说："刘局长希望我能帮忙搞个机构，但我没有精力和时间跟你们一起做一线服务。"在这种情况下，易松国就建议我办一个研究类的机构来为一线服务提供支持。我考虑后认为可行，于是就拍板，决定办一个社会工作相关的评估和研究机构。

后来，这家机构正式定名为"现代公益组织研究与评估中心"，我任理事长，赵环任主任。机构的业务主要是从事评估与研究工作，比如对社会工作服务机构和项目进行第三方评估，开展课题研究、政策研究和参与行业标准研究与制定等。从2010年开始，在我的组织下先后成立了四家这种以研究与评估为主的机构。深圳的机构是其中的第一家，而且在当时也是评估类机构中的第一家。

（二）入川援建

2006年中央作出战略部署之后，还有一件很重要的事，就是2008年的汶川地震。对我们来说，汶川地震是国人之殇。在地震中，有十几万人丧生、几十万人受伤，许多人都留下了终身残疾。我们专业有一个女生就是汶川地震的幸存者，她整条腿都截肢了；今年夏天她已经从学校毕业，现在回到了成都开始在一家基金会工作。在汶川地震的幸存者当中，截肢、残疾的情况是非常多的，可见当时伤亡情况之惨重。

在汶川地震发生后的第二天，我接到时任上海市民政局局长马伊里的电话。那时候我还兼任了上海市社会工作协会的会长，所以马伊里找到我，问我们社工准备怎么办。我当即提出和她碰头。但碰头后一商量，我们发现只有我们自己还不行，还需要和我国香港、台湾的专家一起讨论方案。到了第三天，我们发起了视频会议，邀请港台社工界专家参与方案讨论，香港理工

① 赵环，原华东理工大学社会与公共管理学院社会工作系主任，副教授。

大学的阮曾媛琪[①]、台湾大学的冯燕[②]教授当时都参加了。在这之前，港台的社工曾经全面介入过1999年的台湾“9·21”大地震，从中积累了不少经验。在会议中，他们提出让我们不要急于派出老师、学生和一线社工前往震区，而是先进行评估。也就是说，我们应该先明确灾民需要什么，再看我们能相应地提供什么。于是，我们稍作准备就马上动身，在震后的第六天，我和张昱教授、费梅苹教授就已经赶到了四川灾区进行灾后重建工作评估。

评估工作完成以后，我们回到上海撰写了一份评估报告，这也是中国社会工作的第一份专业评估报告。站在今天的角度来看，这份报告可能存在很多欠缺之处，但在当时，它有着非常重要的意义。6月，国务院颁布了灾后重建的支援方案[③]。按照这个方案，上海市对口支援的地区是都江堰市。后来，上海市人民政府和四川省人民政府签署了关于灾后重建的协议，协议中援建方案的一个组成部分就是我们的社会工作服务。当时四川省委省政府领导可能对社会工作没有一点概念，甚至都搞不清社工和义工、志愿者的区别。但既然上海市提出了要派社工进行援助服务，他们也就不好拒绝。所以，我们迅速地在市政府派出的专业救灾团队下组建起了“社工灾后重建服务团”，开始奔赴都江堰的灾民安置点。

我们当时一共组建了四支社工队伍——华东理工大学一支，浦东新区社会工作协会一支，复旦大学一支，上海师范大学和团市委联合组建一支。四支队伍当中，华东理工大学的队伍是最早派出的。6月23日，华东理工大学的社工服务团就到了都江堰最大的安置点——“勤俭人家”安置点社区[④]。很快，其他三支队伍也陆续入驻到不同的安置点，上海市这四个服务团在都江堰总共为近18000名灾民提供了专业社会工作服务。

当时，我是上海市这四个服务团的总督导。我没有去做一线服务，但我每隔半个月都会到灾区督导我们的社工。当时，我每次去灾区都会住宾馆，没有住板房和帐篷。为什么呢？我主要是想帮我们的社工争取机会到宾馆洗

① 阮曾媛琪，香港理工大学副校长，应用社会科学系教授。

② 冯燕，台湾大学社会工作学系教授。

③ 即《汶川地震灾后恢复重建对口支援方案》，该方案旨在组织东部和中部地区省市以“一省帮一重灾县”原则进行对口支援灾后重建工作。

④ “勤俭人家”为位于都江堰城区附近的板房区，是四川省地震灾区中最大的受灾群众安置点，共建有板房3000多套，安置受灾群众约12000名。

个澡。我们最初去的几批社工都是没有热水可用的。而且在都江堰，岷江水都是雪山上来的，冰凉刺骨，凉水也没法用。地震之后，天气一天天热起来，我们的社工辛苦了一天，流了一身汗，却没有热水用。女同志连头都洗不了，所以我每次都住宾馆，让我们的老师同学能有机会过来清洗休息一下。

在灾区，我也看到一些很值得思考的现象，让我印象深刻。第一个印象深刻的现象是大概在第四、第五次去安置点的时候，我发现很多灾民在门口贴上了一张纸条，写着“心理咨询师免进”。我觉得很奇怪，之前看到中央电视台报道的都是心理咨询师在灾区进行心理抚慰，这里的灾民竟然不欢迎心理咨询师，这是怎么回事呢？于是我留心观察，看到这种情况在安置点里还挺常见。很多灾民对来到现场的心理咨询师反应冷淡，但看到社工到现场却马上把他们请到家里热情招待、端茶倒水。后来我了解到，当时很多心理咨询师都是以个人身份前往的，相互之间没有沟通讨论，没有统一协调的方案。到了安置点，不同咨询师彼此的治疗方案可能还互相冲突，前一批心理咨询师让灾民哭，后一批又让他们别哭。渐渐地，灾民们被折腾得不堪其扰，觉得心理咨询师每来一次都揭一次他们的旧伤疤，于是对心理咨询师就越来越不欢迎了。

当然，我并不是说心理咨询就不重要，我认为它在一定意义上可以扮演一个很好的角色。比如，心理咨询可以缓解情绪、疏导情绪，它的有些作用是社工替代不了的。但在很多情况下，心理咨询师不关注咨询者为什么会有那样的情绪，无法解决那些情绪问题的社会根源。这种情况下，我们也就能看到心理咨询的局限和社会工作的优势了。后来上海外滩踩踏事件[①]中我们也遇到了类似的情况。踩踏事件发生以后，一开始心理咨询师去提供援助，但事件的受害者、家属都不开口，后来在医务社工的帮助下他们才渐渐开始了表达。所以我觉得，社工应该学习心理学的很多方法，但也不能因此忽略了心理学的局限；当然社工也有自身的优势和局限，我们应该多进行反思，学会取长补短、融会贯通。

相比之下，我们在援建时所做的准备、筹划就要完备得多。在地震之前，灾区从来没有建立过社会工作制度，那么我们就需要思考如何介入、如何提供服务、如何达到预期效果之类的问题。我总结提出了三个概念，就是嵌入、

① 即“12·31”上海外滩踩踏事件。2014 年 12 月 31 日 23 时，上海市黄浦区外滩陈毅广场东南角观景平台发生拥挤踩踏事件，共造成 36 人死亡、49 人受伤。

建构、增能。首先是“嵌入”，也就是作为一个新型的、外来的、专业的社会组织，我们要主动地嵌入传统的、原有的体制和文化当中，不仅要赢得受助对象的理解、信任和支持，也要努力赢得当地政府的理解、信任和支持。其次是“建构”，这是强调社会工作介入灾后社会重建本质上是要帮助灾区重建社会关系，重建社会支持体系、社会服务体系和社会管理体系。还有“增能”，是要提高受助对象自我成长和自我发展的能力，让他们最终能够自助。

具体来说，我们建立了不同的服务机制，运用了多种形式和方法来实现嵌入、建构、增能的理念。当时安置点社区里基本的硬件设施已经逐渐具备，但在一个人口如此密集、成分如此复杂的环境里，居民之间的社会关系更需要长期地建设。因此我们社工服务队的专业老师、硕士研究生和专职社工在“勤俭人家”提供的专业服务就是关注恢复当地社会关系，努力建构熟悉、互助的社区氛围。比如，为了让灾民加强沟通了解和自我管理，我们组织发起了灾民共同协商问题的“巷巷会”①。在碰到管委会没有能力解决的具体琐碎问题时，“巷巷会”就提供了很好的民主自决、自我管理的机制。我还记得当时灾民都不愿意公共厨房建在自己家附近，认为厨房使用的是煤气，有安全隐患。我们社工就通过“巷巷会”和其他类似的形式，动员灾民参与讨论、达成共识。后来，灾民们对“巷巷会”反响非常热烈，还饶有兴味地给各自生活的“巷巷”起了名字。这样，灾民们彼此之间增进了交流互动，也逐渐建立起了集体认同感。

所以，第二个让我印象深刻的现象就是，我们这四个驻扎了社工服务队的安置点社区从来没发生过一起灾民上访的例子；而没有社工服务的安置点社区，几乎每天都有上访、信访、闹访。这就像我前面提到过的，政府管理是一种“一刀切”、慢反应的刚性管理，加上很多当地官员不会做群众工作、不知道怎么跟灾民沟通，所以他们往往不能及时理解和有效回应民众的需求。而我们的做法是，一方面充当政府与民众的中介，帮助当地基层政府官员提高能力、学会沟通；另一方面帮助灾民反映需求，同时将民众组织起来提高抗灾自救和社区自治的能力。可以说，我们是把很多问题都解决在萌芽状态之中。这些又一次证明，作为一种柔性管理的社会工作能够成为政府管理社会、服务社会的有效助手。

---

① “巷巷”，四川方言，指街旁的小通道，意同“弄堂”“胡同”。

上海社工在都江堰还有很多有趣的故事，我就不一一细说了。当时，无论是基层官员还是民众对我们都非常认可，几乎把社工看成了英雄。我们每一批服务队员撤走时，安置点的灾民都非常不舍，哭得稀里哗啦。原本我们计划服务三个月，后来在灾民们的热情挽留下，服务延续到了一年多以后。民众对我们社工的热烈欢迎与高度认同，也再次印证了我们的嵌入成功。

（三）燎原之势

社工在都江堰的援助服务不仅取得了良好的社会效益，也扩大了我们社会工作在高层领导中的影响。当时中共中央办公厅、国务院办公厅的专报中，提到我们华东理工大学驻扎的“勤俭人家”安置点社区的就有30多份。这30多份专报都是给中央高层领导看的内部报告，这让中央高层领导看到社工在灾后重建当中发挥了重大作用。后来，四川省委省政府开干部大会的时候，政府领导也高度评价了我们的工作，还把我们社工帮助安置点灾民筹办的周报《勤俭快讯》分发给每个参会者，让他们学习社工怎么做群众工作。

后来，温家宝总理、马凯副总理，还有当时的教育部部长、四川省委书记都来到我们驻扎的“勤俭人家”安置点，考察我们的社会工作服务站。温家宝总理是在9月2日专程到“勤俭人家”安置点考察的①。我记得消息传来的时候，当时我们华东理工大学服务团的总领队张昱教授还有些腼腆，不太敢去见总理。我还劝他，有什么关系呢？总理也是人又不是神。最后我还是说服了他，让他和我一起见了总理。这次考察给总理留下了很深的印象，中央高层领导再次认识到社会工作的功能和作用。

灾后援建以后，当地政府领导因为亲眼看见了社工的服务效果，对社会工作的态度也发生了180度转弯。他们一开始对社工的服务是拒绝、不情愿的，后来却主动邀请我们做一些建设工作。所以在2008年底，我开始牵头香港的循道卫理②和我们华东理工大学社会工作系进行合作，想在我们撤走之

---

① 据中国红十字基金会通讯报道，9月2日下午，国务院总理温家宝、国务院秘书长马凯、教育部部长周济、民政部部长李学举、四川省委书记刘奇葆等于“勤俭人家”考察灾后社会工作服务与管理的情况。

② 即香港基督教循道卫理联合教会（The Methodist Church，Hong Kong），为香港的大型基督教宗派，由香港循道公会及香港卫理公会联合而成，其主要工作除宣教外亦提供学校教育及社会服务。

前给都江堰留下一家专业服务机构。循道卫理是香港的联合教会，它在香港有20多家教堂，30多家中小学，还有两家大型的服务机构。香港很多社会工作机构都有教会背景，这和国外很多教会办学校、办社会服务机构类似。在香港，循道卫理的社会服务部已经有100年的专业社会工作服务经验了，当时我们也希望通过他们的丰富经验和服务特色为当地居民提供专业服务。

原本，当地政府对来自香港的援助是充满担忧的。在6月23日，当我们第一批服务队员到达都江堰的时候，队员里就包括两位香港社工。当地政府听说他们来自香港，而且他们的机构具有教会背景，因此就很担心“境外势力”介入和基督教传教方面的问题。当时我们很快受到责问，被批评不应该擅自引进香港的社工。后来，马伊里局长找到我，她说上海市政府这方面由她承担责任，要求学校这方面由我承担责任。我当即回答说没问题，我愿意承担责任。但其实我们后来看到，香港的社工并没有带来什么意外问题，相反，他们提供的服务很专业、很成功。他们并不是以破坏者的角色进入的，而是扮演了建设者、合作者的角色。

所以，后来循道卫理和华东理工大学社会工作系就合作成立了都江堰市华循社会工作服务中心①（以下简称华循）。华循是四川第一家社会工作机构，当时机构设在“勤俭人家”安置点社区里，在安置点板房拆除之后他们又跟随灾民迁移到了滨江街道壹街区和紫荆城区。由于我们国家法律规定境外人士不能担任组织机构的法人，所以我成了这家机构名义上的法人。但我并不负责机构的事务，具体事务实际是由香港方面管理的。

循道卫理分3年总共提供了100万元的资金，主要用于招聘、督导和培训社工。当时，他们按照月薪5000元的标准招聘了四川农业大学的毕业生。当地民政局局长还抱怨自己只有2000多元月薪，对社工的高工资有些微词。我告诉他们，社工工资高是因为社工是专业人才。不过，由于都江堰政府财政收入有限，购买服务的经费不够，所以后期主要还是香港方面在支持这家机构。

近几年，我又回到都江堰走访当地的机构，看到华循现在做得非常好。他们和当地政府也建立了很好的关系，都江堰市委市政府、民政局、社会工作协会对机构都很支持。不仅如此，华循后来又培育了很多社会组织，整个

① 都江堰市华循社会工作服务中心成立于2008年12月，2009年2月正式注册，为四川省第一家民办社会工作机构。

都江堰现在大约有15家服务机构。在专业社工的主导、推动下，现在整个地区的社区服务水平都有了很大提高。

所以我们看到，汶川地震之后的援建工作成了宣传我们社会工作的一个重要契机。经过我们在灾害应急服务中引入社会工作，地方政府、民众和中央都进一步认识到社会工作的不可或缺性。在这之后，政府开始更加积极地引导社会工作发展，民办社会工作机构也如雨后春笋般地涌现并且发展壮大。可以说，自2009年开始，星星之火很快从成都平原上蔓延开来，社会工作由此又进入了一个加速发展的阶段。

四、行成于思：社会工作发展之凝望与期待

（一）中流仍需砥柱

从2006年开始，我以高校老师的身份担任了6家机构的法人；如果算上都江堰的华循，那么在我名下的机构已有7家。对于这些机构，我现在都不再负责具体事务了。我已经放手把日常的事务管理交给了年轻人去做，只有当他们遇到一些宏观层面的问题或者需要与政府官员沟通的情况下，我才会出面解决。我当前主要负责的是重大决策的把关，另外我也会对机构的未来发展方向进行引导。

有这样一种说法，认为在未来发展到一定程度时，高校老师应该退出机构，回归教师的主要角色，专注于研究和教学。不过在中国目前状况下，社会工作实务总体上还处于起步阶段，由高校老师领办的机构在整体上还属于领先水平，而其他形式的民间社会工作机构还没有大量产生。在这种情况下，为了使实务得到进一步发展，学界还应该为整个社会提供样板和示范，而我们老师也还应该在机构中继续发挥独特的作用。

在现阶段，社会工作在全国各地发展还很不均衡，各省的发展程度参差不齐。目前广东发展最好，上海其次。但在很多相对落后的地区，民众大多都不了解社会工作，更不理解社工的社会功能，而地方政府购买服务的机制尚未建立，或者就是囊中羞涩、缺少购买服务的经费。前不久我到江西遂川县考察，看到当地有好几家社会工作机构，却没有一家机构有专职社工，也没有一家机构由政府购买服务。这些机构由于资金不足，只能聘请社会工作

专业、心理学专业、社会学专业的学生做志愿者。这种类似的情况在我们国家是很常见的，在相对落后地区则更为普遍。可以说，我们社会主义初级阶段主要矛盾转化为人民群众对美好生活的愿望与发展不平衡、不充分的矛盾，这种表述对我们社会工作专业发展状况也完全适合。所以，从目前来看，在未来10年甚至更长一段时间里，我们老师还会继续留任机构、引领实务发展。

（二）教师的职责

领办机构的老师现在所面临的形势也比较多样。有的老师为了维持机构生存处境比较困难，但我也知道有些老师办机构挣了不少钱。当然，我不反对老师通过办机构来赚钱，但在我看来，我们高校老师应该认识到自己和一般办机构的公益人士的不同。对于我们老师来说，最初响应号召创办机构就是把它看成教学、研究、实践相结合的机会，那么我们在创办机构当中，也不应忘记自己的本职工作，不应忘记自己所扮演的理论研究者、政策倡导者、实践参与者多位一体的角色。

就像我们前面谈到的，对社会工作专业理念的倡导是我们高校老师的一项重要任务。自21世纪初开始，我们就一直在通过专业引领带动机构发展，进而成功发挥了政策影响作用。在未来，我们仍然应该做好政策倡导的工作，为党和政府提供决策咨询，促进社会政策建设和完善。近年来，我的机构也承接了很多政府的规划项目，担当了政府智库的角色。通过这些项目，我们要让基层政府领导有社会工作的概念，知道什么是社会工作，学会做社会工作，甚至在决策中运用社会工作的理念和方法。现在，邀请我们去讲理论、做规划、做项目的人越来越多，我们还会注重在这些过程中注入我们的理念和观点，起到推动者和倡导者的作用。

当然，我们高校老师首要的、更重要的身份还是研究者、学者。社会工作是一门行动科学，它当然要求我们以实践为本，但在实践为本的理念基础之上，我们还要将所做的工作看成一种参与式行动研究。也就是说，我们应该以实践的建构促进学术研究和理论创新，以便更好地解释社会现象、解决社会问题。所以，我们不仅要重视实务水平，也需要扎实的理论基础以及对研究领域前沿问题和变化趋势的敏锐眼光，这对我们的自身水平提出了很高的要求。当前，尤其在早前几年，我们在研究方面的优势还不明显。我近几年也常常呼吁，我们需要在研究上多下功夫，补足研究方面的短板。

（三）学科的重任

最近几年，社会工作学科发展现状也是我经常思考的一个问题。虽然从历史角度来看，我国的社会工作发展是专业和专业教育先行，实务和政策后发展；但从目前的状况来看，社会工作作为一门学科，它本身的建设还不够完善，专业自身的理论体系建构也有待提高。比如，社会工作学科的界定、内核就还存在争议。作为一门学科，社会工作和其他社会科学学科如社会学、政治学、心理学、公共政策学到底应该如何区别？

对于这个问题，国际社会教育联盟给出的定义就比较模糊，国内学界的解释更是众说纷纭。我参加过很多相关的讨论，有人认为社会工作的本质是利他主义、人文关怀，有人强调促进公平正义。但我觉得这些都不能算是社会工作的本质。政治学、法学、公共政策学不也强调公平正义？医学、心理学、教育学不也提倡人文关怀？这些都不过是学科的一种价值取向，并不能界定社会工作的根本含义。

实际上，社会工作虽然因社会问题而生，但它解决社会问题的方式，不单是基于利他主义服务个人，也不仅是以公平正义推动改革，而是以重建社会关系的方式来促进个体发展和社会进步。无论服务哪类对象——个人、家庭、社区或组织，无论采用哪种方法手段——个案工作、团体活动或社区工作，我们帮助服务对象都是帮助他们调整或修复微观的人际关系，重建他们与宏观环境的关系，最终让服务对象的社会功能得到恢复和发展。通过社会工作服务，我们最终能够达到有利于个人成长发展、服务于民众福祉、促进社会公平正义的目的，但这些主要还是一种愿景、价值取向。而社会工作的主业、所有的行动，根本出发点还是在于帮助服务对象修复或重建社会关系、恢复和发展社会功能，这才是社会工作最本质的特点，也是它与社会学、心理学、政治学、医学等学科的根本区别。

目前总体来看，我们社会工作理论的独立性还不够强。所以，我未来还会在学科理论建构方面继续做一些工作，尤其是围绕着社会工作的本质属性、从重建社会关系和发展社会功能这个角度来展开论述。

（四）直面挑战

从 2006 年中央提出社会工作人才队伍建设的战略部署算起，到现在已经有13年了，但我们已经看到，全国范围内社会工作还是缺乏制度化的整体发展，尤其在沿海城市之外的地区只能算是零零星星，总之情况仍然不尽如人意。

造成目前局面的原因是多方面的。首先是与我们目前的体制有关。目前的干部人事制度造成干部经常换岗，通常干部在一个岗位上干不了几年，有的甚至干了几天就又换岗。如果支持机构的领导干部调离，新来的干部对社会工作不理解、不支持，那么可能工作开展情况会发生很大的改变；而重新让领导干部改变认识、提供支持又是一个缓慢的过程。这是我们政府部门人事制度的问题，但归根结底还是由于政府部门对社会工作的支持缺乏系统性、稳定性。所以，提高领导层认识、获得政府的认同是很关键的环节，我们成立机构、拓展业务都必须以得到政府认同为前提。

除此之外，社会工作的社会认知度、认同度虽然比过去有一定提升，但总体还不够高。即使在社会工作发展较好的地区，很多人对社会工作仍然是一知半解，不明白社工究竟做的是什么。现在广东地区一个主要问题就是许多人对社工抱有质疑的态度。有些基层街道、社区居委会工作人员就说，社工有什么了不起，不就是会组织活动吗，我们也会组织活动！一些民众也觉得，你们社工办四点半学校，那儿童早教机构也办四点半学校，社区也办四点半学校，有什么不同呢？这就是说，专业社工的不可替代性还没有完全得到社会的认同。所以我一直强调，我们一定要在恢复与发展服务对象的社会功能上做文章，这是我们社会工作最根本的东西。

除了政府认同、社会认同之外，另一个重要的方面是市场的认同，这是社会工作提供有偿服务的基础。在未来，专业社会服务中的许多内容，尤其是针对一些非基础性需求、个别化问题的服务内容，我们可以面向一些中高收入阶层、有一定消费能力的群体进行收费。在社会工作中引入市场机制的目的不是盈利，而是为了提高社会工作服务的质量，最终让社会中更多的人受益。如果通过市场的认同提升了职业地位，社工的薪资水平也就能够得到相应提高，那么愿意报考社会工作专业、愿意从事社工职业的人就会越来越多，整个专业、职业发展就能形成良性循环。因此我认为，从未来的发展趋势来看，市场认同甚至是更重要的一个方面。

无论是政府认同、社会认同还是市场认同，我们专业工作想要改善当前的整体环境，就必须提高自身能力，拿出真正的本领。虽然社会工作专业人才是国家六类人才[①]之一，但我们是“小六子”，排在六类人才当中的最末位。所以，我们还需要不断自我修炼，提高理论素养、实务水平和供应能力，努力让政府、社会和市场认可专业社会工作的不可替代性。

（五）蓄势待发

最近半年，我一直在呼吁重视社会工作的服务对象和生态空间的问题。传统上，社会工作的服务对象主要是困难群众。帮助困难群众也是社会工作得以生存发展的初心，我们也应该不忘初心，继续和政府一起来帮助他们。但如果把服务对象局限于困难群众，那么我们就需要依赖政府购买服务，这种状况用我的来话说就是“吃穷人、服务穷人”。现在，政府购买服务是绝大多数机构的最主要资金来源，这很大程度上就限制了行业的发展前景。同时，我们中产阶级的人数在不断增加。现在我们有 3 亿中产阶级，随着经济的发展，这个群体还会继续地扩大，他们对社会服务的需求也在持续增长。那么，针对中产阶级的需求，我们社工能不能提供相应的专业服务？这是我们需要着重思考的。

社会服务市场机制的建立又涉及整个社会服务体系建构的问题。最近半年以来，我一直在考虑推动建立一个社会服务的“阿里巴巴”。目前这种服务体系在社会中有很大需求。比如，有的家庭中有抑郁症患者，家庭成员需要带他们送医治疗，但只上医院看医生也不行，还需要通过社会康复解决精神健康问题。既然整合性的服务体系有广泛的社会需求，而当前也有很多资本对进入这个领域很感兴趣，那么我们行业就到了开拓新模式的关键时机。所以，我近期就正在思考怎样建设一个服务交易平台，怎样对新的模式进行调整配置。

当然，提高专业能力是建立市场机制与服务平台的基本前提。现阶段，我们社工的能力还很难胜任市场机制的挑战。只有凭借自己的努力，在综合实力上全面超越非专业的社会服务，我们专业社会工作才可能在市场中占据有利地位、获得良好发展空间。对于这个领域的问题，我未来也会写一些文章来作进一步的阐述。我认为，政府购买服务机制和市场机制两个方面需要同时推进。我相信，如果能够成功引入市场机制，我们社会工作的生态空间

---

① 即《国家中长期人才发展规划纲要（2010—2020 年）》中的“六类人才队伍建设”。

就会得到明显的改善，那么目前“吃穷人、服务穷人”的局面也能够得到根本性的转变。

五、结语：社会工作之春，社会之春

我记得在2002年或者2004年的时候，福州大学邀请我参加当年的政治学年会。在会上的演讲中，我提出了这样一种观点：之前的20年，是经济学家的春天；今后的20年，会是社会学家、社会工作者的春天；至于政治学家的春天，我们恐怕还要再等30年。我原以为这番话会引来政治学学者们的不满，谁知道讲完以后台下竟然掌声雷动。后来，曹沛霖①、孙关宏②这些政治学系的老前辈都纷纷走上前来和我握手，对我的演讲称赞不已。

其实，我这番话倒并不是针对政治学而来，这个观点实际是我对国家发展宏观形式作出的预判。综观当代中国发展历程，国家现代化进程中经济、政治、社会三大板块的相对关系，始终决定着我们社会生活的方方面面，也影响着各个学科发展的长期走向。在毛泽东时代，我们讲的是“阶级斗争为纲，纲举目张”，政治领域的阶级斗争统领着其他领域的一切活动。到了拨乱反正时期，中共中央总结了过去的经验教训，确定了“以经济建设为中心”，人们的工作重心开始从阶级斗争转向了为经济建设的大局服务，中国从此开始走上了经济高速发展的富强之路。经济体制改革为我国的经济学家带来了学术发展的富矿，这就像改革第二阶段中的社会转型与变革为社会学、社会工作提供了大显身手的空间一样。但对政治学专业来说，让政治学家们贡献智慧的时机现在还没有到来。

目前，政治学虽然学科人数众多，但他们所进行的研究却仍然徘徊在核心领域外的边缘地带。比如，在我看来，目前政治学热衷研究的社区民主、基层自治等主题，其实就不属于政治学的范畴。诸如投票解决停车难问题之类的社区民主，实际是民生意义上的民主，更多属于社会学的领域，它和政治学意义上作为权力来源的民主是不能等同的。所以，复旦大学前国际关系与公共事务

---

① 曹沛霖，复旦大学国际关系与公共事务学院教授，曾任复旦大学国际政治系主任、复旦大学首席教授。

② 孙关宏，复旦大学国际关系与公共事务学院政治学系教授，兼任中国政治学会理事、上海市政治学会副会长。

学院副院长林尚立[①]教授过去做社区民主研究时，我就开玩笑说："林教授，你们怎么自己的主业不干，却拿着锄头跑到我们田里来耕地了？"但实际上，如果我们国家的政治体制改革不能真正开启，这种情形就很难彻底改变。

现在，经过了改革开放40年的发展，我们也在对现状不断反思。随着我们的物质生活日益充裕、文化水平逐渐提高，各种社会问题也在持续增加。这样的情况让我们越来越多地思考，经济建设该不该继续留在它的中心位置，那些仅有利于经济、不利于社会发展的活动是不是应该逐渐削减。比如，我们经常能看到，许多有利于经济发展的项目却造成了生态环境的破坏、影响居民生活等一系列问题，因此也受到当地民众的强烈反对。这些类似的状况都让我们意识到，经济发展不应该是根本目的，经济建设最终必须服务于社会的发展。

所以我认为，我们应该在恰当的时机对"以经济建设为中心"的发展格局进行适度的调整。对此，我提出，未来的国家发展应当"以经济建设为基础，社会发展为中心，民主法治为保障"。现代化的最终目的是促进社会更好地发展，是更好地服务于人民美好生活的愿望与追求，因此我们就要将社会建设放在中心位置；而社会的全面发展，既需要经济建设来提供支持，又需要民主法治来提供保障。我们已经看到，中国的现代化进程选择了一条与欧美发达国家不同的道路：先经济、后社会，最后再涉及政治。在经济体制改革上我们已经取得了显著的成绩，现在我们仍然在继续地推动社会体制改革、推动社会建设；那么未来的二三十年，我们也要进一步推动政治体制改革、推动政治建设和民主法治的发展，最终构建一个更加公平正义的良性社会结构。如果这种格局能够形成，那么我们国家的现代化事业就大有希望了。

当然，憧憬未来不是让我们无视当下的问题和挑战，我们也应该看到目前发展模式中存在的种种弊端。在经济领域，政府对经济的干预活动导致经济内生动力不足，以至于发展趋势难以持续。在社会发展方面，目前政社分开的格局还没有完全形成，政府对社会事务大包大揽的现象还很常见。此外，还有权力寻租这类被我称为"不可避免之恶"的现象也从改革开放初期遗留至今，没有得到彻底根除。问题是方方面面的，但关键在于我们是否能坚持

① 林尚立，中央政策研究室秘书长，曾任复旦大学国际关系与公共事务学院国际政治系系主任、复旦大学国际关系与公共事务学院常务副院长。

全面改革、深化改革。市场经济要进一步向前发展，就必须像党的十八届三中全会所强调的，让市场在资源配置当中发挥决定性作用。社会建设领域同样也是如此，我们还需要依靠改革来解决这些问题。那么社会工作作为社会建设、社会发展必不可缺少的部分，随着市场经济的深入和客观需求的增长，随着我们进一步将促进社会工作事业发展与改革的具体进程和趋势相适应，它的功能与意义还会更为突显。

空间越大，责任就越大。未来的事业还需要一代代社会工作者不断地投入努力。但如果我们能在职业发展中注入自己的理想，把自己绑定在整个事业的发展之上，那么当你看到自己的理想一步步变成现实，社会一天天变得更美好时，你也就能从中分享幸福感，获得成就感，实现自我价值。像我自己就是这样，我在从进入行业之初就怀抱着这种理想和信念。我推动机构发展，并不是为了机构而做机构；我推动社会工作发展，也不是为了社会工作而做社会工作。推动社会工作的发展，是为了推动我们国家社会组织的发展、推动政府社会责任转变，是为了调动社会力量来参与社会建设，最终促进社会的公平正义、团结和谐。这是我宏观的使命之所在。

路还很长。

访谈员后记

与徐永祥教授的会面似乎是充满波折的：在最初邀约整整一个月后的那天下午，徐教授才终于风尘仆仆地从差旅中赶回，为我们敞开了办公室的大门。但这也是一次充满惊喜、充满收获的面谈：我们见到的是一位亲切随和、平易近人的长者，一位关爱学生、提携后辈的师者，一位幽默诙谐、谈吐生风的智者。接近两小时的访谈虽然并不算长，在徐教授深入浅出地讲解下，中国社会工作100多年的曲折征途如同一幅生动的画卷在我们眼前纵横铺展。同时，这也是一段“个人史”：从最初的知其大略，到毕生的认同与热爱；从困境中踟蹰而行，到重温往事的感慨万千、放眼未来的意气风发。在前景模糊的大环境中，他也曾经受困于时代的掣肘，选择过迂回妥协——尽管我们听到的只是片刻的停顿和轻叹；在个人命运与社会脉络的纽结与缠绕下，他却从未忘记初衷、迷失方向。看似平淡无华的娓娓讲述，让那份深沉的家国情怀更显得具体而温暖，这段宏大的历史也正是因为印刻着个人记忆的痕迹而越发真实动人。

访谈已经完成，但它带给我们的思考与感悟却远没有结束。在那些风云变幻的社会演进过程中，每一个个体都像是几乎可以忽略不计的渺小沙粒。但那滚滚洪流中总有一些怀抱着高远理想的人们，他们不甘于随波逐流，而是以主动的身体力行、奋斗不息，参与着、影响着、推动着历史的进程。他们的声音或许并不响亮，却最终汇成了一个时代的恢宏乐章。

机构简介

深圳市现代公益组织研究与评估中心正式成立于2010年，是徐永祥教授应邀在深圳创办的专业支持型社会服务机构，也是国内最早从事公益研究与评估的社会服务机构之一。中心团队由社会工作博士、社会工作硕士、社会学硕士、资深社会工作师和财务管理师构成，同时中心还储备了一支由华东理工大学等高校的教授、青年教师，以及社会学、社会工作硕士博士组成的兼职队伍。为了进一步提升公益研究与评估的专业技术水平，中心还成立了由知名专家学者组成的“现代公益专家库”。

2011年以来，东莞、广州、上海及台州等地的现代公益组织研究与评估中心相继成立。各地中心相互协同，共同践行“服务公益事业、致力社会创新、打造研究引领型的民间智库”的组织使命。

中心自成立以来，多次承接包括民政部、广东省妇女儿童工作委员会、深圳市民政局、中共深圳市福田区委政法委员会、华东理工大学、李嘉诚基金会、成美慈善基金会等在内的党政部门、高校和社会组织委托的各类研究与评估项目，通过科学的研究与评估方法、务实的工作作风，为公益服务和社会建设与创新提供智力支持与技术保障，受到了各方的认可。经过十余年的不断探索与积累，中心逐渐形成了“公益慈善与社会服务”“社会组织发展扶持”和“社区/基层社会治理”三条业务主线，发展了“评估+服务监管、咨询顾问、能力建设、调研规划和标准研发”的系统化工作模式。在中心各项研究成果的基础上，“现代公益论丛”第一辑即将由华东理工大学出版社出版发行。

中心目前是深圳市5A级社会组织、深圳市社会工作者协会副会长单位、深圳市社会组织总会理事单位。

社会情怀　社工初心

——顾东辉教授访谈录

访谈时间：2018 年 12 月 28 日 15:11—16:42

访谈地点：复旦大学邯郸校区一号楼

访 谈 员：周洁　彭诗琪

受访者简介：顾东辉，复旦大学社会工作学系教授，复旦大学文科科研处处长，校教指委社会科学委员会副主任；上海复惠社会工作事务中心理事长，上海市阳光社区青少年事务中心理事长；中国社会工作教育协会副会长，中国社会工作学会副会长，教育部高等学校社会学类专业教指委副主任，国务院学位委员会全国 MSW 专业学位研究生教指委副主任。曾获上海市五一劳动奖章（集体奖，2008）、上海市社会工作者协会“十大社会工作杰出人才”（2012）、民政部“中华慈善奖最具影响力项目奖”（集体奖，2008）、中国社会工作协会“2012 年度中国十大社工人物”（2013）、北京大学－香港理工大学中国社会工作研究中心“第五届林护杰出社会工作学人奖”（2017）等奖项。

编 者 按：社会工作是兼顾临床实务和宏观策略的科学与艺术。顾东辉教授领衔、复旦大学社会工作学系老师为主于 2007 年 2 月 9 日创办的上海复惠社会工作事务中心，是我国最早一批高校教师领办的民办专业社会工作机构。中心的主要业务包括为社会工作者、社会工作机构及党政部门提供社会工作项目开发、评估、督导、培训、信息咨询、交流合作和能力提升等。多年来，顾东辉教授的社会情怀和实践智慧影响着“复惠”发展，更具“溢出效应”，激发了更多社会工作机构的成长。顾教授通过机构实践加深了对中国社会工作的理解，提出了一些非常具有启发性的见解和建议。

一、创办篇·为社会工作做点事情

（一）教师参与“复惠”诞生

谈到民办机构、教师创办机构，我分享一下上海复惠社会工作事务中心创办的故事。“复惠”是我们复旦几个老师一起办的，是为回应国家社会建设的宏观要求而创立的。2006年下半年开始筹备工作。当时，虽然“建设宏大的社会工作人才队伍建设”国家战略还没有提出，但是，政府比较鼓励社会组织的发展，尤其是推动创立民办社会组织。2006年10月，党的十六届六中全会召开，提出要“建设一支宏大的社会工作人才队伍”，社会工作在中国首次被写进党的会议报告。这表明国家比原来更加重视社会工作的发展，社会工作及其人才建设在中国也进入了新阶段。此后，社会工作及其人才建设工作在全国逐步铺开。上海市浦东新区作为中国社会工作发展的“领头羊”，很早以前，大概1994—1995年，就开始发展社会工作，对社会工作有很多了解，举措也有一些。当初，我在浦东新区社会工作协会担任常务理事，新区政府相关部门有些领导也参与协会工作，我们就社会工作的交流比较多。一位领导说，社会组织挺好的，政府也在推动，就问我们高校老师能不能办个机构，“你可以自己办一个机构，参与一下”。后来，他也敦促我几次去办这个事情。除了浦东新区领导的积极推动，浦东新区社会工作协会的同人也觉得这个倡议挺好。那时候，浦东新区的社工实务、机构发展虽然不多，但是，大家都知道，要推动社会工作发展，尤其要体现专业性，很重要的就是成立一些专业社会工作机构。

从社会工作的专业建设来讲，复旦大学是全国顶尖学校，早在2001年开始就与香港大学举办了得到国际认可的MSW（社会工作硕士）学位课程，还有MSSM（社会行政管理硕士）学位课程。复旦大学当时的社会工作教师都在MSW第一期学习。在我提议创办一家专业社会工作机构之后，复旦大学社会工作学科的老师都积极参与。我安排了一位老师具体负责此事，准备了相关材料，开始在浦东新区民政局办理注册手续。由于机构创办是出于政府层面的邀请和推动，注册及审批的过程都比较快。2007年2月9日，“上海复惠社会工作事务中心”完成注册。这个机构至少是全国高校社会工作专业教师最早办的机构之一，是否第一家，还要专门考证。

我们创办这个机构，最早的推动力源自政府，尤其是相关部门特别是民政系统的有关领导。事实上，我们一开始还不是主动想怎么样，但是有了他们的拉力，我也觉得挺好。一方面，我们和这些民政局领导的公交私交都挺好，平时虽然上课很忙，出于友情也应该作出呼应并予以支持；另一方面，我觉得作为社会工作专业的老师，成立一家专业社会工作机构也不错。复旦大学的老师包括我本人也觉得，作为社会工作专业老师能有一个参与机会，应该为社会工作做点有意义的事情。从我个性来说，也是很愿意做这类事情的。总体上，从影响机构创办的因素看，60%—70%应该是外在拉力，主要是来自民政系统领导兼朋友的大力推动，30%—40%出于自己的主观意愿。当时政府领导一推，政府层面配合很好，机构注册和工作推进抓得很紧。“复惠”就这样在2007年2月9日正式注册成立了。

（二）“阳光”成立经验积累

在“复惠”创立之前，我已经在上海市阳光社区青少年事务中心（以下简称阳光中心）义务做了一些专门工作，有了一定的经验积累。这些体验对创办“复惠”有积极作用。阳光中心并不由我本人创办，而是由上海团市委注册的。这就是说，阳光中心是党政部门创办和推进的。当初，中心设董事会，董事都是团市委（包括社区青少年事务办公室）邀请的。我任第一届董事，第二届开始董事会改成理事会，我担任理事长。现在想来，阳光中心的成立，其实跟我也有点关系。2004年，团市委研究室委托我和复旦大学同事撰写了一份有关社区青少年状况的调查报告，后来这份报告获得了团中央的调研一等奖。当初的研究结果是上海有6万多社区青少年，并或多或少存在“失学”“失业”和“失管”的状况。所谓“失学”是没读书，“失业”是没工作。“失学”跟“失业”是很明显的，可以知道的。什么叫“失管”？比较难以界定，父母管不住其实也是“失管”。有过去资料显示，这些人出现行为偏差状况的可能性相对较大。这份报告估计对团市委呼应政法委工作并决定成立阳光中心有一定参考作用。

2003年，上海市出台了《中共上海市委政法委员会关于建构预防和减少犯罪工作体系的意见》[①]，决定在全市推进预防和减少犯罪工作体系建设。这个意见希望舒缓或解决当时的吸毒人群、社区问题青少年、社区矫正对象可能带来的治安问题。所以，市政法系统推动创立了三个社团[②]，其中一个就是服务于青少年的阳光中心。

阳光中心是 2004 年 2 月 28 日注册的。注册之初，阳光建有董事会，董事长杨国平是上海大众集团的老总，我是董事。当初，阳光中心的初期事务，包括早期的文件起草等工作，主要是由团市委（社区青少年事务办公室）某领导、上海师范大学社会学系某教师和我一起参与的。当然，我们也经常开董事会，讨论阳光中心的宗旨、定位、战略及发展细节。所以，对于社会工作机构到底怎么运作，我在此过程中获得了直接经验，也有一定感觉。

（三）宏观为主的战略定位

2007 年 2 月初我们在浦东成立"复惠"时，离我最初参与阳光中心的社团建设已过去 3 年左右。这个机构怎么做，我们定位很清楚：我们要做一些宏观为主的社会工作，不从事实务工作。宏观社会工作为主，就是涉及社会服务人员的能力提升、社会服务项目的评估、工作人员的督导、协助进行服务项目的设计等，属于行政管理或政策的内容。如果做实务性机构，尽管复旦大学在实务这块也非常专业，但是得招聘很多一线工作人员，比较耗精力，成本也很高，会影响我们本职工作。此外，从机构运作、可维持、可继续的角度，定位在做宏观社会工作为主，做些支撑实务的服务，也是比较合理的。所以，我们 5 位复旦大学的老师，其中 4 位是社会工作学系老师，一位是已

① 在上海市委政法委的直接领导和推动下，上海市从 2002 年 8 月起，在徐汇、普陀、闸北 3 个区的 3 个街道先行启动了社区矫正试点工作。2003 年 1 月底，又扩大至 3 个区的 31 个街道。一年来，试点工作进展顺利，已取得了良好的法律效果、政治效果和社会效果。2003 年 7 月 10 日，最高人民法院、最高人民检察院、公安部、司法部下发了《关于开展社区矫正试点工作的通知》（司发〔2003〕12 号）；2003 年 9 月 15 日，市委办公厅转发了《中共上海市委政法委员会关于构建预防和减少犯罪工作体系的意见》（沪委办〔2003〕16 号），对进一步推进社区矫正试点作出了总体部署，提出了明确要求。

② 2003 年初，上海市委政法委按照"政府主导推动、社团自主运作、社会各方参与"的方式，由政府出钱购买服务，引入社团和社工帮助吸毒者、社区青少年、社区矫正人员三类特殊人群树立生活的信心和提高能力，从源头上预防犯罪。2004 年 2 月，上海市组建了 3 个民办非企业性质社团组织，即上海市自强社会服务总社、上海市新航社区服务总站和上海市阳光社区青少年事务中心。这标志着社团自主运行的实质性启动。

离开复旦大学的原社会学系老师，注册成立了这家机构。浦东新区和不少其他机构对我们机构都很支持，还在园区给“复惠”安排了一间专门的办公室。

“复惠”2007年就定位于从事宏观社会工作服务，这在全国范围内肯定不多见。当初，全国成立的一些社会工作机构绝大部分是实务导向的。宏观导向的社会工作机构不同于实务导向的机构，人员队伍比较精练；因为作为间接服务，不见得每天不停地做项目，也不像实务机构有服务时间等细节规定。“复惠”的主要想法是，假如党政部门或企业社会责任部门委托我们机构做些支持性事务，我们就积极承担。这对我们社会工作专业的老师和同学也是很好的锻炼。同时，我们可以根据大家的工作量，合情合理地发放一些劳务费，减轻一下学生的经济压力，也为参与的老师增加一些收入。

宏观社会工作机构运作与实务机构运作的主要区别在于人力资源管理方面。从事直接实务的机构，人力资源的成本非常高。2007年前后，上海的政府购买小型服务机构服务的积极性跟现在完全不可同日而语。为什么阳光中心能成为几百人的大机构呢？因为阳光具有政府背景，政府愿意购买，这样招募四五百人就没有问题。但是，民办社会工作机构还不能完全依靠政府来保障人力资源所需的成本。所以，我们做机构一方面要结合复旦的特长，另一方面也不能影响岗位工作。老师应该以教学为主，主要精力放到教学上，而不是放到机构上。宏观服务符合我们的各方面情况与想法，因此就成为当初的基本思路。

（四）院系支持共筑“复惠”

“复惠”中，我们复旦大学社会工作专业老师占了绝大部分，也有已离开复旦大学的原社会学系老师。我们几人互相熟悉，知根知底，各方面也都靠得住。当时注册成立机构需10万元，每人就出了2万元。注册手续办得比较快，老师们也比较积极。当初，我联络大家希望他们参与创办机构，大家觉得，顾老师这个人很好，眼光是可以的，与大家也要好，生活较有情调，跟我一起参与许多事项都很开心。因此，我倡导后大家都比较配合，都觉得挺好，也愿意和我一起做这个事情。

创办机构没有影响我们的教学或科研，总体比较顺利。大学老师除了教学和科研之外，还是有些机动时间的。做这个机构，时间上还是方便的。

不能说因为办机构，上课上不了，本职工作受影响。从复惠来说，这方面的影响没有这么严重，这是第一点。第二点，我们也有团队。任务来了，可以把工作拆开，张三、李四、王五各做什么，每人负责一小块，分工合作。在此过程中，每个人参与的前提是不要影响本职工作。学生也是如此，不能耽误学习任务，就是首先要有空，逃课来参与就没意思了。有些学生家庭经济压力比较大，我们就叫上他们一块做，稍微补充点收入，减轻些父母负担。

创办“复惠”时，学校也没什么看法。2007 年，我在社会发展与公共政策学院担任党总支副书记①。当初的院长彭希哲教授在浦东新区社会工作协会担任会长②，我们经常一起开会。前面说到的政府相关部门领导是我们的共同朋友。创办这个社会工作机构，他也知道，也觉得办个社会工作机构挺好。当初，不像现在有一些关于兼职的具体规定，学校那时对干部兼职没什么限制。而且，创办社会工作机构也属于为社会服务。在这个机构里兼职，属于义务劳动，平时没有收入，相当于公益参与，非营利性很明显。完成别人委托的项目时，稍微发些劳务费，主要发给参与的学生和老师，协助他们稍稍改善下基本生活。大家很好地兼顾了这些工作，与学校的工作、领导和同事也不存在什么利益冲突。

总体来说，“复惠”的创办过程是非常顺利的。当初，浦东新区政府的民政局希望我带头承办，我也很愿意做这个事情。就像谈恋爱一样，政府看中我，我觉得“欸，这个人挺好”，也就愿意跟她结婚。在上海，大家认同复旦大学的社会工作专业水平，在多年工作互动中也非常认可我个人，知道我做事规范，人靠得住，不会出问题。因此，我作出积极回应后，政府领导也非常认可，我们也顺利完成了相关手续。所以，机构创办没碰到什么困难。

---

① 顾东辉，时任复旦大学社会发展与公共政策学院党总支副书记。

② 彭希哲，时任上海市浦东新区社会工作者协会会长。

二、机构篇·做德才兼备的核心人物

（一）德才兼备领悟真善

“复惠”成立到现在，已经12年了，一直以复旦大学的社会工作学科老师为主进行运作。“复惠”没有聘用专职人员。当然，社会组织的机构管理，其原理都是一样的。

管理机构，就是跟人打交道。讲得高大上一点，作为管理者应该德才兼备。所谓“德”，就是为人厚道，在伦理方面比较规范，跟同事互动时，也要尽可能提供协助，思考怎么帮助他们，这一点很重要。因为在我们这个年纪，各方面压力都会比年轻人要小些。我们有些老师的孩子很小，学生也主要来自普通家庭，还有不少是农村家庭，他们都需要得到一些帮助。所以，管理者必须要厚道。厚道以外呢，要有善良的心态，愿意帮助弱者。我觉得，判断一个人是否真善的重要标志之一，就是看他是否帮助弱者，而不是尊重强者。尊重强者不代表为人善良，因为他以后可以回报我、提拔我、给我资源。帮助弱者，就不可能有太多物质上的回报，但我还是愿意提供帮助。这种“善”很可贵，应该弘扬，对国家和民族也都有利。所以，机构管理者要有广阔的胸怀，愿意帮助弱者，要有团队精神。这是从“德”的层面来讲的。

那么“才”呢，就是专业素养要达到很好的高度，这包括团队成员的管理。学生跟着你参加项目，团队需要经常讨论，怎么开会才能提高效率？怎么把一个复杂的目标拆成具体任务，时间节点如何安排？弄明白什么时候做什么、什么场合干哪些，都需要专业素养。一般而言，我们完成任务时都有工作表，人手一份，还经常建立工作联络群。大家都很忙，尽量不要浪费劳动。每人按工作表做，做过以后他就知道，原来项目是可以细化的，效率也可以因此而提高。从专业角度看，就是我们项目做得怎么才能跟人家不一样，怎么突出我们的专业优势。做完之后，大家觉得同样做一件事情，一方面可以减轻家庭压力，另一方面学到了书本上没写清楚的东西。事实上，我本人对在中国文化中如何推进社会工作的领悟，肯定超过翻译过来的许多西方教科书，因为教科书大部分从西方文化视角讲些条条框框，不一定很接中国的地气。因此，“才”就是要懂专业的内容，要懂专业里的行政互动，既包括对外跟政府、项目委托方的互动，也包括对内围绕目标怎么细化、分工合作、抓住节奏，然后怎么通过绩效来呼应团队成员的贡献，甚至还超越他的贡献，那大家就很舒服、很开心。这样，机构管理就很顺利。

（二）关怀员工提升境界

谈到怎么把机构管好，前面讲到，核心人物要兼具“德”和“才”。假如核心人物心底无私，那就无欲则刚。事情该怎么做，劳务费如何分配，机构员工和参与人员都会感到舒服。比如，按照工作量，某人只应该得1000块劳务费。我们机构的做法是，除了管理费、税收、项目成本之外，项目费用中很大部分是发给学生和老师的，可能大于其贡献。所以，大家也是蛮开心的。我也有一点劳务，毕竟开会、组织、与政府打交道，也要付出很多精力。当然，会尽量与大家同工同酬。如在许多培训中，我与一个讲师的劳务就是一样的。因此，机构管理的核心人物，需要拥有一种“忘我”境界。

社会组织的管理不同于经济学。从“经济人”的视角看，最好给参与者少一点，这样机构拥有者所得利益最大。我们“复惠”不是这样运作的。项目委托过来后，我一般安排一位老师协助统筹负责，他也会找人一起参与。每位老师负责不同项目，我是总牵头，负责设计、统筹、报告修改定稿等事项。年轻老师蛮辛苦的，他们负责不少事务，比如撰写研究报告的初稿。在每个项目中，我们都将尽量给年轻人更多机会和回报。作为机构的管理者，我的劳务不一定比其他老师多，对此大家都比较服气，整个机构的员工关怀和工作氛围就很好。

（三）角色定位以教为主

在“复惠”，我的角色主要是两个。一是作为联络者，因为政府找我办这个机构，我跟各方比较熟悉，相当于做了联络中介。二是对机构所有项目进行总设计。十多年来，“联络者”和“总设计”这两个角色基本没变。自己做事合情、合理、合法，对社会有贡献，政府、委托方、老师和同学都喜欢我。现在这个状态，我觉得挺好，也是作为机构核心人物比较高的一种境界。

就宏观场域看，我们国家的社会工作发展处于特殊阶段，专业机构很少、整体专业性不强。在这个时段中，高校老师应该肩负起社会责任，参与到实务机构的创办及推进工作当中。当然，高校老师的使命还是以教学为主，因为身份是大学老师，工资也是大学发的。那么，既要服务社会又要正常教学，如何兼顾呢？我觉得，可以将参与各类社会服务时获得的实践体验，反哺到教学科研之中，如果只付出劳动而没有积累提升进而反哺，就比较可惜。社会工作教科书上写的内容跟中国实际情况很不一样。我们的实践经验应该成为教学和科研的营养，这样的劳动就没有浪费。当然，社会工作界的不同老师可能对规则的理解不同。我觉得，社会工作发展到一定阶段后，参办机构的教师不应该以外为主，而要慢慢退出机构的管理和运作，回归到学校的本职工作。毕竟老师是拿高校薪酬的，相当于体制内人员，退出机构有现实必要性和逻辑合理性。

三、互动篇·显社会工作机构的社会品位

（一）不要一家独大而要百花齐放

社会工作机构不应一家独大，而要百花齐放。这是社会组织之间团队互动、友好相处、体现“社会味”的表现。就机构项目来说，“复惠”不大主动去竞标。为什么呢？这跟我的个性有关。我与上海乃至邻近地区的委办局领导、招投标专家多有工作联系，也比较熟悉。不同层级的不少政府部门也委托我做些项目。这样，机构已有一定工作量，我觉得就可以了，否则太忙，这是第一。第二，我当然也可以主动竞标一些项目。假如这样，许多机构是竞争不过“复惠”的，因为评委我大多相熟，我们的计划书也不会差。“复惠”就像“可以杀人于无形的高手”，中小机构则刚开始练套路，大家不在一个数量级，“复惠”在竞争力上肯定超过许多机构。所以，在同一舞台竞争，是不公平的。这些机构本来充满参与社会的理想，想有所发展，如果刚出山就屡屡受挫，会失去参与信心，不利于社会工作行业的整体建设，也不利于社会组织的内部团结和平等文化的发展。

社会组织属于社会领域，不是市场领域。市场领域讲究相互竞争，强者为王；社会组织讲究关注弱者，有人文情怀。“复惠”已经不饿了，已有良好的生存质量，不应该吃得脑满肠肥。其他机构都要生存，也应该有东西吃。这就是我们不主动出击的原因，也是行内应该彰显的共生情怀。

（二）体现社会组织的社会情怀

为什么在社会系统内我的观点较受认同呢？因为“复惠”比较内敛，止于至善，不太主动出击。这不是小富即安，而是考虑很多因素后的理性行为。小型机构和年轻团队都应该有生存空间。在市场领域，企业要竞争，最好一家独大，这是丛林法则。在社会领域，有特殊规则，要做好人，协助困难群体。社会规则要让大家活，事实上也是着眼于整个行业的未来发展。

我经常去参加招投标，并做评委主席。那些参加招标的团队很不容易，多数是年轻人在运营，不少人还是研究生刚毕业。他们的核心成员我大多认识。他们一般把服务总价写得较低，我觉得这不合理。因为机构要养活员工，还有许多开支，报价较低可能用劣质材料。因此，我觉得委托方应该有合理的发包价格，竞标方不应该追求低价竞标，这是保证服务质量的前提。让人家也高兴，让别人也吃得香，这是好人特征，也是我们追求的状态。“复惠”不追求市场规则，而是要遵循社会规则，让大家并存互动。我觉得，整个社会服务行业得到发展，许多社会组织有所进步，才是最重要的。“复惠”以及其他社会组织应该有这样的社会情怀。

（三）以评促建协助他人成长

十多年来，我在机构里的角色没什么调整，反而是在与外界互动时，还增加了一个评委角色。在竞标过程中，自己也会与年轻的机构、年轻的队伍分享一些表达方式，告诉他们哪些地方不合适，哪些细节需要改进，并且积极地关注他们的生存和发展。这是以评促建，可以进一步促进社会工作机构的建设，希望对其生存和发展有引领和帮助作用。

在社会组织内部，我真实地期待与同行尤其是年轻社工多进行互动，希望他们能参与到社会工作专业活动中来，并有所成长。为什么呢？现在机构虽然越来越多，但是，就像考试一样，考到 A 的机构不多。实际上我们社会工作专业，假如整体实力不高，高手机构不多，是不利于社会建设和社会治理的。所以，我非常愿意与年轻机构加强互动，可以义务分享做社工的体验，与同行们一起成长。这是我对助人、对同行互动的理解。

四、影响篇·做恪守本真的专业有心人

（一）理想状态的社工老师

作为大学老师，我们的使命是教学、科研和社会服务。社工机构属于社会服务领域。自己做了这个机构以后，个人成长也得到了进一步推动。机构管理是真正的跟人互动，从中能有所成长和获得体验。在中国文化中，坚守道德伦理是怎么回事，我在机构工作中有所体会。在机构管理和运营过程中的体验和案例都有利于教学质量提高，也使得上课更加生动。当然，跟各方人士打交道，也是给我综合能力提升的机会。

理想状态的社工老师，教学、科研、实务都要达到良好状态。个人觉得，自己在这些方面总体不错。有些老师只能上课，不一定会做实务；有些老师只会实务，写不出研究文章；有些人上课可以，写东西也可以，但比较害怕实务，看到服务对象就紧张。应该说，自己在这么多年的实践参与中也在逐步成长。在跟实务界人士打交道时，自己的功力比他们好；在跟政府打交道时，自己能从专业角度论述怎么做。别人觉得我上述几方面还可以，慈眉善目，厚道善良，为人也好，愿意跟我交往。这对我的境界提升、幸福感增强有推进作用。这是我的理解。

不管什么人，如果有所成就，应该较少被生活困扰。事实上，任何行业的内部都像金字塔，塔尖上人很少；不同金字塔的塔尖上人的差异不会太大，倒是塔内部的上下区别很大。当然，作为复旦大学教师，尤其增加了实践体验后，自己的物质和精神生活都应该有良好的状态。

（二）德位相配人尽其长

谈到做实务对个人的影响，要辩证地看待。人的精力是一个常数，办实务导向的机构，管的事情比宏观为主的机构要具体复杂，工作人员也需要较多，工资压力也比较大。机构与人一样，也要“德位相配”，就是实力与行为要呼应。如果是真正的高手，在做实务时的体验可以有所著述；怎么管理员工、怎么激励员工，找些理论支撑，加上实务经验，那就是社会工作行政管理的论文。做什么机构，从事哪些服务，说到底，也要与机构承办者的德

才实力呼应。老师既然有教学和科研的任务，在做实务时，就可以联想哪个案例上课可用，哪些内容可成文章。当然，每个人功力不一样。如果功力80分，从事实务已消耗了70分，只用10分去做论文和教学，那么工作肯定受影响。别人适合做的，不见得自己也合适。承办社工机构的高校老师，需要客观地反省自己是否适合去做，进而思考机构应该做什么。

量才录用、人尽其长，社会工作也是一样。看到人家办了大机构，办得也不错，就想我也办一下，但是对于人怎么养活、资源哪里来要有综合的判断和定位，还是要跟自己的能力和可控资源呼应。“德位相配”很紧要，自身能力和素养决定了自己可以做多少事情，不要小脚穿大鞋。小脚穿大鞋，人家很羡慕，可是走路肯定不如穿合适鞋方便。我们不能简单理解服务社会、贡献国家，首先要能自助并动态提升综合实力。如果从事力所不及的事情，不但不利于行业建设，也会摧残自身心灵。我们要实事求是，本真一点。这是我的实践智慧和人生体验。

（三）反省与互动的智慧

专业没有上下高低之分。每个人要能做到专业的顶尖人物，都是不容易的。比如，考古专业比较冷门，但是做到考古行业顶尖人物也会发展很好。金融专业很热门，高考时竞争残酷，毕业后“在银行工作”很好听，父母亲也很自豪，脸上有光，但是不见得每人都发展良好。如果你具有考上金融专业的实力但进入了考古行业，就可以田忌赛马，发挥优势，很有可能改善未来生活。当然，如果已经踏入了一个行业，我们能改变的就只有自己，需要不断进行反省从而提升自己。如果觉得某件事情别扭，有个环节卡着，要设法打通。就像老师上课，如果某些“卡脖子工程”经过你的解构，很清楚地分成若干个步骤，老太太都能听懂，你就很厉害。如果反过来，本来就是一个茶杯，被你一讲很多人都听不懂。这就是举轻若重，不是好的表达方式。社会工作似乎很复杂，如果把握其战略和格局，领悟人际积极互动的真谛，就可以举重若轻，助人自助于无形之间。

社会工作乃至任何活动的关键都是人际互动。在人际互动时，如何表达非常重要。你一讲，别人如沐春风，很舒服，就愿意跟你交往。反之，如果跟人交往时只重细节，每点都算得你我清楚，那谁跟你合作呢？创办机构也是一样。机构就像小孩，我们都希望正面影响小孩，帮助其健康成长。就像父母无论在外表现如何，回家都会尽量树立正面形象，体现出高大上的模样。所以，机构管理人员最好是本真优秀的正面人物，本身就高大上，同时具有良好的与同事及各方互动的智慧。

五、寄语篇·促本土导向溢出发展

（一）溢出效应榜样的力量

高校教师领办社会工作机构的优势是很明显的，因为他们的平均专业水平是超越实务界其他人士的。当然，高校老师除了把机构做好，还应该发挥服务社会的延伸作用，形成“溢出效应”[①]，类似于社会工作课程中的“淌滴理论”[②]。

第一，高校教师创办机构，要对教学和科研有推进，机构创办的管理和实务经验要反哺教学科研，否则就是本末倒置。

第二，高校老师创办的机构，应该对其他机构有正面示范作用。尽管社会组织系统的内部竞争是必要的，但不是要你死我活的。总体来说，要发挥专业优势，协助其他专业机构，提升自己的专业能力、培养个人的综合素养，共同营造咱们社工、专业社会组织的友好合作环境。中国人是看榜样的。高校教师办的机构要洁身自好，严格要求自己，从各方面、各角度没有负面东西，比普通的其他社工及其机构做得更好，进行正面示范，起积极的榜样作用。这就像心理学或者我们社会工作专业的“社会学习效应”[③]。

---

① 溢出效应（Spillover Effect）：指一个组织在进行某项活动时不仅会产生活动所预期的效果，而且会对组织之外的人或社会产生的影响。简而言之，某项活动要有外部收益，而且是活动主体得不到的收益。溢出效应分为知识溢出效应、技术溢出效应和经济溢出效应等。

② 淌滴理论（Trickle-down Theory）：指在经济发展过程中并不给予贫困阶层、困难群体或贫困地区特别的优待，而是由优先发展起来的群体或地区通过消费、就业等方面惠及贫困阶层或地区，带动其发展和富裕，体现“涓滴效应”。

③ 社会学习效应（Social Learning Theory）：强调观察学习在行为获得中的作用，人的多数行为是通过观察别人的行为和行为的结果而学得的。依靠观察学习可以迅速掌握大量的行为模式；但是，也重视榜样的作用。人的行为可以通过观察学习过程获得，但获得什么行为及行为表现如何则有赖于榜样作用。榜样是否具有魅力、是否拥有奖赏，榜样行为的复杂程度，榜样行为的结果和榜样与观察者的人际关系，都将影响观察者的行为表现。

第三，对自己和他人的未来，还有一个溢出效应。人家觉得高校教师做得不错，老师很有境界，为人正派，服务也好，自然朝着高校教师导引的方向走，这个行业自然就更好。这种“溢出效应”就推动了专业的发展。高校教师因此要有使命感和责任感，积极影响他人。专业要打出一片天地，打造名牌产品，是很难的；把它搞坏，可能只要一个人、一天时间，是很容易的。所以，高校老师尤其核心人物要严于律己，以身示范，展示正面形象，输出积极向上的正能量。

（二）跳出社工影响外在环境

在更加宏观的层面上，高校老师尤其综合实力强的老师，应该积极影响社会环境。尤其要加强与党政部门积极互动，他们掌握资源、出台政策；也要加强与媒体的交流，互相学习，从而营造更好的舆论环境。我们要通过正式和非正式的途径，协助他们了解社会建设、社会发展、社会工作、社会治理的新理念和新方法，积极影响社会建设领域的重要人物尤其是关键人物，发挥其在中国文化中的特殊助力作用。假如关键人物受到了社会理念的积极影响，就能够更积极地支持社会建设和社会工作，大环境也就更加积极有利。

前面讲的“溢出效应”只影响专业领域。我们还要跳出社会工作领域，影响社会工作所在的外在环境。把外在环境改善了，大家都支持社会工作，那社会工作的发展自然就更好。比如，社会建设的招投标可以有社会工作参与，体制内公务员招聘中很多岗位也可以吸纳社会工作专业毕业生。所以，社会工作专业老师不仅要自我成长、协助同行成长，还需要推动环境改变，促进专业进步，推进社会发展，最后实现民众幸福。帮助老百姓提高生活质量，是社会工作的核心使命和重要责任。

（三）“两条腿走路”的中国社会工作

中国社会工作的发展，目前是两条腿走路。第一，吸纳外来社会工作经验，适应中国的国情。现在社会工作的思路多是西化的。西方的“个案社会工作”在早年中国也都没听说过，我们可能称“一帮一，一对红”；西方说“资源整合”，我们叫“集中资源办大事”；西方称“同理”，我们叫“将心比心”“换位思考”。西方的社会工作经验要结合中国国情，要用中国的话语体系。要把西方社会工作的很多东西修订成适合中国人的，这就是本土化问题。

第二，中国本土也有很多助人经验。比如，中医讲究治本，讲究阴阳平衡，西医看不好的，中医可能看好。医疗的服务对象一般不管用中医还是西医，只要病好就行。社会工作的服务对象也是一样，不管是专业社会工作服务，还是政府的思想政治工作、行政工作，抑或兄弟姐妹的互相帮助，只要能协助解决问题，就可以了。民众的目标很务实，初心就是你帮我解决实际问题。从这个角度讲，我们不能看不起中国方法。中华民族几千年发展下来，有很多助人手段可以解决问题。改革开放40年以来，中国经济总体比较稳定，可是西方的经济却大起大落，十几年一个周期。之所以表现不同，根源在于中西是两个相对独立系统。中国文化讲究阴阳平衡，注重宏观调控。火气旺了就降降火，湿气很重就拔火罐，目的是让人处于平衡状态。所以，我们往往走两步退一步。走两步发现一脚踩在泥坑里，往后退、绕一绕，还是可以往前的。一大步过不去的话，分成三步走，步子小一点，方向是对的，而且很稳定。社会工作发展也是同样道理。目前，这方面开发不够，还是要提炼中国经验，进行归纳和总结。

当然，每个地区各有不同特点，上海经验放到河南不一定能用。现在说的“在地化”其实就是“本土化”，区别在于场域大小。“本土化”是把中国作为一个相对西方而言的大系统；“在地化”就是把某个村庄作为相对于外地的一个小系统，两者原理相同。于这个村庄而言，上海、北京、香港等地的外来发展经验就应该根据实际情况进行微调，来解决这个村庄面临的问题。“本土化”也是“在地化”，符合“here and now”即当时当地的原则。

每个地方都有解决问题的“偏方”，把这些东西找出来，是中国社会工作界目前要做的。我稍微做了些这方面的工作，对于中国本土社会工作而言，社会工作界人士的提炼显然还不够，本土经验像中医一样还没被充分挖掘。实际上，中医很厉害。很多人觉得中医没用，那是因为他碰到的“中医师”水平不高，而不是“中医学”没用。所谓中医没用，是以个体推论群体，犯了方法上的“层次谬误”[①]。中国社会工作发展要改变个体不足导致的副作

① 层次谬误：也叫区群谬误或体系谬误，指在社会研究中研究者用集群的分析单位做调查，而用非集群的分析单位作结论的现象。

用，要进行群体参与，提升本土利他实践，举重若轻，解剖麻雀，让老百姓都懂，并愿意应用。

把本土体系植入理论中，要慢慢做。目前，整个国家的哲学、社会科学都在讲中国话语。社会工作界只要充分发掘资源，是能做一些积极推进的，但是也不要期望一年两年做好。我们需要不断挖掘，每人做一点，每天做一点，一批批人不断往上推，假以时日就可能比较完善，解决问题的利他系统也可以走出国门。

（四）稳步回归胸怀广阔

在一定历史阶段，高校教师领办社会工作机构对社会工作专业化有特殊贡献。这一点不能否认，否则就犯了历史虚无主义错误。高校教师办的社会工作机构在带动行业发展、协助专业提升方面有特殊作用。其成功经验和失败教训，以及对政府政策的建议，有很多有价值的信息。当然，高校社会工作专业老师也应该稳步回归本位，要安排好、培养好机构的接班人，最好是专职接班人，然后逐渐退出。机构在教师离开后照样能运作良好，甚至比此前更好，说明老师发挥了“助人自助”的功能。如果老师一走，机构就死掉，说明老师没有协助机构自助，老师的专业水平不行。不要以为“我很重要，一走机构就死掉，这样我就很厉害”。师傅要有境界，有这个胸怀，让徒弟学习不同流派经验，超越师傅，站在我们肩膀上做得更好，把门派发扬光大。如果害怕教会了徒弟而饿死了师傅，境界就比较低，会影响整个社会工作行业的发展。心有多大，舞台就有多大。我们要有广阔胸怀，让很多年轻人成长起来，整个行业的实力因此会强劲起来，老师自己也会在行业发展中收获更多。

总体而言，承办社会工作机构的高校老师应该“德才兼备”，根据社会工作不同发展阶段，恰到好处地转变角色，并在合适情况下回归本位，将实践经验反哺教学和科研，扩大“溢出效应”。这一点要十分清醒，要不忘初心，因为我们的本职工作是高校老师！

访谈员后记

不同于往日课程形式的分享，借本次“口述史”的契机与顾老师的交谈，氛围轻松又愉悦。老师以一种很接地气的讲法，以谦逊又温和的长者姿态，向我们娓娓道来自己创办社会工作机构的历史过程和心路历程。起初，老师选择分享以宏观社会工作为主的“复惠”而非“阳光”，让我们有些意外。但是，老师对于民办社会工作机构定义的坚守，让我们看到了我国社会工作教师的社会使命感和社会情怀。顾老师的分享，饱含了在社会工作领域耕耘20余年的切身体验与实践智慧，贯之以诙谐幽默的叙事风格、生动有趣的例子，精彩纷呈。表面上似乎没有高大上的理论和意义，其实却大道无形，内含行成于思的社工人所有的真实感受和想法。一位真性情的“江湖大佬”在访谈中所展现出的真诚，以及对于社会工作发展的精准判断，让人动容和感叹。

印象犹深的是，顾老师说到“社工就是要本真一点”。在我国经济建设快速发展的当下，警惕不被功利主义、物质主义的洪流裹挟，时刻保持社会工作初心，坚守社会组织的规则，的确有着至关重要的意义。访谈结束之际，顾老师也认真地提醒道：“将我说的内容吸收60%，你们的生活以后从此改变!”诚然，社会工作是一门改变人的专业，不仅改变我们的服务对象，也在潜移默化地改变我们自身。我们要做的是促成积极改变的发生。最后，感谢顾老师的指导，在百忙之中拨冗指点，不吝金玉。“不忘初心，社会至上”的嘱托也将带动更多社工人，带领社会工作迎接属于自己的春天。

机构简介

上海复惠社会工作事务中心成立于2007年2月9日，由上海市浦东新区民政局负责注册和管理。作为一家以宏观社会工作为主的支持性机构，“复惠”的主要业务包括机构社会工作和公共服务的项目研究开发、咨询服务、督导评估及其他相关事宜，即为实务类机构和管理类机构及其人员提供培训、策划、督导、评估等事务。同时，“复惠”也积极承担和支持实务性工作。自2018年以来，“复惠”作为民政部第二批社会工作服务机构“牵手计划”的参与机构之一，代表社会工作先发地区的社会工作机构，一对一帮扶对口云南省贫困地区的社会工作机构，帮扶内容包括人才培养、机构能力提升、联合开展项目服务贫困群众等。“复惠”在大理州永平县一对一援助永平县“缘爱行动”服务中心，策划并开展了一系列面向儿童、青少年、老年、妇女、残疾人等特殊群体及矫正、优抚安置、社会救助等方面的社会工作服务项目。

在参与中助力社会工作职业化

——张友琴教授访谈录

访谈时间： 2018 年 12 月 13 日 19:30—22:30

访谈地点： 厦门市思明区若小猫咖啡馆

访 谈 者： 赵　娜

受访者简介： 张友琴，1952 年 11 月生。1978 年 2 月考入厦门大学哲学系，1981 年 2 月参加在南开大学举办的“社会学专修班”学习，1982 年初回厦门大学任教，2012 年 11 月退休。历任厦门大学社会学与社会工作系教授、博士生导师，哲学系副主任，社会学系主任，公共事务学院副院长；曾兼任教育部社会学学科教学指导委员会委员、国务院学位委员会和教育部全国社会工作硕士专业学位教育指导委员会委员、中国社会工作教育协会副会长、中国社会学学会常务理事等。任教期间曾在美国天主教大学，香港城市大学、香港浸会大学等地进修、访问。现任厦门市“温馨夕阳”咨询服务中心理事长、厦门市益聚社会服务发展与评估中心理事长。

编 者 按： 张友琴教授是一位非常受人尊敬的社会工作教育界前辈。张教授在社会工作教育领域辛勤耕耘数十载，为厦门大学、福建省乃至全国社会工作教育的发展作出了重要贡献。不仅如此，张教授还从社会工作服务层面不断进行政策上的推动和实践上的探索。张教授为创办社会工作机构所付出的艰苦努力进一步体现了社工前辈对社会工作的深深情怀和责任担当，值得我们尊敬和学习。

一、创办机构时的环境及创办过程——那时的风

（一）起风时

中国内地社会工作的发展长期以来一直是教育部门与实务部门脱节，教育在发展，实务却没有真正地发展起来。实务主要是民政工作中涉及的部分，根本谈不上社会工作职业化。2006 年应该说是这二者合流、开启社会工作职业化的一个里程碑。这一年民政部在深圳召开了社会工作人才队伍建设推进会，高校的学者和民政系统的专家以及人事部的有关领导参加了会议。我作为民政部聘请的全国社会工作者职业水平评价专家委员会委员，在这次会议上参与了有关社会工作者职业水平评价以及社会工作人才队伍建设的专题研讨。会议认为，开展社会工作者的职业水平考试，是对社会工作职业化的人才准备。高校系统为此编写了一套全国社会工作者职业水平考试的教材。2008 年开始考证①，社会工作职业化在全国开始行动起来。但除了考证外，在实务领域真正动作比较大的主要是深圳和广东。2006 年深圳的推进会以后我还去省里开过会，回来以为我们厦门也会有动作，但一直未见动静。所以可以说 2006 年这阵风对我们厦门来说没有什么大的影响。

大概到 2007、2008 年，市民政局让我去给他们下属的准备设置社会工作岗位的单位开了一个讲座。那个时候来听讲座的是救助站、福利院的工作人员，我讲了一下全国社会工作发展的情况。2008 年开始考证时，这些机构的工作人员也参加了考试。那个阶段厦门官方就没什么别的行动了。

但是厦门的社会工作专业普及却是有基础的。2002 年的时候，我们厦门大学社会学系与民政局系统的协会合作，把厦门市所有的社区工作者，年龄是 35 岁还是 39 岁以下我不记得了，全部培训了一遍。当时市民政局正面临着社区建设的任务，要搞社区建设就要有人啊！人从哪里来？一是把原有的居委会工作人员通过培训转为社区工作者，二是新增的社区工作者通过考试后录用。在起草有关文件时，我建议说这些人叫作社区工作者，就要按照社区社会工作者的标准来要求。因此当时我按照社会工作专业的要求来设计培

---

① 考证，指报考社会工作者职业水平证书。

训课程，比如社会学概论、社会工作概论、社会工作方法、调查研究方法、社会保障、心理咨询等，总之社会工作的几门必修课全部给学员上了一遍。那个时候的居委会干部二三十岁，现在差不多四十几岁，很多人现在已是社区的书记和主任了。让大家知道有那么一个专业，让社会工作的专业概念、名词入耳、进脑，这样对话平台就建立了。所以说厦门市社区工作者的专业水平并不低，后来报考社会工作职业资格证，他们的通过率也是很高的，至今在全省也是占比最高的。所以虽然当时社会工作职业化在厦门还没有动起来，但是已经在铺垫底子了。

（二）为了实务教学

2000 年厦门大学社会学系成立，我是系主任，系里只有一个社会工作本科专业。社会工作是一门实践性很强的学科，而当时我们的教师缺少实务经验，更麻烦的是在社会上找不到实习岗位。所以社会学系成立以后，我下决心要加强实践环节，从那个时候就开始做实务。2001 年 3 月 5 日，我与市老龄办、老年学学会合作，开通了“温馨夕阳”老年谈心专线，从我的初心来说，是想做社会工作实务的，但是推出来时却是从志愿者角度来服务老人。从“温馨夕阳”老年谈心专线开通到 2007 年升级为“温馨夕阳”老年服务热线一直到 2010 年这段时间，虽然服务一直有扩展，但实际上还是一个志愿者的组织，没有注册，也没有正式挂牌，就是一帮志愿者在一起做一件善事。但这条热线在当时老年社会服务不足的情况下，受到了老年朋友们的欢迎，而且切切实实帮助了不少有困难的老年人。有了热线之后，我的学生就可以参与进来了，做些案例，还有志愿者的管理等。

2001 年，当时我们社会学系还隶属于人文学院，我把开通“温馨夕阳”老年专线作为建设本科教学实习基地的一个内容，后来我们还在康乐社区和前埔南社区建了两个实习基地，目的都是为了学生的实习，当时厦门大学教务处还为这几个基地揭牌。2002 年我们系培训了社区工作者，培训完以后，我们学生的实习都有地方去了，比较容易获得实习岗位，只是这种实习还不是那么规范，没有开展社会工作服务，但是可以在社区里服务群众，可以把社会工作的理念带进去。

初期建立的这几个实习基地，是我们社会工作专业实务的起点，也为后来成立社工机构打下了基础。

（三）知行合一，得到大家认可

我的家人对我办机构是有点头疼的，他们本来希望我在退休后能够回归家庭。我先生是化学系的特聘教授，非常忙。在我们家基本上是没有节假日概念的，每天事情都很多。但是我能够注意把家庭跟工作兼顾好，特别是我在机构开始承接社会工作服务项目时已经退休了，这样会兼顾得更好些。我一般提前1个月在日历上标出先生要出差的日期，然后再安排机构督导、评估、开会等事情。有的时候我要临时出去，家务事的配合也没问题。我们家每个成员都很忙，但大家都觉得挺快乐，干得高兴，也都无所谓，各人有各人的事业追求。当然我自己也要控制好节奏。

当初转到专业服务的时候（在此之前我主要是从事社会政策研究），我跟同学们也聊过，有些同学觉得，张友琴你是教授，应当去写书（笑声……）。但我觉得社会工作就是要做，不做我写不出什么东西，况且写作也不是我的强项。社会工作界里面教师办机构的挺多的，不过像我这么老资格的，好像还没有去办机构的（笑声……）。但我不觉得这是什么问题，大家也都可以理解。

倒是当我带研究生到前埔南社区去开展服务的时候，市社会工作协会的老同志挺惊讶的，你是教授，你去做服务?！我说我必须下去，才知道这个水到底是怎么样、多深，否则你叫我在社会工作协会里搞讲座、辅导，我能辅导什么？我不知道社会工作会遇到什么困难呀！办了机构、参与实务后，现在我要是去评估或者点评机构的服务项目，基本上都能点到位。我通过参与实务、承接项目去了解当地的社会工作，了解了这里面的深浅，知行合一，对此大家是能够理解和支持的。

（四）机构的发展历程

社会工作职业化除了要有专业的人以外，还要有专业服务机构。2006年以后，深圳及广东的社会工作机构发展很快，为了进一步推动全国各地社会工作机构的发展，民政部还发文鼓励高校的教师领办社会工作机构。我们机构的建立和发展与全国许多高校教师领办社会工作机构的历程不太一样。高校教师领办的社会工作机构大多是在当地政府启动购买社会工作服务的前后一段时间内直接以社会工作机构的名义成立的，我们的机构则是通过几次转变而发展起来的，先是有一支志愿者队伍，后来成立了志愿者组织，再转型为社会工作机构，整个过程历时较长。

2010 年我们成立正式的机构，是因为市老龄办来了一位新主任。她觉得一年给老年热线 2000 元的补贴，做不了太多事，所以老龄办向市政府申报了一个涉老部门的资助计划。要实施资助计划就要求每一支志愿者队伍——包括老体协、老年学会等都要成为有法人的正式组织，这样才有账号，才可以给资助。她说你要做就做成一个正式组织。

要准备成立机构了，大家都挺兴奋，但注册费如何落实？管理组的志愿者们就讨论，如果由我们自己拿 3 万块钱去注册机构，大家觉得不合适，再说我们也都是老年人了。后来我去找了厦门市老年基金会，请求他们帮助，最后由他们资助了 3 万元注册金。所以，“温馨夕阳”咨询服务中心真正的投资人是市老年基金会。机构就在这样的背景下成立了，但当时并不是作为社会工作机构成立的。

这个机构为什么叫作“温馨夕阳”咨询服务中心呢？“温馨夕阳”是继承了原来热线的名字，“咨询”是指我们的热线，我把“服务”放进去，就是想着要做社会工作服务。机构成立了，我希望把社会工作服务带进去，但是当时厦门市尚未开始政府购买社会工作服务，老龄办资助我们的经费不足以聘请专职社工，所以我先把“服务”放进机构名称，等待以后择机而动。

2011 年，厦门大学社会学系获准培养社会工作专业硕士。如何培养呢？虽说我们有了机构，但不是社工机构，没法开展社会工作实务。我就带着我的硕士研究生到前埔南[①]去。在前埔南社区成立了前埔南社工站，它是全省第一家在社区层面上成立的社工站。几个研究生就在社工站里一边开展社会工作服务，一边做研究，主要工作是长者服务，以及社会工作宣传。当时居民对“社工”毫不知情，学生搞得也挺无措，生怕人家会对他们有什么误解。我说不要紧，你做老人的服务，要让大家慢慢了解，前后有两批学生在前埔南社工站服务过。

2012 年，我跟着汪书记[②]等市里组织的一批干部到台湾地区去考察，看到台湾在搞关爱据点，我就跟汪书记探讨，我们把社工站提升了，做成关爱

---

① 前埔南，指厦门市思明区前埔南社区，2013 年获得全国社会工作示范社区称号。

② 汪书记，指当时前埔南社区的党委书记，福建省十佳社会工作者。

社工服务站海报

中心。汪书记很赞同，接着与思明区民政局的庄局长①商量，她也很赞成。2013 年 3 月 16 日，我们就在社区搞了一个关爱中心的揭牌仪式，市社会工作协会的庄副会长②，还有市民政局的党委书记黄高棠，都参加了揭牌仪式，也算是考察回来的一个成果，第一个社区的社工站升格为社区关爱中心，搞得红红火火。

那时候关爱中心没有专项经费，市社会工作协会和思明区民政局各资助了 1 万元，用这 2 万元，我们买了计算机、文件柜等，就把关爱中心做起来了。研究生开始在社区免费做服务，做空巢老人服务、社区志愿者组织与管理等，所以我们在前埔南的群众基础是非常好的。

① 庄局长，指庄美珍，现任思明区民政局调研员。
② 庄副会长，指庄德钦，曾任厦门市社会工作协会常务副会长。

2013 年 3 月 16 日，莲前街道前埔南社区关爱中心揭牌仪式（右一为张友琴教授）。

2012 年 11 月我退休，当时我是机构的主任，后来小张老师[①]应聘厦门大学，他有很丰富的公益机构管理经验，我就把他请过来当主任助理。2013 年我摔倒受伤了，躺在床上开了一次全体管理组的会议，会上把小张推出来，由他任主任，我站到后面去。但那个时候我们还没承接社会工作项目。到 2013 年 11 月，社会工作职业化的这阵风刮过来了，厦门市也开始启动政府购买社会工作服务工作。当时市民政局开始购买的只有 4 个社会工作项目，我们报了一个关爱空巢老人的项目。可以说，我们前期的服务为后来机构承接政府项目打下了良好的基础。这样“温馨夕阳”咨询服务中心等于说是马上转型，从纯志愿者组织转型为社会工作服务机构，就在那个时候开始招收专职社工。

还有一块服务更早些，在前埔南社区关爱中心成立以后。2013 年 8 月，思明区计划生育协会的朱秘书长找社区要做计生失独家庭的精神关爱服务。那时他们没把握，经费也不知道应该落到哪里合适，朱秘书长就跟我们商量，由社区考过社工证的计生干部具体实施，由我督导，经费放在我们机构，统一支配，先做一年试试看。从 2013 年 8 月到 2014 年 8 月，服务效果很好，协会很满意，就继续做下去。后来这个项目在 2017 年改由我们机构的专职社

① 小张，指张洋勇，厦门大学社会学与社会工作系助理教授，2013 年 4 月任机构主任，2014 年任总干事。

工提供服务，直到现在。

2014 年是厦门市、区各级政府购买社会工作服务项目大发展的时候，当时除了市级项目外，还有许多区、街道级项目，因此我们承接的社会工作服务项目量一下子就起来了，有综合的（街道、社区的大小家综[①]），也有单项的（特殊家庭、空巢家庭服务等），一年下来大大小小有四五项。与此同时，管理机构的许多问题也都出现了，比如招聘员工和培训员工的问题、与购买方的沟通问题、服务团队的管理问题等，让我们有点手忙脚乱。幸好我们的总干事小张老师比较有经验，有他顶着。但到了 2016 年小张老师去香港读书，机构培养的几位副总干事又因个人的各种原因相继离职，还有不少女员工生育等，我感到自己在 2019 年基本上处于救火员的地位。2018 年开始因政府财政收缩，政府购买社会工作项目也在收缩，我们机构的项目数量也下降了，又面临着员工的安置等问题。不过这些问题最后都得到了圆满的解决。现在我们有两个项目，我对这种状态还是挺满意的，因为 2014 年和 2015 年那种做法，感觉有点把不住，扩张得很快，而新招收的社工素质跟不上。虽然汪书记说，去评估了那么多家机构，真的觉得“温馨夕阳”做得很好，但这是花了很多精力的，自己觉得也还不是很满意。

我们机构的专长主要在两个领域，一个是老年服务，还有一个是社区服务，此外没有什么更特别的专精领域。现在，厦门市在每一个社区都设置了助老员岗位，我们在社区服务长者的优势不再，政府也不可能重复购买相同对象的服务，所以机构今后的战略方向在哪里还值得再思考。

另外还有一个机构是益聚社会服务发展与评估中心，我办这个机构是形势所迫，不得不办。2014 年以后，厦门市大约有几百项各级政府购买的社会工作项目，项目实施以后，都需要评估，而市社会工作协会的人员力量难以满足购买方对评估的需求。市社会工作协会的张会长催我说，张老师你赶快去办一个评估机构。从内心讲我其实不想办，实在很累，我搞一个机构就够了，而且我还有一个顾虑，我们既做服务又做评估，运动员跟裁判员一家，这个我是很忌讳的。我们从专业伦理上知道，不应该这样，但是没有办法，需求摆在那里，区、街政府的购买方都很着急。那我们就公平地做，把厦门、漳州高校的专业老师和深圳一些比较资深的专家请来，大家一起做，我自己

---

① 家综，即家庭综合服务中心。

2014 年 9 月 5 日，“月圆中秋　情暖你我”中秋活动后机构员工与志愿者们的合影（前排中间为张友琴教授）。

则尽量少参与评估。对评估的问题大家一起讨论，让大家在评估中成长、受益。我们每年的理事会，都会安排有关评估的研讨会。另外，我们秉持“以评促建”的理念去评估，而不是去挑刺的，这样每次评估对被评机构的社工而言都是受益的，类似一次督导。同时，我们也把评估中出现的一些共性问题及时向市民政局有关单位和市社会工作协会报告，从而及时调整政策。因此，“益聚”在厦门的社会工作界有一个好名声。当然因为我们做得比较严谨，有的机构也会有想法，但我们还是要坚持标准评价。

办这个机构我比较省事，因为机构的副主任小李很能干。她原来也是“温馨夕阳”的社工，当过项目主管。后来“益聚”成立时抽调她过去。由于她自己做过实务，所以社工的专业素养比较高，工作极其负责，个人的主观能动性强，“益聚”的业务开展得很好。可以说，“益聚”成立后我就基本上处在超脱的地位，只在重要的沟通与联系时参与一下，平时给他们一些建议。我觉得这是教师承办社会工作机构比较理想的一种状态，既可以保证机构的专业性和健康发展，又不至于让教师陷入繁杂的事务性工作中。所以，教师承办机构培养好主官是非常重要的。

二、创办机构带来的改变——成长与感悟

（一）创办社会工作机构的感受

说到创办机构的感受，可以说是甜酸苦辣、五味俱全，但总体感觉是好的、正向的。在机构的发展过程中，我比较顾虑和纠结的主要有三个方面：一是个人精力不够。开始时是因为公务多，后来退休了，年龄也大了，又要顾家，又要顾工作。作为过来人，我也很体谅总干事小张，他的精力也有限，又要教学，又要科研，后来还要攻读博士，这可能是高校老师办社会工作机构都会遇到的问题，因为高校老师的工作任务非常重。机构成立以后，虽说有了一点资助，但那时无法聘请专职人员，很多事务性工作都得自己干。比如中心的网站，我每周得抽出几个小时进行维护，包括简报、新闻报道等都是亲自动手。二是平衡关系。政府购买服务之前，我们没有真正承接过社会工作服务项目，就是没有真正“下海”过。如何平衡关系，尤其是机构与政府或购买方的关系也挺困扰我的。毕竟我们来自高校，骨子里有股文人的清高。政府购买了社会工作项目，就会对项目有所期待，尤其希望“短、平、快”，出政绩，而社会工作是做人的工作，讲究“细节、慢工出细活”，两种不同的需求特质时常让我很纠结。三是机构员工的成长。内地社会工作的职业化在人才储备上有短板，长期的非职业化，使得高校培养的大量毕业生转入其他领域；而政府购买社会工作服务快速增长的过程中，进入社会工作服务领域的基本上是应届毕业生，实务能力不足，需要成长的时间，而项目却不能等待他们成长，所以我们作为机构的负责人就非常辛苦。

但办机构对于个人的成长却是挺有帮助的，上面所说的这些纠结其实都在促使我们自身的成长。最让我印象深刻的是在承接社会工作服务项目过程中，自己对社会工作价值观的领悟。当时承接前埔南社区的计生失独项目，我是督导，对我来说，这是一种全新的工作。以前我们到香港都是去实习，去观摩、看书、听报告，真正与服务对象面对面地接触、去服务人家是没有过的，所以挑战性很大。但是我也挺兴奋。我不害怕改变，愿意面对新的东西，我觉得可以在项目里成长。

那个时候开展服务不知道从哪里入手，但是社会工作的基本理念、基本价

值观、基本伦理，还有一些基本方法，以及社区资源的识别等我心里还是清楚的；再说学习社会工作时间也不短了，没做过督导但当过教师，还是有优势的。在项目里面，我督导小顾[1]，当时她是居委会的计生委员，考过助理社会工作师，却没做过社会工作实务，但她很愿意做，只是需要改变一下思路，比如社区工作的思路跟社会工作的思路是不太一样的。所以我在督导时，就要帮她纠正一下社区工作者那种行政性的思路，坚持从服务对象的需求出发考虑服务策略与方案。服务开展以后，服务对象改变了，真的是很惊奇，也让我很感动。有一次在他们的聚会上，一户新加入的服务对象就是不相信主持人来自失独家庭，认为是托，后来知道是真的，他们触动很大。服务对象李姐每次看到我，都和我紧紧地拥抱，她说老天派你们来拯救我们。他们变化了，真的是改变了！

那几年，给我最大的一个触动就是唐先生。他是三级精神残疾，曾偷窃、打架、酗酒、骂人、打老婆，谁看见他都怕。他们家是低保户，妻子给人家做保洁，家庭关系不好，儿子去世了他得了精神病。我们做他的工作，首先尊重他，平等地对待他，他渐渐地开始信任社工；接下去我们跟他定协议，限制他喝酒，他还真遵守了；之后慢慢地引导他，后来他真的是变了一个人！不打架了，还会帮助另一位服务对象。不打老婆了，开始关心妻子，还跟着社工到社区里做志愿者。社区的人都说真没想到这个人会变成这样！

在这些个案中，我们就是把社会工作那些最基本的理念：尊重、接纳、同理、无批判、帮助、共同面对问题等——这些最基本的东西放进实务里，服务对象就改变了。小林，孩子、丈夫相继去世，就剩她孤身一个人，8 年了没从失独的阴影中走出来，接受服务以后她像完全换了一个人，家人都非常欣慰她的改变。这个群体不仅仅自己走出来，还帮助别的同样境遇的人，把爱送给别人，把别人再吸引过来，所以这个群体名声在外。那时候全国人大、计生委都来调研，因为我们做得早，关键是出成效，反响非常好。

我很感激这个计生关爱项目，也很感激小顾，她愿意听，愿意去改变。另外，在莲前[2]和深田[3]做督导对我的锻炼也挺大，我们运用社会工作的个案工作方法处理了几例个案，尤其是几个社区“老大难”的个案，效果都很

---

① 顾丽，现任前埔南社区事务副主任，厦门市社会工作领军人才（三位社区社工之一）。

② 莲前，指厦门市思明区莲前街道家庭关爱中心，机构于 2014—2017 年承办该项目。

③ 深田，指厦门市思明区开元街道深田社区家庭综合服务中心，机构于 2014—2018 年承办该项目。

好。对我个人来讲，我是成长了。可以说，我对社会工作的深刻理解和信念，就是在机构承接项目以后。

如果再讲多一点的话，可能还有一个顾虑，关乎我个人，那就是自己的专业能力。毕竟自己在实务方面还是有短板的。我感觉自己还没有能力去掌握更多精、深的社会工作理论，在实务中很多还是凭着自己对社会工作的基本理解，除了常用的理论外，要我精准地运用理论处理疑难的问题就有困难。当然我也注意继续学习。比如要当督导前，我就和系里几位老师一起到北京去参加了中国社会工作教育协会办的督导培训班。只是我现在都奔70岁了，大概水平也就这样了吧！

（二）下去才知道深浅

我挺赞成高校老师领办社会工作机构的，它对社会工作教育发展的影响是巨大的，同时对于推动内地的社会工作职业化、专业化也是一个重要的助力。如果了解中国社会工作的发展史就会知道，内地社会工作的发展是很有中国特色的。我曾参加过山东大学社会学系主办的Sherraden[①]资产建设理论的国际研讨会，会上中国学者们与Sherraden探讨过政策研究与实践的关系。Sherraden说他的理论发表以后，怎么推行，怎么放到实践中，这些事情他是不管的，他说有一批议员会去筹措资金，然后就去做这个项目，他的理论和做事是分开的。中国不行，中国的社会政策研究很难可以做到完全脱离实务去建构一个社会政策理论，然后就有人替你去做，你得自己去试、去推。因为我们缺一个中间的环节。处于中间的这个人，他必须懂政策，又懂实践，但是这种人我们很缺。所以在社会科学领域，一些新政策理论，你必须自己去实践，去推动这个试点，否则只能成为空谈，这就是我们中国的一个特色。在社会工作领域，教师办机构，其实就是起到这个中间人的作用。从教育方面看，他可以把社会工作的理论直接运用到实务中，同时把实践中的问题反馈到教学和研究中，从而提升社会工作教育的专业化水平；而从推动社会工作职业化角度看，专业教师办社会工作机构一般比较规范，不太会走偏，这对于社会工作职业化的健康发展是有利的。当然这是一种理想状态。现实是目前高校对教师的评价还是重科研、轻教学，重论文、轻实践，多数教师还

① Sherraden，指Michael Sherraden，迈克尔·谢若登，美国著名学者。

比较难把理论与实务很好地结合起来，加上社会工作的刊物也少，这对社会工作专业教师是不利的。

2000年以后，中国内地的社会工作专业呈井喷式发展，原来只有几十所高校设立这个专业，后面一下出来300多家，很多学校社会工作专业的老师是从哲学等学科转过来的，你叫他讲社会工作是有困难的。在这个转型的过程中缺教材、缺师资，还缺实习。这些高校社会工作专业老师大多是一批没有社会工作实践经验的人，这是他们的学科背景决定的。这点与我国港台地区不同，那里高校的不少教师本身就是注册社工，有的是从事社工后再转回学校教书的，或者在学习中经历过专业规范的实习。当然如果以后内地300多所学校能够引进一些非常专业的社会工作博士、硕士，或者自己培养出高层次人才，师资相对会好一点，但这在最初转型时期很难做到。如果教师自己都不明白，怎么教学生，怎么带学生呢？现在不少学校学生的实习其实是“放养”，实习不规范，自然实务能力也有限。我们在机构招聘员工时就深切地体会到了这一点。

对于转型时期遇到的问题我是感同身受的。厦门大学的社会工作专业也走过同样的路，从1988年设立社会工作专门化，到1993年正式设立专业，我们是一步步地把哲学学科的老师置换成社会学的老师，再把这些老师送出去攻读社会工作专业硕士、博士。现在系里有从美国和我国香港回来的社会工作专业硕士、博士，有心理学博士等。这支队伍虽然人数不多，但是完全科班。他们都有过很艰难的在基层实习或做一个实习点的过程，实务是逼出来的，这样，他对实务就有数了，就有了话语权。像小张老师，当了机构总干事，以后叫他讲政府购买项目、项目运作、非营利组织管理等对他来说轻而易举，而且言之有物。他很清楚会遇到什么样的问题，困难、关系在哪里，问题的症结在哪里，所以高校老师走这条路，是中国的国情决定的。

尤其是社会工作这样的一个实践性很强的学科，师资就是要有很强的实践能力。你的想法也好，理念也好，必须在实践当中去检验它。现在不少的高校老师“君子动口不动手”，那是不行的，必须会动手。所以在这个实务环节上，我是非常提倡中国的高校老师要办机构。除了办机构，没别的渠道去实践这个东西。如果带着学生到一个机构去，你得按照人家机构的要求去做。自己办个机构，那就不一样，可以按你的想法，有一些研究的想法可以放在行动里头。比如说在服务失独特殊家庭的项目中，我可以把自己的理念和想法督导给社工，看它有效没效，没有自己的机构比较难做到这样。但是高校老师要懂进退，要明白为什么办机构，做完要懂得退出来。

高校老师办社会工作机构后，就是让大家在这条河里去游一下，喝水也好，浮上来也好，游也好，他都会知道这其中是什么状态，才最后决定你对社会工作的认识。如果他要在社会工作领域继续发展的话，一定是一个对社会工作有理想、有信念的人。除了带动专业发展以外，部分老师还会影响到他所教授的学生投入到这个事业中，无形中是在壮大这支队伍。

高校教师办社会工作机构是中国社会工作发展史上的一个创举，可能是空前绝后的事情。若干年以后，随着教师队伍实务能力的提高，有一些老的教师慢慢退出来，高校社会工作专业教师的队伍在变化。社会上职业化以后，机构也慢慢成熟了，社会工作的位置也都出来了，整体趋向正常，这个时候高校老师就要少办或不办机构。但现在就有必要办。我们办“益聚”也是这样子，形势催你不得不办。

三、本土的现状及未来发展建议——时间的印记

（一）“处在一个新的思考阶段”

内地社会工作职业化经过十多年的发展，有了非常大的进步。第一是社会工作的发展获得了政府的支持，进入了政府文件、政府工作报告，进入了各个部门，以及各部委之间的联合工作，各级政府也开始购买服务项目。第二是机构多了，社工的数量多了，服务项目也多了，各个领域的社会工作服务也都有布局。在中国社会工作教育协会里，各类社会工作专委会已经都有十几个了。比起早期的社会工作教育，成天研究怎么上通识课，用什么教材，开什么必修课，现在的发展已经进入分化阶段，应该说这是一个粗放型的发展阶段，它不再是探索、空谈，已经完全进入一个实实在在的实操过程。第三是从社会的角度，社会大众开始知道社会工作，这个名词已不再陌生。社会工作作为一种职业开始慢慢地凸显出来。第四是学科建设慢慢完善，虽然从专业化的角度来看，水平还相当粗放。但这个很正常，一个学科的发展从无到有，从不成熟到成熟，需要几十年的时间。总体来说，内地社会工作职业化的发展是在前进，前进中有问题是正常的。

厦门市的社会工作职业化是从 2013 年开始的，我个人感觉它的整体发展

相对比较稳健，在这过程中，市社会工作协会发挥了很好的参谋作用，很多文件都是协会帮忙调研、把关，所以总体来说发展相对比较健康。问题是机构发展得非常快，起先大概六七家，后面就十几家，现在听说已有百多家。我都不知道是哪里来的，反正都叫社会工作机构，这是感觉到比较不合适的地方。社会工作机构太多，不是社会组织太多，而是打着社会工作旗号的机构太多。很多不是社会工作机构，没有社会工作的背景，也来拿开展所谓的社会工作项目，这是不好的。再加上现在对购买服务数量的限制，“僧多粥少”，使人感觉项目有时一窝蜂，有时又一下没了。这种状态对服务对象是很不好的。整体的发展呢，暂时还没有模式和技巧，但一些机构已经开始在探讨自己服务的模式和技巧，这是很重要的。

与社会工作职业化同步，我感觉这几年社会工作服务的专业化也有了比较大的进步。从我自己接触的评估来看，专业化进步的表现，第一是服务过程规范了，留痕的文档也逐渐规范了。不规范的问题我觉得主要责任在督导，但很多机构缺少督导，不仅没有好的督导，有些机构甚至没有督导。所以在2017 年，我们“益聚”购买了市民政局的督导班培训的项目，经过一年多的学习和实务陪伴，第一期 20 位学员已结业。至于管用不管用，反正得先有督导的基本功，起码有那个意识，他们才会慢慢在工作实践中成长。第二是有评估标准了，这些指标是一个指挥棒，影响着社会工作服务。所以评估指标的专业性也很重要。厦门市的社会工作项目服务指标是全市统一的，在统一的基础上各区可以有自己特色的分指标。所以整体上专业规范性还可以。

现在的厦门社会工作应该也处在一个思考的阶段。2013 年社会工作职业化刚开始的时候，从湖里区的示范基地，到思明区第二批的基地，培训的社工供不应求。后来政府发现，社工能做的事情，好像社区工作者也可以做，为什么要花那么多钱请社工？其实这是他们也没想清楚，这需要思考一下社工到底要做什么。厦门市在开始购买社会工作项目的时候，除了市民政局的那几个特殊项目，好些甲方不清楚项目的需求和目的，为政府购买而购买，到评估的时候甲方又觉得这不是我想要的结果；还有一种是你甲方要什么，我机构就做什么给你，这样其实也害了社工。机构成立以后要生存，为了生存，只好去做一些不擅长或者不相关的项目，评估时又看不出社会工作元素，这是很糟糕的事情。但是话又说回来，这都是前进中的问题、发展中的问题，必经的阶段。等大家慢慢明白，再购买服务就会更加有针对性。

2019 年 9 月 18 日，厦门市第二期督导培训班开班仪式后与第一期结业的部分陪伴过的督导员合影（中间为张友琴教授）。

从整体情况来看，跟北上广相比，我们还是慢了，但是就福建省来讲，厦门的社会工作发展还是领先的。一个是机构比较多，项目也多，量也大，薪酬各方面也比较高，相对来说专业化和职业化的规范性也比较好。像厦门市考过证的社工有 2700 多人，好像占全省有证社工的 40% 多①。

（二）“我们还年轻”

现在我也发现本土社会工作有新的难题，比如需求分析的对象不仅有服务对象，还包括政府和社区，我们的社工目前较缺乏同时兼顾两方的能力，怎么取舍也是挺难的。其实两者是可以结合和兼顾的，把社区的整体状况搞清楚，抓住本社区的特点，然后去提炼出真正的需求，将行动逻辑放在方案中，那做出来的东西肯定有特色！但这是要花大工夫的，这个东西我感觉现在很多机构还没有悟出来。至于说社会工作的研究方法，我也觉得很一般，做得好的项目还不多，还达不到我们专业上理想的要求。原因一是社工还是

① 据福建省人力资源和社会保障厅对外发布 2018 年度社会工作者职业水平考试统计数据，厦门市持证社会工作者人数突破 5000 人大关，达到 5888 人，占福建全省的 44%，位居全省第一。

太年轻，二是在学校里的训练还不够，本身的教育不足。

高校老师领办社会工作机构推动了中国社会工作职业化的发展，但多数机构都是完全单一地依靠政府的项目拨款，一旦政府的目标变了，它可能就断供了，就活不下去了。我想可以在两方面尝试突破：一方面是让筹钱的基金会更多地关注服务项目的开发，实现基金会与社会工作机构的对接，做到一方筹钱找项目，另一方花钱做服务。另一方面是政府要明确公共服务做什么。现在多数的公共服务还是属于兜底型的，普惠型的公共服务其实不多。比如说学校社会工作，如果把关注学生的心理问题和成长问题，作为教育公共服务的一个领域，社会工作就有了用武之地。当然这要看政府的意愿，毕竟这种服务的成效比较隐性，而且社会福利的投入和产出是很难计算清楚的。

我感觉社会工作职业化对于政府也是个学习的过程，希望经过一段时间，各级政府能更加有针对性地去发展一些民生项目，但这个民生项目，我不认为非得要用社会工作项目的名义。教师办机构，也不一定非要办社会工作机构，你可以办社会服务机构，它是综合性的、多学科的。纯粹的社会工作机构其实局限性挺大。服务一些有困难的人，是需要多学科专业技能支持的，叫作社会服务机构比较好。根据服务对象的需求，配备各种类型的专业人员，如心理咨询师、康复师等。政府在招投标的时候，也用社会服务项目，不一定是叫社会工作项目。叫社会工作项目看起来很专业，实际上对社会服务的成效来讲，并不见得很好。现在有些机构做的社会工作服务，到后面他们都想不出辙来怎么整，就想着怎么做有轰动效益，而不是看实效。而且评估起来也很麻烦，你用社会工作的标准评估一些综合性的社会服务，常常不能达标。其实社会服务不应是这样子，社会工作是要通过专业服务的方式，配备专业人员，去帮助有困难的人，让专业的人做专业的事。最近要搞长者托老、日间照料，社工就可以当主任啊，管理各种类型的服务人员，形成综合效应，社工有这个综合协调、整合资源的能力，但是如果一个项目里都是社工，局限性就大了。

（三）不忘初心

教师办机构的动机是多样的，于我而言，初心就是想发展社会工作。在全国来说我们是最早进入这一领域的一批人，就希望社会工作是健康发展的。我曾经有个梦想，就是有朝一日我们内地也会有职业的社会工作者，所以在2006 年的推进会上，我说社会工作的春天来了。我不会追求我们的项目要赚多少钱，但是我一定要把我们的项目做好，虽然大的作用发挥不了，但在厦门还是可以起到一定的示范、引领作用的。当时我的初心就是办个机构，很快把人培养起来，然后我们退出。

我主张教师领办机构不要做得太多，接班人有了，就可以跳出来，否则你精力上是不够的。要是机构做多了，就顾不了。可能出现的一个结果就是你所有的精力不是放在研究上，不是放在初心上，不是放在社会工作发展本身上，而是所有的精力要放在应付那些事务性的事情上，而这些又不是我们高校老师所擅长的，也不是我们非要去提高的东西。不过那也不一定，有的老师就做得很大，但我是没有这个能力去处理（笑声……）。

我非常支持要办一个高校老师办社会工作机构的论坛，后来这个论坛在中国社会工作教育年会上启动了。在论坛上，我曾表达过高校老师办机构，进入其实是为了退出的观点。进入就是要把社会工作实务做好，一方面丰富你自己的教学，另一方面你把社会工作机构整明白了、整好了，把人培养好，你最后就要退出。我在这次社会工作教育协会换届前的理事会上，也说了自己的意见。我觉得如果是对社会工作事业负责的话，我们高校教师应该做的不是只想着办个机构，还要更多地放眼于提升社会工作专业的培养能力。办机构只是手段，提升社会工作的专业能力才是目的。你不能自己陷在里头出不来，但现在我是有点陷进去了（无奈的笑声……）。不过我已经退休了，陷进去我也挺自得其乐，我看到机构的成长，就像看到在我手中的孩子，慢慢成长起来。现在我再回过头来看我们机构现有的这些社工，都成长了，也都成熟了，他们个个都是中级社会工作师，我就觉得也挺好。如果以后我们真的需要再扩张，他们每一个人都是可以独当一面的主管。而不像刚开始，都是大学刚毕业的，个性强、团队精神弱，凭自己的感觉做事，虽很热闹，有好多个项目，可是没有一个像样的主管。他没实习或者实习少，你跟他讲，他也不太明白，但现在完全不一样了。现在他们已经很成熟了，尽管还不是最好的，但是可以顶起来。如果你再有个项目，派一个人过去，就能做起来。就像“益聚”的夏珊，连台湾东海大学的曾华源教授都夸她“极优秀”。这些孩子成长起来了，这个是可以自豪一下的。

话说回来，高校教师办机构，第一要端正你的动机，这很重要。第二要适当，量要适当，否则你就陷进事务里去，分身无术了。第三是一定要培养好接班人，因为你最终是要退出的，不然你就不是高校老师了嘛！当你退出来的时候，你对整个社会工作的发展和脉络，可能会有一个很不一样的感受。我自己感觉到的就是它影响了我后半生的很多观念和行为，我领悟了社会工作的理念和价值伦理后，觉得这些真的有意义，才会有坚持的信心。

（四）时间的长河

高校老师办社会工作机构这是个蛮伟大的事，你在任何国家都无法看到有这样大的规模，所以哪怕是记录它，都很值得。时代造就出这样一个事业，我们应该要有足够的自信，中国会有自己的社会工作理论和它的整个体系，它可能也会成为我们中国特色社会工作理论当中的一个小小的但重要的部分。每一个实践的地方都有可能出自己的模式，出自己的理论，都带有本土的特点。我们这代人做社会工作，毕竟少，也老了，理论与实践都不够，但是我很期待高校老师们的成果，现在已经有很多非常不错的文章，所以发展要放在时间的长河里去看。

在这个过程中，虽然有很多烦心事，但我真没有后悔过。毕竟我们是因应当时社会的发展的需求而一步一步摸索过来的。如果没有办机构，我觉得我对社会工作的理解不会有这么深，不会感受其中的酸甜苦辣，我是跟着机构成长的。回想一下，还真不错，在实务上办了两个机构，培育了一个全国社会工作示范社区，培养了一位省十佳社工和一位市社会工作领军人才，机构带出了几位不错的社会工作师，在教育上还办了一个专业。我觉得这辈子我很值。一辈子只干一件事，认真去做，做完结果都挺好，在社会工作的职业化进程中贡献了自己一点力量，是挺有意义的。到 2020 年，我们机构成立 10 周年，2021 年热线开通 20 周年，这个也挺引以为豪了。从时间轴上去看，就知道这一切是一步一步靠坚持走过来的。

访谈员后记

2018 年 11 月，高校教师创办社会工作机构口述史编委会成立，我有幸成为访谈员之一，负责采访厦门大学的张友琴教授，这让我深感荣幸。

张友琴老师的名字，在我上大学学习社会工作专业课时就如雷贯耳，作为社会学专业恢复后的第一代人，中国社会工作专业是在他们的努力下生根、发芽，从而发展成如今的参天大树。虽有幸成为她的学生和员工，但还是第一次能够有这么长的时间与老师进行深入的交谈。

倾听着老师声情并茂的讲述，阅读着老师精彩的“社工故事”，令我回味无穷，这对于一个社工来说，可以说是一种享受。我们相信，这次口述史在留下老师个人社会工作历史的同时，也将成为研究中国社会工作发展史的参考。

最后，感谢这次编委会的工作小组和我的同事们，没有他们的倾力相助，我不可能顺利完成这项具有历史意义的工作。

机构简介

一、厦门市“温馨夕阳”咨询服务中心

中心源于2001 年3 月5 日成立的厦门市“温馨夕阳”老年谈心专线的志愿者队伍，2010 年8 月，中心正式注册登记为民办非企业单位，2018 年6 月获得民政部4A 级社会组织认证。

中心以“尊重、包容、温馨、规范”为服务理念，秉持社会工作理念，运用社会工作专业方法为老年人及其他需要帮助的人群提供服务。目前中心的业务主要分为以志愿者为主的老年热线服务和以社会工作者为主的社会工作项目服务两大类。2013 年以来，中心共承接政府购买的各类综合与单项社会工作项目近20 项，目前专注于服务计生特殊家庭。

二、厦门市益聚社会服务发展与评估中心

益聚于2016 年7 月在厦门市民政局注册成为支持性社会服务机构，主要是为回应厦门市在社会工作和社会服务发展过程中，对社会服务人才的能力建设、培训、督导以及社会服务项目评估等方面的支持性需求。益聚的团队由厦门市社会工作协会、厦门大学、集美大学、闽南师范大学等行业协会、高校专业教师、公益组织资深从业人员等多方力量组成。

益聚始终秉承“倡导全民公益，培育公益力量，促进社会服务发展”的使命，严格遵循“客观、公正、严谨、规范”的服务理念。目前，益聚服务领域已从单纯的社会工作项目评估扩大至社会服务领域，涵盖社会工作服务、社区书院服务、志愿者发展、能力建设、社区居家养老（助老员）服务、党群活动服务中心等，并发展出相应的评估指标体系；服务内容已从最初的项目监测与评估扩展到项目立项评审，以及与厦门市民政局合作的二期督导员的培训。

不忘初心牢记使命　为爱而行风雨兼程

——范燕宁教授访谈录

访谈时间：2018 年 12 月 18 日 17:00—22:00

访谈地点：北京市海淀睿搏社会工作事务所会客厅

访 谈 员：胡惠敏

受访者简介：范燕宁，女，辽宁省北镇市人，哲学、社会工作双硕士，曾任首都师范大学政法学院社会学与社会工作系系主任、教授。民政部社会工作专业委员会委员、中国社会工作教育协会司法社会工作专业委员会副主任委员、北京市社会工作协会常务理事、北京市海淀睿搏社会工作事务所所长、北京睿成社会工作事务所所长，2016 年全国社会工作十大人物。

编 者 按：本文受访者是首都师范大学政法学院社会学与社会工作系原系主任范燕宁教授，她在 2010 年因高校教学改革及社会工作专业发展需要，率先在北京市高校教师中创立了专业社会工作服务机构。通过认真阅读范教授对机构历史的回顾，我们不仅可以了解到大学教师创办社会工作机构这一独特中国现象的历史原因、当事人的初衷与动因，而且可以看到北京市社会工作发展的历史脉络和现状特点，了解到高校教师创办社会工作机构的艰辛和曲折。

一、社会工作机构“孕育之路”危机并存

（一）高校社会工作专业的起源

2010年底，我创办了北京市海淀睿搏社会工作事务所。这是一所以首都师范大学政法学院社会学与社会工作系作为业务依托成立的社会工作服务机构。最初发起创办这所机构的动机，缘于首都师范大学政法学院社会学与社会工作系专业发展和高校教学改革的需要。我当时是这个系的系主任。

首都师范大学社会学与社会工作系于2000年开始筹备，2001年得到北京市教委批准，2002年第一次招生。成立之初就确定了“不怕起步晚，但求起点高”的发展方针，突出了三个专业特色：司法与矫正社会工作、学校与青少年社会工作、城市与社区社会工作。后来我们这三个社会工作专业方向的发展在教学、科研和社会服务方面，尤其是在社区矫正、青少年犯罪预防、社区治理社会建设方面都比较有成绩。

（二）社会工作专业起步之初的“笑话”

社会工作专业在当时刚刚起步，社会上很多人不知道什么叫社会工作。我们的学生在2002—2003年去实习的时候，很多人会问：“什么是社会工作啊？”有一些人会说：“你们做的是社会工作，难道我们不也在做社会工作吗？”最让人感到可气又可笑的特别刺激人的事情是，当时社会上有的人曾经因为很不理解什么叫社会工作，跑去很神秘地、不怀好意地问我们的女学生：“你们社会工作都是干什么的？你们都什么时候出来工作呀？”“如果我约你晚上出来，你可不可以出来做一下社会工作呀？”当时把我们的女同学气得说不出话来，气得满脸通红直想骂他。这种误会的事会让人觉得特别的荒谬，他是把社会工作者和性工作者混为一谈了。还有些特别可笑的现象，比如，一次学生在社区实习的时候，有一位特别热心的老大妈一直在旁边观察着我们学生的言行。突然有一天她很神秘地问一个女同学：“闺女啊，我看你也不缺胳膊不缺腿的、脑袋也没毛病，你说你干点什么不好，你干吗来街道做这些事儿呀？你一天到晚跟这些老头、老太太或者小孩们混在一起，能有什么出息呀？”类似这样的说法，实际上对学生专业认同感是一个很大的

打击。2006 年之前，社会工作就是处在这样一种低社会认知，甚至是错误的社会认知的状况下。

（三）国家政策倡导鼓励

之后，国家出台了一些推动社会工作专业发展的相关政策。2006 年，当时的劳动与社会保障部出台了关于社会工作师职业资格考试的政策，首先在上海进行了试行。2006 年 10 月党的十六届六中全会提出要大力发展社会工作专业人才队伍，之后社会工作专业有了高速发展。2006 年 7 月，人事部、民政部印发《社会工作者职业水平评价暂行规定》和《助理社会工作师、社会工作师职业水平考试实施办法》，出台了社会工作师、助理社工师职业资格考试办法。2008 年举办了第一次全国统一考试。在国家关于社会工作人才队伍建设的顶层制度建设井然有序的推进中，基层发展还是比较缓慢的。当时，在中国内地形成了社会工作在高校教学科研人才培养领域比较领先，社会实务领域发展比较落后的局面。2000 年到 2008 年，全国已经有接近 300 所高校开办了社会工作专业，但是社会上很多社区、街道还不懂什么是社会工作。

为改变社会工作实务领域落后的局面，民政部 2007 年在深圳进行了由高校教师领先创办社会工作机构的试点。深圳大学的易松国老师在深圳市民政局的大力支持下创办了深圳市鹏星社会工作服务社。实际上，早在 2003—2004 年，上海的徐永祥等高校教师就在上海市政法委的支持下领办了新航、阳光、自强等社会工作服务机构。易松国老师将高校教师创办社会工作服务机构进一步推向正规化法制化市场化轨道，在新的历史条件下形成了更广泛的社会影响。2009 年 10 月，民政部在总结提升深圳经验的基础上，发布了《民政部关于促进民办社会工作机构发展的通知》（民发〔2009〕145 号），鼓励社会工作专业教师依托专业资源创办民办社会工作机构，引导高校社会工作专业毕业生到民办社会工作机构建功立业。2012 年 4 月，中央组织部、民政部等 19 部门发布了《社会工作专业人才队伍建设中长期规划（2011—2020 年）》（中组发〔2012〕7 号），指出要鼓励社会工作教育与研究人才领办民办社会工作服务机构，引导社会工作教育与研究人才走出书本、走出课堂、走向基层、深入实践，提高其应用理论解决实践问题的能力，为高校教师创办社会工作服务机构提供了强有力的政策支持。

我在 2007—2009 年，曾经三次带领系里的老师和学生前去易松国老师创办的深圳市鹏星社会工作服务社拜访、参观学习，看到易松国老师敢领天下风气之先，搭建高校社会工作专业与社区社会工作服务领域之间的基地和桥梁，也看到他们在两三年里发展很快，社会需求很大，感觉很有收获很受鼓舞。到了2009年，北京青年政治学院社会工作系的老师们支持一个叫李鑫的毕业生，带领8名社会工作专业的毕业生创办了北京市第一家社会工作机构——北京市东城区助人社会工作事务所，在锣鼓巷，也给我和首都师范大学的老师很大启发和鼓舞。

（四）首师大社会工作专业被学校“亮红灯”

首都师范大学社会工作系全体教师在办学方面非常努力和认真，尤其是在开展多样化的社会工作专业实践教学方面是很有特色和成就的。比如，2005年我校创办了首都师范大学社区矫正与社区发展研究与服务中心，2008—2010年实施了教育部全国第一家司法社会工作本科专业人才培养基地项目，在当时处于全国领先地位，为之后首都师范大学司法社会工作的发展奠定了牢固的基础。

但是，在学生的入学分数线和毕业生一次性签约率方面，我们却遇到了严重的危机和挑战。首都师范大学的入学分数线是学生根据高校各专业之前的入学分数线排位自己决定的，其实这是个“恶性循环”：最初入学分数段排在后面的专业排名会越来越落后，因为考分高的学生不会选分数段低的专业，选低分的学生怕选错入学分数线高的专业没有学上。结果就出现了入学分数线选择的“马太效应”或者说是“恶性循环”效应。2002—2004年我们在刚刚创办社会工作专业的时候，我们专业的入学分数线在我们首都师范大学文科当中的位置是处于中等位置。到了2009年，我们的入学分数线排名居然在文科分数线里逐年下降到了学校文科入学分数线的倒数第三、四名。

除了入学分数线这个指标，当时的首都师范大学校长还非常重视各个专业毕业生毕业当年的“一次性就业率、签约率”，甚至重视毕业生在毕业当年签约的薪酬待遇情况。当时我们学校社会工作专业毕业生的一次性就业率比较低，已经签约的学生能够得到的劳动报酬也没办法和一些热门专业的学生比。这个时候就被学校警示“亮红灯”了，并在会议上点名通报：“某某专业现在招生前景不好，就业前景也不好，就说明社会不够需要，既然社会不是很需要，今后就要考虑缩减招生名额，甚至会变成隔年招生。”这使社会工作专业的老师们很忧虑。

我和老师们总是在冥思苦想：我们怎么做才能扭转社会工作专业的“不景气”呢？上海、深圳出现的社会工作机构，特别是深圳社会工作机构的试点在全国有“首因效应”，影响巨大。北京2009年出现的第一个由高校社会工作专业毕业生创办的社会工作事务所也给了我们很大启发。于是，就有老师提出：干脆我们系也自己办一家社会工作机构吧！这样不就能解决学生的实习和就业问题了吗？至少应届毕业生一次性签约率可以有提高吧？我们当时很天真的一个想法是，既然我们的学生出去找不到特别好的实习单位，毕业生在毕业时签约也不好签，一次性就业率低，那么我们自己办一个机构，最起码可以保证毕业生毕业当年的一次性签约率。其实，后来才知道这个想法很天真，都是老师们的一厢情愿。很多学生在当时都有自己的想法，真正选择来社会工作机构就业、当社工的其实很少很少，这是建立机构之后才知道的。于是，我们召开全系教师会，很认真地讨论了建立社会工作事务所的问题，召开了事务所筹委会暨第一次理事会，通过了社会工作事务所的理事长、所长、办公室主任的选聘和事务所的章程。

当时建立社会工作机构还受到北京市外部环境积极因素的影响——2008年北京市成立了社工委。社工委成立以后，他们做的一件大事，就是要在北京市建立10家社会工作事务所。当时社工委号召建立社会工作事务所是一项任务，也不能说是硬性任务吧，就是号召各区县都要有自己的社会工作事务所，社工委是把助人社会工作事务所看成一个典型，然后让各区县都要有自己的社会工作事务所。西城区当时动作特别快，一下子建立了4家社会工作事务所。海淀区当时只建立了一家，还是在中关村街道办事处建立的。当时北京市社工委希望2009—2010年能在北京市建立起10家社会工作事务所。就是在这种背景下，我们首都师范大学社会工作系决定要自己创办一家社会工作服务机构。

二、社会工作机构成立命运多舛

（一）找业务主管部门多方受挫

在当时有一个政策是建立社会工作机构必须要有政府业务部门做业务主管单位。为了找到主管单位，我们当时找了七八家政府机关，其中有北京市社工委、北京市民政局、北京市高教委，也有枢纽型社会组织团市委等单位，但是这些机构都纷纷以各种理由拒绝了我们，表示不能做我们的主管单位。

2010 年 4 月 26 日，我们以首都师范大学社会学与社会工作系名义，向所在地的北京市海淀区社工委递交了“关于申请成立北京市海淀睿搏（Rainbow）社会工作事务所并请求由海淀区社会办担任业务主管单位的请示报告”，由于海淀区社工委领导人事变动原因，申请被暂时搁置了。

（二）顺义偶得机会学生退却

在我们等待海淀区社工委回复的过程中，出现了一段小插曲。2010 年 8 月，顺义区社工委想支持社会组织尽快建立顺义区第一家社会工作机构，北京市社工委给他们传递了消息说：“首都师范大学的老师和学生想建一个社会工作机构，要不然你们就联系联系。”顺义区社工委的李科长就给我打电话，我很快赶到顺义区社工委进行联系。其实，当时顺义区社工委支持力度还挺大的，他们可以给提供一间很大的房子（大约有六七十平方米吧），就是当时没有明确的项目支持。我当时觉得这在事务所启动阶段是可以理解的，“没钱就没有钱吧，只要有人，先干起来再说”。我找到了首都师范大学社会工作系的一个应届毕业生，她本人比较热爱社会工作专业，家就住在顺义，她非常愿意协助社会工作系在顺义办一个社会工作机构。当时所有的事情都在井然有序筹备着，顺义区社工委也很支持我们，也向上级汇报过了，章程和理事会也有了。一切就绪，就差挂牌了。

但是，就在这时候，突然有一天这个女生来找我，特别不好意思地跟我说她父母一听到她要办机构，跟她急了，意思就是说：“你这是干的什么事，没有工资，也没有固定收入，太不靠谱了!”她父母坚决反对她办社会工作机构，要求她还是干点稳妥的工作比较好，结果她扛不住父母的压力，妥协了，不再参与办社会工作机构的事情。

（三）海淀获批机构得以面世

2010 年 9 月 14 日，经过再次向海淀区社工委郑重提出建立北京市海淀睿搏社会工作事务所的申请，我们终于接到了来自海淀区社工委的好消息，海淀区社工委社工科同意担任事务所的业务主管单位了。消息传来，老师们十分兴奋。我们立即着手开始向海淀区民政局社团组织管理办公室正式提交注册备案申请，2010 年 12 月 8 日得到了海淀区民政局的正式批准，北京市海淀睿搏社会工作事务所终于被批准成立了。直到今日，我们仍然十分感谢北京市海淀区社工委对于我们的认可和扶持。

三、社会工作机构运作举步维艰

（一）“我不下地狱，谁下地狱？”

社会工作机构被批准成立，只是在真正的管理运作方面走完了万里长征的第一步。当时我们为找注册的办公地址、建立独立的资金账户、完成资金验收审核、申请政府部门担任业务主管单位，已经用了近一年的时间，但这些还只是在“成立前”，我们戏称为“前程序”。机构被批准注册之后，还需要到公安、民政部门办理公章，到银行办理开户许可证，到税务部门办理税务证（现在是三合一证书了）。之后还需要办理社保开户、公积金开户手续，各种手续繁杂，需要很多的“后程序”。

其实，在社会工作机构成立之前，我原本是打算把社会工作机构的筹建及管理委托给学生在前台打理，老师做个后盾就行了。但是，顺义社会工作事务所的筹建经历使我感到学生不确定性比较大，抗逆力比较弱，一遇到家长反对、资金紧张等风吹草动的事情，就容易打退堂鼓。后来也曾想过把事务所的日常管理等事情交给青年教师去做，但是事务所筹建及管理的各种工作纷繁复杂，会耗费大量时间和精力，这对于一些当时孩子比较小，还有评职称压力的青年老师而言，也是不小的困难，事实上青年教师能抽出用于事务所的时间很少。

记得当初在民政局注册时，主管社会组织注册工作的一位领导对我说，民政系统对审批社会组织成立一般比较谨慎，因为成立起来没有多长时间就解散的太多了。社会组织和民非的平均寿命一般只有一年多时间。很多机构成立起来也不活动、不开展项目，就是一个“僵尸机构”，有名无实。所以民政局对审批社会组织一般都比较谨慎。这位领导挺诚恳地对我说：“范老师您是个比较知名的老教授，如果您当法人的话，还比较靠谱，比较经得住折腾，我们会比较放心。”当时，我就觉得既然这样，作为系主任我不多付出些，让谁去干呢？“我不下地狱，谁下地狱？”为了发展社会工作专业、发展社会工作的教育事业，多吃点苦受点累，我也是责无旁贷了。所以我就自己掏了几万块钱去注册了，做了机构的法定代表人。

（二）人力、物力、财力紧张

社会工作机构成立后，我们首先遇到的是资金紧张的问题。记得机构成立后不久，在第二年春天就赶上了申报市级社会建设资金支持项目，每个社会组织只能申报一个项目。当时我们事务所申报的第一个项目是“阳光成长坊——海淀区失学失业失管青少年综合社会工作服务项目”，帮助海淀区 30 个闲散青少年。这个项目的项目经费是 8 万元。除此之外，还有一个 23 名社工到街道层面开展社会建设工作的项目，叫作“一街一社工”项目，每个岗位 3 万元，扣除了当时的社保费（每月 860 元左右）、项目税费，每名社工每月工资只有 1200 元左右。可以看到，当时社工地位比较低，工资比较低；另一方面也应该看到，其实不到 10 年时间，社会工作事业发展还是挺快的。每个社工岗位 3 万元一年的情况已经是过去式了，现在北京市社工岗位经费已经由 3 万元发展到 5 万—7 万多元，甚至个别的比较高一点的职位还有年薪 8 万元的。这说明社会工作事业在首都发展得还是很快的。

不过，如果再进一步仔细想一下，现在社保费、公积金都比以前提高了很多，几乎占了全部费用的 40%。我们事务所刚成立的时候，社保费最低就是 800 元多一点，现在的社保费个人加单位部分一共 2000 多元了，翻了一倍还要多，去掉项目增值税、少量的节日补贴及年底奖金和可怜的机构管理费，每名社工每个月其实最后真正拿到手里的平均也就是 3000—4000 元，工作时间长的可以多拿一点，时间短的也就 3000 多元。对于机构来讲，房屋水电等经费几乎是没有办法解决，捉襟见肘，运作起来是十分困难的。有时，政府的项目经费迟迟不能到位，单位钱不够了，就得由法人代表个人先掏出钱来，帮助机构渡过难关。后来机构人多了，靠一个人的力量不足以帮助全机构社工的时候，就只好和每名社工协商，动员更多的人少拿一点、晚拿一点工资，等经费到账了再尽快补给大家，与机构共渡难关。

（三）政府经费经常迟迟不能到位

刚开始建社会工作事务所比较艰难，要买电脑，又要给员工开工资，然后又要租房子，这些都是要钱的。就靠 8 万块钱的项目费，然后再每个人 3

万块钱岗位费，根本不可能有多余的经费，项目资金也很少，还有各种管理支出。比较头疼的是政府的项目经费经常迟迟不到位，资金周转起来十分困难。很多时候政府会让你先去干事，然后再给你钱。往往是今年初政府部门告诉我们可以申报两个项目，三四月份项目申报书送上去一直要等到七八月份的时候，才能传出消息说申报的项目可以立项了，但钱还要等一段时间才能批下来。之后就没有人理你了。一直到了年末，甚至是12月份要封账了，突然经费被批下来。这给我们经费使用单位增添了极大的困难。一方面我们长期没有项目经费，也不确定项目经费是否最终会批下来，所以不敢也没有更多的经费去做项目。另一方面，到了年底项目经费突然下来时，又必须在十几天、二十几天内花完这些钱，否则就会影响项目当年结项。你想一想，两头为难，这是一件多么让人哭笑不得的事情啊！

（四）风雨兼程一路向前

办社会工作机构后，我有时会遇到一些很尴尬的局面，就是我和我的学生一起去参加社会工作机构的活动。他们既是我的学生，同时又是我的业务竞争者，这个时候你作为老师，可能有时候觉得挺丢份的，你干了一辈子老师，最后和你的学生是一样的，干的一样水平的事儿和活儿。甚至有时候学生可能都会来和你抢生意，他们甚至排挤你、隔绝你、风言风语地贬低你，但是作为老师你是不能这样做的，也不好意思去跟他们“抢生意”。

在与政府打交道时也会有尴尬的情况。如果你不办社会工作机构，人家很尊重你，觉得你是一个有学问、有地位的专家教授，会请你来评估一些项目，希望听到你说一些好话，对你比较尊重。但是你一办社会工作机构，情况就变了。人家就会觉得你是来跟我要资源的，跟讨饭似的，一见面免不了要项目要钱。一些政府部门的官员并不理解我们的社会工作情怀，他只是把你看成是来跟他要钱的人，对你的尊重也没有了，说话也不客气了，甚至是很不客气了。这种落差感有时会让我很困扰，有一种不被尊重，甚至是被侮辱的感觉。

我常问自己，办社会工作机构这样殚精竭虑还会被人误解，需要忍辱负重，到底值不值？我的答案是，如果是为了自己，绝不要办社会工作机构，讲讲课当当督导评委，生活可以乐哉乐哉的，而且还很受尊重。但是我却偏偏选择了“明知山有虎，偏向虎山行”的生活方式。很多人不理解我们的社会工作情怀和社会责任感，不相信我当初是为了学校社会工作专业的发展，以及学生们的实习及就业；后来则是为了以亲身实践推动机构和整个社会工作事业的发展，也是为了自己机构的近百名员工的利益、为了社区中许许多多需要帮助的困难群众，所以我才办了社会工作机构，才一直坚持着把机构办下去。为了上面这些，我可以把自己的面子放到一边去，忍辱负重努力向前，走自己的路，让别人去指指点点。

其实，办社会工作机构我最大的理想还是"育人""带人"，帮助学生成长、与学生一起成长。对于那些愿意跟随着你的学生和工作人员而言，人家等于把这几年或者这一段时间交给了你，就是因为信任你这个带头人，人家才跟着你干，这么多年轻的学生或者是工作人员跟着你，那你就要对他们负责任，就要让他们有所成长，要尽自己的最大努力去给他们谋福利。

有些社会工作专业的老师经常会问我："办社会工作机构难不难？"他们总是说，他们想办一个社会工作机构又下不了决心，我会对他们说，"如果没想好，最好先不要办"，因为这是一件很难的事情。办社会工作机构不可能赚到钱，而且还要投入大量的时间和精力。社会工作专业的老师一定要想好这一点，要认真做好准备，看你能否下决心作出很多的改变和牺牲。一旦你想清楚了，你办这个事情是不计较个人得失的，是你愿意去办的，那么，不管别人怎么评价你、猜测你、误解你，一旦你目标确定了，认为这是对学生、对社工员工、对社会有利的事情，即使是一路风雨，也要毅然决然风雨兼程、一路向前。

四、社会工作机构的发展喜忧参半

（一）服务领域和品牌特色

我作为法定代表人成立的第一家社会工作机构是北京市海淀睿搏社会工作事务所。在 2010 年刚刚创办的时候，我们有四五个人。到 2011 年底，有二十四五个人。2012 年发展到 40 多个人。2013 年，我们有 50 多个人。最多的时候是 2016 年，有九十六七个人。2016 年，为了发展和突出机构的几个不同服务特色，事务所开始向集团化发展。2016 年 4 月，孵化和注册了北京市睿联社会工作事务所，以从事社会救助社会工作为主，2018—2019 年大概有十二三个人。2016 年 4 月，孵化成立了北京睿成社会工作事务所，以从事司法社会工作为主，有八九个人。最后到了 2016 年 11 月，又孵化成立了北京市通州区睿民社会工作事务所。这个所人比较少，发展有点慢，只有 2 个人，主要面向通州新区，从事城市社区工作和青少年社会工作。这 4 家社会工作事务所加起来将近 100 人，其中睿搏占一半多。

睿搏社会工作事务所的主要服务领域有：青少年犯罪预防，留守儿童、困境儿童社会救助；司法类的社会工作服务，比如法制宣传、社区矫正、适合成年人到场这些司法类的社会工作；还有就是社区社会工作，包括街道、楼宇服务社会工作，以及社区社会组织孵化、社区党建、参与社区治理等工作。其中最主要的服务项目还在青少年方面，就是青少年犯罪预防、未成年人社会救助，这方面是“睿搏”的特色品牌。每年直接服务各类留守儿童、困境儿童、低保户、涉案涉罪未成年人等各类困难人群 8000 余人，间接服务 20000 余人；服务街道、乡镇、社区、社会组织 150 余个（次），在首都青少年犯罪预防、困难人群救助、街镇社会治理中发挥了积极的社会作用。

（二）获得若干社会荣誉

2015 年底，全国当时有 6800 多家社会工作机构，“睿搏”被评为全国百强社会工作事务所。2018 年“睿搏”再一次被评为全国百强机构。这个百强社会工作事务所是由《公益时报》评选出来的，它的主办单位是中国社会工作联合会，他们每年度都开展“最美社工”和“最佳社会工作机构”的评选。评价指标包括专业背景、服务领域、党建引领、内部建设、管理水平、服务效果，以及业务金额、年检情况、社会影响力、成长性、发展性等。综合所有这些方面，我们在全国社会工作机构中是排在前 100 名的。除了两次被评为全国百强社会工作机构外，2012 年“睿搏”被中国社会工作协会（联合会）评为“优秀社会工作机构”；2014 年、2016 年两次被评为北京市民政局系统“社会工作实践实习实训基地”；2016 年、2018 年“睿搏”两次被评为“北京市社会建设领域先进基层党组织”；2019 年“睿搏”被北京市社会工作协会评为市级“最美社工团队”。除此之外，“睿搏”还多次被评为“北京市未成年人保护先进单位”“普法宣传先进单位”等。中央电视台、北京电视台、《中国青年报》《北京日报》《北京晚报》、香港健康卫视、新华网、新浪网等新闻媒体单位，也多次报道过“睿搏”的社会服务项目。

（三）建章建制党建引领

我们机构成立之后就非常重视建章建制工作。我们的政府主管部门是海淀区社工委，监管单位是海淀区民政局，主管和监管是两个概念（不过 2019 年两家合署办公以后，主管部门也改成北京市海淀区民政局了）。

我们日常的管理模式是党建引领下的、事务所理事会授权的所长负责制。简单地说就是叫党建引领，然后是理事会授权，最后是所长负责。我本人既是事务所联合党支部书记，也是事务所的所长。事务所办公室是事务所的指挥管理机构，相当于基金会、学会的秘书处，是事务所的核心运作团队，然后是集体运作。我们平常使用的就是这样一个管理方式。

"睿搏"刚刚建立的时候，我们就非常重视党组织的建设。2010 年底机构在办各种手续的时候，我们组织里面已经有 3 个正式党员、2 个预备党员了。我们从 2011 年起就酝酿着成立党支部，当时社会组织的党建引领问题还不像现在这样突出和普遍，也没有人要求事务所一定要有党组织。我们几个党员出于对党组织的高度热爱和党员的高度组织纪律性，意识到我们应该有党组织。后来我们就特别着急地去找区里的主管单位，区里说党组织是属地管理的，你们去街道办事处申请吧。于是我就去找了八里庄街道办事处，提交了申请成立党组织的材料。2012 年 3 月 22 日，八里庄街道党工委组织部部长亲自到"睿搏"宣布了成立中共北京市海淀睿搏社会工作事务所党支部的决定，举行了揭牌仪式。

可能因为有党支部的关系，我有一个很直接的感觉，就是觉得事务所好像升级了，在好多方面得到了党组织的认可，感觉我们比较正规，有时候学生来求职的时候，我们会说我们有党支部，如果社工希望靠近党组织，培养、转正都可以在我们这里办理。另外有了党支部就有了一种证明，就不会让其他人担心我们是一个黑心老板随便办的黑心事务所。我们这里是由党组织来管理的，有党组织来给大家撑腰的一个机构，老板本身也是共产党员，我们是遵循党的宗旨的社会组织。习近平总书记说要"不忘初心，牢记使命"，我们就是在党的领导下的，奉行党的宗旨，服务民生、服务大众的，"本我所学、尽我所能、服务社会"，用我们的专业知识为社会作贡献的社会服务机构。在这一点上，我认为这是我们中国社会工作界的一个宗旨，也是由我们的国情所决定的。

（四）注意发挥理事会作用

社会工作机构要让大家信服，还要注意发挥理事会作用。机构理事会的发展其实也经历了一个过程，从最初一年开1—2次会，简单地谈谈机构的情况，发展到我们整个事务所很多重要的事情都要经过理事会的认可和同意。比如说我们搬迁换地址、修改章程、建立规章制度，还有日常生活当中遇到一些重要问题、处理员工等，都需要经过理事会讨论。

事务所要发展必须要有规章制度，而规章制度要有效必须经过理事会讨论，否则在程序上就不够合理合法。在理事会讨论之前，我们可以制定规章制度，但只是叫试行的规章制度。理事会每年最少开2—3次会议，要讨论通过这些试行的制度，最后形成正式的规章制度。比如说，我们这里有一个员工“身在曹营心在汉”，在我们事务所工作期间，又代表别的事务所去参加会议；再比如一些在机构工作几年的社工希望给他们时间参加研究生考试前的听课和复习，这些要求应否得到满足？这些问题都需要通过建章建制明确规定。这些制度只有经过理事会的讨论才能符合程序，才能有力量。

（五）打造品牌项目

“睿搏”的特色服务，第一个方面是儿童青少年犯罪预防方面的服务。比如针对某些涉案涉罪青少年、服刑人员子女犯罪预防、社会工作综合服务、教育引导的项目。我们做过边缘青少年、涉案涉罪青少年的合适成年人到场的项目，面向涉案涉罪青少年提供陪伴、到场、法制教育服务。当青少年犯罪时，警察或派出所就会给我们事务所来电话，我们就会派人到派出所去配合警察帮助这些犯罪的孩子，也帮助警察做好笔录，后期还可以给这些孩子提供进一步的帮扶。我们曾经有过连续3年与海淀区40余家派出所合作，承接青少年犯罪预防工作的合适成年人到场项目的工作历史，每年帮助1000多人次涉案涉罪的青少年。这是我们的特色。

再一个就是面向广大儿童、青少年的法律方面的咨询服务、宣传服务。比如我们和团区委一起编辑了一本《儿童青少年法律法规知识100例》，是法律教育进学校进讲堂的法制教育宣传手册，图文并茂，可以用在中小学的法律教育上，有很好的社会效益。目前北京市有200多家中小学校使用了我们的教材。

还有就是我们面向困境未成年人提供的社会救助工作。这个工作也在逐渐地和外展工作相结合，形成了服务品牌，两次获得了北京市社会服务铜奖。在面向留守儿童、困境儿童提供社会救助服务方面，我们在需求调查、建档立案、陪伴学习、健康检查、心理疏导、资源链接、成长引导等方面开展了很多帮扶工作，平均每年帮助800人次左右的青少年，也吸引了不少高校的学生自觉地参加到我们这些救助活动中，产生了很好的社会效益。

（六）机构的不足之处和问题

机构在运营管理方面还有不少问题。首先，是机构管理创新的问题。社会工作机构如何管理才能更加有效益？跟别的岗位一样，做社工时间长了会出现职业疲惫。比如，有的人一开始来上班的时候，对新单位不了解，充满了好奇，然后当他去接受一项新任务的时候，他会觉得有新鲜感。在完成任务过程中，会获得专业的督导，也会获得表扬鼓励，他就会很努力去做。但是当他把这些他以前不太会做的事情，经过学习基本都会做了1—2遍之后，就会觉得在这个机构以后没什么可学了，他就会想："是不是应该换一个新的单位了?"当机构面临这个问题时，就需要有一些新的变化，或者说新的管理方法，就需要在管理和业务方面不断地去创新摸索。社会工作机构社会服务的品牌需要进一步地打造，服务特色需要不断地提升提炼，这是我们面临的最主要问题。

其次，是机构骨干的培养问题。重点是机构的中层骨干培养，需要有更多的激励机制和相关专业化的引导，让他们对社会工作专业有更多的专业化的理解，能够更加安心踏实地服务社会。同时也能够在机构内部形成一个比较完整的人才链，在各司其职基础上，逐渐形成一个机构的合力，形成机构稳固的领导集体，这是我们面临的第二方面的主要问题。

最后，是要解决资金来源多样化的问题。我们目前的基金来源主要是政府购买社会服务项目的经费，资金来源比较单一，在政府部门发生改革重组、干部变更等情况下，政策会很不稳定，有些项目说没就没了，这种情况时有发生。我们就不能只在一个方面找项目了，必须解决资金来源多样化的问题。之前也找过基金会的项目，但是金额都比较小，不解决大问题。今后还需要在这些方面多做努力。

五、高校教师办社会工作机构面临的挑战

（一）鱼和熊掌，不能兼得

每个办机构的老师都需要妥善处理机构工作与学校工作的平衡问题，在必要时作出取舍。否则，人的时间和精力是有限的，同时在两边长时间工作，其实是很难的。“睿搏”2010年底成立后，工作越来越忙。我退休前，学校工作和机构工作都十分忙碌，经常会遇到时间和精力冲突的时候，处理原则就是学校事务第一、机构事务第二。把机构的事情暂时放一放，或委托助手处理，先忙学校的事务。

2015年和2016年我两次要求提前退休。当时我是首都师范大学社会工作专业的学科带头人，是博士生导师，手里有教育部课题，是可以晚几年退休的，至少还可以在高校工作四五年。退休后其实我在经济方面的损失还是比较大的，仅住房公积金一项每年大约损失5万多元，早退4年20多万元就没有了。还有其他方面的损失，比如博士生导师的岗位津贴每年几万元肯定也是没有了，课时费也没有了。学校人事部门让我慎重考虑。但是，我还是坚决地要求提前退休，因为我深感大学中人才济济，少我一个教授影响不会很大，但事务所这边刚刚起步百事待兴，我自己年龄也不小了，需要留下几年时间从思想上、业务上带一带年轻人。学校尊重我的选择，于2016年6月批准了我的退休请求。退休后一段时间，我还承担着指导硕士、博士论文，代表学校支援边远地区社会工作专业发展等工作。我的原则是只要学校需要能兼顾就兼顾，包括现在也是这样。

我讲这些其实包含了一个想法，就是高校教师办社会工作机构，是社会工作机构刚刚起步阶段的时代产物，高校教学科研工作和社会工作机构的社会服务实务工作应当紧密结合，但每个具体的人的时间精力是有限的。长时期既当高校老师又做社会工作机构负责人，这是很难的。在“鱼和熊掌，不能兼得”的情况下，作为个人需要有所取舍。高校老师做社会工作机构负责人是特定时期的历史现象，在这个时期我们最主要的作用还是育人、带人，为社会工作机构走职业化、专业化、本土化道路蹚路搭桥、奠定基础，这与高校社会工作专业的人才培养目标是一致的。在年青一代获得了较好的锻炼，

较好地成长起来之后，我们这些社会工作机构的先行者奠基人，也就基本完成了历史使命，就可以退居到二线辅佐青年人的成长了。

（二）知易行难，行之唯艰

社会工作机构起步阶段，机构的发起者在机构内的角色是很多样化的，对于原先是高校教师的我们是比较具有挑战性的，不仅要求我们要有深厚的专业知识，同时也需要我们不断学习，提高管理水平。

第一，我是机构成立的策划者、发起者，负责带领团队开展建立社会工作机构的所有筹建工作。

第二，我在机构中有一个主要的角色就是专业的督导。要对我们的社工团队进行督导，平时指导社工的工作，在一些很重要的项目、很重要的环节，需要直接带着他们干，起到一个示范作用。比如，某个项目到中期该评估了，我会提醒通知项目组，要把项目的中期总结材料交上来，我要检查一下。但是项目组在做项目的过程中没有意识到要把很多材料装订成册，再加上工作人员正在下面做入户访问，所以导致很多材料没有及时收上来，而政府部门又着急要材料。为了项目的顺利进展，我只好一边和主管项目的社工联系，一面带领实习生整理好政府部门要的材料，把这些文件打印装订，给政府相关部门送去。在这个过程中我起的作用，就是示范引领的作用。有的社工不能在或不愿意在指定的时间完成任务，为了推进项目，我先带着人干出个样子给他们看一看，他们就明白应该怎么干了，然后再从专业上进行讨论，让社工有所改进和提高。

第三，我是机构主要的管理者。管理就是不光我做、给你做示范，我还跟你要东西，什么时间什么节点上你们应该提供什么样的东西，就像一个工厂的一个车间，有人是生产的，有人是管检验的。有的时候我会委托一个社工去做检验者。但是，有时候做检验的这个社工也不知道他要检验出来的产品合格的应该是什么样、不合格是什么样，所以有时候我还得去培训那个检验者。从这个意义上说，我就成了一个监督者、管理者，或者说是整个服务项目的质量把关人。有些人有时不太理解我为什么会这么忙、这么累，他们会觉得，“其实范老师你不用那么累的，你可以放手一点，多分一点工作让年轻人去干”，好像我很不相信别人、很不放手似的。每当这个时候，我心里总是有点苦涩。“非知之艰，行之唯艰”也。这是现阶段机构发展的真实状态，对我来说有时候也是无奈之举。“子非鱼，焉知鱼之乐？知鱼之乐，焉知鱼之痛?”其实，他们不了解我，不了解我这个社会工作事务所其实是很“草根”的，除了大学退休教授的专业背景，我并没有可以用的人、财、物资源，以及政府方面的、社会方面的人脉资源和优势。在机构现在的发展阶段和发展状况下，受资金、人才因素限制，在暂时找不到非常合适的、比较高水平的“前台”管理者可以帮助我打理事务所整体事务时，我只有立足于现在的团队，花费大量的时间精力来做传、帮、带的工作，才有可能把一些项目和工作做得比较到位、比较专业，否则事务所的工作就会漏洞百出，发展会更加困难。我在努力用自己的心血维持着这个机构的运转，在专业和管理上充当着“兜底”的角色。

第四，在工作人员成熟起来之前，一些规划和决策的工作还需要我去做。从这个方面说我是一个决策者、领导者。手指头干的活儿再多也代替不了手腕；战场是必须要有指挥员的，但具体的战役是靠基层干部带着士兵去打的。战场越多、具体要解决的战斗越多，指挥员就会越忙碌。我今天这么忙碌，其实就是为了明天能培养出更多的品行好、专业能力好的年轻人，可以早日胜任未来社会工作机构的业务和管理工作。但这绝不是一个一有想法就可以一蹴而就的过程，而是一个实实在在的、非常艰巨的“十年树木、百年树人”的过程，需要付出艰苦的劳动。当然，机构带头人的作用不仅仅是布置检查工作、带队伍，还有制定机构发展战略、提升打造机构的服务品牌，发展合作伙伴关系，找项目、找人才，追求和保证机构的专业地位，等等，这些都是社会工作机构负责人要做的事情。

第五，在机构的文化建设方面，我感觉自己还是一种灵魂性核心性的人物，是机构文化精神的思考者和提炼者。我曾经发动社工去思考提炼我们机构的专业理念和工作价值观，但是到最后还是需要我在团队实践的基础上去深入思考和提炼。我先后概括提炼了机构的宗旨、远景、“四社”执业理想观（怀社工心、持社工证、做社工事、圆社工梦）、“三本”专业价值观（少年为本，援助家庭，助人自助，陪伴成长；社区为本，整合资源，发掘潜能，综合服务；社工为本，增能赋权，推进职业，睿智拼搏）、64 字工作伦理观（本我所学，尽我所能。服务社会，睿智拼搏。接纳平等，感同身受。发掘潜能，助人自助。尊重保密，知情同意。理解差异，团结合作。爱岗诚信，慎独自律。追求公正，矢志不渝）、“十二项”机构发展方针（需求、服务、专业、品牌、学习、合作、团结、包容、拼搏、自律、成长、创新)。

第六，有时候我感觉自己还是社会工作理念和社会工作价值观的推广者和讲解人。有点像社会工作精神的“传道人”，还需要在社会工作理念、社会工作价值观的兑现方面多做说服工作。比如一个项目申报下来了，有的社工首先想到的会是这个项目能赚多少钱，而不是怎么样能把这个项目做得更好，让服务对象满意、让甲方满意。其实，只有让服务对象满意、让甲方满意，项目才有可能获得持续的支持。有的年轻人在看问题时，分不清哪头轻、哪头重，比较注重追求暂时的经济方面的利益。遇到这种情况时，我就会耐心地给他们分析，告诉他们这个项目不能从赚钱的角度去考虑，经济效益和社会效益二者能兼顾当然更好，不能兼顾时，宁可选择争取有较好的社会效益。

第七，有时社会工作机构的领导者还是社工之间矛盾的平衡者、评判人。社工之间有时候也会有攀比等不平衡心理，比如他们会介意谁干多了谁干少了，有时候明里暗里他们也会有一些大大小小的矛盾冲突，类似这样的事情，有时候需要社工团队内部去自己调节，有时候需要人力资源主管去处理，还有些特殊的情况需要机构的主要负责人去开导和处理，需要在他们中间充当平衡者、协调者，帮助他们调节关系、化解矛盾冲突。

（三）人各有志，不能强勉

对于我这一代人来讲，管理社会工作机构的核心环节可以概括为“三找”：找路（运营道路）、找人（培养人）、找项目（找发展方式及政策支持）。我现在做得比较多，希望在我离开机构之前，能努力地把规章制度完善了，把有可能遇到的一些技术性环节，比如招标投标、项目验收、第三方评估、人事制度的建设、党支部建设等这些基础性的东西奠定得比较牢固。其实在“三找”中，“找人”是最核心的环节。

我希望能够找到代表机构水平的、专业基础比较好的专业首席官，比如说业务首席官、督导首席官，同时也希望他们心怀远见，能够帮助和团结同事。我现在也有意识地培养他们，希望能培养出合适的接班人团队，他们能互相配合开展工作。我们这里暂时还没有能够在社会工作领域让人说得出名字、叫得比较响、敢于担当的人物。不过，我也看到了身边的一些比较好的苗子，他们虽然还不是很全面、资质不是很高，但是他们很努力，在这个领域摸爬滚打几年了，再进一步培养一下，“扶上马，帮一程”，是大有可能把事业继续下去的。不过，这需要时间和耐力。少林寺弟子在少林寺里扫地、挑水要花上几年时间，并不是由于师父不信任他们，而是师父希望他们能从基础学起练起，能够练就一身过硬的本领。

之前，我也辛苦培养过一些人，但是有的没几年就走了，我还得要重新培养新人。这个事其实挺闹心、挺费力的，刚开始他们都比较年轻、比较稚嫩，经过一段时间的历练和经验的积累，他们可以带人做项目了，但是走得还不够稳，还有一些漏洞，还需要补一补、扶一扶。可是，有的人耐不住反复的锤炼，刚刚有点进步、做了几个项目（这些项目本身问题还不少呢）就觉得自己的本事大了，就认为自己可以有更好的选择、挣更多的钱了；有的人甚至认为自己可以出师了、可以“单挑”了，可以自己办一家社会工作事务所了，所以他们就选择离开了。有时我花了两三年、三四年的时间去培养一个骨干人员，但是培养了半天人却走了，这不是悲剧吗？你就又得从留下来的人当中重新培养，这是一种没有止境的感觉，这也是社会工作事业的难点之一——人才流失太严重。一些年轻的大学老师办社会工作机构，他们有的是年龄的资本，越往后他可能越有优势，但是我这方面肯定没有优势了，毕竟年龄到这里了，一些政府部门的干部也不是很愿意与一个年龄大的人合作和打交道，虽然不好意思多说什么，但是我是能感受到的。所以，你说我在人才培养方面能不着急吗？但是现实就是这样，脚下本来没有路，必须逢山开路、遇水搭桥，一步步地向前去走。

六、创办社会工作机构的影响

（一）个人能力拓展

作为大学教师，办社会工作机构使我对政府社会建设的大政方针、步骤和它的运作方式有了进一步的了解，有更多的机会听到来自政府部门的一些很具体的意见，有机会接触更多的社会组织，听到他们在社会建设、社会组织管理方面的一些想法和经验，比我原来在高校里学习的机会多一些、动态了解得快一些。我原来在高校听到的专家、学者讲得比较多，但是现在我有更多的机会了解政府和社会各方面的意见。

在这个过程中，我本人肯定也学到了很多新的东西、实务的东西，比如办机构的流程、运作方式、人员管理方式、财务、税务知识，针对各类人群的社会救助、社会服务政策，等等。这些实务的知识是非常有用的，会使人感到人生更加充实和自信。

还有就是学术上的收获在很多时候是超出学校的范围的，比如我们在学校里学习的家庭治疗、叙事疗法等，这个要在大学里头就是一种理论的介绍，但是在机构里就是从实践的角度真正地去学习、去运用这些理论，甚至可以指导学生和助手们写出一些不错的案例或论文。

个人能力拓展，其实也包括了个人抵抗压力的能力（抗逆力）得到了拓展。办社会工作事务所其实会有一些负面的东西、比较艰难的地方。一方面确实是太累，对身体的消耗是很大的。另一方面，社会工作机构负责人的“无力感”“无奈感”“无能感”有时是很真实的感受，内心是比较痛苦的。比如，在资金方面经常会出现无奈感。原本一个项目按合同应该给 15 个人的钱，但是事实上他就给你 14 个人的钱，就是明着少给你。你要是不接受，以后就再也别想要项目了。再比如，社工委和民政局合署办公本来是件机构精简改革的大好事，但因为原来北京市的社会工作机构大多数是社工委（或者说是社会办系统）注册的，当社工委和民政局合署办公，并且事实上合并到民政局之后，社会工作机构的项目经费、人员岗位经费、获得项目的机会，以及项目的管理方式等都会发生很大的变化，对于大多数社会工作机构来讲，这无异于是“城门失火殃及池鱼”的一场灾难。因此，不少社会工作机构都把 2018—2019 年看作是北京市社会工作机构发展的“受灾年”“灾害年”。其实，这种情况也从侧面反映出社会工作机构在现阶段对政府项目及拨款的依赖性比较大，资金来源比较单一，发展还不很成熟。

（二）优势与劣势

大学社会工作专业教师办机构的主要优势，可能就是因为老师这个身份，容易获得求职者的信任和政府机关的信任，而且当过老师的人做事情是比较规范、守规矩的，带出来的团队承接各种社会服务项目也会比较规范，专业性能得到比较好的保证。

大学教师办机构的缺点，就是高校老师对社会还是了解少，另外和政府部门打交道时间短，容易被看成是局外人。高校老师一般都比较正统、死板，以老师的阅历资历，可能就不会主动地去结交政府部门的人，不会去刻意追求和他们的关系亲密。但是咱们身为高校出来的老师有自己的处事习惯和原则，有时候确实不够灵活，也会失掉很多机会。另外有的时候就是在管理方面狠不下心，对工作人员、对学生不能很严格地管理，因为当老师的总是比较温和，处理一些问题的时候，狠不下心来去处分一些做错事情的员工，总是想给他们机会、让他们成长，但是可能会带来管理不严格的负面影响。

（三）贡献与帮助

高校老师办机构的贡献在于以下几点：

1. 行业引领作用

引领建设社会工作服务机构风气之先，通过把理论和实践联系起来推动这个专业的发展。

2. 服务规范作用

高校的老师来办机构带着自身的专业性和规范性，在行业中可以起到很好的示范引领作用，同时有助于规范行业的社会服务标准。

3. 项目示范推动作用

高校教师办机构对社会工作学科发展有实实在在的推动作用和示范作用，推动社会工作的理论方法、社会工作的顶层设计落地化，把原来是价值观层面、理论层面、书本层面、文件层面的理想化的理念设想，通过机构平台一步步实施起来、示范出来，让理论落地，让学有所用。

4. 管理创新作用

我们机构参与了当地的很多社会治理工作，例如在首都治理整顿促提升、化解非首都功能这一方面我们做了不少的工作。能够运用专业理念方法去做一些服务工作，比如在拆迁中调和矛盾时起到了很好的作用。再有就是困难未成年人的帮扶，还有涉案涉罪青少年的帮扶，这些方面都积累了一些比较好的经验，在社会治理创新方面收效显著。

5. 行业推广作用

高校教师办社会工作机构对提高社会工作专业、行业的社会知晓度、影响力贡献也是很大的。比如，我所在的北京市海淀睿搏社会工作事务所作为全国百强社会工作机构，还是很有影响力的，同时睿搏也是北京市社会领域基层先进党组织、北京市民政局社会工作实习实践实训基地、5A 级社会组织，通过我们工作的开展，让更多的人了解了什么是社会工作，怎样可以做好社会工作。如果没有创办社会工作机构的亲身体验，这些都是做不到的。纯粹的高校教师，在实务领域的推动作用及社会影响力上都是比较有限的。

七、对本土社会工作的认识和建议

（一）社会工作必须与本土文化相融合

1. 本土社会工作的形成首先是来自我们中国传统文化的影响

中国传统文化当中提到的和谐、适度原则，扶危济困、乐善好施、尊老爱幼、乐于助人、激发潜能、促进发展等理念，其实就是中国本土化社会工作的价值基础。此外，在中国开展社会工作，需要注意研究国情、中国传统文化对社会工作实务的影响，注重人情世故、人情关系，讲究关系平衡、循序渐进。尤其要注重与政府、社区、宗族、家族这些地方文化因素的关系，注意学习掌握各种社会救助政策。

2. 本土化社会工作必须强调中国共产党的领导

这是我们一个很“本土”的体现。中国社会工作的发展在根本上是由党和政府推动的，离开了中国共产党的领导，社会工作不仅会一事无成，而且还会偏离本土化的方向。

3. 本土化的社会工作必须注重社会主义核心价值观的引领作用

社会工作价值观是社会工作专业的灵魂，不仅界定了社会工作本身的目标和意义，同时界定了社会工作的技巧和方法。社会工作者所持有的助人自助的观念，包括对助人活动的看法、对自己与受助者关系的看法等，都体现了利他主义，尊重受助者的权利和选择的精神。社会工作价值观的实现在中国必须与“富强、民主、文明、和谐、自由、平等、公正、法治、爱国、敬业、诚信、友善”的社会主义核心价值观相结合，并且要服从于社会主义核心价值观。比如，社会工作价值观中提出的尊重平等、服务对象自决、知情同意、为服务对象保密等价值理念，必须与和谐、平等、公正、法治等社会主义核心价值观保持一致。

4. 本土化的社会工作必须坚持以人民为中心

坚持创新发展必须坚持“以人民为中心”，坚定以困难群众为重点服务对象的理念，树立为民情怀，提升为民本领，弄清人民期盼，运用专业社会工作方法回应人民日益增长的美好生活需要。在当前尤其应注意关注贫困地区群众、空巢老人、留守流浪儿童、残疾人等各类困难群体的生理心理社会需求，运用社会工作的理念方法，重点为困难群体服务。

5. 本土化的社会工作必须注意打造机构社会服务品牌

在党建引领的基础上，各个机构都应有自己的社会服务品牌项目，将职业化专业化本土化的发展路径紧密结合。根据党的十九大确定的新目标和新部署，积极探索中国特色社会工作发展之路，科学建构中国特色专业社会工作的实践模式和理论体系，以及本土化的实务工作案例工作体系。

（二）“嵌入式”发展

我很同意王思斌老师的提法：中国特色社会工作必须考虑到“强政府、弱社会”的现实情况，要“嵌入式发展”，“在体制转型条件下能动地、策略性地嵌入，即通过结构性嵌入制度环境而谋求发展的理性选择战略”[①]。也就是说，在政府部门管辖的范围内，运用社会工作的理论方法承接和实施社会服务，在得到服务对象和甲方（政府部门）逐步认可的情况下，逐渐扩大自己的工作范围，这就是项目制的服务方式。有时候我们也通过岗位制的服务方式，不断地往政府部门派人，通过给政府工作部门提供一些新生力量，运用社会工作的理论方法开展工作，逐渐获得政府部门的认可，这样就是你中有我、我中有你的发展模式。还有一种条块结合制的服务方式，即所谓“项目+岗位、个人负责、团队支持、项目运作”的服务方式，就是把社会工作的理论方法从上到下贯穿一个领域，比如说社工对困境儿童的帮扶、对困难群众的帮扶等，任务都是从市里某一个政府工作部门从上面到下面地布置下去，按照不同的行政区、街道，在不同的行政范围内开展，同时在重要的环节或部门也结合了对于社工岗位的聘用，这种方式就是条块结合的方式。所有这些都是在当前中国历史条件下，社会工作专业要素行之有效的“嵌入式”的发展。

（三）大学社会工作教育模式亟待改革

与西方社会工作相比，我国社会工作的发展在初期表现为大学社会工作

① 赵琼：《专业社会工作嵌入性发展的阶段性再思考》，载《社会工作与管理》2016 年第 11 期。

教育领先于社会工作实务的态势。20 世纪 80 年代中期到 20 世纪末，在社会上还不知道社会工作为何物的时候，当代中国社会工作的大学教育就开始起步了。从 20 世纪 80 年代中期的几所高校办社会工作专业，到 20 世纪末期 200 多所高校办了社会工作专业，再到 21 世纪 20 年代中国已经有 300 多所高校设立了社会工作院系或专业，引进和改进了国外的教材，统一了大学社会工作课程教育及实习教育的标准，成立了中国社会工作教育协会，开展了大量社会工作的教育教学研究，每年为国家培养输送了大批社会工作专业人才，高校社会工作教育在社会工作人才培养方面立下了汗马功劳。可以说在很长一段时间中，高校社会工作教育是领先于社会上的社会工作实务的。

自 2006 年党的十六届六中全会作出关于大力发展社会工作人才队伍的决议后，中国社会工作的发展在党和国家的顶层设计下逐步完善，党中央、国务院以及中央组织部、民政部、人社部、教育部、文化部等部委出台了多个推动社会工作人才队伍建设的文件。2018 年建立了全国统一的社会工作师、助理社工师的职业资格认定、考试制度，各省市区在基层民生部门及社区工作队伍的选拔方面，提出了社会工作专业教育背景及社会工作者持证资格的要求；各地民政及基层社区在录用工作人员时指定了录用者必须具有社会工作师或助理社会工作师证书，具有社会工作高校专业教育背景的考生在同等条件下优先录用；各地组织部门、民政及社会建设部门“猛补”社会工作专业知识，组织了花样翻新的社会工作培训，每年有大批政府公务员、基层社区工作者、社会组织成员接受社会工作专业知识培训。北京市民政局还建立了一大批以社会工作机构为基础的“社会工作实践实习实训基地”，加强了对社会工作持证人员的继续教育。所有这些都大大推动了大学高墙外社会层面实务领域中社会工作事业的发展。在这种情况下，大学社会工作专业教育人才培养模式已经不能满足日新月异的社会实践的发展，已经落伍了。

作为高校教师第一批创办社会工作机构的教师，我深深地感受到了中国社会工作教育在时代变迁、社会发展的大背景下已经出现了学校教育与社会需求脱节、高校人才培养不能满足社会需要的情况。举几个例子，在社会工作机构建立初期，我创办的社会工作事务所经常会请高校教师来给社工进行督导，传授社会工作的历史发展、专业理论，个案、小组、社区、社会工作行政等专业伦理、专业方法和社会工作的价值观等专业知识，社工们不管是不是社会工作专业毕业的，都听得很认真，都在如饥似渴地学习。但是，这种情况没有维持很长时间，也就是一两年吧，再请高校老师来给社工督导，社工们就开始反映，“督导老师讲理论多，讲实务少”“不解决实际问题”“针对性不强”了。有的教师是从事社会福利政策教学和研究的，但却对现行中国社会福利政策（特别是国家对困境儿童、残疾人、老年人等困难群体的福利政策）缺乏较深入的了解，对现实的情况知之甚少，更谈不上对当下开展的社会福利服务项目给予十分有针对性的指导。有的高校教师在学校里是讲授个案工作、小组工作的，但是他们实际上开展的个案工作、小组工作实务很少，对现实的个案工作、小组工作服务项目的督导和评估，往往过于理论化、理想化，脱离现实。有的高校老师会不加区分地要求社工在给未成年人做项目时要有前测后测对照量表，而实际上社工面对的服务对象可能是一些既没有上过学又智力不健全，甚至是残疾、聋哑的儿童，面对类似这样一些特殊对象，可以运用哪些灵活方式开展前测或后测？其实社工很想听听督导老师们有针对性的指导意见，但是每当这个时候，一些原来可以侃侃而谈的老师们都缄口无言了。这些都表明，大学社会工作人才培养模式已经落后于社会实务领域的发展，迫切需要改革。

（四）中国社会工作未来的发展

中国社会工作在实务领域的发展，总体上是蓬勃向上的，但是还不够平衡。地区发展不够平衡，一线城市的社会工作机构资源比较多。南方更发达一些，北方特别是北京从积极的方面说是“趋于稳定”，从消极的方面说就是“比较落后、比较保守”。有时候我在想，在政府的某些行政区、行政部门中，对于社会工作机构或者社会组织，政府可不可以再放手一点？南方社会组织管理经费可以达到10%—20%，北京现在的社会服务项目中机构的管理费用比例一般只有2%—5%，有些社会服务项目甚至不允许出现机构的管理费用。其实，社会工作机构在房屋水电、人事财务，以及各个服务项目的管理方面都会产生大量费用，实施某些岗位制服务的项目，一个萝卜一个坑儿，那些挖坑、摆萝卜的工作量，那些机构为项目立项、实施、结项、评估投入的人力物力，实际上都需要项目管理费的支持和承担。如果在政策上不允许机构有一定比例的管理费，就等于机构的投入是免费的，这样社会组织的可持续发展是很成问题的。所以，依据一些相关的统计数字，中国社会组织的平均寿命不到两年。高校教师办机构尤其是北京的高校教师办机构，除了和政府部门有特别密切关系的那几家，都必须面对这个难题。现在社会组织在国内的发展，首先是一个观念现代化的问题，其次是政策科学化的问题，最后就是资源多样化及管理灵活化的问题，整体上还是政府把控得比较紧，社会服务、福利服务方式还不够多样化，资源渠道还比较单一。

（五）关于机构的计划与构想

关于机构的未来发展，我的想法就是要让机构能够稳定发展，我不希望有多么的“可歌可泣”“轰轰烈烈”。也许有的人在做这件事情的时候可能会希望得到电视台的报道，会谋求上更多的媒体和头条，在社会工作的重要会议上得到推荐，并为此做很多的功课。但我不想这样，我希望能够稳定地发展，沉下心来做事，练好内功。内功是什么？就是社会工作的理论方法和技巧。比如，我们在帮助一类人、为他们提供服务的时候，首先就是要了解关于那一类人的相关社会政策，了解相关社会工作的服务经验，等等，这就需要学习和研究，这就是一个练内功的过程。在我创办的机构里有这样一种情况，社工把项目申报下来以后就赶紧一头扎进去做了，虽然这种精神是好的，但是我们是不是应该先想想我们应该依据什么理论去做？政策依据是什么？为什么要对这些服务对象做这么深入细致的帮扶？国内有特别好的经验吗？国外又有什么值得我们借鉴的？相当一部分的社工在做项目的时候不会想到这些，我觉得这是个软肋。其次就是社工们经常意识不到如何能多样化地进行项目推进，比如在帮助困难儿童时，他们首先会想到给困难儿童送救济金、送生活用品，或者帮助补功课。再深入一点，他们就想不到还有什么可以做了。所以如何为服务对象提供多样化的、有针对性的，特别是有利于发掘他们潜能的服务，这些都是我们需要加强的。最后就是特色品牌的提炼，如何打造属于我们自己特色的品牌服务，如何在机构社会服务品牌初步形成后不断创新服务方式深化服务内容，这些都是我们面临的任务。

（六）关于专业发展的几点建议

第一，我希望社会工作行业学会、协会对于社会工作师的认定，能更多地汲取一些国际经验。例如在一些发达国家和地区的 MSW 学习经历，包含了大量的社会工作实务工作经历，本身就是一种职业资格。但是在国内的体系里面，即使有国际社会工作专业的学习和实务经历，也不能直接获得社会工作的职业资格，这对高校教师办机构而言没有政策支持优势。希望我们中国内地社会工作专业的发展应该在社会工作者的职业资格资质的认定方面灵活一些，允许有直接的职业资格注册或认定。

第二，希望政府能够加大对社会工作机构的扶持力度。特别是经过各种评估、验收证明，并且办得比较不错的社会工作机构，在专业社工岗位方面给予一定的支持政策。比如，规定一家社会工作机构社工的人数及社会服务项目个数，评估定级的级别，如果达到一定标准，就可以设立一个专职的社工管理岗位，相关经费由政府统一拨付。像这种类似的政策，不仅是对社会工作机构的扶持，也是对于专业人才的一种保护，是防止社会工作机构人才流失的有效解决方法之一。

第三，事务所本身要有效利用自身的资源。实际上事务所有很多资源、很多数据和项目总结材料可供利用。但是我们现在的社工又没有那么高的素质去驾驭，假如我们能够把这些做成系列成果总结，把事务所打造成一个既有服务又有研究的机构，这就是我们机构的特色。就好比华为是做手机的，但是却有相当一部分人是在研究手机的芯片、流程、程序，甚至是新材料、新工艺。光有制作车间是不够的，还必须有科研部门，要有自己的核心科技。我们的社会工作事务所的发展也是一样，不仅仅要有服务，还必须有人专门研究项目的开发，这样才能够很好地保证机构的可持续发展。

第四，社会工作机构的负责人也应该努力学习、不断创新，以能给学生的成长、社工的成长带来新的东西、新的希望。

办机构以来我觉得我自己有一个很大的改变。刚开始办社会工作机构时，有学生跟我说："老师，我现在很年轻，我以后还要找对象，我还要买车、买房，在社会工作机构工作解决不了我的问题。"我听到以后就会说，既然这样，你就不要在社会工作机构工作了，你就应该去选择企业或到政府部门上班。但是我的学生又跟我说："可是我是学社会工作专业的呀！我舍不得这个专业，我还愿意在这个专业里头去做一些事情。"后来慢慢地我就能理解学生的这种心情，觉得他们是很纠结的，纠结在现实和理想的困境中怎样去做选择，然后我自己也慢慢在他们这个纠结当中厘清一些东西。对学生来讲，只要他们曾经在这个战线上努力工作过，不论时间长短，都是他们为之洒下汗水的地方，都是他们为自己的理想而坚持的岁月。我们就要考虑这个机构能给他们什么，我们怎样才能不辜负他们的一腔热情。社会工作机构一定要能够给学生、给这些来求职的人提供一些锻炼和成长的机会，要让他们觉得即使收入没有别人高，但是这里的境界高一些、锻炼的机会多一些、机构的氛围更温馨一些，为他们成长过程中提供一个非常重要的和值得怀念的成长环境和成长阶段，留给他们一段难忘的经历和对今后长期有效的实用经验。所以，后来我的想法就变了。过去，我会觉得你想要买车买房，不要跟我说，这不是一个社会工作机构能解决的问题；但是现在我觉得他们的所有想法没有错，在社会工作行业里工作也能够买得起车、买得起房的时候，那整个社会工作行业的春天就到了。

（七）结束语

综上所述，高校老师办机构是中国大陆在特殊历史时期的一种特有历史现象，反映了在社会治理过程中，社会各方面对社会工作服务及社会工作机构高级管理人才的迫切需求。一部分具有社会责任感的高校老师在这个特定的历史条件下，顺应时代要求，积极创办社会工作机构，为推动社会工作理论与实务的结合及发展作出了积极的贡献。随着时代的发展和社会工作专业的进步，一定会有越来越多的机构和年轻人成长起来，会有更多的人具有创办社会工作机构的资质、勇气和能力。到那个时候，高校老师办社会工作机构的案例就会大大减少，一些成熟机构的自身工作人员会“倒流”回高校里去当督导、实习指导教师，甚至是实习主任。到那时候，就可以说明我们国家的社会工作事业真的发展起来了，到了一个更加成熟的阶段。

高校教师创办社会工作机构，给了高校社会工作专业及高校教师一个大大拉近理论与实务、高校与社会、研究与服务环节的机会，使高校教师能够把在书本上学习和传授的知识与社会工作服务的实际过程紧密结合，随时了解政府部门各项社会救助、社会治理政策的变化完善过程，探索面向各类服务对象行之有效的社会工作服务方法。“春江水暖鸭先知”，可以毫不夸张地说，这些办机构的高校教师是21世纪初战斗在中国社会工作最前沿的工作者、实践者，是当代推进中国社会工作进程的先行者、引领者。他们战斗在中国社会工作实践实务实训的最前线，相比较而言，对各地乃至整个中国社会工作的发展最有发言权。也正是由于这批教师的勇于实践和承担，较好地扭转了一部分高校社会工作专业教师理论与实务脱节、重理论轻实务、重学术研究缺乏社会服务实务理念和基础的情况，密切了高校社会工作专业与政府部门及社会各方面的联系。

不过，这样说并不意味着这些办机构的老师们在理论与实践的结合方面已经做得足够好了。相反，如何及时总结高校教师办机构行之有效的理论和方法，尽快呈现一线社会工作实务的中国本土化的工作经验，始终是摆在这些办机构教师面前的艰巨任务。在这方面，我们做得还很不够，还有许多工作要做。

记得我曾经给我的学生发过一个帖子，在微信上我说："在当今这个物欲横流、追求个人短期物质利益的社会大背景下，还会有人相信延安精神吗？还会有人为了他人和社会的利益，努力发扬延安精神，艰苦奋斗拼搏进取吗？"其实，各行各业都有一大批这样优秀的青年。不过，相比较而言，最能体现当代青年人艰苦奋斗、勇于承担时代精神的，社会工作这个行业领域的从业人员是比较集中、比较多的。在这个领域当中砥砺前行努力进取的年轻人，表现出了更强烈的社会责任感，和对他人、对社会更深切的人文关怀，他们是国家的希望、民族的未来。如果说，我们社会工作领域里的一线社工拥有这样的精神觉悟，那么他在这个领域工作的那段时间的积累，其实是可以转化成他未来工作的巨大宝贵精神财富的。对于21世纪初以来，一批勇于承担、积极创办社会工作机构的高校教师而言，林则徐的《赴戍登程口占示家人》一诗则是一个很好的精神写照："力微任重久神疲，再竭衰庸定不支。苟利国家生死以，岂因祸福避趋之！"为了推动当代中国社会工作事业的发展，我们已经承担了很多，并且还将继续承担下去。我们所做的一切，归根结底是为了帮助我们的受助者更好地、更有尊严地生活，同时也是为了帮助我们的继承者更好地、更有基础地推进中国社会工作事业的未来发展。

访谈员后记

范燕宁教授创办的北京市海淀睿搏社会工作事务所坐落在一间住户楼里，办公面积虽然不大，但是里面"应有尽有"。那天下午是我第一次见到范老师，她亲切、儒雅，说话慢条斯理，很有逻辑性，包括在访谈期间她的语言、用词也是非常严谨的，这很符合一个老师的风格。但是她真的太忙了，这次能够成功见面实属不易，之前多次约见也是因为范老师忙碌的行程而临时取消。在正式访谈之前，范老师还在一直忙碌着给助手交代事情。在访谈期间，也会经常因各种事情而短暂中断。所以断断续续我们从下午5点一直聊到了晚上10

点多，5 个小时访谈的后半段范老师已经很是疲惫，当我建议改天再约时间访谈时，范老师拒绝了，她坚持当天做完。范老师解释说，以后可能没有这样的时间了，所以尽量一次性做完。后来我才知道，那之前她已经 24 个小时没有休息了，瞬间让人很心疼这位老教授。本来作为高校里退休的老师，她可以有很悠闲的退休生活，但是她却依然选择坚守在一线，甚至有时候忙到深夜就睡在事务所里。但是她却一脸轻松地和我说，这根本不算什么，她经常工作到半夜三四点。听到这些我既震惊又佩服，范老师身上的干劲儿简直可以比过年轻人，让我不由得竖起大拇指。但是转念一想，老师这样的坚持其实也透出一丝无奈，因为目前还没有找到合适的接班人，范老师就得这样一直忙碌操劳下去。

她的奉献和坚持让我非常感动和惭愧，她作为一个年事已高的老教授尚且能作出如此牺牲，那我们这一代年轻人还有什么资格去抱怨呢?!

机构简介

北京市海淀睿搏（Rainbow）社会工作事务所成立于2010 年，是海淀区民政局系统正式注册的民办非营利社会工作专业服务机构。该机构由北京市海淀区民政局（原海淀区社会建设工作办公室）担任业务主管单位、以首都师范大学社会学与社会工作系为业务依托。机构服务使命：睿智拼搏，将利他主义社会工作价值观与科学助人方法相结合，搭建社会沟通的桥梁。帮助青少年及家庭解决社会问题，促进各类青少年健康成长。机构社会服务的“三本”理念：(1) 少年为本，援助家庭，助人自助，陪伴成长。(2) 社区为本，整合资源，发掘潜能，综合服务。(3) 社工为本，增能赋权，推进职业，睿智拼搏。

主要服务领域是司法矫正社会工作、青少年及其家庭社会救助服务、社会工作者及社会工作行业服务。机构主要服务对象是各类面临成长困难的特殊青少年及其家庭。同时，也积极承接政府、社区及其他社会组织、团体委托的各类社会管理、社会服务创新项目。目前机构根据社会实践需求，正在向专业化、集团化、市场化方向发展。2016 年起，事务所已陆续孵化出北京市睿联社会工作事务所、北京睿成社会工作事务所、北京市通州区睿民社会工作事务所 3 家相关机构。

机构被评为 5A 级社会组织、全国百强社会工作服务机构、北京市社会建设领域先进基层党组织、北京市社会工作实践实习实训基地。

但为福祉故　愿做探路人

——周昌祥教授访谈录

访谈时间： 2018 年 12 月 4 日 9:00—12:00

访谈地点： 重庆市渝中区受访者家中

访 谈 员： 周　玲

整 理 者： 汪华凌

受访者简介： 周昌祥，重庆市民悦社会工作服务中心创始人、理事长；重庆工商大学教授，硕士生导师；中国社会工作教育协会副秘书长、中国社会工作教育协会高校机构专业委员会副主任；中国社会工作学会学术委员；中共重庆市委直接联系的社会工作专家。研究方向：社会工作与社会福利。先后主持完成国家社科基金及省部级项目 10 余项，曾获得民政部、重庆市等省部级科研奖项，2016 年荣获重庆市杰出人才突出贡献奖。

编 者 按： 周昌祥教授是西南地区社会工作专业的一名学科带头人，为其学院及整个西南地区社会工作专业发展作出了重要贡献。为了促进专业教学和服务实践，周教授创立了重庆市民悦社会工作服务中心，并通过艰辛付出和不断探索，办出了特色，取得了成绩，也推动了重庆社会工作的发展。周教授在实践中对社会工作教学和实践以及对高校教师办机构有很多思考，提出了很好的建议，值得我们学习和借鉴。

一、家道传承，孕育助人初心

（一）自幼受父亲影响

1. 从小崇拜我的父亲

我1956年出生于一个产业工人家庭，父母都是大型兵工企业的职工。父亲的技术在同行里处于顶尖水平，按那个时候的话来说工资已经到达当时厂里的最高级别。我家是一个拥有7个子女的大家庭，三个姐姐、两个哥哥，我排行第六，下面还有一个弟弟。可谓父母慈爱，儿女孝悌，其乐融融。我父亲在过去读过一点书，喜欢书法和国画，写得一手好毛笔字，常给我们讲“封神”“三国”“东周列国”“聊斋”故事和做人的道理，这与父亲小时候喜欢念书、听书有关。父亲是热心的人，学习精神强，除了自己的技术外，还自学中医，曾看到他向朋友借《伤寒杂病论》《本草纲目》那种用毛边纸印刷的书，同时到处讨教各种中医验方并抄写下来，懂得一些中医的急救技术。那时感觉父亲懂得真多，家里也有不少书籍和老的物件，连邻居小孩都羡慕，可惜“文化大革命”那个时候怕受影响，一些书籍都被父亲悄悄处理了。

2. 父亲乐于行善助人

我记得可能是小学一二年级时，为了买较便宜的菜，星期天会随父亲走20千米山路去赶一个叫鱼嘴镇的乡场。在行走途中，偶尔会遇到有较大的水坑，一般人可能跨不过去，父亲就会四处寻找大的石头垫在水坑中间，让人借助石头能够跨过水坑。当时还问父亲为什么这样做，父亲说这是行善。由于喜欢和父亲在一起，看到父亲做过不少救人之事。曾见过父亲用针刺十宣穴，急救中暑昏厥的人，当时受助者及其家人对父亲万分感激。父亲常常教导我们“积善成德”“善莫大焉”，并且体现在他的助人行为上。

（二）做好事感到暖心

1. 初尝助人的温暖

受父亲耳濡目染，小时候也学了一些简单的急救方法，如刮痧之类，还用这些方法解救过中暑的小学同学。我读小学时也帮助过邻居解决一些力所能及的问题，如带孩子的妈妈无法去牛奶铺领取牛奶，便每天放学后帮助她家去领牛奶等。此时，邻居的赞扬总让人感觉温暖。

2. 助人行为受家传影响

我从小到大都在兵工企业办的幼儿园、小学、初中、高中里成长，经历了“三年经济困难时期”“文化大革命”“上山下乡”，参加了“文化大革命”后恢复的高考。在不同的成长阶段里，助人似乎成为一种自觉行为。插队时给缺少口粮的同学寄过全国粮票、高考复习资料，为骑自行车扭伤腰的学生“推宫过血”，缓解伤痛之类，还有就是在四川地震灾区参加社会工作志愿服务时使用小时候学的方法急救中暑的队员。每一个经历都留下深刻的烙印，也非常珍惜这样的生活体验。后来有人曾经问过我，说你为什么要做社会工作，我当时的回答是“喜欢这个专业”。当时我也没有意识到这些助人经历和后来投身于这个专业，再到创办一个社会工作服务机构与家传有关，现在想想，还真是一脉相承。

（三）原来还有这样的专业

1. 由知青到高校教师

我 1975 年到江西的农村下乡，在三年的下乡经历里，有一年多是在务农、修公路中度过。由于对工作的热忱，受到生产队的信任，我先后担任过工分员、大队治保会副主任。有一年多的时间在公社中小学里担任代课老师，一直到 1978 年参加高考，进入江西师范大学政治教育系学习。1982 年毕业，先后在师范院校、省团校任教。1995 年进入重庆工商大学（原渝州大学），主要教授哲学、经济学等，先后担任教研室主任、马列部副主任、副院长等职务。

2. 没想到有这样对路的专业

1999 年一个偶然的机会，我接触到社会工作专业，与当时的王思斌教授、史柏年教授、陈涛教授交谈，发现还有这样好的专业，与老师们的专长和自己的喜好那么的吻合，从此后便开始投身这个专业的学习和研究，尤其专注社会工作与社会福利政策研究。2001 年到 2019 年期间，我在学校主要承担社会工作实务课程教学，逐步从对社会政策的研究转向一线服务，积淀实务经验。2011 年开始探索培育专业机构，2013 年机构正式注册登记，当时有朋友戏称这是周教授的“第二次创业”。

二、投身社会工作教育，完成一种使命

（一）开重庆社会工作本科教育先河

创办服务机构的想法，是我在开办了社会工作专业之后萌生的。为什么要创办服务机构这个问题，还得从重庆和中国社会工作发展这个大背景说起。

1. 系负责人的历史担当

1998年，我担任渝州大学经济学系（马列部）副主任，这是两块牌子一套人马，系里老师一部分从事经济学课程教学，另一部分承担马列主义课程教学任务。过去的社会科学系很注重迎合经济与社会发展，创立新兴专业，先后创办过投资专业、法律专业、市场营销专业等，后来为迎接教育部的合格评估，对相关专业进行归类，这些专业被整合到其他系去了。担任系副主任后，我主要负责教学工作，经常和老师们探讨什么样的专业才能适合重庆经济社会发展，怎样将社会科学系（马列部）师资的专长与经济社会发展紧密结合在一起，探索怎样使专业具有一种担当！

2. 偶然与社会工作结缘

1999年，我们系里的肖云老师和其大学同学华东理工大学朱眉华老师聊到这个问题。朱老师建议考虑一下社会工作专业，并告诉我们，中国社会工作教育协会第二届年会将在中国青年政治学院召开。在系里教研会上说到这个事情，当时觉得可以去看看，于是请肖云老师拜托朱眉华老师把邀请函复印寄过来，记得邀请函上写的名字是“张雄”。邀请函收到后，立即向学校领导汇报，处于发展期的学校积极支持我系创办社会工作专业。于是，我作为“不速之客”出席了中国青年政治学院举行的中国社会工作教育协会第二届年会，当时全国27所有社会工作专业的高校代表参加了这个会议。

在参加这个会议前，我知道的社会工作是本职工作之外的兼职叫作社会工作。参加了这个会议后，才知道什么叫专业社会工作，并且发现这个专业是市场经济体制发展中迫切需要的。回到学校后便开始论证在重庆开办社会工作专业的可行性，由于当时面临服务三峡库区移民及化解由此带来的社会问题，以及化解社会急剧转型带来的系列矛盾，专业论证中让我看到社会工作具有良好发展前景。

3. 重庆第一个本科专业

经过论证并向当时分管教学工作的刘全利副校长作了汇报，后经学校同意，拨付了6000元作为专业创办经费。学校的支持，让老师们的积极性得到了充分调动，我撰写了重庆市设置社会工作本科专业可行性报告，并提请学校向市教委申报，2000年获得教育部批准，2001年正式招收第一届社会工作专业本科学生。此时重庆科技学院（原重庆钢铁专科学校）和重庆师范大学两所学校分别创办了社会工作专科，其中科技学院这个专业的名称还叫社区管理。重庆工商大学成为重庆市第一家设立“社会工作”本科专业的高校。

4. 新的专业与新的历史使命

新的专业带给老师们以激情与使命感，当时真有“撸起袖子加油干”的氛围。大家都关注哪里有相关图书资料，哪里有培训机会，总是千方百计补“社会工作”的专业知识。当时怀着共同的理念是“自助助人”，先以自助的方式让自己专业强大起来，然后才能给他人以帮助。大家真是铆足干劲轰轰烈烈地建设这个专业。先后到华东理工大学、云南大学和参加我国香港杨震社会服务事务中心举办的实务培训。那时基本上每个月都派人参加各种各样的理论和专业方法技巧的培训，还鼓励老师们参加各类社会工作相关的会议。就我个人而言，自参加第二届中国社会工作教育协会年会以来，从没有缺席过年会。

我参加的各类学习和培训中，值得一提的是2001年中国社会工作教育协会组织的高校教师代表团赴香港地区交流访问，当时随团的洪大用、李迎生、贾维周、庄勇等都在其中。代表团先后访问了香港理工大学、香港城市大学、香港中文大学、香港浸会大学和香港大学的社会工作系，香港大学的齐铱教授介绍了社会工作系的情况，随即还访问了香港的一些知名机构，整个行程都是香港理工大学阮曾媛琪教授及其团队精心设计的。香港之行，让我不仅看到香港社会工作教育对香港繁荣的贡献，也看到了香港专业机构服务社群在促进社会和谐发展中的作用。香港专业机构的发展为社会工作专业学生提供实习和就业的机会，这是多么好的一件事情。后来我们和香港的青年机构联系，安排了学生去实习。其间萌发了在专业建设到一定程度时创办类似专业服务机构的想法，不仅服务社会，也给社会工作专业学生寻找出路，毕竟那个时候社会各方面对社会工作的知晓度太低。在后来的实务教学、督导和带领学生实习中，这种想法越来越强烈。

5. 突破专业发展的瓶颈

我们系由于没有一个老师具有社会学或社会工作背景，因此加强对老师的专业培训尤其是实务能力培训，成为当时专业建设的重要工作。于是我率队参加了由华东理工大学举办、中国社会工作教育协会承办的“中美社会工作教育师资培训班”。这可能是以中国社会工作教育协会名义举办的第一个社会工作师资培训班，当时徐永祥教授把这个班比喻为“黄埔一期”。后来得知云南大学与香港一家机构合作开办社会工作实务培训班，得益于钱宁教授和向荣教授的支持，每个月我们都派出相应的专业教师参加培训。除了前面四处寻找培训机会外，还借助学校的对外合作办学机会。2006 年我们与美国切斯特县的韦德恩大学建立了专业合作关系。该校擅长社会工作实务，我们开始有计划地安排专业教师分期分批地去这所学校接受培训，提高教师们的理论水平和实务能力。目前所有专业教师至少在该校经过为期一个月以上的专业训练。在该校访学期间，探访了多家不同的服务机构，如服务老年、青少年、社区、监狱、残障人士、同性恋等人士的专业机构，后来还和该校建立了研究基地。

图为周昌祥教授（右二）代表重庆工商大学社会与公共管理学院与美国韦德恩大学建立研究机构留影（拍摄时间为 2012 年 7 月 24 日）。

6. 依靠科研增强话语权

作为新兴的社会工作专业，除了具有动手的实务能力外，还要谋求学科和专业的话语权，要想有一定的学术地位，就得强化科学研究。借助分管教学科研的副院长身份，我带领团队积极开展科研活动，增强专业的学术地位，致力于将社会工作理论、方法运用于解决最低生活保障政策实施中出现的问题，并于2005年申请获得国家社会科学基金一般项目，这可能是本校有史以来第一个国家社会科学基金一般项目。研究项目的获得，带动了全院教师们的积极性，也激发了市内有社会工作专业的高校负责人的积极性。我当时把重庆高校社会工作专业负责人都纳入了这个领域里开展研究，对其他高校社会工作发展也产生了一定的影响。重要的是，这是一个好的带动，此后我们学院几乎每年都能申请获得一个社会学或社会工作的国家社会科学基金项目，一直持续到现在。就我们这类学校，社会学、社会工作属于“弱势学科”，每年都能拿到这样的基金项目，可以说对学校的影响很大，并由此提升了学科在学校的学术地位，甚至在全市的学术地位。在此基础上，学校先后争取到社会学一级学科硕士授权点、重庆市重点学科建设单位，社会工作也连续获得“三特专业”，当然这一切与王思斌、侯钧生、阮曾媛琪、徐永祥等教授先后来学校、学院指点学科建设分不开。这种理论和实务并重的专业发展道路让我们尝到了甜头。当然，仅仅一个学校的专业强还不行，当时我就有“抱团发展”的思路，不仅促进自己学校的社会工作专业发展，还需要带动市内其他高校社会工作专业发展，把高校社会工作院系团结起来，共同推动社会工作发展。应该说，这些探索对全市社会工作教育乃至实务发展都有较大影响。

（二）从基地建设到酝酿创建机构

1. 深刻体会社会工作是做出来的

我一直认为，高校社会工作专业不仅要做好教育教学，还要做好社会服务。库区的大移民搬迁、重庆各大兵工企业军转民，各种社会变迁和转型，产生很多社会问题，重庆不仅需要有社会工作专业教学单位，还要有一些实实在在服务社会、解决社会问题的专业机构。此外，当时社会工作专业学生毕业后基本上没有对口的就业岗位。在最初的专业教学上，老师们都是学社会科学的，都能懂理论，但一讲到一线服务，就凭着自己的生活体验来讲，由于大家都没做过实务，讲课时感觉讲不透，毕竟“社会工作是做出来的”。2006年，我参加在沈阳师范大学举办的社会学与社会工作教学指导委员会会议，在发言中提出：我们所有老师都能够上课，可以讲理论，但是我们的老师没有做过个案、小组和社区实务，而我自己也是做宏观社会政策研究的。没有实务经验谈何教学生实务？所以当时与王思斌老师讨论，是不是真的要花一些时间到一线去做服务，积淀实务经验。2008 年四川汶川特大地震的发生让这种讨论成为实践，尽管此前多多少少也做过一些实务。

2. 重视专业实习基地的建设

为了促进专业建设，当时我的想法就是通过学校联系民政、工青妇等部门的负责人，建立社会工作专业教学指导委员会，其目的就是依托教学指导委员会的成员单位作为实习基地。在专业建立初期就成立的教学指导委员会，成员有市民政局局长魏长述、总工会常务副主席金道坤、妇联副主席余桂芳、共青团市委副书记彭烨，还有市教委、市残联、市福利彩票中心等部门负责人，主任委员由校党委书记周希贤和市民政局局长魏长述担任。可见从办学开始就重视让专业建设接地气，能够拥有一线实践的基地。随后寻求在民政、监狱、学校、社区等开展学生的见习实习。2006 年在社区设立工作坊，2007 年建立西南地区社会工作教育实习基地，面向居民开展服务，直到现在这个工作坊还在运行，但真正接地气，还是建立专业机构。

3. 学生面临实习与就业的困境

2004 年我们开始酝酿创办机构，想解决一些实际问题。当时重庆社会工作发展尚在起步阶段，社会的知晓度也不高，学生实习的地方太少。我们曾经到江北区华新街小学联系实习，校方根本没有听说过社会工作，不知道啥叫社工。经过再三游说，校方才同意在课外活动时做一些实务，但费用得由我们学生自己出。后来学生的专业活动让学校眼界大开，同意支持学生实习，并承诺提供活动费用，还包括学生的车费都由学校承担。尽管学生和老师都是努力的，但是找一个实习的地方真难，更别说就业的问题。曾联系去福利机构参观，该机构要按学生参观人数每人每次收取 20 元。还有那时机关、企事业单位招聘员工都没有社会工作专业。所以我们想创办机构，可以让学生能够实习、实训和就业。于是和老师们一起商议是否创办一个立足重庆、面向西南的服务机构，当时请本院田奇恒老师代拟机构章程，但多种因素影响，一直没有付诸实践。

4. 协会资助建设西南地区实习基地

2006 年，我牵头与南岸区花园路街道南湖社区建立了工作坊，把它作为社会工作专业实习、实训基地。后来中国社会工作教育协会支持了我们7000元建设经费（用于支付房租），在工作坊基础上建立了中国社会工作教育协会西南地区的实习基地。接着西南地区的一些学校都到那儿去参观学习过，至今这个工作坊还在运行，我校社会工作专业学生还定期去实习。实习基地的运行也启发我们，未来是不是可以建一个服务社会的组织。但在2008年前，几乎所有老师没有完整地做过个案、小组、社区服务，未来想要做机构以及如何经营，也没有成熟的想法。这一时期，徐永祥、顾东辉等老师与上海市政法委、团市委等合作在上海成立了好几家机构，但那都是以政府为背景的，通过这些机构为吸毒人员提供戒毒服务。后来深圳的易松国创立了第一家民办非企业单位的社会工作服务机构。这些都成为教师领办机构的参照。

5. “希望社工”的示范作用

2008年可以说是中国社会工作专业教师崭露头角的起始年，是中国社会工作教育参与灾害救助和灾区重建实务的里程碑。汶川大地震带给四川人民巨大的伤痛，中国社会工作教育协会各会员单位纷纷响应协会号召，派出专业教师带领学生前往灾区开展专业服务。当时中国社会工作教育协会和中国青少年基金会（以下简称：“两会”）合作开展“抗震救灾学校社会工作志愿服务”项目，支持10余所设有社会工作专业的高校奔赴绵阳、德阳和广元等极重灾区开展重建服务；同时中国社会工作教育协会与国务院妇女儿童工作委员会办公室、联合国儿童基金会合作在四川开展“儿童友好家园”服务项目。项目初期西南地区主要由重庆工商大学的师生承担，当时我担任了“儿童友好家园”的重庆团队的总督导，后来带动了重庆其他高校社会工作师生参与其中，这两个项目让重庆高校社会工作师生的一线服务经验得到很好积累。我们当时是第一批带领学生参加抗震救灾社会工作志愿服务的，全国10所高校遴选的师生团队在中国青年政治学院举行了为期一周的灾害救助实务培训，然后在王思斌、史柏年等教授带领下一起乘火车奔赴四川的绵阳和广元市。我带学生在广元市利州区嘉陵一中开展驻校服务。同期在广元参加服务的还有中国青年政治学院韩晖老师、山东大学高鉴国老师、天津理工大学杨云娟老师、青岛理工大学于晶莉老师、济南大学杨洪斌老师所带领的团队。通过参与四川地震灾区的重建服务，我们才真正体会到专业服务该如何做，也找到了做实务的感觉。

在三年重建服务中，“两会”和广元市利州区教育局共同培育出了一个成果——2011 年初，广元市利州区希望社会工作服务中心（以下简称“希望社工”）成立。记得当时王思斌、史柏年、陈钟林等教授，还有中国青少年发展基金会的顾小今、姚晓讯等，都在“希望社工”挂牌的门前合影留念。“希望社工”是致力于学校社会工作服务的机构，我校毕业的学生成为机构的总干事，其专业服务和管理受到所在学校的好评，也为我们创办机构提供了良好示范，同时让我们越来越深刻地意识到创办服务机构的可操作性。

参加四川广元市利州区希望社会工作服务中心揭牌仪式（摄于 2011 年 1 月 20 日）。

三、创办机构，助推社会工作职业化

（一）创办社会工作服务机构的初衷

除了四川的“希望社工”，那一时期，深圳、广州的社会工作机构也陆续兴起，全国一些高校的专家学者开始领办社会工作机构，当然这与民政部门希望社会工作专家学者领办社会工作服务机构以保障服务的专业性有关。由此，让我感到创办机构时机已经成熟。

1. 创办服务机构是多年愿望

前期一直有创办社会工作机构的想法，这些想法有几个方面：第一，服务当地的社会发展，特别是重庆这种大城市带大农村、大库区等特点，各种矛盾和问题较多，很需要服务于社会的专业社会工作组织。第二，老师们局限于理论教学，根本教不出好学生。创办专业机构让老师们有更多的机会接触实务，获得更多的第一手资料运用于教学和科研。第三，让我们的学生有更多更好的实习基地，并且给学生提供就业岗位和出路。这些初衷构成一种念想，就是促进社会工作服务的专业化与职业化。

2. 借助实践园孵化服务机构

教师创办机构，一直有专业教师合伙创办和专业教师带领学生创办等形式，为此咨询过其他省市专业教师领办机构的情况，分析过不同形式创办机构的效果，但是如何来创办，与专业教师们讨论中存在分歧。由于没有形成统一的意见，就搁在那儿了。再次启动就是2011年了。

学生就业始终是学校的大事，为了提升学生就业率，我们学校开办了创业园，要求每个学院去申报一个创业项目。当时给每个学院一个小房间，这个房间里有些基本的办公家具，鼓励老师们通过自己的科研带动学生实习和创业就业。当时我在学院分管教学科研工作，学生的创业就业也在工作范围内，于是响应学校的号召，决定利用学校创业园提供的办公室，创办校本机构。通过和学生商议，最后取名为：重庆市民悦社会工作服务中心，后在学校经济管理中心（管理创业园的部门）备案。为支持学生创业就业，学校给每个机构拨了10000块钱作为启动经费，这样就把学生组织起来，轮流值班，像模像样地按照一个机构那样运行。通过机构联系区县民政、教委等相关部门寻求专业服务的合作，结果一炮走红，连续承接了几个服务项目，为后续机构的登记注册创造了条件。

（二）社会工作服务机构的先期实践

1. 重庆社会工作发展的里程碑

全国民政系统积极推动社会工作服务，重庆市民政局开始重视社会工作在民政事业中的专业服务，这是重庆市社会工作专业机构发展的历史背景。记得是2011年，重庆市民政局的吴秋鸿副局长和时任市民政局组织人事处（社会工作处）张明处长主持召开重庆社会工作发展研讨会，这是全市层面正式召开的第一次社会工作发展研讨会，这次会议可以说是重庆社会工作发展的里程碑。当时市民政一些直属机构以及区县、镇街和7所高校社会工作专业教师代表出席会议并在会上分享各单位社会工作发展的情况和设想，提了很多的意见和建议，拉开了重庆社会工作快速发展的序幕，也为专业机构的建立创造了条件。

2. 初次承接政府购买服务项目

在这次会议后，重庆市民政局开始尝试在一些领域探索开展社会工作服务。记得最早承接的服务项目是与九龙坡区军休中心合作，当时市里拨了50000元到区军休中心，与我们学院合作为军队离退休干部提供为期一年的专业服务。后又与江津区教育局合作在5所农村留守儿童学校开展学校社会工作服务。这些都是以学校为主体，以学生实习方式提供专业服务的初次尝试。

3. 校本机构专业服务得到认可

2012年，市民政局将社会工作服务进一步扩展，提出在爱心庄园、第二福利院等市级福利事业单位和渝中区等开展社会工作服务项目试点，要求这些单位与高校社会工作专业联合实施。经过前期的筹备，这时民悦社会工作服务中心作为校本机构已经备案并开始工作，于是以机构为主体与爱心庄园、第二福利院、渝中区军休中心和上清寺街道的嘉西村社区建立了项目合作关系，定期派出老师和学生以社会工作者的身份到项目点提供服务。承接的专业服务项目成效显著，2012年底，中心所承担的重庆市第二福利院和爱心庄园社会工作服务项目双双获得了民政部首批优秀社会工作项目三等奖。记得当时市民政局刘涛局长率队调研后给予了较高的评价，他对我说愿意在社区社会工作服务上加大投入。不久，市民政局就决定在100个有条件的城市社区设立社工室或社工站，并推出了在全区、全镇街试点社会工作服务全覆盖，对推动全市社会工作发展影响深远。

（三）校本机构成为独立法人

1. 以实习学生为主进行服务的教训

当时就觉得创办机构是为了给学生提供实习实训的平台，一切都是为了方便学生的成长。现在想来那种初衷还是比较片面的。我们2011年在九龙坡区军休中心承接军休社会工作服务，这个项目可以说是在全国较早探索运用社会工作的理论、方法来服务军队离退休干部。但九龙坡区军休中心服务项目给了我们一个很深刻的教训：当时服务依靠学生实习而学生实行每月轮换制度，于是学生刚刚熟悉服务对象，就得回学校上课，必然中断了和服务对象的联系，所以在项目结束后的评估中，尽管服务对象赞扬了社工的服务给他们带来实在的好处，同时也直言，每月轮换式的服务，让他们不能接受，刚认识一个社工，不久就走了。后来在江津的学校社工服务项目，也是派学生到江津5个学校去，每月一轮换。频繁的服务人员轮换造成项目多方的困扰。大家也感觉到“一月一换”的服务方式对服务对象不公平，学生倒是成长了，但是服务没有持续性，反而引发服务对象对社会工作的质疑。

这些教训让我深刻认识到：必须要有专职社工才能提供长期、持续性的专业服务，社会工作服务必须走职业化、专业化的道路。

2. 注册机构走职业发展道路

以学生实习为主的服务方式产生的不良影响，当时就让我萌生了这个想法：是不是应该把校本机构独立出来成立民办社会服务机构？我抱着这一想法与市民政局组织人事处（社会工作处）张明处长交流。张明处长非常支持正式注册一个机构，并告诉我说，如果缺资金，市民政局可以想办法协助解决；如果需要帮忙联系业务主管部门，就给我们找主管部门。后来落实到市老龄工作委员会办公室作为主管部门。原本在2012年即可登记注册，由于当时我在美国访学，所以延迟到2013年2月，机构才在重庆市民政局正式注册成立。

总的来说，作为独立法人的专业机构之所以成立，首先是社会需要专业社会工作服务，其次是政府相关部门的大力支持，再就是在承接政府购买的专业服务项目实施过程中，仅仅依靠学生实习实践不能够持续、长效地为服务对象提供服务，只有走职业化、专业化服务道路才能够让社会工作服务绩效充分地体现出来。

3. 助推社会工作服务职业化发展

2011年以前，可以说重庆市社会工作发展还处于少量试点阶段，尽管那时我们学院社会工作专业已经有了10年的办学经历，全市已经有7所高校开办了社会工作专业，但是依然只有民政部门直属机构在试点社会工作服务。后续专业机构的出现与当时市民政部门大力发展专业社会工作服务是合拍的。机构成立后，迅速承接了一定数量政府购买的社会工作服务项目，并显现出良好的服务效果。同时高校教师领办社会工作服务机构所产生的效能也影响着重庆高校社会工作教师领办专业机构的激情。重庆理工大学专业教师先后领办两家机构，重庆工商大学专业教师又陆续领办两家机构，重庆城市管理职业学院大部分社会工作专业教师都创办了机构或在机构里任职，重庆大学、重庆师范大学和西南大学后来都陆续涌现出专业教师领办的类似机构或为社会工作机构服务的社会组织。当然这也带动了区县社会工作服务机构的发展，许多机构负责人都是社会工作专业毕业的学生。那时让人感觉重庆社会工作发展“风生水起”，一片蓬勃生机的样子。（注：截至2020年1月底，重庆市社会工作服务机构超过300家，可以说高校专业教师领办的社会工作服务机构对促进重庆本地社会工作的职业化、专业化发展起到了助推作用。）

四、机构成长，与社会工作发展交互推动

（一）高校教师领办机构的专业品质

从几年实践看，高校教师领办社会工作服务机构的专业服务具有较高品质。

1. 有品质的专业服务具有影响力

2012年7月，我们作为校本机构开始承接以社区为服务对象的社区社会工作试点项目，也尝试用社会工作专业毕业的学生作为专职社工提供服务。这个项目可能是当时市民政局第一个社区社会工作服务项目，其主要目的是发挥社会工作的专业性作用，协同社区党委、居委推动居民自治。地点选在市委、市政府所在地的渝中区上清寺街道嘉西村社区，以驻站方式为社区提供服务。用心的专业服务不仅受到社区居民、街道和区民政局的认同，也受到市级相关部门的重视，逐步成为重庆市社会工作服务对外展示的窗口，先后有国家和相关部委的领导考察、调研。中共中央组织部副部长陈向群，民政部副部长宫蒲光、顾朝曦，团中央书记贺军科以及全国妇联的领导同志等都曾莅临考察社会工作专业服务。特别是当时在民政部社会工作司工作的甄炳亮副司长、柳拯司长、王金华司长、吕晓莉司长都先后来到机构嘉西村服务站调研。

2. 专业服务受到政府部门的重视

记得最先到机构服务站调研的民政部原社会工作司的领导是甄炳亮副司长，他还为我们的服务题字以资鼓励，希望我们的服务能够做得更好。在项目后期，时任重庆市民政局局长刘涛对机构的服务评价很高，同时指出：“将社会工作服务站设在社区，让居民不出社区就能接受专业社会工作者的服务，

缩小了服务和管理的半径，希望专业社会工作者能够努力做到让家庭矛盾不出家门、社区矛盾不出社区，这样家庭和谐了，社会也就和谐了。”当时我们就向刘局长建议不断加大服务规模，由点及线，由线及面，大力推进社会工作发展，让专业社会工作能够更好、更多地服务居民。

3. 良好的示范性促进服务职业化

专业机构在社区设立的社工站，仅仅两名专职社工就能协同社区开展服务并取得显著成效。重庆市民政局调研后作出决定，在 100 个有条件的城市社区建立 100 个社会工作室或社会工作站。同时将原来的试点项目调整为示范项目，并以政府购买服务的方式向整个区、整个街道和镇推进社会工作专业服务。渝中区成为重庆市第一个整体推进社会工作专业服务的区，全区 76 个社区全部建立社会工作室，并配备 2 名专职社会工作者开展专业服务。主城区都探索整个街道所有社区实现社会工作全覆盖。当时，大家的感受是重庆市社会工作的职业化和专业化发展真是“生机勃勃”“轰轰烈烈”。值得称赞的是重庆市民政局分管社会工作的吴秋鸿副局长率先参加全国社会工作者职业水平考试，并获得中级社会工作师资格，这可能是全国民政厅局领导中唯一考取中级社会工作师职业资格证书的领导干部，由此带动了民政系统及区县民政、镇街等基层工作者考取社会工作职业资格证书的热情。社会工作服务走向职业化成为从政府机关到实务部门都关心和参与的事情，其间不乏专业机构的影响力。

4. 带领市内机构负责人赴美研修

作为高校教师领办的机构除自身机构发展外，还要助力市内其他机构的发展。2016 年我受市民政局的委托，与美国亚太社会工作协会的徐庆文教授和纽约大学卢又华教授联系，与纽约大学社会工作学院共同举办中美跨文化国际社会工作研修班，重庆活跃的机构如仁爱、仁怀、冬青、巴南企航、春雨、扬光、江津大同及两家与社会服务有关机构共 11 位机构负责人参加了研修班。为提高机构负责人的理论、实务和机构管理能力，我设计了研修计划，纽约大学卢教授根据研修计划安排了服务机构管理、项目评估、社区服务、老人服务、残障服务、退役军人服务、社会福利政策等课程，联系了大量的服务机构。在纽约大学期间，基本是上午在学院上课，下午到服务机构交流，每天持续地研修与交流，压得学员们喘不过气来。一方面深深领略了社会工作专业精髓，另一方面也为合作方的敬业精神所感动。大家在感叹中形成共识：不虚此行，也希望日后能多些这样的研修。可以说，这次研修将重庆市社会工作服务机构的专业水平提高到了一个新的高度。

5. 专业机构受到协会领导的重视

为了提升机构服务的专业水平，机构建立后，我亲自带领毕业生到社区开展服务，让社区也看到高校教师领办的服务机构服务的专业品质，不仅在协同当地党委、政府工作，也在服务基层、服务社群中受到青睐。感觉在这样的实践中，不仅促进了学生的专业成长，而且让多数过去只有理论知识的专业教师有了参与一线服务的机构，还成为专业学生实习就业的平台。这可能是具有中国特色的社会工作教育发展的实践模式，它突破了中国内地社会工作发展面临的许多瓶颈，解决了专业学生的见习实习和创业就业问题；解决了专业教师实务能力短板问题，让专业教师的教学更有底气；探索了社会工作职业化、专业化发展的道路问题；展示了专业性与非专业性服务的差别与不可替代的问题等。无疑，这是中国内地社会工作教育发展中专业教师们的积极探索，而且卓有成效。机构的服务也受到了中国社会工作教育协会的重视，时任中国社会工作教育协会会长、北京大学王思斌教授题写“民悦社工”以资鼓励，这可能是王思斌教授唯一为服务机构的题字，后任的会长华东理工大学的博士生导师徐永祥教授、副会长南京大学博士生导师彭华民教授等先后为机构赠言题字，以鼓励我们不断提高专业服务品质。

王思斌教授正在为机构题名（拍摄于 2015 年 11 月 30 日，地点在重庆市民悦社会工作服务中心办公室）。

6. 高校教师领办机构具有责任心

我认为，重庆社会工作发展自 2011 年开始进入快车道，政府管理部门重视、高校社会工作专业支持、高校社会工作专业机构的服务效能显著，带动了区县社会工作服务机构注册登记进入井喷时期。2013 年初，全市仅有 4 家市级社会工作服务机构，仅有少量的区县服务机构，截至 2019 年底，全市社会工作服务机构超过 300 家。

但是教师领办的机构，其发展时与其他创办的机构有所不同，那就是对机构和专职社工的责任心。机构自 2013 年 2 月注册，2014 年项目经费规模和人员规模有较大的增长。为承接街道社区社会工作整体推进项目，机构人员规模从十几个增加到三十几个。2015 年以来，平均每年项目资金维持在 300 万元左右，在岗服务人员维持在 50 人左右，专职社工 40 人左右。但我一直思考一个问题，就是如何维持发展的适度规模，将员工规模控制在适度的范围内，就是说根据经济发展的状况和财政支持力度调节规模大小，不盲目扩大机构规模，防范经济不景气导致项目资金压缩带来的大量裁员。毕竟有很多专职社工来自我们的毕业生，作为教师似乎也不好交代，这也是教师领办的机构和其他社会人士开办的机构的不同点，“护犊子”的心理尤其强烈。

7. 作为教师的机构要有专业样子

我觉得运行一个机构并不容易，项目经费不足，筹资的公信力还在建设过程中，要把一个机构打造好，需要花费许多心力。为了促进机构发展，除了政府方面外，还需要依靠高校和实务界的相互支持。机构创办以来，先后给予指导的专家学者不计其数，而机构内在发展也需要得到实务界资深人士的指导。为强化机构服务、管理，先后邀请了我国香港非营利组织卓越管理中心行政总裁梁伟康先生，香港社会福利署退休官员莫世民先生，原中国青年政治学院社会工作研究中心主任、中国青年政治学院青红社会工作服务中心理事长陈涛教授，广州市社会工作发展咨询专家、广州同行社会服务发展中心理事长杨明宇博士，四川培力社会工作服务中心理事长陈锋博士为机构发展支着儿，并参与机构承接的市民政局、市质监局（市场监督管理局）委托的《社会工作服务机构基本规范》的地方标准编制工作（这个项目的获得也体现了机构服务管理的专业性）。同时聘请了莫世民先生为机构的督导，每年定期来为机构进行培训，还链接香港的助老助残资源，组织机构负责人、服务站负责人和一线社工去香港考察养老机构和助残机构。这些都是为了突出机构的专业性，毕竟具有高校教师背景。

（二）高校教师创办机构的引领作用

1. 专业优势推动机构服务融入社区

在机构创立初期，我认为机构提供社区服务与融入社区的过程，对初出道的专职社工而言充满了挑战。首先，社区工作者对专业社工的接纳问题。由于大部分员工刚从学校毕业，过去只有一些零星的实习实训，即使机构的"老"社工也只有一两年的实务经验，在社会经验、生活历练等方面都存在不足，因此难免存在沟通、交流等方面的问题，在服务过程中还存在灵活性不足等问题。其次，街道和社区并不了解什么是社工，政府购买社会工作服务项目对大家来说还很陌生，由于沟通不足，往往导致相关方之间的误会，执行项目时面临诸多困难。而在具体服务中，基层管理主义倾向和较严重的形式主义也与专业社工的需求导向和专业理念有冲突，对服务方式和内容不理解。

在这个过程中，作为机构负责人，也作为高校的专家教授，除了在市、区层面获得专业信任外，还需要与街道和社区进行平等协商的从容气度，探讨和研究问题，消除一线服务和基层工作的矛盾，推动社会工作发展。

在融入社区开展服务中，为保障机构的专业引领，我们一直重视反思和改进。一是机构还比较年轻，对于员工的专业训练还不够。二是如何处理好专业社工和社区工作者的关系。机构必须和社区、街道和区县民政局建立良好的专业关系，如果这种专业信任关系建立不好，机构发展一定会遇到各种困难。在所了解的机构服务中，大多遇到了类似问题。三是在服务上不断精益求精。机构将2014年作为质量年，要求狠抓服务质量，以确保专业服务水平处于领先地位。四是将经验凝练寓于服务之中，并在为全市基层工作者培训中把服务经验分享给大家。

2. 发挥科学研究优势引领专业服务

高校教师领办机构的专业优势在于不仅要做好一线服务，更要重视对一线服务经验的研究，通过服务、研究和倡导，让镇街、社区"两委"和广大居民群众认识社工，支持社工的服务。社会工作发展和社区改变是一个过程。当时的人们对社会工作认识不够，寄予社工太高的期望。比如希望你一下子就把社区变个样，这怎么做得到呢？社区是由居民组成的，社工面向居民服务，但做人的服务、促进人的改变比盖一栋房子、建一个公园更难，所谓

“十年树木，百年树人”就是这个意思。社工要去改变人们的各种意识，需要花很长的时间。当然，社工的服务中对有些问题是可以做到短期有效的。但若要促进社区显著改变，就需要扎根社区，为社区提供长期服务。

在面向社区的服务中，专业机构要立足解决影响社区发展的核心问题。在长期的社区服务中，我们注意研究和探讨影响社区发展的核心问题，然而，基层工作人员未必理解这是影响社区发展的核心问题。我曾到社区，或为区县、镇街的社区工作者们讲课和交流，问过他们，到底什么是影响社区发展的核心问题？大多数人并不明白，他们会提出各种具体的问题作为影响社区发展的核心问题，许多把管理不善作为影响社区发展的核心问题。但在研究中我们发现，社区的管理体制已经网格化了，而且政府实施的“雪亮工程”等，让车站、码头、宾馆、饭店、学校、医院等公共场所全部安装摄像头，让做坏事的人无法遁迹，我们能够感到基层管理工作做得很扎实。但为什么社区发展，尤其是当前推进社会治理、社区治理还只是基层政府、社区居委会唱“独角戏”？在调查中反映出，居民参与不足是关键，而居民参与不足又与社区是否提供了居民所需的专业服务相关。那么怎样的服务管理能满足居民的需要呢？这就需要研究，通过研究指导和引导行业的专业服务方向。

（三）在一线服务中对社区治理的研究

我们从2012年开始承接居民自治、社区治理等服务项目，便开始重视在一线服务中开展对社区治理的路径和方法的研究，并致力于在社区工作者和专职社工的培训中讲清楚这个问题。

1. 社区治理面临的若干问题

我在督导一线服务中，发现即使长期从事社区工作的同志以及在社区开展服务的专业社工，并没有深入研究过社区治理面临的根本性问题，更多的是按照上级指示办事或根据项目内容开展服务。但作为高校学者，我觉得应该有更深的研究并指导大家认识治理面临的问题，这样才能促进社区治理。几年来，结合一线督导服务，发现了社区治理面临的四个问题：一是居民自治问题。尽管政府有关部门一直致力于推动居民自治，但居民的参与性不足。二是社区是一个“陌生人世界”。新型小区如此，老旧城区也如此。在新型小区里，大家住了好多年都不知道对面邻居姓什么，见面也相互不理睬。三是驻社区社会单位参与不足，没有将单位列为社区治理的主体。四是基层资源的配置不够精准。由于基层工作的形式主义，提供的数据缺乏客观性，导致公共资源在社区的配置不精准。结合这些问题，我提出了社区治理的“四助”路径，即社区工作或专职社工的服务需要围绕促进居民自助、邻里互助、社会协助和政府公助，重建社区共同体，夯实社会韧性。现在想来，如果没有机构的一线服务，没有参与督导的经历，就难以有这样的研究成果，这是不是也能彰显教师领办机构的一种好处呢？

2. 将服务研究成果分享出来

高校教师领办的机构就应当凸显研究特色，所以我2012年在嘉西村社区开展居民自治试点项目时，就开始重视对社区的研究。同时我觉得高校教师办的机构不应仅仅局限于提供项目服务，更重要的是通过科学研究寻求规律性的东西，协助社区解决根上的问题。我在这几年机构承担与社区治理相关的服务项目中挖掘经验性的东西，撰写学术论文，为全市和区县、镇街等基层工作者提供社会工作与创新社区治理的培训，还受邀为市委、党校培训班讲授创新基层治理的路径等课程，同时在面向湖北、甘肃、内蒙古、四川等地基层工作者培训中分享这些研究成果。

（四）打铁还需自身硬，实务与研究并重

当初我是这样想的，高校教师创办的专业机构不仅要作出具有品质的服务，还要致力于对服务的研究，并把研究成果转化为专业的解决方案。所以这些年来，在督导与社区治理相关的服务项目时，如何让服务更接地气，如何弥补社区工作的短板，以及如何协同社区促进治理等问题，是我关注的重点。

1. 凝练行之有效的方法

在长期的服务中，我们已经探索了一条专业的实务路径来解决上述的问题。一是促进居民自治，培育居民的社区参与意识。通过以歌会友、以舞会友、以拳会友、以电脑会友……打造多平台来增加居民的参与度。二是促进邻里之间的守望相助。通过居民喜闻乐见的形式，增进邻里的交流和沟通，重建邻里关系，促进邻里互助，把“陌生人世界”变成相互守望的“熟人社会”。三是发动、感动社会单位，激发它们的资源来协助我们的社区服务，让驻社区单位能够分享社区服务的成果，自觉投身到社区建设中来。四是专业社工实行每日必访，每日探访。寻访与回访，以人群服务为载体来满足居

民群众个性化、多样化的需要，增进家庭和谐与社区和谐，促进社区发展。实践证明，这一套实务方法在承接的项目中行之有效。

2. 以“扫楼”方式探访居民

在我的印象中，过去居委会大妈似乎对每家每户的情况都很清楚，哪家来客了，哪家大妈几点去菜市场买菜都了解。但现在的社区工作人员都“坐台”了，没有更多时间走访居民，自然与居民的关系疏远了。我们当时进入社区就发现了这个问题，于是制定了居民访问制度，有点类似于早期社工的“友好访问者”的角色，力图弥补社区工作的不足。当时要求每日必访和每日探访，每日必访是指每天必须对社区孤老和独居老人进行访问，防止孤老和独居老人在家中出现不测；每日探访是指每天需要探访 3 户以上的 80 岁以上的空巢老人，将高龄空巢老人作为高危人群纳入服务重点，让他们远在外地的子女能够安心工作。这样可以测量专业社工每天的走访任务和工作量，一年以 200 个工作日来计算，至少可以探访 600 户以上家庭，同时在探访中发现并协助社区化解居民的现实困难。专业社工的经常性探访使机构了解了居民群众真正的需要是什么，然后把他们的需要集中起来进行分类：哪些需要是应由居民自己负责解决的，哪些需要是居民自己解决不了的，哪些需要的满足必须是政府层面给予解决的，哪些需要是专业社工可以处置的。对于由社区和基层政府解决的问题，会提交给社区和基层政府，这样政府根据明确的需求进行精准的资源配置，其资源效能更好，更受居民群众欢迎。

3. 凸显专业机构的本色

我认为，高校教师领办的机构不仅仅是为社会工作专业学生提供实习实训、就业创业平台，更重要的还是在行业里发挥引领的作用。所以，专业机构一定要强化服务与研究，如在社区服务中，要对居民需求精准捕捉，从而决定做什么和怎么做，这样才能够产生实效。在服务中也发现，居民也很想大家共同一起来管理社区、共同治理好社区；邻里之间也不想关系很疏离，也希望出入相友；社会单位也希望彼此提供服务和资源；政府资源的配置以及资金投入的效果等，都需要有以服务绩效和研究成果提供支持。

五、适时转换角色，陪伴服务机构运行

（一）亲力亲为熟悉机构运行

我最开始创办机构的时候，可以说是亲力亲为。我心想作为专业教师，不仅要办一个机构，而且应该去影响服务机构的发展方向。因此在创办机构的时候，从撰写机构章程到办理机构注册等整个事务都是自己亲自完成的。最开始在机构既做理事长又做中心主任，整个机构的运营管理由我亲自负责，下面设了项目部、行政部、财务部、志愿者服务部等来保障整个机构运行。我想把整个过程搞清楚，这样就能为其他人的机构创办提供指导，孵化更多的专业机构。后来有几家志愿者组织找到我，我协助他们把志愿者团队孵化为专业社会工作机构。同时借助机构的平台将市内几所学校理论功底好、有一定实务经验的教师聘为机构的荣誉督导，根据项目需要承担实际的督导工作，是想给专业教师们更多接触一线的机会，让大家来实习实践，增长临床服务经历。

几年之后，一些研究生和本科毕业生跟着机构一直走过来，他们慢慢变得成熟了，我的年龄也比较大了，现在就把机构的运营交给了他们，我只担任理事长，由我的研究生担任中心主任兼副理事长，逐步有序地交接班。作为理事长，每年要组织和主持参加两次的理事会，主要是倾听机构的运行状况，然后共同讨论和决策中心重大事情，同时帮助中心主任处理机构运营过程中的一些疑难杂症。

（二）要兼顾好教学与科学研究

像前面我所说的那样，创办机构的初期，有着无限憧憬，几年后发现，还是有一些需要处理的“纠结”。作为专业教师，既要从事机构运营，又要搞教学科研，精力真是不够。老师参与机构营运后，的确会使他的一线临床经验丰富起来，会让他的教学更加精彩，更加吸引学生，让学生实践能力有比较大的提升，但是教师将精力过多倾注在一线管理和服务上，就很难静下心来搞科研。原来想象中以为把一线的经验总结起来，可以写论文去发表，但实际情况并不一定。我也观察到一些老师在经营机构前，科研还是可以的，

每年多少有论文发表，但做了机构之后几乎搁下了。我们都知道，做科研就是要坐“冷板凳”。但是作为机构管理者，需要从早到晚都在一线或管理工作上，总在思考怎么去筹集资金，怎么去争取项目，怎么去督导……人根本静不下心来。而真要把实践中的鲜活案例写成一篇有质量的论文还真不容易，可能出现顾了这头就顾不上那头的情况。

从我领办机构的体会看，一线服务是有意义的，但从事机构管理，还要开展教育教学和科学研究的确对教师是挑战。所以专业教师领办机构需要平衡自己的实践、教学、科研与职业生涯的关系。

（三）从机构经营者转变为陪伴者

教师在机构的角色很重要。我现在只做理事长，不是年纪大的问题，像王思斌教授、史柏年教授已经 70 岁或快满 70 岁了，还活跃在教学科研第一线。我现在才 62 岁，倒也精力充沛。从学校退休，同时从机构管理岗位退下来，主要是想把原来做的一些事情进行反思，看能不能凝练出一些学术成果。比如上面提到的社区发展、社区治理体系建设、社会福利制度完善以及如何增强社会韧性等。还有把关注重心放在研究、培训和督导一线社工上，不断提高机构的服务质量。同时作为理事长，我有更多精力去思考机构发展性问题，当好一个陪伴者。

我认为作为专业教师，在机构走向正轨之后，就要适当调整自己的位置。因为教师的职业使命不是专职做机构，这只是中国社会工作教育发展特定历史阶段的产物，在领办的机构走上正轨后，教师们就会有所选择，尤其是本科院校的专任教师，要么像广州大学杨明宇副教授那样，辞去教职，专门来营运社会工作机构，走上职业管理者的道路，这样可以倾心服务，全身心投入促进社会工作发展上；要么回归作为专任教师，慢慢从机构管理者和服务者，逐步向研究者、督导、评估者过渡。否则，终将影响教师的职业生涯，毕竟在高校成长需要积淀研究成果。现在已经有领办机构的教师开始转换角色，即使这个机构正是风生水起的时候。但是从稳妥起见，角色转换应当有序进行，放手不能太快，如果突然撒手不管，会出现机构小伙伴难以驾驭机构的问题。作为负责任的专业教师，还是需要陪伴机构远行一程，这样也不枉自己创办机构的初心。

（四）对高校教师创办机构的建议

高校专业教师领办的社会工作服务机构在助推中国社会工作职业化，提升社会工作服务的专业化水平中发挥了积极作用，这样一批机构也是中国内地社会工作实务快速发展的“脊梁”，值得充分肯定。但并非所有教师都可以领办机构，这里我想给希望领办服务机构的教师提几个建议。

记得我曾经分别和王思斌教授、顾东辉教授讨论过教师领办机构的条件，现在想起来可以归结为处理好五种关系：

第一，处理好科研与机构管理的关系。我认为在高校就必须做科研，做科研就得坐冷板凳，即长时间地、注意力非常集中地思考一个问题。而机构管理需要非常活跃的因子，事无巨细都需要考虑，头绪多、事繁杂，还到处走，几乎是腿停不下来、心静不下来。细想起来，研究和实务可能是两种不同的思维和行为方式，要统一在一起需要更高的智慧和心力。

第二，处理好机构管理与学校工作的关系。在运行机构时，我发现服务机构是体制外的社会组织，其生存需要考虑怎样获得项目、怎样引进人才、怎样运行项目并获得优质的服务质量，以及如何保障项目经费的及时到账和后续项目的来源，还得考虑机构运行的各个方面。就像照顾一个孩子，需要提供全方位、几乎 24 小时的守候。作为教师必须先处理好学校体制内的工作，如教学、政治学习、其他学校活动等，如果处理不好会对教师生涯产生不良影响。

第三，明确提升学术声望与机构话语权的关系。学术声望是长期积累形成的，通常会体现在自己的研究报告以及在相关学术讨论会、培训会上的演讲等方面，学术成果的沉淀能够提升在行业内的话语权，使机构在获得项目时占有优势，从而为机构发展创造条件。领办机构的教师需要有较好的学术成果积累，这样可以在领办机构与机构发展中事半功倍，毕竟越专业的行业，越需要较高的学术水准。

第四，与政府建立良好的合作关系。从生态系统理论来看，机构是一个独立法人，作为实体生存必须有比较好的生态环境。由于社会工作服务属于社会福利服务的框架，而在我国，社会福利资源的主要提供者是政府，因此与政府保持良好的合作与信任关系，能够营造机构发展的良好生态。就我而言，多年承接政府的有关调查、评估、规划、研究项目，担任相关项目的评审专家，受邀为区县、镇街开展专业理论、技术方法培训，出席学术研讨、主题演讲等，从而与政府部门建立起信任关系，对机构发展也是很有益的。

第五，处理好教育教学与经营管理的关系。我觉得作为专业教师，大多擅长教育教学，但机构经营管理更追求效率和决断，从项目管理、财务管理、薪酬制度设计、员工培训与职业生涯发展，以及怎样让服务机构活得比较好、走得比较远等，都考验人的经营管理能力。不是所有教师都适合作为机构经营管理者，但教师可以与一线服务保持联系，如成为机构的协调者、督导者、评估者、培训者和研究者角色，一样可以实践社会工作专业价值伦理和专业技术，让实务能力获得提升、使教学更有魅力、科研成果更有建树。

访谈员后记

中国社会工作教育发展过程中，涌现出一批“敢为天下先”的专业教师，像周昌祥教授这样一批探路人，在促进社会工作教育和职业发展道路上，明知山有虎，偏向虎山行。这是一批值得敬重的专家学者，他们为了中国社会工作教育发展，为促进社会工作职业化、专业化呕心沥血、可歌可泣。访谈虽然结束，我们却产生了这样的一个愿望：希望因为我们的记述，能够呈现周教授一段不平凡的历程，影响各行各业的人们，为建造现代福利体系、推动社会福祉而并肩前行。

机构简介

重庆市民悦社会工作服务中心是由重庆市老龄办主管，于 2013 年 2 月在重庆市民政局注册登记的市级专业社会工作机构。中心目前拥有专职人员 46 人，其中教授 2 名、副教授 1 名、讲师 1 名、中级社会工作师 13 名、助理社会工作师 19 名、社会工作员 2 名，90% 以上员工为社会工作专业毕业，本科及以上学历员工占 75%。2015 年成立中共重庆市民悦社会工作服务中心支部委员会，现有党员 16 名。现拥有服务站点 21 个，覆盖约 26 万居民群众。

中心专注于军休社会工作、社区社会工作、老年社会工作等服务领域。中心重视对外专业培训、督导、评估和科学研究，先后承接市、区级委托的社会工作者、社区工作者大型社会工作知识与技术培训，为重庆市社会工作骨干人才提供跟岗训练，与纽约大学社会工作学院联合举办中美跨文化国际社会工作培训项目，为重庆市主要社会工作服务机构负责人提供高级研讨平台。承接多个市、区级社会工作项目评估与督导项目。承担重庆市《社会工作服务机构基本规范》的编制工作等，科学研究成果曾荣获“民政部政策理论研究”二等奖，多个研究项目获市级一、二、三等奖。

中心目前是市内外16所高校社会工作专业学生的实习基地，每年接纳200余名学生实习。

中心先后荣获“首批全国社会工作服务标准化建设示范单位”（2014年）、“2015年度全国百强社会工作服务机构”“重庆市首批社会工作创新创业基地”和“先进基层党组织”称号。

用心公益　十年一日

——朱眉华教授访谈录

访谈时间：2018 年 11 月 16 日 13:46—16:27

访谈地点：华东理工大学团结一二楼 307 室

访 谈 员：周洁　彭诗琪

受访者简介：朱眉华，华东理工大学社会工作系主任、教授、硕士生导师。中国社会工作教育协会理事（兼家庭社会工作专委会副主任、高校教师社会工作机构专委会副主任），上海市社会工作者协会理事兼家庭社会工作专委会主任、亚洲家庭研究联盟副主席，上海市浦东新区社会工作协会会长、上海公益社工师事务所理事长。曾主编《社会工作实务》《社会工作实务手册》等学术著作与专业教材，并于国内外学术刊物发表论文 70 余篇。自 2007 年起先后创办上海公益社工师事务所和海宁公益社工师事务所，并担任两所事务所的理事长。

编 者 按：高校教师领办社会工作机构，镌刻着中国社会工作历史发展的时代烙印。朱眉华教授于 2007 年创办的上海公益社工师事务所为全国第一家"社工师事务所"，也是第一批由高校老师创办的社会工作机构之一，迄今已累计服务家庭超万户，多个案例入选全国优秀社会工作服务案例一等奖、上海市优秀社会工作服务项目奖。2019 年，上海公益社工师事务所被评为 5A 级社会组织。机构从懵懂成立到成就颇丰，并非一朝一夕；朱老师本人的乐观与豁达、对专业的热爱及其团队十年如一日的坚守与努力，深刻记录了中国社会工作发展的阶段故事，也留下了属于"公益"人的十年璀璨光华。

一、最初的探索与抉择

（一）意料之外的邀请

2007 年 4 月的一天，上海市浦东新区民政局社会事务管理处的郁建生处长和浦东新区社会工作协会的段慧霞，一起来到我们华东理工大学找我。一开始，我以为是协会找我有什么事，或者是民政局有什么课题想让我做，于是就答应和他们面谈。见面以后，他们谈到希望我去浦东办一家社会工作的机构。

其实，当时我自己确实没有考虑要去办机构。那时候我正在学院当书记，行政工作就很繁忙。工作教学之外，我又参加了很多社会活动，比如给上海市阳光社区青少年事务中心做培训辅导，或者给别的社会组织讲课等，总之原本就事情多得很。但是郁处长告诉我，浦东新区民政局正准备发展社会组织，所以他在段慧霞的推荐之下找到了我。他说："其实我们也想推动社会组织发展，但又不知道社会组织应该是什么样的、专业服务应该是什么样的。"当时的浦东只有一家民办的社会工作机构，也就是上海乐群社工服务社。但乐群都是年轻人在打理，摸索的过程也不太顺利。"我们知道你在社会工作实务方面经验丰富，"郁处长对我说，"所以，希望你能作出一个样板来，让大家看到社会组织是什么样的、专业的社会服务是什么样的，这样，其他的社会组织才可以仿效，才明白'社会工作机构就应该办成这个样子'。"

2017 年 12 月，朱眉华教授（后排右七）参加上海公益社工师事务所十周年庆典活动。

看到他们这么热情，这么有诚意，我有点动心，但又有些犹豫。在实践领域作出些表率确实是我所希望的，可是我也很清楚创办实务机构过程中需要面对很多烦琐的事务、具体的困难。见我一时拿不定主意，郁处长就说："朱老师，不急的，你可以先到浦东来看看，看了以后再决定。我们在浦东新建了一个三林世博家园市民中心，你下星期就来参观参观吧。"我想了想，觉得去看看也没什么，于是就答应了下来。

（二）"鸡叫早了"的尝试

其实，谈到办社会服务机构，当时我也是有过切身体会的。2006 年，我和当时上海社科院科研处处长徐中振老师就在松江合办过一家机构，叫作上海东方家园社区事务推展中心。我虽然没有担任法人，但也是这家机构的主要创办人之一。那时候，我们办机构的宗旨，就是想让我们学生有一个社会实践的基地，希望他们将来毕业以后也能够去这样的社会组织工作。

机构开办以后，按照我的想法，我们是要让社工，也就是我们的学生到社区里去开展服务的。但社区服务进行了大概半年以后，这些学生就觉得做不下去了。当时，社区里有许多质疑的声音，那里很多工作人员对街道领导外包社区服务的行为感到很不理解，他们总觉得："我们在这社区里人头也熟，办事也比这些毛头孩子更有经验。你把这些钱给一个外来的机构，你还不如给我呢！"在社区里，我们的学生就经常受到排挤，工作也开展得很不顺利。那段时间，我们老师也很辛苦，每天 6 点钟下了班，就赶到松江去开会，去指导这些学生。我们不光要指导他们的业务，还要辅导他们的情绪。因为在服务中心受到挤对，工作得不到配合，学生们常常感到失望、沮丧；而且他们对工资、待遇等各方面问题也有很多困惑、不满。后来，社区服务是很难继续下去了，我们只好转向提供一些策划性的服务，比如做社区调研、写研究报告，给社区开展具体服务提供思路等。事实上，我们就又从实务领域退回到了研究领域。

所以，我们在 2006 年办的这个社区事务推展中心，其实还是没有达到预期的目的。总结起来，我们认为那时候还没有一个比较好的环境来发展社会工作的专业机构。当时，整个社会的氛围、社区里人员的观念、学生的承受能力等，各种时机都还不够成熟。徐中振老师那时候就用了一个很生动的比喻，他说，我们在松江那次实践就像是"鸡叫早了"，公鸡总是还没到天亮就先打鸣，那它肯定会被杀掉的。

（三）黎明将至的时刻

虽然我们在松江的实践不是很成功，但在那以后不久，社会工作的整体发展情况还是有了一些实质性进展。2006 年，中央召开十六届六中全会，把“社会工作”写进了党的文件①，这说明中央对我们社会工作已经开始重视起来。后来，相关的支持社会工作人才建设的文件也陆续出台。从整体趋势来看，政策环境开始有所改善了。至少，比起我们刚办专业时，大家对社会工作一无所知要好得多。

当时，上海对推动社会工作发展也算是比较积极的，其中浦东新区就更积极一些。就像郁处长来找我时说的：“现在的浦东新区，什么都在先行先试，什么都要先来探索。”对于社会工作这种新事物，浦东的干部也“思想比较开放，比较容易接受”。特别是马伊里（现任上海市民政局党组书记、局长，市社团局党组书记）从20 世纪90 年代末期开始就把社会工作的理念方法引入这个改革开放最前沿的地区，所以那里也的确有一定发展实务的基础。从这个方面来说，如果在当时的浦东新区办实务机构，情况应该会比我们之前在松江要好一些。

不过呢，从中央有文件精神到最后的贯彻落实，还是会有一个很长的过程。虽然郁处长他们向我保证每年政府能够给机构多少项目，但那其实更多也是鼓励我做这件事的时候给我吃的定心丸。等到机构真正开办以后，真实的情况也不一定和当初所说的一样。到那时，要具体落实这些项目，可能又需要一段时间了。

另外，浦东新区还是属于对中央精神领悟比较快、推动力度比较大的，其他地方相对来说可能还会落后一些。我记得在十六届六中全会前，我们参加社会组织调研这部分工作的时候，就发现大部分干部对社会组织的理解还是很不够的。当时，市社团局等政府部门在组织写“社会工作人才队伍建设”报告时，就把所有的民办非营利组织，包括社团、协会、基金会等都放在社会工作这一类里面，把行业协会的秘书长之类的人员都当成了社会工作人才。当然，这一方面是因为那时候专业的社会组织还很少，建设社会工作

① 2006 年 10 月，党的十六届六中全会作出的《中共中央关于构建社会主义和谐社会若干重大问题的决定》指出：建设宏大的社会工作人才队伍。社会工作首次进入党的会议决议。

人才队伍的时候把另外那几类都纳入进来，至少能从数量上显得充实一些。但实际上，他们也确实不清楚社会组织有哪些类型，不清楚什么是“社会工作人才”。我当时也是绞尽脑汁，做了许多工作才给他们梳理清楚什么是“社会工作人才”、社会组织应该怎么去发展。

所以总的来说，自“社会工作”写进中央文件以后，发展形势确实比之前有了进步，但这也不等于说，当时大家都接受了社会工作，都愿意去推动社会工作的发展。即使是干部层面，他们对社会工作的理解也不完全准确，更不用说社会上普通的市民，他们对社会工作就更没什么了解了。就算有了中央的重视、有了政策文件，但如果没有人去身体力行，等到政策文件真正落地以后，说不定就成了另外一个样子呢！所以当时，我们社会工作专业和实践的发展，其实还是有很多工作需要去做。

（四）连接最后的一环

和浦东新区民政局领导谈过办机构这件事以后，我又思考了很多问题。

我们华东理工大学从 1995 年开始创办社会工作专业，到 2007 年，已经有 11 年了。当时，我们专业的力量也比较成熟了，师资队伍当中，除了有一批资历比较老的老师，也引进了一批年轻的博士。在这些年，我们为专业发展做了很多努力。就从我 2000 年去美国访学，拿到第二个硕士学位——社会工作专业硕士[①]回国后算起，我们就积极参与了上海市民政局组织的助理社会工作师考试[②]的教材编写，后来又参与了社会工作者国家资格标准的制定。在社会组织发展的领域，我们也做了一系列的工作，比如上海市“三大社团”[③] 的建立，我们华东理工大学就积极地参与了创建和推进的过程。

---

① 朱眉华教授曾于 2000 年至 2001 年，赴美国密歇根大河谷州立大学社会工作学院任访问学者，并获社会工作专业硕士学位。

② 2003 年 3 月，由上海市民政局会同上海市人事局出台《上海市社会工作者职业资格认证暂行办法》，将社会工作者列入专业技术人才，规定每年组织一次社会工作师和社会助理工作师的资格认证考试。

③ “三大社团”，即上海市自强社会服务总社、上海市新航社区服务总站和上海市阳光社区青少年事务中心。2003 年初，上海市委政法委按照“政府主导推动、社团自主运作、社会各方参与”的方式，由政府出钱购买服务，引入社团和社工，帮助吸毒者、社区青少年、社区矫正人员三类特殊人群树立生活的信心和提升能力，从源头上预防犯罪。2004 年 2 月，上述三个民办非企业性质社团组织先后组建，标志着社团自主运行的实质性启动。其中，华东理工大学徐永祥教授曾担任上海市自强社会服务总社董事长。

十几年的专业发展，似乎一路走过来都很顺利，但我还是觉得缺少了点什么。我总觉得在实践的领域，社会工作还是没有很好地落到实地。虽然当时的社会组织也有了一定发展，但它们还一直比较依靠政府的推动。像“三大社团”这样的社会组织，它们虽然也是NGO，但性质上还是属于GONGO这一类型①。也就是说，它们基本由政府来管理机构、保障机构员工的工资待遇等，和真正草根的民间组织还是很不一样的。所以，当时社会工作在最底层的基础还是很薄弱的。而且，如果说到专业性，当时能够提供专业服务的社会组织就更少了。即使是“三大社团”这样依托高校不断进行培训，但随着规模的扩大，内部的人员素质其实也是良莠不齐的。

所以，我总觉得我们的专业建设还缺了最后那个环节——建立专业的社会组织，来吸纳专业的学生进入服务的领域去提供服务。不然，就算我们培养了人才也好、建立了标准也好，这些人才将来还是会流失到公司，流失到机关，或者流失到其他的地方。即使他们能够进入社会组织，但在那些不是真正具有专业性的社会组织里面，学生过去学到的专业服务知识还是派不上用场，那就是很大的遗憾了。

除了学生未来去向之外，我们老师也需要一些实务的平台，把教学、科研和实践结合起来。特别是，我们社会工作专业许多老师都是从社会学或其他相关专业转过来的，那么这种结合对我们来说就很重要了。在教学过程中，我们介绍欧美的发展经验也好、介绍港台地区的案例也好，这些都和内地情况有所不同、不够接地气。只有我们老师亲自参与实践，在指导学生过程中才能避免教学脱离实际。更进一步说，只有通过实践，我们才能更深入地观察和研究社会问题、倡导和影响政策改变，也才能探索出适合中国国情的社会工作服务模式。所以，实务平台的建立，也是专业建设不可或缺的一环。

通过实务机构进入社区提供专业服务，也是我们直接服务大众的一种途径。如果我们老师只是关在围墙里教书，那即使我们在教学的时候把社会工作说得再怎么好，大家始终还是看不到社会工作实实在在是什么样子的，看不到专业服务是什么样子的，我们的专业就还是不可能被大众所认同和欢迎的。我们很重要的一项任务，还是要把教书育人和直接服务社会整合起来。

---

① NGO（Non-Governmental Organization），即非政府组织；GONGO（Government-Organized Non-Governmental Organization），即由政府托管的非政府组织。

所以想来想去，我觉得办实务机构总归是我们绕不开的一件事。既然总有人要先去做，那我为什么不再去尝试一次呢?！即使有过不成功的经历，但起码我们也还做了很多探索。哪怕再失败一次，又能怎么样呢？我想，一遍一遍地从头再来，我们也总能摸索出一条道来！

二、“上海公益”的诞生

（一）结缘浦东

抱着上面的想法，我就去浦东新区看了看。当时，三林世博家园市民中心刚建成不久，规模很大。当然，现在盖得更好的、弄得更上档次的市民中心多了去了，但在11年前，它还是一幢很新的、很不错的大楼。市民中心里，各种设施一应俱全，有老年人的活动中心、青少年的活动中心、普通的居民娱乐场所，还有报告厅、棋牌室、体育健身器材……各种各样。参观下来，市民中心的条件和氛围我都觉得确实不错。

那时候政府方面的人员对我们也很重视。在参观市民中心的时候，他们就向我们承诺这里可以给我们提供免费的办公场地，算是对我们创办机构的支持。不久之后，他们又在市民中心为我们召集了一次会议。会上，浦东新区民政局和三林世博功能区的政府领导们都有出席，和我们再一次进行了沟通。就这样，我终于决定下来，要进入社区开展社会工作专业服务了，然后机构成立的各种准备工作也开始提上了日程。

我们办的这家机构，虽然也是在政府支持下建立的，但它始终还是来自民间的、草根的。和之前“三大社团”完全不一样的是，我们没有来自政府的拨款、保障，机构原始资金的出资方也不是政府。那时候，政府也决意要把我们打造成一个纯粹民间的社会组织，于是由同样是社会组织的浦东社会工作协会，还有我们办公室所在地的三林世博家园市民中心，分别出资6万元和4万元，成为我们的两个出资方。这样，我们机构就成了由民间的资金支持的、由社会组织投资创办的社会组织。

所以，机构的组织体系里，也是由政府和出资方的人员构成。我们的理事会成员来自两个出资方：浦东社会工作协会派了三位代表，三林世博家园市民中心派了两位代表。而监事会，大部分都是当时牵头和参与筹办这家机构的政府官员们，比如三林镇政府领导、世博功能区的部门领导，以及民政局的处室领导等。当时机构的总干事是我们系的范志海老师，我担任了机构的理事长。

（二）公益初心

组织体系搭建完成之后，我们就该给机构注册名字了。说起来，机构起名也有个很有趣的故事。

起个什么名好呢？开始的时候开会讨论，他们就总想拿我的名字来命名，叫什么“眉华社工事务所”或者其他类似的，反正就想把我的名字放到里面。可我不愿意，我说，创办机构不是一种个人行为，我也不是为了要扬自己的名才去做这件事的，所以我不希望机构名字里面有我的名字。那就起一个普通点的名字吧。然后又讨论啊、核名啊……最后就有了“公益”两个字。我们开办机构，确实也就是为了大众的福祉去做事，所以“公益”这个名字大家都觉得合适。

至于“社工师事务所”呢，也有一点来历。我们原本是想起名为“社区服务中心”的，但我们监事会的政府领导们觉得不太满意。他们认为这个名字已经被人取过了，没有新鲜感了。当时民政局的领导提出想法，问我们：“律师有律师事务所，会计师有会计师事务所，那你们社工师有没有社工师事务所？”他觉得“社工师事务所”这个名字挺好，没人叫过，而且听起来也比什么“社区服务中心”要高大上。他说：“你们将来要做成像律师事务所那样，要自己有很多可以挣钱的能力。”但我跟他有不同的意见。我告诉他，我们和律师事务所不一样，不是去代理什么业务的；而且我们是非营利的机构，不会奔着挣钱去。但是当时那位领导还是很喜欢这个名字。最后，我觉得叫什么名称也不是太原则性的问题，就欣然接受了。

所以，从一开始跟政府部门的沟通过程当中，我们双方其实也有相互影响。从我们的角度，我们希望把专业的东西带给他们、影响他们，但有时候也不得不去妥协。就像起名这件事，我们就不可能因为觉得“社工师事务所”这个说法跟我们的专业观点不符，就坚持说“我们就是要叫某某社区服务中心”。在某些问题上，我们与政府也需要协商和妥协。要向前看，而不为一些很小的东西计较。只有这样，我们才能继续往前走。

不过回过头来看，我们机构取这个名字倒也不错。现在的机构已经无法再取名叫“上海公益社工师事务所”了。一方面，“上海”这种大的行政区划名称不能随便冠到非官方组织的名字里。我们在浦东新区，最多也就以“浦东新区”或是“三林镇”命名；如果要以更大的地名冠名，那么还需要更高级别的部门审批。另外现在对通用的字词审核也比较严格，普通的社会组织很难申请到像“公益”这种词作为名称。但当时审批没那么严格，我们就申请成功了。所以，“上海公益社工师事务所”就这么被我们注册了下来，也没有再更改过。

（三）从被动到主动

总的说来，创办这个机构的起因，其实首先还是受到邀请，是人家希望我来做这件事。但是经过这一邀请、一参观，我想到这件事还是总归要做的，所以最后也就不再犹豫、决定着手去做了。

对于办机构这件事，学校方面还是很支持的。当时学校的老师要在社会组织里担任法人的话，是需要学校批准的；如果学校不签字、不盖章，我们是不能去的。所以，这件事能得到学校的同意，就说明他们态度上还是支持的。而且，我们机构在举行挂牌仪式的时候还请到了当时学校的副校长。2017年机构十周年的时候，他也来参加了我们的庆祝活动。当时这位副校长在学校主管“产、学、研”的工作，从学校的角度，他们也是把创办社会工作机构看成“产、学、研”相结合的一种途径，所以当然觉得这件事是值得支持的。

实际上，我们华东理工大学社会工作的传统，就是强调“教学、科研、服务社会、政策倡导”四位一体，这是我们一直传承的宗旨和理念。我们老师都不是想着满足于待在学校里面，上上课、写写论文就可以啦。我们还是愿意很积极地参与实践。在刚开始创办机构的时候，主要是我和范志海老师在打理，另外张昱老师当时也有参与，他是我们机构的董事。到后来，我们系其他老师也陆续参与到项目里。虽然他们没有在机构担任具体的职务，但经常在做服务项目的时候，邀请他们来讲座或者做督导。我记得在2009年我们开始做家庭服务项目的时候，蔡屹老师、朱孔芳老师，还有曹国慧老师等都有参与进来。所以，总体来说，系里的老师们对我们机构是比较支持的。

不管怎样，我们老师办机构做实务，也是先把学校的主体工作做好以后，再去兼顾机构的工作的。在学校，我们要做好老师，要上课、带研究生，也要做科研。当时我还担任学院的党委书记，本身就是教学行政双肩挑，再加上一个办机构，当然就更忙了。而且，办机构也是很困难的，尤其在初创期，一切都才刚刚开始。

三、成长故事多曲折

（一）“起”初创期之难

创办机构，其实这一路走来都会遇到各种各样的问题。初创的时候，所有事情都是从头做起，我们自己也是样样要学，情况自然就很艰难了。

起初，我们愁的是缺人。都说我们专业服务是有品质的，那么能体现专业服务品质的人在哪里？一开始，想要招到合适的人其实就不是一件容易的事。那时我们的学生也没有毕业，只能是以实习生的身份来机构；即使后来学生毕业了，到了岗位也不熟悉情况，还不是得要我们花时间继续培养！所以初创的时候，我们就发愁找不到能够胜任我们工作的人。7 月份试运行的时候，我们终于招到两个专职人员，但他们都不是社会工作专业毕业的。所以一开始，我们一面要跟政府部门沟通各种事宜，一面还得培训社工。

除了愁人，再一个就是愁钱。虽说当时政府开始要出钱购买项目了，但也不是说给钱就给钱的，许多问题还需要我们去沟通、去协商。对于项目我们要写出策划书来让政府部门审核通过；对于经费，程序上要列入政府的预算。接着还有各个级别的审批，这又是一道道的关。到最后把这个项目的经费拿到手已经是很长时间以后的事了。我记得 2007 年刚创办的第一年里，我们除了做了些调研以外，好像就只有三林镇社区干部培训这一个项目。民政部门的领导想来想去，还是不知道我们可以干什么。他们想，你们老师搞培训总该可以的吧？就给了我们这么一个项目。总之，一开始落实下来的项目其实还是很少的。

所以机构刚办起来的时候，我都自己垫钱给两个专职社工发工资。我想，既然叫人家来干活了，总得给人家发钱吧？所以像我们这种待在学校里的人哪，就是书生气十足。当时也没想起注册资金那一笔钱还能用，还以为注册资金是必须存在那不能动的呢！后来，机构的理事会、监事会一起开会的时候，我就讲起这个事情。大家一听都笑了，都跟我说：“朱老师，我们就没见过像你这么实诚的人。哪有办机构还自己掏腰包的呀？”政府部门的领导也说：“其实可以让政府部门先给钱垫付啊，等项目结束了以后，这个先付的资金从项目经费里扣掉就可以了。”可我也不好意思，都还没走到项目这一步，怎么好意思就先去要钱呢？他们也被我的精神感动了，都觉得财政流程方面应该抓紧一些了，也就是要赶快弄一个项目给我们做起来，好让我们养活机构里的社工。

后来他们想到，能不能让我们参与低保核查这类事情呢？我们听说后当然也觉得挺好的。低保核查实际上就是针对低保家庭的调查，这在当时属于居委会的一项工作。那时候也流传着一些说法，说有的人开着宝马吃低保，真正的穷人却拿不到低保，也就是说有人怀疑居委会对这些事不是很认真。民政局其实也是想给居委会减负，才想到让我们这样的专业组织来做这些工作。但到了真要把这一块工作剥离出来的时候，居委会又不肯了。因为剥离了这个职能的话，他们的经费也就少了一块。总之到最后我们还是落了空，没做成这个项目，因此那段时间经费上的困难就还是没解决。

我觉得在做社会组织的时候，资金真是一件让人头疼的事。能不能拿到足够的项目？项目的资金能不能保证到位？你经常要为这些问题操心。只有这些都落实以后，机构才可以正常地运作。即便后来谈好了项目，也经常会拖、会断档。有时候经费不能按时到，哪怕它拖个 3 个月，那这 3 个月怎么发工资呢？还有项目时间上也经常会断开。比如说，可能这一期签的时间是今年 9 月到明年 8 月，然后下一期却是从 12 月再到下一年某个时间。这当中就断开了好几个月，这几个月你总不能让社工都不上班回家去吧？那机构就需要有积蓄来支付这几个月的工资。况且在这几个月期间，项目的服务也必须继续下去，不能因此中断。

所以说，其实办机构也是一件很困难的事，并不像想象的那么容易。机构刚开办的时候，我们想做的总是无法实现，最终能拿到的又不是我们想要做的事。另外，最苦恼的其实还是钱的问题。不管是刚开始没有项目没有经费的时候，还是后来签好了项目钱却拨不下来的时候。

（二）“承”　三林再出发

在创办机构的第一年里，除了做调研、培训，我们还希望能够面向社区，为社区的居民、家庭提供社会工作的专业服务。

刚到三林的时候，我们就发现这里的居民之间有很多误解与不和。其实三林世博家园社区是 2005 年才新设立的一个区域。当时，因为 2010 年世博会的筹办，浦江两岸需要修建世博的园区，于是这些区域原来的居民就动迁到了浦东，搬进了新建起来的一些住宅小区里。以前浦江沿岸南市区的居民，就动迁到了三林世博家园这个小区；之前因为建小区被征地的农民，在小区建好后也搬回了这里。这样，一边是动迁来的南市区市民，一边是回搬的当地农民，这两股力量在社区里就相互碰撞起来。开座谈会的时候，两方居民都在互相抱怨。城市的居民讲原来的村民不好，把社区的花园都改成了菜地；村民讲城里人不好，养狗随地大小便没素质……看到这种情况，我们就开始思考，当时的浦东有很多类似的新建社区，这种社区居民之间的矛盾应该也是很普遍的现象。怎么去帮助背景不同的居民化解矛盾、互相融合，怎么去促进居民参与到社区的事务当中，这些都是很迫切的问题。所以我们希望能够通过我们的专业服务，有针对性地解决这些问题。

后来，我们终于有了一个合适的项目，就是在三林外来人口聚居的社区里，做一个关于计划生育的关怀项目。三林镇当时老是因为计划生育指标不合格，在评选"文明镇"的时候被一票否决。其实他们其他指标都很好，因为计划生育这方面老超标，就总评不上"文明镇"，三林镇的领导都因为这个烦恼得要命。当时问题主要出在"城中村"这个区域，这里住的很多都是外来务工人员，超生情况普遍比较严重。而且，城中村这些居民在三林生了孩子以后也不愿意去上报生育信息，不去登记"小白卡"，居委会的工作人员就两眼一抹黑，对这个区域的计划生育的情况完全搞不清楚。有时候计划生育的干部去调查，村里的人就跟他打游击：干部一去，那些人就跑掉了。后来他们就想，"你们社工不是对这种工作挺在行吗?"于是这个项目就给我们了。

我们接手过来以后，做的效果还真的很好。我们给这个项目取名叫"与爱同行"，也就是说，我们不是以查计划生育情况为切入点，而是以优生优育、关心和帮助外来务工人员的家庭入手的。因为是入户家访，那么去了解他们的需要、关心他们家庭的时候，顺便就可以登记计划生育的信息了。家访之外，我们提供了很多服务，包括宣传生殖健康知识、育儿知识，定期在社区里搞活动、搞联欢，给孩子们辅导功课……外来务工人员没遇到过组织搞这种活动的，都觉得新鲜得不得了，都说"从来没有人这么关心过我们"。当时社区里的人都特别信任我们的社工。那些准爸爸、准妈妈当时不太习惯去做定期产检，也不喜欢上医院看病，他们有问题就来咨询驻点的社工。

我们后来还把香港循道卫理联合教会的资源链接过来，资助了这个项目3年。在那里，我们建了图书馆、活动室，定期给青少年做课后辅导、成长营训练、素质拓展等活动，总之做得相当不错。其实那个地方跟上海市区很不一样，更像一个外地的小镇，条件相当艰苦，甚至到了下雨天房子还会有漏电的危险。但我们的学生毕业了以后，也有几位去了那里工作。我也曾经把一些外国专家邀请到那里，做了一个“Photovoice 影像发声”的课题，就是针对外来务工家庭中妈妈们的生存状况的调研。在课题里，我们借助影像替她们发声，去帮助解决她们和家庭需要解决的问题，总体结果也蛮好。后来，在我们的帮助下，三林顺利解决了计划生育超标的问题，很快就评上了“文明镇”。就这样，我们机构通过实践的过程给当地政府留下了很好的印象。

（三）“转”　机遇与挑战

在三林服务外来务工家庭的努力，也为后来机构的发展积累了一些经验。自 2008 年底，我们机构开始有了真正的转机。

记得在汶川大地震以后，系里组织了队伍到都江堰“勤俭人家”板房区做灾后重建工作。年底，我正带着第六批队伍到都江堰参加援建的时候，就接到当时浦东社会工作协会段慧霞副会长的电话。那时我也是协会的副会长，和她很熟悉。电话里段慧霞告诉我：“浦东新区妇联正准备购买社会工作服务，你是家庭和儿童方面的专家，你考虑看看，你们‘公益’是不是可以参与招投标，承接这个服务。”听她讲后我觉得很兴奋。我想，既然妇联委托做家庭服务，也就是说政府真正开始购买专业的社会工作服务了，这对我们机构来说是很好的契机。

后来，这个项目的整个过程，从策划书撰写到竞标现场宣讲，都是我亲自完成的。在我办机构这么长时间以来，那还是唯一一次我亲自代表机构去竞标现场宣讲。一方面，当时我觉得我培养的学生还不够成熟，还没有能力去驾驭整个会场，去做有说服力的宣讲。更重要的是，我觉得家庭服务是我们真正想做的一个领域，所以那次竞标我是志在必得的。当时，项目在全市范围里招投标，我们是参与竞标的六家机构之一。在参与竞争这六家机构里面，还有“三大社团”这种有实力的机构。但最后还是我们成功中了标，得到了那个为期 3 年的家庭服务项目。

后来我们才知道，政府部门委托做这个项目，出发点其实跟我们预想的有点不太一样。当时，浦东新区政府一直有一个头疼的问题，就是上访、群访。因为之前浦东机场扩建，川沙的一些老百姓动迁以后利益、诉求得不到满足，就一直在上访。但他们上访从区到市到中央，三级程序全部走完了，问题还是没解决，所以他们也就还是不罢休。那时候快到2010年世博会了，区政府和市政府都特别担心，很怕他们在举办世博会期间闹出事情来影响社会稳定。在这之前，他们也试过其他各种方法去解决，但都不是很有效。于是他们就想到，听说社会工作挺擅长解决社会问题、维护社会稳定的，那是不是可以让社工来试试？以什么单位来牵头为好呢？他们就想到让妇联来牵头。当时也考虑到，如果提出专门做信访的工作，恐怕没有机构来承接，所以最后就把3个内容——三林镇的“外来媳妇”、潍坊街道的“单亲家庭”、川沙的“维稳妈妈”——打包成了一个家庭服务的项目。

我们刚接到项目的时候，一点也不清楚这些背景。我们甚至都不明白“维稳妈妈”是什么意思，只知道她们有诉求、会去上访。但不管怎么样，做家庭服务的项目，我都还是很感兴趣的。单亲家庭也好，外来媳妇也好，我觉得都是我一直关注的需要帮助的群体，都属于我的研究领域。我总觉得，这些人之所以会上访，也是因为他们受困扰；他们整天在上访，生活也不会过得开心。那他们的问题到底在哪里，症结到底在哪里呢？是不是有人可以帮他们去梳理、去调解？有问题就总有解决的方法，只要能解决问题，他们就可以回归到正常的生活状态，就可以更加幸福。后来，我在做项目策划的时候，也丝毫没有提到一个指标是关于息访率达成多少的，我反倒是冲着怎么帮助解决这些家庭面临的困扰、怎么改善他们的生活品质，从这些方面出发的。

项目刚开始的时候，我们也遇到了很大的困难。首先是川沙好远，我们派人过去，却听不懂当地方言。当时就特别发愁招不到合适的人去做这个工作。我们一共组织了六批面试，想着工资待遇给高一点，总能找到人去做吧？结果六批人里面，有的人就是谈了一次就不来了，也有人做了一个星期做不下去了。好不容易招到一个南方姑娘，我们就让她在当地租了房子，去走访几十户参与上访的服务对象。她拿着名单去了，结果连门都敲不开！你想，突然来个外地的小姑娘跑去别人家，人家还当你来推销的呢！唉，她是走到这家敲门也敲不开，走到那家也敲不开。即使敲开了门，人家跟她聊了两句又聊不到一块儿去。别人想着，你要是政府部门的，那我还能给你提提条件，但你是什么社会组织来的，从来没听说过！又是个小姑娘，那你能干吗？总之大部分时候都是吃闭门羹。还有，她讲普通话，别人讲当地方言，两个人叽里咕噜讲不清楚。后来她把面谈的记录发回来，我们一看记的内容完全是上下不通，马上就明白她那是普通话跟人家讲，相互都没理解。人家不理解她讲什么，她也没听懂人家讲什么，结果就等于是鸡同鸭讲。机构又要求她记录，她就弄回来这些答非所问的东西。但这样很明显是不行的。项目都已经开始 6 个月了，蛮长时间在那里跌跌撞撞，什么进展都没有，真是急死人！

在这期间，我去参加了一个社会组织的研讨会，正好听到另外一个社会组织的负责人提起我们这个项目。他当时可能不知道这个项目是我们机构接的，就在会上说："竟然还有社会组织去做信访的项目，那不就是自己找死吗？这种事情难度可见，怎么好去接呢？"我在现场听着没有吱声。我心想，你们越是这样讲，我倒越要争口气让你们看看。要是大家都不做难的，都拣好做的、容易的去做，那算啥名堂？我就觉得，越是那些别人觉得做不了的事情，你就越要下功夫做、认真去做，到最后，说不定就能改变点什么。

（四）"合"　做不可能的事

我们机构有一个好习惯，就是每个星期开例会，我都会到机构去指导社工。通过开例会，我们能够跟进项目进展，指导总干事、项目主管怎么推进工作，指导社工怎么具体地做服务。所以，在项目遇到困难的时候，我都是了解情况的，也会想办法去解决问题。

当我看到社工在川沙进不了当地居民家门的时候，就明白工作没法推进。门都进不了，还怎么做服务，怎么开展辅导和活动呢？终于，我们想到让妇联帮忙推荐当地人，后来妇联还真给我们推荐了过来。我们面试到第六批的时候，就来了一个三十几岁的姑娘。这姑娘自己是川沙本地人，对当地情况很熟，还有个亲戚就是上访的对象。我们看着她蛮伶俐的，又愿意来做社工，就把她招了进来，我们让社工跟这个当地姑娘一起去做家访。从这开始，项目就慢慢有了突破。有了这个当地姑娘，我们开始进得去居民的家门了。因为她是当地人，能够讲当地话，能跟人家拉家常，之前的社工又能够从专业的角度去了解情况。这样，我们逐渐开始能够开展活动，做一些小组辅导了。

记得一开始当地政府还告诉我们说，你们一家一家去做服务就行了，不要把这些人聚在一起，聚拢在一起他们就更要闹事了。他们觉得，这些居民一聚在一起就会讨论上访的事，讨论怎么找办法来对付政府，所以"你们千万不能把他们聚拢来"。但我们做到后面，恰恰都是把这些居民组织起来一起活动的。我们并不是想着怎么提防他们，而是真正关注这些居民的健康，关注他们怎么不被社区边缘化，更好地融入社区。慢慢地，我们把他们组织在一起，让他们一起练操、练舞蹈，一起喝茶聊天，一起做手工……到了第二年，情况就有了明显的变化。有一次政府部门的领导来社区参观，看到服务对象的状况很吃惊，就问："你们社工怎么跟他们'混'得这么好，还把他们组织起来活动?"原来，这些群众以前一见领导来了就缠着领导提意见，找机会就跟领导谈补偿的事情；现在他们都不去盯着领导了，都自己饶有兴趣地在那里开展活动呢！到了2010年世博会的时候，这些上访对象竟然在社工组织下变成了路口志愿者。最后，因他们表现比较好，还评上了先进世博志愿者队伍。

其实，我们并没有因为上访这个问题去限制这些服务对象。我们所做的是把每个人的情况了解清楚，如实地反映给相关部门，然后再通过协调沟通，让双方能够坐到一起心平气和地解决问题。有些具体的情况也很复杂，比如有的人差几个平方的面积没有得到补偿，或者是第一期跟第二期政策变化导致补偿款额不一样等，"梗"在这些问题上，很难达成共识。但是不管怎么样，我们都会对每个不同的问题进行具体分析，尽可能去沟通化解这些矛盾。到这个项目做完的时候，之前的上访对象里大概有三分之一是完全息访了，还有三分之一的人也不同程度地减少了上访。

除了川沙的工作之外，这个项目里的另外两个子项目我们也都做得很好。特别是"外来媳妇"那个子项目，我们做得更是风生水起。最后，看到我们的工作做得很出色①，市里、区里都来我们这里做调研。市委政策研究室专门给我们开了座谈会，希望了解我们是怎么做的，"为什么能把上访对象变成世博的先进志愿者?"他们还写了一个专报报告我们的工作，当时上海市委书记俞正声专门在专报上批示，说我们这次实践是"社会工作的专业优势和妇联的传统工作优势的叠加"。后来，市里开了几次会议在各区县推广我们的经验，我们还派了代表去会上发言总结。

这个项目对我们机构来说算是一个转机。一方面，我们训练了专业社工，知道了专业服务应该怎样去推进，特别是那些有难度、有挑战性的工作应该怎样去推进。另一方面，终于能够在我们真正关注的领域里，做我们想做的

① 2012年，"'维稳妈妈'——上海市浦东新区家庭社会工作介入"项目获得首届全国优秀社会工作专业服务项目三等奖。

事情了。所以，这也是我们机构所做的项目中很有奠基性意义的一个。后来这么多年的发展里面，无论是做低保家庭服务还是做优抚关爱项目，以及做外来人口服务或者做残疾人社区康复项目，我们都是聚焦在家庭、服务于家庭的。比如说，做低保对象服务项目的时候，如果就只针对每个低保对象个人来提供服务，我们认为那并不能真正帮助解决问题，对整个家庭的关注，了解家庭的各种需求，针对性提供帮助，才能真正扶贫和脱贫。因此，关注家庭、聚焦家庭提供服务，也成了我们机构的一大特点。

四、机构管理酸与甜

（一）亲力亲为，严格把关

“公益”从开办到现在已经11年了。这些年，我一直都在亲自管理机构的事务，到现在仍然还在担任机构的理事长。目前，我每周都会保证至少有1天在机构，花一整天时间处理各种各样的事情。11年的发展，机构也经历了不同的时期。机构规模小的时候，人少，大家靠自觉就行了，管理也就相对简单。到后来，规模扩张了，人员增加了，光凭大家自觉就不行了。所以，管理要有层级，要建立一些管理制度。每个行业都有混饭吃的人存在，机构里也可能有人不是拿社工当事业来做的。对这样的人来说，他当然希望工作轻松一点，干活少一点。浑水摸鱼其实还是“小case”了，有时候如果不注意还可能发生更严重的问题，那样机构就会遭受很大的损失。

在人员招聘这个环节，我们就遇到过一些问题。我去美国访学的那段时间，机构也招聘了一些新员工。新招来的一位中年女性在我们机构工作了7个月，后来她得了甲状腺肿瘤，接着就是看病和手术了。到了1年合约期满的时候，我们看她的状况也不适合工作，就准备暂时不跟她续约。我们跟她说：“你在家好好休息，等身体状况完全好了再来跟我们续约。”结果实际上对方早就有备而来，马上拿出一份完全丧失劳动能力的证明，还把我们告到了劳动仲裁，说我们在她生病期间解除合约。这样一来，她在机构工作这一年合约结束以后，我们又要另外养她3年，还要给她支付医疗费用、各种补贴等。可我们项目的钱都是按人头来算的，她病假的时候，接替她岗位的员工就需要支付多一份工资，我们哪里来钱补贴她这多出来的一份呢？而且我知道她也不是完全丧失劳动能力，而是后来在外面卖保险，做其他兼职。我当时觉得可能是我们对法律方面的问题不擅长，为此还专门请了一个律师，让专业人士来帮助我们解决法律问题。但劳动仲裁总是偏向于保护劳动者个人，不会过多考虑企业组织的处境。要处理这样存心找麻烦的事情，确实也挺让人郁闷的。

但后来我想了想，觉得也没必要因为这种事去计较。何必要把精力花在这些事情上？我的精力应该专注于怎么建设专业、怎么发展机构的业务、怎么去服务于更多的人。至于说花这个钱，就算买个教训吧！我们以前在高校不太容易碰到这样的人，我们的学生比较单纯，没有什么不好的手段。但现在我们在社会组织里，是面向社会招聘人员，有时候就可能遇到类似的问题。回过头来看，我认为从这个事情里面也可以学到很多东西。所以现在，我不仅要在招聘这个环节上亲自把关，而且会经常思考“德”这个方面，更多地在管理方面关注品德上的问题。

财务管理也是一个需要谨慎的问题。一开始，我在学院当书记，是处级干部，就不拿机构的任何报酬。我想，本来我办机构也是出于热爱，那就当作是免费做义工、奉献爱心吧！所以一开始，我既不拿钱、也不管钱。那时候机构的经费也比较少，就发几个人的工资，搞点活动，没啥大开销。我们就请了个过去做会计的人，把机构的经费交给她来管。那时候我也比较天真，觉得有专人管财务我也就放心了。但后来我去美国访学回来，就发现有些不对。我发现管账的人可能背地里藏了很多猫腻，比如给自己多发钱、自己多报销。我想，我还是法人呢，如果出了什么纰漏，我要负责任的。所以在发现这些问题以后，我开始意识到财务也是很重要的事情了。

从 2013 年开始，机构的每一张发票我都最后审核签字，每个月的财务报表我也会亲自去看。我觉得作为法人，我不光要给机构引进资源、带来资金，还要对每一分钱如何使用负责任。我们的初心既然是办一家专业机构来给别的社会组织做示范，那么社会组织应该怎样去管理，这个方面我们也要作出榜样来。不然，将来人家要是觉得，社会组织的账都是乱七八糟的，都是自己捞钱的，那就很糟糕了。现在，我们机构有专职的会计，也有专门的出纳，每个月都有财务报表，后勤物资管理等都有账册，很规范。交费、交税，我们“公益”也都按照国家的规定，该交多少就交多少。每次项目审计的时候，我们的情况都很好。值得进一步改善的或许多少会有一些，但是在大的问题上，我要保证机构不要出现违规的情况。

其实我也有反思，我这种管理模式也是有好、有不好。我也知道在有的机构里面，理事长一年也只需要偶尔开几次理事会议，别的什么事情都不用管。但实际上这种方式我还是不太赞成的。像我这样实实在在地参与机构的事务，对于我来说，可以对机构的情况更了解；对于我的社工来说，也是一种支持、一种精神力量。我这个人一向都是积极、乐观的，每当机构出现了问题，我也随时都在做好准备去积极地解决问题。

（二）下足功夫，培养人才

虽然我在机构当理事长，但大家都觉得我更像是老师的角色，而不让人感觉是个管理者。确实，我工作的重点一直都是培养人才。在学校培养人才，在机构同样是培养实务人才。我觉得，我们老师办机构的初衷，本来也是提供一个平台，帮助学生更好地从学校过渡到社会。刚毕业的学生，不管硕士也好，博士也好，到了工作岗位面对的统统都是新情况，都需要有一个过程，要去熟悉、适应。那么在这个过程中，最好有人能够教一教、带一带，他们才能快一些上手，接着才能独立操作。这就像扶上了马还要送一程，好让他们可以张开翅膀独自去飞翔。要是送出门就不管了，他们那么年轻，怎么去社会组织里闯、怎么去跟政府部门打交道？没经验的呀！我们这些当老师的，不也是这么多年才慢慢摸索过来的？所以，如果我们社会工作专业的学生愿意到一线工作，那我都愿意帮助他们，给他们机会，帮助他们成长。

办机构这 11 年来，我们已经吸纳了很多华东理工大学毕业的学生，包括本科、硕士、博士的毕业生。机构现在的总干事陈蓓丽，就是我们 1998 级的学生，本科、硕士、博士一路都是我们华东理工大学培养的。陈蓓丽是在范志海老师辞职以后开始担任机构第二任总干事的，她从上任开始一直干到现在，2017 年还入选了“第二批全国专业社会工作领军人才”。还培养了一个副总干事许艳萍。她是读硕士的时候来我们机构实习的，后来毕业以后从一线社工做到项目主管，再到副总干事。许艳萍目前还在上海交通大学读博士，现在她也入选了“浙江省社区社会工作领军人才”。就是说，我们机构目前总干事是博士，副总干事是博士候选人；我们的项目主管很多都是华东理工大学的硕士毕业生；目前所有人员里，硕士生占了一半，专业持证率达到了 100%。2012 年，我们还吸收了一位海归人才，叫李旭珺，她在机构工作了 6 年，也是从一线社工做到项目主管。李旭珺今年因结婚要出国便辞了职，但在机构工作这6年里她成长得非常优秀，做的案例还获得过全国一等奖[①]。

可以说，在人才的培养上面，我是下了很大的功夫的。每一次做项目的时候，我都坚持给他们现场指导，会听他们汇报方案，然后提出一些建议，给他们一些启发，让他们去想想还有哪些可以完善的地方。很多人都喜欢我这样的指导方式，觉得“原来这里面我还可以这样想”，然后就会一遍一遍认真修改。当然也可能有少数人觉得自己总是挨批，感到有压力。每个人想法不同，我也能理解。但以我的观点来说，有没有这种现场指导，效果还是很不一样的。除了项目上的定期指导，还有管理上的经验——怎么管理项目、怎么管理人员、怎么协调关系——我也是手把手带和教。在这种情况下，有的人学得很快，所以很快就成长起来。培养了能力，我就还要给更多空间让他们去锻炼，变得更独立。有些问题他们来问我意见的时候，我就鼓励他们自己去拿主意决定。有时候政府部门有了项目要给我们，我也可能让他们代替我去谈。慢慢地，他们也发现自己活动的空间越来越大，掌控的东西越来越多，就越来越自主和自信，也觉得非常开心。

我们机构还有一个“公益海外交流计划”，就是在制度上保证主管以上级别的员工每年有一笔学习经费，让他们可以外出参加培训、交流开会。比如我们的项目主管可能一年有4000元，副总干事、总干事可能就有10000元。我觉得，人要有眼界，要去看去学别人更好的东西；视野不开阔，那就只能是井底之蛙。所以，我每年带他们出国开会，带他们跑过很多地方——远到美国欧洲、近到日本韩国，我国港澳台地区更是别提了……总之去过的国家和地区都有10个以上。除了开会参访，我们还有一定旅游、观光的时间，所以他们都非常开心，觉得这也是一种福利。如果只是发钱让他们去旅游，他们是学不到人家社会服务的经验的。那么开会之余到不同的国家去游历，不仅是增长见识的机会，同时也能锻炼他们的能力。比如，现在每次出国我都会让他们来安排行程、预订住宿。怎么能够订到又便宜又好的房间，怎么把日程时间安排合理，这些也是对统筹协调能力的锻炼。

所以，对于人才的培养，特别是高级人才的培养，我投入的不仅是时间和精力，还有实际的经济成本。我真正想让他们感受到的是在“公益”得到

① 2014年，李旭珺的案例《走进封闭的世界——辍学生的转变》获第三届全国优秀社会工作案例一等奖。

了培养、得到了帮助，而不是觉得自己只是在被“使用”。总之，我觉得在人才培养的方面我们机构还是做得相当不错的，这也是我在创办机构过程中最希望分享的经验。

（三）积极应对，建设团队

从机构自身发展来说，我们不仅要努力培养人才，也需要考虑怎样留住人才。对于任何要走的人，我都不会强留，我的态度都是“你有你的选择，我尊重你的选择”，但总体上，我们还是非常鼓励人才留在机构的。

过去，我们也有过人才流失的情况。比如我们最早两个社工中的一个，她到后来觉得自己有能力了、羽翼丰满了，就去了别的机构做总干事。那我觉得也好，你可以找到去处，至少说明“公益”培养了你。还有位社工离职后兜兜转转去了几个地方，后来发信息给我，说觉得还是在“公益”得到了最大的帮助。她说，老师那么精心地教我们这些东西，现在再也找不到这么培养我的地方了。但是不管怎样，面对人才的流失，我们还是得从中吸取经验教训。

现在，我觉得不仅要培养人才，还要把这支队伍建设得更有持续性。对人才的培养、对能力发展的帮助是我们能够提供的最核心的吸引力，但同时其他方面的条件也很重要。我们从机构制度的设计上，就要从各个方面给员工的发展空间提供保障。

首先在物质方面，我们要保证他们的生活水准，让他们能够安定。现在我们机构也有不错的工资待遇，能保证员工的收入至少在中上水平，每年还要有一定幅度的上涨。除了基本的薪水，我们还有车补、饭补，针对外地员工有房屋补贴；鼓励社工去买书阅读，给他们提供书报费；还有体检费用、保险费等。每逢节假日，都会给他们发节日津贴。有时候他们还开玩笑，说：“朱老师啊，我们一半发钱一半发东西吧！”他们总觉得发到卡里还不算，要拎点东西回去才有感觉。我觉得孩子们也很可爱，不过既然大家的意见是这样，那就发吧！只要他们觉得开心就好。

和体制内的事业单位相比，我们社会组织的优势也在于管理模式可以更灵活，那么在制度上我们也可以有一定的创新。我认为，组织设置薪资待遇的依据应该是一个员工能够给组织发挥什么样的作用、作出什么样的贡献，不需要去遵照那么死板的级别标准。现在，我在引进人才的时候，也是按照他对组织的价值，比较灵活地确定待遇标准。当然，也要注重公平，不是按照个人一时的想法随意决定。还有绩效奖励，就是在公平的原则上鼓励多劳多得，鼓励工作成效，这个制度对所有员工都一视同仁。我不喜欢去等着国家出台什么政策再去被动地执行，我们每年都还会在制度上作一些新的探索。在2017年十周年庆的时候，我们机构又设立了一个新的制度：在机构连续工作满一定期限——3年、5年、8年、10年——都会拿到一笔额外的奖金。比如说，工作3年可以拿到两万元奖励；到5年的时候又拿3万元；再到8年的时候又拿一笔……像这样累积上去。这么一笔奖金一次性拿到手，员工就会感觉很开心。我们希望通过这种方式激励员工对组织的忠诚度和成就感。

除了薪酬福利这些硬条件，目前我们机构的工作氛围还是比较让人满意的。如果说还要有什么需要提升，那我希望机构的人员组成能够更多元化一些。在吸纳社会工作专业学生以外，我们也开始尝试吸引更多其他不同专业背景的人。不同背景的人在这里组成团队、相互学习，更好地发挥团队的优势，这是我一向追求的。对于社工，我还希望在提升他们的工作能力之外帮助他们个人的成长。比如，像“海外交流”这样一些福利性的制度实际上也是我们对员工的一种人文关怀。要让他们感受到工作的尊严和价值，觉得干这份工作是开心的，而不是苦哈哈的，或者无所成就的。而且，只有当你更好地成长起来，有眼界、有阅历去应对各种各样的事，你才会拥有不被外界干扰和诱惑的能力。这些方面，我们也是做了很多的工作。

其实，要留住人才，我认为最根本的还是要让他们感觉到值得在这个领域发展。现在，人们对我们社会组织还存在一些传统的观念，在择业的时候往往也喜欢从稳定性方面来考量。在这种情况下，就必须考虑怎样去提高机构自身的吸引力。除了要创造成长的机会，要给他们物质的保障，还要有良好的组织氛围、亲和的领导……这些方方面面的因素都很重要。不同的人有不同的需求，每个人在不同阶段追求的东西也不一样。对不同的人在不同的阶段，要怎么满足他们的需求，同时又引导他们更好地成长？这些问题，我觉得都是我要去思考、要去应对的。

（四）角色转换，眺望未来

我们“公益”现在每年都会承接大大小小的十几个项目。总的来说，机构目前的定位已经从直接服务转向了直接服务、间接服务并行，而且更注重往较高层次的间接服务上发展。早期的时候，我们做直接服务比较多，比如外来人口的服务、优抚对象关怀项目、低保家庭救助等，都属于直接服务的项目。我们也在张江高科技园区做过“阳光之家”托管的残障人士服务。我们在民政部甚至在国际上获奖的很多项目也都是一线实务方面的项目。现阶段，我们承接的直接服务项目主要是浦东新区的家庭服务和救助相关的服务。但在实务以外，我们越来越多地转向了社会工作相关的培训、督导、评估和研究这四类间接服务，比如2017年上海市家庭社会工作者培训、上海市“关爱功臣活动”社会工作人才培训班和关爱功臣服务标准的制定等。我们也给以前提供过直接服务的街镇做一些研究性的课题，包括需求调研、评估报告。比如，浦东新区救助中心委托我们对街镇救助中心的工作情况进行为期两年的绩效评价。在未来，我们机构还会创办更多大型的、高端的培训项目。但目前，我们还不打算放弃实务这一领域。这一方面是因为家庭服务一直是我们机构的特色；另一方面，也希望机构在转型过程中能够通过接触实务更接地气。只有本身对运作实务项目有丰富的经验，我们才能对所评估项目的实际情况有敏锐和深刻的理解。

我对机构的社工也有类似的要求，就是希望他们既有一线服务的经验积累，在此基础之上又能发展出指导他人的能力，未来还要有能力去从事更高级的实务和研究。我觉得，一个真正称职的社工，他的能力应该足够提供优质服务、支撑有偿服务。现在，我们靠的还是政府的资金来支持整个项目。对于服务对象来说，反正你这也是无偿服务，不用付费，那你服务也就服务了，也没多少质量要求。但将来如果要提供收费服务，就得靠真本事了。从目前来说，我认为他们还达不到这个要求。所以，还要进一步锻炼我们的社工，把他们的本领练强，让他们将来提供的服务能够让服务对象自愿付费。

同时，机构也在进一步扩展。2015年底，我们在海宁市创办了“海宁公益社工师事务所”。“海宁公益”刚创办时项目不多，但现在，海宁市3个最重要的组织——社会工作者协会、社会组织促进会、社会组织培育中心，都是由我们进行策划、托管和运营的。我们对海宁市整个社会工作发展也参与了顶层的设计和整体的推动。所以，海宁市的社会工作发展很快，仅3年时间就已经成了中小城市社会工作发展的样板之一。海宁跟上海的情况不一样，我们在那里也能够作出一些创新。所以，这也是让我觉得很有成就感的一件事：去一个新的地方，建立一支队伍，做一些真正有利于民生福祉的事，而且能够为当地的发展建构起框架性、示范性的模式。我们许艳萍副总干事现在正在负责“海宁公益”具体事务，她也兼任了那里的总干事，投入了许多时间精力；而我主要负责一些关键性的决策。现在“海宁公益”每周三都会派人到上海总部学习，两个机构保持着密切的联系。海宁公益社工师事务所也在2019年被评为5A级社会组织。

2018年，朱眉华教授（左二）参加海宁市社工公益服务周活动。

未来，我在机构承担的管理工作将会越来越少。既然我培养的人才已经有了足够的能力，那我就不必再事事都亲自掌控，而会把更多的事情放手交给他们去做，也相信他们能够把事情处理得足够好。但是另一方面，因为机构未来还会吸纳更多新人，我也就还需要继续留在机构，培养他们，我要继续把那些有志在社会工作领域有所作为的年轻人培养成为未来的行业领军人。所以，再过几年到我60岁的时候，学校的职务能退的我就会退了，但对机构的工作我还不打算退居二线。只要自己还不算老，还有精力去做事，那我就还要去指点我们的年轻人，帮助他们更好地成长。一届一届的学生，一批一批的新人，我要不断地把他们扶持起来，让他们将来有能力去开拓、去创造。这是我非常愿意做的事。

五、驻足回望再起航

（一）机构十年，获益良多

回想起来，创办机构其实也是一个充满艰辛的过程。一路走来，我们一直都面临着各种各样想象不到的困难：不管是初创期举步维艰的时候，还是发展遇到瓶颈难以突破的时候，或者机构管理上事事操心的时候……但不管在哪种情况下，我都没有后悔过当初的决定。我总是试着看到好的方面，也随时在思考如何积极地解决问题。有问题存在，就说明我们还有可以改善的空间，我们也就应该往这个方向继续去努力。所以，不同的时期里不同的困难，也恰好让我觉得从中学到了许多东西。

总的来说，虽然创办机构给我增加了不少操劳和烦恼，但我也从这些付出里得到很多收获。作为老师，我通过办机构的经历丰富了教学资源。在教学过程中，我可以把更多一线生动鲜活的案例讲给我的学生，也能给学生们提供参与实践的机会。每年在教授“高级社会工作实务”这门课程的时候，我都会带领我的学生参与一线实务，让他们完成从设计项目到进入现场的整个过程。对于我们毕业生，机构也提供了实习实践和职业发展的平台，让他们能够进入专业服务领域，将专业知识学以致用。

从学科发展方面来说，这些年机构举办了许多培训项目，也定期参加国际会议，这些都对我们专业的学术交流起到了促进作用。在国际上，我们也经常和国外学者进行合作，把研究和实务紧密结合，取得了一些很有创新意义的成果。对这些合作的经验，我们进行了认真的总结并且以论文形式分享给了学界。可以说，这也是我们对学科进步作出的小小贡献。

在专业建设上，我们华东理工大学有像徐永祥老师这样挑大梁的人物，也有一批志同道合在推进实务和研究的同事。我觉得，不同的人关注的方向可能不同，有人擅长研究理论、研究宏观，也有些人对微观的领域更感兴趣。那我们就应该各自找到自己适合的方向，一起去做一些有价值的事。我关注的领域一直比较集中于家庭、儿童这些实务层面，所以我希望帮助有共同兴趣的年轻老师一起形成团队，这样我们就不需要去单打独斗，可以一起努力推动专业发展。在“海宁公益”做项目的时候，我们很多年轻老师就参与到了项目当中。通过这些项目，老师们对中小型城市社会工作发展得出了很多的体会，我也建议他们从中多作总结，产出更多有价值的成果。年轻老师们通过这种方式亲自参与了实践，获取了经验，得到了更多的科研素材。所以我觉得，我们高校老师创办机构，在助力青年教师成长方面也有一定的积极意义。

当然，对我自己来说，创办机构这些年里我也变得更忙了一些。其实我不是一个工作狂，我还是会注意去把握各个部分的平衡。生活本来就不应该偏向某一个点，不能因为其中某个方面就不顾其他。所以，虽然平时的工作比较忙，但我还是会很好地兼顾生活的其他部分：照顾家庭、孝顺父母、关心亲友……在工作之外，我每天还会回家烧饭、料理家务。我对朋友也是热心、真诚，每当朋友嘱托了事情我都会认认真真去做。我的真诚和热心让我交到很多朋友，建立很多信任，我想我办机构能够比较成功大概一定程度上也是得益于此。我的家人朋友对我的工作都非常支持，总是鼓励我投入时间去做热爱的事情。这些都让我觉得经营这份事业非常开心，更让我在回顾这些年来所作的努力时感到很有成就感，很有价值感。

（二）多元视角，博采众长

我投身到社会工作专业已经有二十几年时间了。1996 年，我转到社会工作系，开始系统地学习这门专业。2000 年到 2001 年，我前往美国攻读 MSW 学位；之后的 10 年时间里，我回到国内，尽力地把所学的知识投入到实践之中。后来，当知识运用得开始有点枯竭，需要增加新的营养的时候，我又在 2011 年去了北卡罗来纳大学访学一年，着重学习美国社会工作教育和实践的先进经验。跨专业的学习、海外访学的经历，特别是经常的跨文化交流，让我在看问题的角度和待人接物的方式上都发生了很大的变化。和以前的单一视角相比，现在的我更能倾听不同的声音、接受不同的观点，也能从多元的视角去分析、处理问题。这些都是社会工作专业本身对我的巨大影响。

在专业实践方面，我也非常注重保持开放的态度，学习不同人的优点。有时候我也看到我们专业很强调“本土化”这个概念，对此我有自己的一些看法。哪个学科不需要把国外的、国内的经验相结合呢？就算是马克思主义，毛主席不也说过要把马克思主义和本国国情相结合吗？马克思主义也好、哲学也好，现代科学里面，没有哪个学科是中国独自创造出来的，也没有哪个学科不需要把外来的经验跟我们本土的情况相结合。社会工作也是如此。你不去了解别人，以为自己所做的就是最好的，那你怎么能和国际上其他的学者站在同一平台上对话和交流？又怎么能进步呢？所以，教条式地运用国外的理论不对，但任何排斥性的观点，认为我们不需要了解国外做法，也是不对的。

在机构的项目运作过程中，我就主张先把国外先进的东西学到手，根据当地的情况去转化和结合，在此基础之上设计我们的干预方案，作出我们的成绩。比如，在做贫困家庭的救助服务的时候，我把美国在资产建设方面的经验带回国内，和国外专家组建成联合团队，研发了“青云腾飞”项目[①]，通过资产建设干预低保家庭、帮助青少年更好地成长。经过两年半时间，我们的项目取得了丰富的成果，所服务的青少年在理财观念和能力、学业表现、家庭关系、生涯规划等各个方面都有比较明显的提高。“青云腾飞”项目后来被评为民政部表现突出项目、亚洲家庭研究联盟2018年评出的十大优秀项目，国外的学者和同人也对此评价很高。之所以这个项目能够上国际平台，也是我们在学习国外先进经验基础上才能有所创新。今年我们支援边远地区的“牵手计划”[②]项目中，甘肃兰州的一个机构就很希望学习我们资产建设干预的经验。我们也很愿意帮助他们，更乐于看到这种经验分享学习的方式能够延续下去。

所以我认为，在本土化发展当中，我们应该学习别人所长，然后用到自己的具体情境当中，用到合适的地方，去改变、去转换，再对我们得到的新鲜经验进行总结、提炼、阐述。这样，将来在国际交流中，我们才能更好地和世界沟通、发出中国的声音。这种开放性的思维，也是这些年来的专业生涯给我带来的启示。

（三）翘首前路，稳步推进

高校老师办机构是我们中国才有的特殊现象，在国外其实不太常见。前些年，因为我们国家社会组织的力量本身比较薄弱，专业机构比较缺乏，因而在国家对社会工作快速推动的情况下，我们高校老师就不得不出来扮演这样的一个示范性、引导性的角色。但是，随着社会组织的力量越来越强大、整个发展状况越来越成熟，我们也会逐渐退回高校，更专注于教学科研工作。我们现在培养学生、培养实务人才，其实也是希望他们将来能到这一领域发

① “青云腾飞”项目，即“青云腾飞计划——低保家庭资产建设干预项目”。2016年，“青云腾飞计划”获亚洲区家庭研究联盟（CIFA）会议“优秀项目奖”、民政部社会工作司“突出表现奖”。

② 2017年年底，根据民政部统一安排，上海市与云南省结对实施社会工作服务机构“牵手计划”。从2017年至2020年，上海市分两批从全市遴选20家社会工作服务机构（其中首批5家、第二批15家），一对一牵手帮扶云南省贫困地区，培育发展当地20家社会工作服务机构，培养60名社会工作专业人才，支持贫困地区为特殊、困难群众提供20个社会工作服务项目，搭建沪滇社会工作服务协作平台。

挥作用。如果若干年之后，来自民间的社会组织都已经很厉害了，那我们老师做好教书育人的本职工作就好，何必还要像现在这样吃力地同时做几件事情呢?!

但如果要问我，是不是每个高校老师都应该办机构，那我想说心里话：并不是每个人都适合。看到有的老师办机构办得好，大家就都去办机构，可并不是每个人都有那么多精力，也不是每个人都擅长去跟政府、跟基层、跟其他的社会组织打交道。觉得自己适合做这类事情的人可以去办，有能力、能折腾的人也可以去办；但不要把办机构弄成“一股风”，不要觉得“人家学校老师办了个机构，我也必须去办一个”。你是老师，你的本职工作毕竟还是在高校里面。如果你的特长就在于研究，那你就专心研究；如果你教学上很厉害，你就去好好教学。如果你没有这么多时间精力，却非去办了机构，家里面就搞得一塌糊涂，学校里的工作也被耽误了，那又何必呢？或者如果你没能力、没心思把机构办好，只是弄了个“空壳子”，叫实习生过来写写策划书，弄来经费胡乱用……这种机构还是不办为好，滥竽充数只会给专业发展带来负面影响。所以我向来的主张，都是因人而异、量力而行。

在发展机构这个过程中其实也是同样的道理。过去总有人鼓动我，让我把机构做大做强，要我们发展成100人以上的机构。但我不想这样，我的目标并不是去占领市场、发展成全国第一。我更不希望成为大家关注的焦点，我做事并非为了别人给予的高评价。我倒是觉得大家都应该多专注于自己该做的事情：我做好我自己的，你也做好你的；你做得比我更亮丽、更风光，当然也更好。我只想要坚持自己认为有价值的事，想要一步一步地、稳步地去发展——这是我向来做人、行事的风格，那我办机构自然也会是如此。

从整个社会工作的发展来看，我们中国走的是政府推动的这条路，靠的是政府的大力推动。这也是有中国特色的事情；在中国，没有党的领导，没有政府的推动，这件事是做不成、做不好的。但是社会工作发展的步子，确实是快了一些。有的地方搞得好像轰轰烈烈，一个政策下来，一夜之间似乎就遍地开花。我对这种情况是不赞同的。我总认为，虚假繁荣背后必定满是窟窿。现在形势变化很快。如果有一天政府觉得社会工作的重要性也不过如此，就不再继续购买服务了呢？当然，社会的需求总还是会存在的，要想真正得到大众的认可，你就得把本事练强，发挥出独特的专业优势来。急功近利、做表面文章，这些都不会真正有利于事业长远的发展。

所以，要问我理想中社会工作的发展前景是怎样的，那我认为，应该是稳步推进——就是要好好打牢基础，一步步地去探索、去实践、去进步。要慢慢来，把一件件的事情都做扎实了，做出成效来、做出口碑来，才是好的事情。

访谈员后记

同朱眉华老师交谈和互动是一件非常轻松愉快而振奋人心的事情。第一次和老师见面还有些紧张和局促，但是老师身上亲和的力量、乐观和积极向上的态度，深深地感染着我们每一个人，包括第一次见面的学生。访谈的时间比我们预想的时间要更长一些。老师与我们分享的很多机构创立的酸甜苦辣，难忘的案例，还有老师对社会工作的理解，都远远超越了我们准备好的访谈提纲上的内容。正如老师所说："这些都是我干的活，我就如数家珍。"朱老师身上社工人特有的温度、韧性，让人敬佩，也温暖着她的机构；正是这种无形的力量，带领着她的团队踏实又坚定地走向又一个崭新的十年。

第一次面谈后，我们也有幸到三林世博家园市民中心这个机构出发和运行的地方进行参观。机构项目研发和执行的专业，组织文化的活跃和轻松，专业社工团队和专业服务可见一斑。在我看来，目前"公益"的发展，已经实现了最初想要打造"社会组织示范点"的目标。作为社会工作专业的学生，我感受到的除了满心的敬佩，还有深深的感动——十年如一日地耕耘在社会工作专业的热土，用公益初心开辟了中国社会工作发展的一块绿洲，在中国社会工作本土化发展的进程中留下那道最美丽的"公益"身影。

最后真诚地感谢朱老师无私的分享和深切的指导，感谢朱老师的团队。祝愿步入崭新十年的"上海公益"，努力开拓未来，继续辉煌！

机构简介

上海公益社工师事务所成立于2007年9月，是一家扎根于社区，积极响应社区需要，提倡社区参与和社区关怀，并致力于为社区居民提供多元化服务的5A级社会工作专业服务机构。机构由社会工作专家领衔、专业社会工作者组成，聚焦社会救助、优抚关爱、家庭与儿童等实务领域，承接各类政府购买服务项目，提供高品质的专业服务。除直接服务项目外，机构依托华东理工大学社会工作系的资源共享，在社会工作督导、研究与培训等方面同样具有丰富的实践经验，实现了社会工作实务与研究的紧密结合，具有良好的社会声誉。

事务所成立至今，服务已覆盖了浦东新区36个街镇，并扩展至嘉兴、海宁等长三角周边城市。主要承接了“浦东新区家庭专业社工服务项目”（其中“维稳妈妈”子项目获得时任上海市市委书记俞正声批示与高度肯定）、“新启程家庭成长计划——社会救助对象社会工作介入项目”“暖阳行动——优抚对象社会工作介入项目”“青云腾飞计划——贫困家庭资产建设干预项目”“关爱功臣——优抚对象社会工作试点项目”等，以及浦东新区低保家庭千户调查（2014、2015年）、嘉兴市社工督导、海宁市社工督导项目、上海市关爱功臣督导服务等间接服务项目。

事务所历来注重人才培养和制度化建设。经过十多年的努力，已成为社会工作的优秀实践研究基地，培养了很多出色的社会工作人才，如：前任总干事陈蓓丽荣获第二批全国专业社会工作领军人才称号；现任总干事许艳萍获中国百名社工人物称号，李旭珺获上海市十大杰出青少年事务社工称号等。很多创新服务项目获得嘉奖，如“新启程家庭成长计划——社会救助对象社会工作服务项目”被评为上海市优秀社会工作专业服务品牌；“青云腾飞计划——低保家庭资产建设干预项目”获得第五届亚洲家庭研究联盟优秀家庭服务项目；“维稳妈妈——上海市浦东新区家庭社会工作介入项目”获得首届全国优秀社会工作专业服务项目三等奖等。

守其初心　丰富生命

——吕新萍教授访谈录

访谈时间： 2018 年 11 月 19 日 18:00—21:00

访谈地点： 北京市海淀区吕新萍教授家中

访 谈 员： 王彦芳

受访者简介： 吕新萍，首都经济贸易大学劳动经济学院社会工作系主任，社会工作硕士（MSW）教育中心执行主任。香港理工大学社会工作硕士，中国人民大学社会学博士。研究方向为青少年与家庭社会工作、社会工作教育、社会组织与社会发展等。出版《小组工作》《社会转型时期的民间组织研究》等著作。国家社会工作者职业水平评价委员会专家委员，中国社会工作教育协会常务理事、社工督导专业委员会联合发起人和副主任，中国社会工作学会常务理事，中国社会学会社区研究专业委员会委员，北京市社会学会常务理事。

编 者 按： 作为社会工作专业的老师，吕新萍教授创办社会工作服务机构，因为她有着一颗为专业发展、为学生服务的初心。她最初目的主要是三个：第一，通过专业的社会工作机构留住专业的社会工作人才。第二，发挥社会工作的专业价值。第三，为本校学生提供稳定的专业实习机会。高校教师创办机构的时间不同、地点不同，但他们创办机构的初衷和经历却有一些相同之处。吕新萍教授的记述让我们看到一名专业社会工作教师的职业态度和奉献精神。吕教授不仅重视社会工作教育和理论研究，并且通过创办社会工作机构来探索社会工作实践，极大地推动了北京市社会工作的实务发展。

一、为学生为专业，动心创办机构

（一）墙外开花

我所在的首都经济贸易大学开办社会工作专业本科是在 2000 年，开办硕士点是在 2009 年，全国第一批。2000 年办这个专业一是因为 1999 年高校扩招，二是因为我们学院的社会学传统，知名社会学家袁方先生曾在此工作了 27 年。那时候，我在职攻读的社会学博士快毕业了，领导觉得我专业对口，就让我来弄这个新办专业。其实我原来不是学社会工作的，我本科、硕士都是学人力资源管理的，当时也是在教人力资源管理的课。因为学校属于财经类大学，社会工作专业不是主流，也不太受重视。所以专业发展比较曲折，最初是在我这个学院，中间调到另一个学院培养了两届。等到硕士点申请下来后又调了回来，发展不是太稳定。后来，我发现有好多学校也是这样，一段时间放在这个学院，一段时间又放在那个学院。估计这些学校的社会工作老师感觉都不会太好，由此萌发一些其他想法也很正常。

我创办社会工作机构有很多原因，首先是受到兄弟院校老师的启发，像中华女子学院老师办的近邻社会服务中心，还有首都师范大学老师的青少年司法社会工作组织。他们那时候还不叫机构，是校内的研究中心，类似机构。这两个机构我都带学生去参观、实习过，当时就想，如果自己办一个就能够让学生接触专业更多一点。还有一个原因是感觉学校不是很重视这个专业，在学校里很难有什么太大的作为，但我又不甘心就这么温吞吞地混日子。学了这么多年社会工作就觉得该做点事情，所以干脆墙内开不了花就墙外开，刚好也赶上了好形势。当时就拉着我们学校第一届硕士的几个同学，还有两个老师，开始办机构了。

（二）形势比人强

促使我去创办机构有两个重要的时间点。第一个是2006年10月党的十六届六中全会作出了一个决定，要加快社会工作人才队伍的培养，随后各地就出台了很多的相关政策，鼓励成立社会工作机构。北京在2009年成立了第一家社会工作机构。我记得2010年3月国际社工日的时候，北京市社工委和各个区县社工委，在鸟巢那边开了一个很隆重的庆祝大会。会上，一下子挂牌成立了一批社会工作机构。因为刚刚开始，有的区县就只有一两家机构。我觉得这个时候应该是个比较好的时机，机构能办起来的概率比较高。

第二个是2010年我们学校开始招收第一届社会工作专业硕士生。我们第一届招了31个学生，都挺优秀的。我当时觉得他们学了6年社会工作，然后又有专业认同，我应该给他们找一些机会。当然，从第一届开始，我们每届都有一些非常优秀的社会工作专业学生，他们也很想在这个领域工作，但是没有特合适的机会，找不到专业的岗位。其实在本科阶段，我们的学生就面临着这样的困难，实习基地太少，也不是很对口，只能去一些社区、街道。这个应该说是从建本科专业以来就一直存在的问题，等到硕士点办起来之后，感觉更加突出。所以，解决学生的实习和就业是办机构的一个很重要的考虑。那时候，我想尽快争取在2012年7月份第一届学生毕业前把这个机构办下来，当年就可以接收学生了。这是最直接的原因，时间上有这么一个紧迫性。

还有，就是为啥我没有像一些老师那样只是到机构做督导，而是要自己去办一个机构。其实，我当时已经在朝阳区的一家社会工作机构做督导了，它是从一个劳工NGO转型过来的。我从2005年就开始跟他们合作，因为接触比较多，也觉得还能合得来，所以学生在那边实习也比较多，主要做一些流动人口的服务。但是做了一段时间的督导后，我感觉对于有些问题很无力。因为不是机构负责人，在专业服务上、在社工的流失上，感觉不是特别能发挥作用。他们做的事情我也感觉不够专业，所以我就在想，如果自己能办一个机构的话，就可以保证专业性了。

所以我创办机构有比较综合的考虑。第一，大的形势是国家政策的推动；第二，希望学校能有一个比较稳定的实习基地；第三，觉得好多学社会工作的学生毕业了，想做一些专业的事儿，需要给他们提供一个适合的平台；第四，我始终觉得社会工作是一个对社会、对个人都很有帮助的专业，它应该发展起来，体现出它本身的价值。

二、历经几番周折，机构创建成功

创办机构的动议是在2011年底。我记得是12月的一天，在我们东校区对面的一个小咖啡馆里，五六个同学，加上我和另外两个老师，一起开了个会。我记得很清楚，因为那天刚好下了不小的雪，是当年冬天的第一场雪。所以，后来我们征集机构名称的时候，大家都一致同意以那天的天气特征寓意——瑞雪兆丰年，来给机构起名，也想取个好彩头。然后大家按照会议的分工分头行动，我主要是负责联系丰台区社工委，把机构注册的事情搞定。在以前的国际社工日大会上，我记下了丰台区社工委X科长的电话。两年后，我终于给他打了第一个电话。正好那时他们那个部门也在推动成立社会工作机构的事儿，大家一拍即合。他非常高兴，认为我们高校背景的专业性比较强。很快他就安排我和区社工委的W主任面谈，非常顺利，谈了一次之后，这事基本上就定下来了。

（一）缺乏社会经验，注册竟然拖了半年

得到主管领导的同意后，我们就开始走程序，准备民非机构成立的章程文件，寻找办公场地，准备注册之类的事情。我当时也考虑了人员的搭配，在班里挑的几个学生有对实务比较有热情的，也有行政方面比较强的，以及做宣传比较好的。当时还想把他们几个都发展为理事，借鉴公司股权激励的做法给他们一个身份。就这样开始启动了，加快速度往前推，希望毕业时能够把他们接住。但是也有很多的没想到，比如说第一个没想到就是，虽然主管领导拍板比较快，但是去民政局注册的过程却拖了特别长时间，主要是卡在了办公场地上，这是个很大的问题。民非注册必须要有办公场地，丰台区社工委那边也一直在帮我们想办法，还问过我学校能不能给个地方，我说基本不可能。然后他们就开始帮我们联系一些街道和社区，看看有没有合适的地方，这个过程拖得有点长。

2012年4月我们就拿到了主管单位区社工委的正式批文。这算是很快的

了。剩下的就是去民政局注册。拿到批文之后我们很高兴，因为市社工委是3月开始发布政府购买服务指南，有了机构，才能去申报项目。区社工委特事特办，让我们先申报项目，同时走注册的程序，不然错过当年的申报机会，就要等到下一年了。

我们当时就开始组织研究生写项目书，想做青少年方面的。因为那时候丰台区已经有几个机构了，区里就希望我们在服务领域上分一下，省得跟自己人竞争。于是我们又报了一个老年志愿服务项目和一个社区治理项目，这两个项目中标了，也是因为区社工委的领导先帮我们看了一下，提了不少建议。其实我们那时候真的都不懂，就想着得有项目，然后有钱了可以招社工，就这样想的。我们当时很自信，觉得自己是专业的，做什么服务都可以，只要给我们机会。

可是万万没想到，机构注册的时间特别漫长。从4月拿到批文，到10月才注册下来，整整用了半年多时间。如果从筹备开始算，差不多是一年的时间。别的机构都没有这样，人家快的一个多月就注册下来了。我觉得是我们老师在学校里待得久了，有点天真幼稚，不太懂人情世故，缺少社会经验，没有经常跑去跟人家办事员联络沟通。

当时丰台区的社会工作机构已经成立了四家，我们是第五家，经常会在一块开会。听说我们那么长时间都没有注册下来，他们就觉得很奇怪。问了情况后，就好心提点我们，该怎么做。当时国家的政策正在推，这边的领导给他们那边的领导都打过招呼了，我们以为按照流程走就行了。结果人家就说你这个不合格、那个不合格，他们肯定也是有正当理由的，比如办公场地就挑了好多毛病。就这样，反反复复地，一直拖到10月才过关。

（二）仅有专业机会，留不住优秀毕业生

第二个没想到，就是优秀的社会工作专业学生其实并不想到社会工作机构工作。我看中的那几个学生，能力都很强，所以，去到哪个行业或单位应该都很有竞争力。我动心办机构的一个原因是为了他们，想让他们发挥专业所长，留在这个行业里面。但是毕竟社会工作刚起步，社会工作机构除了给他们提供专业的发展机会，其他的什么都给不了。他们自己还有家人，都觉得研究生毕业了，应该有更好的选择。所以当时我看好的那几个学生一个也没有留下。有一个去了出版社，是事业单位，还拿到了户口；有两

个考上了北京的社区工作者，工作比较稳定，而且当时社区工作者也给解决户口；还有一个去了深圳，深圳只要是研究生毕业，去了就给落户。而我们这里什么都解决不了。

我觉得我当时只想着专业了，没有考虑到学生们的个人需求。虽然待遇方面我是想到了，准备了一个当时还算比较高的薪资标准。办机构之前，我在其他机构做督导，知道有些社工的待遇挺低，留不住人。我就想我们不能跟公司比，但是一定尽我所能，给他们一个行业内的较高工资。当时只想到了收入，但是没有想到社工也需要解决户口、编制，还有工作的稳定性、职业发展前景等一系列的问题。学生们有这些想法很正常，我完全能理解。他们很多来自外地，家境普通，带着自己甚至一家人的期盼，刻苦学习，希望通过“知识改变命运”，落户北京，进入体制内。他们一开始也没有明确说不做社工，可能怕伤了我的心。他们都很努力地帮着写项目书，帮着处理一些行政、宣传事务。我们那时候的 logo，还有那些设计等都是这几个学生弄的。他们真的非常给力，要专业有专业，要能力有能力，综合素质非常高。但是没办法，我们留不住。

到六七月份的时候，虽然我们的机构注册没下来，但是项目已经下来了，必须开始做了。正好那时候快要放暑假了，几个帮忙筹备的学生，已经去各自的单位报到了。有项目，没人做怎么办？有一段时间，就只有我一个人。为了显得我不是孤家寡人，我出门谈事就带上我的一个研究生。而且我那个研究生还不是学社会工作的，是学社会保障的。介绍时跟人家说他是机构的工作人员，我的助理。我们一起去项目落地的街道和社区对接，一家一家地去办。先去的是宛平，还挺远的，在卢沟桥那边。还有稍微近点的右安门、马家堡，就这么一直往前走。好在没过多久，我们学校开始安排学生实习，正好我带的几个本科生还有研究生开始进入到这个项目里面来，解了燃眉之急。

那个后来去深圳的同学小 L，她看我挺不容易的，就决定留下来帮我一段时间。但是说实话，我觉得当时真是挺对不起她。她人特别好，而且有实务经验，读研之前曾经在深圳的社会工作机构工作过一年。当时好几个月的时间，她都是在特别艰苦的条件下工作和生活的。当时项目虽然下来了，但机构没注册下来，项目资金不能拨付，也没法给她发工资，所以主要靠我自己垫钱给她。我也拿不出太多的钱，只能每个月先给她 2000 块钱，再帮她找了一个特便宜的住处。这个孩子真的特别能吃苦，她一个硕士毕业生，拿那么点钱，住一个非常简陋的小平房，其实是餐厅服务员的宿舍，两个人一间。后来等钱到账了，我给她补到一个月5000块钱，当时还算比较高吧！但是从7月到11月她去深圳之前，那几个月她真的就只靠2000块钱在北京生活。虽然房租只要100块，可是毕竟还有其他的很多花销呢！所以我觉得她在那个情况下能够坚持好几个月真是挺不容易的。一直到现在，丰台区社工委的领导、我们机构的小伙伴，还有社区的老人家，都还特别想念她，觉得她不但实务经验丰富、工作出色，更主要的是有爱心、能吃苦。但是她因为心系深圳，终于还是回去了。后来我才发现，其实也可以不用那么辛苦的。办法有很多，我偏偏用了最笨、最费力的那种。说白了，还是社会经验不足，或者说财务经验不足。我一直以为注册完不成，机构账户就办不了，账号没有，项目资金肯定也不能到位，我们就只能垫钱做。直到无意之中，跟社工委的领导说起了这件事，他们才知道我们的窘境。W主任和X科长说："吕老师你缺钱跟我们说呀，我们可以先以借款的形式给你救急啊！"唉，我就不知道还可以借款、可以向别人求助，只想着自己的问题自己要想办法解决。因为项目已经批下来了，钱虽然进不了我们机构的账户，但是已经在区社工委的账上了。后来人家说其实还可以先把这个钱拨到其他兄弟机构，然后我们去兄弟机构报账，等等。其实办法有很多，我当时有困难找组织就对了。最后，还是区社工委先借给我们两万块钱，我们赶紧把小L的工资给补上了。当时脑子就是比较简单，不知道变通。

（三）谁来当法人成了一个问题

机构注册拖了那么久，可能跟法人的变更也有点关系，这方面也耽误了点时间。当时建机构的时候拉了两个老师，我是希望他们能分担一些我的工作。但是，其中一个老师因为要去台湾地区读博士很快就退出了。还有一个H老师呢，他倒是没有退出，但是他没有学过社会工作，对具体的社会工作实务了解不多。H老师以前办过公司，有一定的管理经验，我觉得刚好可以补上我的短板，所以就拉上了他。但是，说实话，在有些事的处理上，我俩的想法有不少差异。没多久，他要出国访学一年，所以基本上那时就是我一个人主导。我觉得这事主要是我想促成的，我多做也是应该的。但是，我知道这样不是长久的办法，需要找一个全职的员工。

正好这时，小Z出现了。他在我们学校的社会工作本科刚毕业，一个北京男孩。我还教过他两门专业课。因为社会工作专业那时候不在我这个学院，所以我也不是特别了解他的近况。他对体制内的单位没有兴趣，一直想自己创业做机构。8 月份通过区社工委领导知道这个情况之后，我就马上联系了他。我觉得他是一个再合适不过的总干事人选，能把各种行政、协调的工作都给做起来。我们见面一聊，他也觉得机会很好，但是提了一个条件："吕老师，我要当法人，这样家里人才会同意，不然他们就要逼着我考雅思出国了。现在就是这两条路，要么出国，要么做机构，但是做机构必须是法人才行。"人家这话没毛病啊，刚毕业啥也没有，做个机构法人，算是个正经事业。我当时一听就很痛快地答应了："行，没问题。"因为我觉得我的本职工作是老师，我就是想推动这件事儿，只要机构能办起来，谁当法人都一样。而且，我当时对自己当法人还有些顾虑，觉得自己毕竟是个系主任，虽然没有什么行政级别，但总归应该在身份上要自我约束，不适合去做一个校外单位的法人。那时候思想可能比较保守、比较传统，受家里影响，对什么该做什么不该做总是自我设限。

但是 H 老师不同意，因为他办过公司，他觉得管理权、控制权、法人这些还挺重要的。他说如果吕老师不做法人的话，就应该他来做法人。因为他是创始成员，在筹备期就进来了，而小 Z 是中途才进来的，轮也该先轮到他。然后 H 老师就一直坚持做法人。我一听，觉得他说得也很有道理，于是就去做小 Z 的工作。我记得自己写了一个很长的邮件给他，大意是说："老师教了你这么多年，你对我们都不放心吗，你是怕你权益没保证还是怕什么？要不然这样，我去做 H 老师的工作，把你增补为理事。大家在一起做事是基于信任，如果连个基本信任都没有，非要靠一个什么法人来约束的话，那我觉得大家就没有办法在一起做事了。H 老师是最开始进来的，他现在不想退出，你又想进来，那你看怎么办？你要是实在觉得我们不值得信任，或者你还是觉得不能接受，那你也可以考虑不做了。"我都说到这个地步了，我能承诺什么，已经做了什么，都跟他讲得清清楚楚。就这样，在两个人中间来回做工作。可能是被我的诚意打动了吧，最后小 Z 让步了，可以进来，不做法人了。

没想到，事情后来又出现了反转。H 老师之前由于注册过几家公司，可能有一些遗留问题没解决，影响到他的个人征信，因而法人审核没通过。所以，最后小 Z 如愿以偿地变成了法人代表。我后来想，要是一开始我做法人的话，是不是就没有这些争执或曲折了。

小Z以全职身份加入进来之后，他就盯着注册，一直到10月份总算是把这个事弄下来了。转过年到2013年初，我们承接的两个项目也基本做完了，几个实习生和小Z一个全职，再加上我，我们基本上就把这个机构给撑下来了。

其实我们注册的时候没有办公室，人家给我们的注册场地，只是帮着开证明。所以在第一年的时候我们都没有办公的地儿，要么去学校我的办公室，要么就在学校里找个教室，还有就去外面的咖啡馆买杯喝的，然后在那里讨论问题、商量事儿。那一年多还挺流动、挺奔波的。

三、曲折中渐成长，新机构求发展

2013年又开始申报新的项目，还是要通过区社工委往市社工委申报。因为区社工委有自己的业务范围，可能比较希望机构能做社区治理，其实整个市社工委也是这样的，他们对口的是社区。从2012年我们加入以后，一直到2017年都是这样，2017年以后才开始有点变化。市社工委的购买服务项目每年大概7000万元。这个数额当然不是都给社会工作机构做项目，还要给社区、各个枢纽型社会组织和一些研究基地等。

各个区县的社工委后来陆续成立了很多社会工作机构，大家都去报项目，丰台区和朝阳区是每年拿到项目最多的两个区。像西城区、海淀区、东城区本身自己区就比较有钱，不太在意市里能给多少钱，但是朝阳区是个例外，朝阳区本身很有钱，每年还是会向市里申报很多项目，然后区里进行配套。所以，十几个区县里，朝阳区和丰台区每年拿到的项目最多，资金量也大。丰台区在北京属于基础比较薄弱的区，区里基本没什么配套的钱。区社工委的W主任和X科长都特别的努力，把项目反复打磨，弄得好一点，这样可以从市里多争取些资金。有几个区的机构，就不怎么注重申请市里的项目，人家靠区里的项目就可以活得很好。但是丰台区里的项目很少，至少给社工事务所去做服务的钱基本上是没有的，所以主要都靠申请市级项目。正是因为如此，丰台区后来成立了好多事务所，现在大概都有20多家了吧，他们就是靠这个量往上走，这应该也是一个策略。

（一）失之东隅，收之桑榆

2013年有自主申报一栏，我们就报了一个青少年服务方面的项目，自我感觉良好，想着十拿九稳。等到结果出来了，没批，当时就傻眼了。因为那个时候，我们刚决定招两个硕士进来。我们学校第二届的社会工作硕士毕业生，一个是K同学，她做得不错，也愿意进机构。还有一个Y同学，她俩同班同宿舍，正好都是我这个师门的学生。她们都在机构实习过，对机构也了解，所以就做伴一起进来了。本来第一年有两个项目，加在一起有30多万元经费，感觉还是比较宽裕的，进两个硕士，完全能够接得住。结果这人也进来了，项目突然没了，怎么办？当时就很慌，于是就到处想办法。

丰台区社工委此时又伸出了援手，给我们批了一个小项目。他们每年会以集体的名义申报一个综合项目，综合项目可以拆分成几个小项目。当时，我们还联络了一些基金会，既是被困难激发出来的，也是想扩展一下生存空间。我们觉得不能完全依靠政府。但是这方面的机会其实也不太多。友成基金会资助了我们一个5万元的小项目，然后加上区里这个，勉强能活下去。

幸运的是，我们后来还意外地获批了一个区民政局的项目。这个项目拿得有点戏剧性，我们本来要申报的是市级的未成年人保护项目，最后获批了区级的流浪乞讨人员救助项目。当时我们正在到处想办法申请项目，刚好在市民政局的网站上看到了这个试点项目，就想着也许有机会，决定试试。我亲自上手写的项目书，特别认真，逐字逐句地，我觉得这回肯定没问题。因为我在香港理工大学读社会工作时，在相关的机构实习过，我觉得自己是有经验的。然后又从那个机构的网站上找了一些资料，和咱们国内的情况进行了结合，写了个很好的项目书。为了锻炼年轻人，我没有去，而是派了K和小Z去答辩。结果还是没中。不是因为项目书不好，也不是因为他们答辩不好，而是我们不了解人家民政局试点项目的具体做法。

当时，市民政局购买服务项目好像刚开始，所以是试点。这在当时算是新生事物，可能他们也拿不准应该怎么干，担心流标、没人来，工作推行不下去。于是就让试点区县的民政局给推荐合适的社会工作机构，然后双方提前协商、反复沟通，基本确定了才开始走程序。对于我们这种半路杀出来的程咬金，不知底细，没人背书，当然不可能有机会了。我觉得特别能理解，这样做也比较稳妥。即便如此，人家还是接受了我们提交的项目书，并安排了现场答辩。当时答辩的专家都对我们评价很高，给在场的其他人也留下了深刻的印象。最后项目没给我们，毕竟人家前面的工作不能白做，而且都商量好的事情也不能随便就改了。但幸运的是，由于丰台区民政局的一个主管副局长也在答辩现场，很认真地听取了我们的汇报，也比较认可我们，从市里开会回来没多久，就从区民政局给我们批了一个区级试点项目。所以 2013 年这么熬过去了。

从此以后，我们就长记性了，再不敢自己想做啥报啥了，还是服务购买重点支持啥，咱报啥吧！对于在申请项目上近乎愚钝的天真和幼稚，我们事后也进行了反思。一定要提前了解项目资助方的需求，更要让人家有机会了解我们，提前沟通，知己知彼，这是非常重要的。

（二）终于有了固定的办公场所

2013 年夏天，区社工委的 W 主任帮我们联络丰台街道找到了一个可以办公的地方。丰台街道是丰台区的先进街道，也是区委、区政府的所在地。他们经常搞一些创新。那时，丰台街道找了一个闲置场地，准备做一个街道级的社会组织孵化基地，委托我们来运营。我们帮着他们设计了各区域的功能、装修，他们都挺满意。然后他们给我们留了两间办公室，终于不用再到处流浪了。所以 2013 年机构就开始稳定下来，人员也基本到位了。

那时还有一个小刘，小刘和小 Z 都是北京孩子，他毕业那年也不知道要干啥，就被小 Z 拉来了。他不是学社会工作的。那两个女生 K 和 Y 都是外地的。就这样总共四个全职，一直稳定地保持到 2014 年。大概是 6 月份吧，小刘考到一个中学当老师，离开了。7 月，我们又招了一个北京社会管理学院的社会工作毕业生 P。再后来又来了一个我们第一届的社会工作硕士毕业生 J，她毕业的时候留在北京的一个社会工作机构工作了半年，感觉不太好，就回老家了，去了亲戚家的一个公司。干了一段时间还是想回北京，就来我们机构了。这样到 2014 年底，我们有六七个全职员工了。这一年持续地拿到了市里社会治理的项目，而且驻扎到丰台街道以后，街道有时候也会小额购买一些我们的服务。

我现在都觉得那是我们做得比较好的时候。确实，那几年我们人员也很厉害，大部分都是硕士，两三个本科，再加上一些实习生和志愿者。我那时候也特别下功夫，很多项目都自己亲自上手去做，包括第一拨的项目书、去社区洽谈、活动等，还有流浪乞讨人员的救助。大晚上我都自己开着车，拉着社工和大学生志愿者，去北京西站南广场、六里桥天桥底下等几个流浪乞讨人员经常聚集的区域。我们一般都是晚上去探访，冬天特别冷，还经常刮着大风。我们每周去探访两三次，过年过节还再带点东西什么的。虽然原来在香港实习过，但是毕竟这些服务自己没做过，我觉得我必须要亲自做一遍，才能知道怎么督导他们。他们确实也需要个范本，毕竟都刚刚毕业，碰到的问题都是全新的。他们的经验、视野、对很多政策的理解、跟政府的关系还是相对欠缺的。虽然我长期在学校里待着，人也比较天真幼稚，但是一些社会经验、社会阅历还是有的。而且多年的知识积累，也具有快速学习和整合的能力，可以给他们一些指点和提醒。

当然，我们那些社工也还挺给力的。他们有思考、有想法，模仿然后再创新。那个时候，大家齐心协力，集思广益，大致奠定了我们后来很多项目的基本服务框架和服务方法。再后来我就不参与具体服务了，基本上只负责一些方向性的服务策划和督导，决定什么项目做、什么项目不做。我觉得把他们第一拨人都培养出来了，他们都可以独当一面了，一个人负责一个项目。

我认为在区里以及在北京市我们当时都是非常好、非常专业的一个团队，后来还获得了“北京市十佳社工团队”称号。我们拿到市里、区里、街道各级的项目很多，不光是社工委的，还有民政局的、团委的。通常，只要拿到项目，我们都会很用心地打磨、持续做下去，带着专业的视角，根据服务人群需求的变化，逐步迭代，不断开发出新的服务、新的项目，像滚雪球一样，越做越大。能做到这样，确实是因为专业的需求真的就在那儿，而且我们把心思也都放在了做好服务上面。

四、初心终不改，壮士断腕意

从 2011 年底开始创建机构，一直做到 2017 年四五月份的时候，我突然不想做了，想退出机构，当时态度很坚决。这个决定让所有人，包括我自己，都觉得很突然。但实际上，很多端倪可能早就埋下了，只不过被一些表象给掩盖了，我们不自知而已。所以，我觉得特别需要反思，我也一直在反思，毕竟投入了自己这么多年的心血，把它当成亲生孩子一样对待，不敢说呕心沥血，至少也是全心全意、尽心尽力。但是，直到现在，我也不能说很多事情就想清楚了、看明白了。有些事情，真的需要时间，需要距离，才能看得更清楚。

（一）理想很丰满，现实很骨感

我们这个年轻的团队能够一直做这么长时间，并且获得优秀社工团队的称号，实际上我觉得我和我的社工学生是有专业理想的。但是光靠理想不能解决所有的问题。我还好，自己有一份高校的工作，收入比较稳定，家里也没什么负担，可以一心一意地追求理想。但是我们机构的年轻人不一样，他们大部分家都在外地，工作在北京这样一个生活成本比较高的城市，就算他们不太在意户口的问题，也得考虑房租、自己的生活吧！毕业了、工作了，总不能老让父母贴补吧！我知道我们机构的一个社工，爸妈在老家给她找了一个金饭碗，但是她就是想在北京、想做社工。没办法，父母只好每个月给她寄房租钱。毕竟独生子女，父母不希望孩子住得太局促、太委屈。而且，我们这里的研究生多，年龄也不小了，还要面临恋爱、结婚等问题。这些都是非常现实的问题。但是，我当时竟然都没有想过。我只是想，只要给他们行业内比较高的收入，就可以体现出做社工的价值了。但是，就算你的工资是社工行业内最高，可能依然属于这个城市的中低收入群体。

虽然我们已经是给了行业内比较高的待遇，我们项目多的时候还有年终奖，能够给他们的不少了，最多的时候一个月到手的都过万了，保险什么的也都全上齐了，还有规范的休假和培训制度等，就是希望他们能够在这个行业里面持续地做下去。但是，一个机构的力量总归是有限的，根本抵不过外在的大环境影响。随着他们不断成长，从新手到资深，从一线到主管，收入虽然也在跟着长，但是房租的上涨、物价的上涨，还有年龄的增长以及随之而来的恋爱、结婚、生孩子等更多的需求增长，似乎哪一个都比他们的收入涨得快。社会工作机构不是营利性的公司，几乎不可能有丰厚的利润支持这种不断增长的人力成本。而且，员工队伍越稳定、专业性越强，人力成本的压力就越大。现在，我好像可以理解为什么有很多机构人员既不专业、流动性还很高，反而活得很滋润。因为他们的人工成本低啊！大部分员工都是干不满一年的新手，不需要给太高的工资。但是，专业水平呢，项目质量呢？光靠流水一样更换的外行、新手，怎么可能提高专业服务水准呢？毕竟，社会工作服务的水平主要还是靠人、靠社工个人的专业知识、经验积累、项目历练等来实现的。

所以，越往前走，招收的专业社工越多，社工做得越出色，我的心理压力就会越大，感觉自己快撑不住了，因为给不了与他们付出相对应的东西。毕竟，当年创办机构的初衷之一，就是要给社工们提供一个能够体现他们专业价值的行业高收入。我知道，有不少业内很好的社会工作机构，目前主要还是靠着社工个人的牺牲精神、奉献精神在苦苦地撑着。拿着很低的收入，做着很辛苦的工作，劳动时间、劳动强度都非常大，还有服务中的情感耗竭。说实话，我很心疼他们，不知道这样能撑多久。

（二）走得太远忘记了为什么出发

退出机构的另一个深层次的原因，我觉得是受到这几年政府购买项目的影响，我想要把控机构发展方向的努力已经越来越无望了。虽然我们一直在做社区，但是社区里面也是一会儿做这个一会儿做那个，都不太一样，因为这个就是所谓的资源依赖，主要是靠政府购买项目。你有些想做的事，可能人家明年不做了；你想继续再深入做下去的项目，人家明年不管了，换领导了。可能原来做这个街道，接下来你要去做另外一个街道，而每个街道要求都不一样，做事思路也不太一样。然后就是人家出钱，人家让你做啥你做啥。政府购买项目就是他们说了算，你的专业理念、专业方法，根本不重要，对这个事我也觉得挺困扰的。有些我们想做的事、该做的事，并不是就能做得了，所以这个方面我看不到出路。

社会工作机构的主要资金来源于政府购买项目，这个大的趋势我是不能扭转的。我们一直试图找其他的资金渠道，比如说基金会，还有自己造血、开展一些收费服务等，这些办法都想过，也都尝试着做过，但都是小打小闹，养活不了机构。要是真养得活自己了，恐怕服务也变味了。我们国家，毕竟还是政府来的项目比较多。但是政府来的钱越多，雇的人就越多，你雇的人越多，你就要有更多的项目，你不得不做的事情就更多。它就变成这样一个循环了。这方面，社会工作机构可能跟任何组织一样，必须打着滚往前走，才能生存发展下去。但是，这种逻辑已经突破了我的认知，不再是我最初想要做的事了。有时候真的感觉走得太远，已经忘了为什么出发。

现在很多社会工作机构都有资源方面的困难，因为我同时还在几家机构做督导，也去各个地方看过。一些社会工作机构因为没有项目支持，要去做很多不想做的事儿。有的政府购买项目其实就是帮政府打杂，专业性的事并不多，有点事务外包的意思。好多社工想在专业路上精进，包括我自己，但是可能因为这个局限，就跟当初想做的事差别越来越大了，索性就不做了。因为现在社会工作机构生存的模式主要就是靠政府购买项目，90%甚至100%的资金都是。

（三）劣币驱逐良币

在整个行业内部，我感觉我们机构给社工的工资就算是比较高的了，但也只能做成这个样子，因为社工行业整体的薪资水平太低了，很难留住一些优秀的人才。因此，留下来的一些好社工，要不就是有着很坚定的信念，要不就是得到了家人的强有力支持。这样，很多优秀的人可能就会慢慢离开了。现在就是这样的一个矛盾，有点像逆淘汰。

另外，在办机构的人里面，有一些是有专业理想的，不是为赚钱来的，所以有些项目他不愿意接。但是也有一些人，很聪明，愿意迎合，什么项目都接。接下来之后按照资助方的喜好做一些表面文章，甚至有的服务明明违背了专业伦理。这样的人项目很多，还得了不少吓人的名头，处处以实务专家自居。一些政府和高校的人也分不清真假，以为他们很厉害，还请他们去开会、评审什么的。真的就是在逆淘汰啊，把那些价值理念纯正、在专业上有追求的人都挤出去了。

有家机构，本来专业出身的社工还挺多的，不得已开始招很多非专业的人员。他们招的一线社工，叫活动助理，主要是办活动、干杂活，以至于很多人以为社工就是搞活动的。也有的机构，主要招一些从社区退下来的人，就把项目给做下来了。这些变通方法，确实极大地节省了人工成本，但是专业性肯定会受到较大的影响，渐渐地也会影响到人们对社工的认识，以为社工不过如此，谁都可以干。所以，有经验的一些社工就离开了。

同样，这些现象也跟我创办机构的初衷——用专业的人做专业的事，渐行渐远了。

（四）急于做事埋下隐患

退出机构的这一年多来，我其实一直在回想和反思，思考当初到底哪些做的是对的、哪些是错的。不用说，我们每个人肯定都有自己的缺点和问题，追求的目标也有一定的差异。从我自身来看，我觉得我的主要问题可能是想法太简单，或者说太单一了，就直奔着一个目标去了。当然，往好的方面去想，这也可以说是单纯、心无旁骛。确实，当时一心只想做专业的事，对机构的法律问题、管理问题，以及其他人员是不是会有其他的想法、跟你目标不一致等，这些问题都考虑得不够。只想着要做成实习基地，要给学生提供就业的机会，要让他们有专业发展的机会。我们要用专业的机构做专业的事，来服务社会，体现社会工作的价值，基本上就是这一个目标、一个方向。

事实上，办一个机构，遇到的事情千头万绪，层出不穷。可能我对这个也是准备不足。比如说机构的知识产权问题，之前从来没有想过。我们碰到过服务成果的署名权或著作权问题，因为没有处理好，搞得相关的几个人心里不太痛快，影响了关系。这个需要机构有个规定，到底哪些应该是团队的，哪些应该是个人的，而不是谁有意无意地先去写了、去讲了，就是谁的了。但是我们当时对这个问题真的没有去想过，我就想年轻人不懂事，做了就做了，反正也是为机构好。现在看来，大意了，留下了隐患。

还有类似的很多事，比如机构章程。注册的时候不太懂怎么弄，我们就找了另一个机构的章程当模板，简单换了几个人名就给交上去了，完全没有去想它会真的有用。当时就觉得这些事都不重要，赶紧把它给办了。其实民非的章程是很重要的，现在明白所有的法律文件、章程，理事会、创始人的权利义务等，全部都要明确，都不是空架子。等到真有了事之后，这些东西拿出来，没有一条能保护你、维护你。因为它都是照抄的，不是按实际来的。这些都是十分真切的教训体会，真的是基础不牢，地动山摇。基础打牢了，事情可以慢慢地做，会做得更扎实。

一开始大家都铆着劲儿干，因为那时候也没有什么钱，生存的危机还激发了我们的斗志。我相信大家都特别简单，谁也没想到我们的项目资金量有一天会过百万元，大家只是想每年有几个项目做一做就很好了。当然，钱多了，带来的问题就更多了。比如如何分配的问题，是当年全部花完，还是留着以备不时之需，是创始人多拿一些，还是一线员工多拿一些，等等，都是问题。

这种事多了以后，也让我挺难受的，觉得搞不定这么多事，不如不干了吧！

（五）没有出路的出路：离开

那个时候我们还希望机构能够不断发展壮大，觉得发展壮大是个好事，可以招更多的社工、做更多的事。没想到，等到机构真的发展壮大了，出现的问题也是巨大的。回过头去看的话，其实很多东西在一开始就埋下了隐患，只是机缘不到，没有暴露出来而已。比如前面提到的知识产权的问题、章程的问题、资金分配的问题等。我觉得这些都是当时的我无法解决的，加上政府购买项目本身的限制，再加上我一开始也没有把所谓法人、签字等管控机构的权力握在自己手里。无论是在机构管理方面也好，还是在整体的大的发展环境方面也好，很多事情已经远远超出了我的能力范围，为了把对机构影响的阵痛降到最低，我觉得我离开最好。

离开的时候，我想了很多。我做机构到底是为了什么？为了钱吗？为了名吗？为了利吗？我有什么舍不得、放不下的吗？我想我在这个中间其实也获得了一些名，也获得了一些利。但是这些都不是我最在意的，我最在意的无非就是能做专业的事，现在既然做不了，离开也没什么损失。所以我很坚决、很果断、很彻底地离开了。唯一有点放不下的，感到歉疚的，是我那些优秀的社工小伙伴们。我知道他们很多是冲着我来的，被我对专业的热爱和执着影响，被我为他们争取专业机会和体现专业价值的努力而感染。后来，我想到，小伙伴们在我离开后，如果能够因此而重新思考自己真正的职业目标，并且能够不依赖任何人的保护而在职场独立飞行，未尝不是一件好事。过程可能痛苦，成长也许更多。于是，我也就释然了。

不久前，丰台区社工委的 W 主任还找过我，我们俩单独谈了一下。他其实之前就约过我好几次，我不知道见面该说啥，就没去。他跟我说，现在这个机构是历史上最低潮的时候，也是最脆弱的时候；他说特别不明白为什么这么优秀的、这么专业的一个机构，怎么会突然一天之内就垮塌了。他对我说："我们都知道你是他们的精神领袖，你是他们的主心骨，你在这里面发挥很多作用，所以我们都特别希望你能回来。"其实我离开的时候就很清楚地知道，即便我不在，如果其他人不走的话，这个机构运转三年不会有任何的问题，还能保持一种比较稳定的状态，长一点甚至还可以撑个四五年。因为我们之前打的底子非常好，就算人再多走几个，剩下两三个人，也依然可以运转下去，不会倒闭。当然，我知道，我离开后，区里面还挺照顾他们，知道机构走了不少人，就给了一些不用太多人手的项目。

事后想了想，其实我们这个机构在人才培养、专业训练方面还是很成功的。当初我创办机构也是有这样的考虑：一个是学生有实习的地方，一个是学生毕业了有可以工作的地方，有可以成长的地方。当然，这个机构同时还有服务社会的功能，但最主要还是从专业发展、人才培养、专业实践基地这样的一个角度去考虑的。后来慢慢地被政府购买项目牵引，与开始的初心慢慢地偏离了。我觉得有些办机构的老师可能也很容易陷入这个里面，变成不断地去找钱，然后维护这个组织运转、滚动、发展，和自己当初所想的越来越远了。

做老师的，总归还有其他的机会可以去推动专业发展，不一定非要通过做机构这种形式。

五、思考专业发展，反思社工教育

（一）社会工作机构的短板

W 主任找我单独聊的时候，他是想劝我再回到机构去的。他的态度非常诚恳，诚恳到直接把藏在心窝子里的话说了出来。他说，你看咱们区这几个社会工作机构啊，有的像是成功的商业公司，有的只能算是不太成功的商业公司，只有你们机构是真正的社会工作机构，真心做事业的，是有专业目标的。他说，我们心里都很清楚，只是不说而已。毕竟很多事情都需要有人做，商人愿意做也是可以的，只要不是太过分就行。做一件事，需要很多人来抬轿子。

他说的我完全可以理解，因为商业有商业的优势，社工有社工的优势；大家各有各的优势，也都有各自的弱点。我们办机构专业上绝对没问题，但是真的在一些社会关系的处理、协调方面有点欠缺。我们只知道闷头做事，人家有商业背景的就特别注意维护关系，经常去跟领导联络联络、沟通沟通。我们只想着做项目，把项目做好了就行了，不太会去联络沟通。这也许只是我个人的风格，不能说高校背景的机构都是这种风格。有的老师也很擅长关系处理，可能就是我自己这样子，所以带着我们这个机构的风格也是这样的。

还有一个很重要的问题，就是我们机构社工的职业训练比较欠缺。社会工作专业学生一毕业，直接来到机构工作，缺少一套很成熟的职场规范和一些职业素养的要求。公文怎么写，怎么待人接物、端茶倒水等，机构里面没有这个训练。政府人员曾经说过我们的社工："给我们交的报告怎么是这样啊？字体字号什么的都不对啊！"像我们这个高校背景的机构是很追求专业素养的，但是我们确实在职业化的训练方面要差一些。那些商业背景的机构，公文、档案、报告看起来就比较规整。人家还特别注重宣传，做点事情就发个新闻稿什么的。

我觉得规范、管理方面不是特别大的问题，实际上老师办机构一开始肯定会有不足，但是如果真的是铆着劲儿进来，然后慢慢弄也不是问题。后来我们也在不断规范我们的岗位设置、工资制度、培训制度、工作流程、休假制度等。第一回做得不好，人家提出要求了，我们很快就会改。只要你有学习能力，只要你肯用心，这些其实不是太大的问题。

但是确实要注意维护关系。我后来其实也花了一些时间精力去维护关系，不想让人家觉得你高校老师好像就高高在上，瞧不起人什么的。其实我不是那样的人，就是性格问题，做事风格不同。

（二）创办人的风格就是机构的风格

我在机构发挥的作用是慢慢在变化的。比如最开始的时候很多事我都亲力亲为，因为社工们不知道怎么做，需要一个示范和带领。后来就慢慢撒手了，只做一些方向上的把控、专业督导等。我不是一个注重细节的人，当初不愿意做法人，也从来不签字，可能也是不想陷入细枝末节当中。但是我们机构有一个基本的规定，比如说多少钱以上的支出，需要什么样的签字流程，我们大家都要讨论决定，或者他们都会告诉我一下。因为每个人性格不同，大家擅长的东西也不一样，所以机构的特点也都不一样。我也接触过好几个办机构的老师，有的老师挺善于社会关系联络和维护的。机构的风格肯定也是跟创办人的风格、跟团队的风格都是相关的。总体上，我接触的北京这边的多数高校教师背景的社会工作机构的专业性都还是比较强的。

老师们做机构，基本上就是想推动这个专业发展，这是最根本的目的。另外一个可能就是在学校里没有太多的发展机会，老师也想要发挥自己的社会价值。为挣钱吗？虽然学校里的收入不算高，但也基本够用了，没必要为了赚钱去操那么大的心。而且，社会工作机构在中国来说也不应该挣太多的钱，毕竟是非营利性的组织。如果有人靠着社会工作机构发了财，我不知道他们会不会承受很大的道德压力，背上沉重的心理包袱。所以，我觉得高校老师办机构，第一是有专业抱负，第二是为了体现自身价值。

（三）机构也要注重关系建立和需求调查

社工开展服务，首先是关系建立和需求调查。社会工作机构也是一样，要多和政府主管部门沟通。你能做什么事，人家有些什么想法，彼此需要多了解、多沟通。我也不是主张拉关系什么的，是从比较积极正面的角度去理解，觉得这种相互了解和沟通特别重要。这方面我们是有教训的。我们曾有个救助项目，刚开始，根本不了解人家公示的项目重点做什么，就一腔热血地去申报。有些机构这方面比我们做得好太多，特别积极主动地跟需求方、资助方沟通，从人家的角度出发去设计项目。其实包括我们注册的过程缓慢也是这样，我倒也不觉得是人家故意卡我们，是人家不了解你，当然要多花点时间。你得了解人家的担忧和顾虑，主动说明和解释。如果彼此不了解，大家都公事公办，当然就是很严格地按规程去办。我觉得这一点我们当初没有做好。我不知道是我的问题还是怎么回事，跟居民或者跟服务对象在一起的时候，我们就特别注重建立关系、了解需求，但是我们跟行政主管部门或者是其他项目发包单位的时候，就容易忽略这一点。服务对象他是个人，我们把他当作一个人了。面对行政机构的时候，就只当他们是部门，没有想到面对的其实还是人，是部门中的某一个具体的人、有血有肉的人。每个具体的人对政策的理解可能都是不太一样的，对执行的理解也不一样。所以，要了解他们的情况，明白他们在意的东西。我们确实经常在跟政府部门打交道，但我们更是在跟一个一个具体的人在打交道。

（四）社会工作机构的法律风险和道德压力

由于政府购买项目的周期普遍都是一年，加上政府工作的重点每年也都在调整，有时候还有主管领导的人事变化等，因此，社会工作机构下一年度的项目经费到底有多少，谁也说不清楚。但是，机构已经招进来的人，特别是有经验的社工，你不能说招之即来、挥之即去吧。为了应对这种不确定性，我们每年会省吃俭用，尽量留一些项目经费结余。2013 年那一年突然没有申请到任何项目，然后又要养几个人，当时就跟大家说，我们工资只能发到 5 月，到时候要是还没钱，咱们就散伙。这是真事！所以我们就因为那次有点后怕，项目资金不敢全部花完，会留一些，等到第二年万一项目没有了，还能支撑一段时间，相当于是多出了半年的余粮那种感觉。

但是，这么做的话，问题就来了。首先，政府购买服务一般要求当年事当年毕，不应该有项目结余。其次，这么做好像民非管理办法也不太允许。最后，有这么一些钱在账上趴着，有人就开始产生各种想法了。比如他会觉得这是我做项目该得的，为啥不给我，慢慢就有很多的不满和怨气。这些都是社会工作机构很大的法律风险和隐患，业内人士都明白这个情况，大家睁一只眼闭一只眼，就这么稀里糊涂地过着日子。

说起这个，我当时还有一个很沉重的道德包袱，就是觉得民非的很多事风险太高。包括我们给社工开这么高的工资，其实说起来可能都不一定合法。因为每个项目对社工的工资标准是有规定的，所以我们只能想一些别的办法给社工发工资。按我的理解，这应该是不对的，但是你不这么做留不住人。项目有预算，预算里面有人员工资，但财政规定的项目人员工资很低，很难支持机构去聘用一个有经验的专业社工。财政可能没有考虑到这些，把项目经费中社工工资、督导费、志愿者补贴的比例各是多少，都规定死了，不能超过。更早以前，社工的工资都不能从项目里面走，只能让社工拿发票来报销，冲抵一部分工资。后来大家反复呼吁，现在项目经费里可以给社工开工资了，但是也有一个比例的限制。这是咱们民非财政制度的问题，做过机构的人一般都知道。

所以，我觉得政府购买项目，重点看效果就行了，不要把机构怎么花钱管得太死。社会工作服务就是靠人，工资太低，请不起优秀的人，最后降低的是服务水准。所以，这个现在也无解，是个死循环。结果只能是：第一，我不想这么做，但是我又不得不这么做，所以我背负着很沉重的心理或道德压力，因为我知道这样做有可能有法律风险。第二，各方面都清楚这个情况，一时也改变不了，就只能睁一只眼闭一只眼，默许它的存在。但是，这样一来，给寻租留出了空间，也不好。

对于我这种道德包袱沉重的人来说，这样的事多了，拖得时间长了，真的就是一种折磨，良心的折磨。我不想继续做机构，跟这个无解的难题也有很大关系。看不到出路、看不到改变的希望，只能不干了。消极点的，可能说我胆小；积极点的，可能说我道德水准比较高。

（五）机构的创办促进了社会工作教育和专业发展

我觉得从创办机构到现在，其实收获挺多的，对阅历、对实务的理解、对教学的帮助，甚至对个人成长都是有很大影响的。第一，我可能不像以前那么书呆子气了，懂得适当变通了，变得更接地气了，对人和社会的多面性也有了更切身的了解。第二，当然就是我自己的专业实践经验丰富了。上课的内容更充实了，内容和案例特别多，信手拈来。第三，间接增加了学生对专业的认同，培养了一批真正愿意进入社会工作行业的毕业生。那几年我们几乎每年都会有一两个毕业生进到机构来工作。他们通常是从实习开始，然后觉得干社工不错，就留下来了。还有几个虽然没有留下来，但去了外地的社会工作机构，或者回到自己的家乡去创办社会工作机构。这些学生都是在我们这个机构培养出来的，有很好的社工认同，也看到了社会工作的价值和前景。第四，可能还产生了一定的社会影响，对丰台区包括北京市，对整个专业发展的推动，应该发挥了一定的作用。

现在退出一年多了，其实我还在内心的震荡余波中不断反思。当初什么事情做得对，什么事情做得不对，已经不太重要。但这毕竟也是一个经历，一个成长，我不后悔。如果现在让我重新选择，我可能还是会办机构。高校教师办机构我还是比较有优势的，专业性整体比较强。以前觉得是劣势的地方，如果用成长的眼光来看，也不是劣势，其实是在过程当中成长了。机构的创办和发展对教学、实习、学术研究、学科发展有贡献，包括我自己在内的很多人，对社会工作的理解和认识都加深了很多。

教师办机构对社会工作学科发展的贡献，最重要的体现在人才培养、课程设置、专业实习实践等方面。我们是高校教师，是社会工作教育协会的成员。通过做机构，我会发现社工到底应该具有什么样的能力、这些能力该怎么培养，会有很多新的认识。我们的社会工作教育到底应该重点培养学生的什么能力，怎样落实在课程体系、课堂教学和专业实习当中，人才培养方案怎样做，这是整个社工教育的核心、关键，但是现在大家好像都不太重视。比如，这几年，社会工作都将处在一个开疆拓土的阶段，这时候学生创新进取能力的培养就很重要。我们要教学生怎么做到“无中生有”，从荒地中开辟出一条道路。这一点和我国港澳台地区的社工不一样，他们是已经挖好了很多坑（岗位），等着萝卜（社工）填进去。而我们是要自己刨坑，或者教学生怎么刨坑，然后把自己种进去，要有这种能力，并且这种能力的培养要体现在课程里面、实习里面。如果我不办机构的话，可能不一定会了解到这些，切身体会不会这么深。办过机构，就是浸入式的，完全参与进来了，这个是不太一样的。

我刚开始办机构的时候，特别不能接受一些非社会工作背景的，特别是商业背景的人进到这个领域。说实话，我从心里面有点反感，觉得他们来了不该来的地方，觉得他们缺乏专业性，是来凑热闹的，日子肯定长不了。没想到的是，几年下来，人家竟然一直活得很好，项目很多，深得主管领导信赖和支持，还拿到了不少行业内的表彰和奖项。反而是我们，自以为专业，也一直在坚持专业，却遇到了一个又一个困难，好像过得异常艰难。现在看来，也许这就是社会工作行业甚至各行各业最真实的生态环境，不同的样板和参照都在，如影随形，时刻提醒我们到底要选择一条怎样的社会工作发展之路走下去。

访谈员后记

访谈吕新萍老师，“初心”一词出现多次，贯穿始终，清晰地印在我的脑海里，久久挥之不去。吕老师创办机构的初心是为了专业发展，为了学生实践，为了给学生提供机会、提供平台。吕老师是一个非常纯粹的老师，创办机构就是为了社会工作专业发展、就是为了社会工作专业的学生，在运营机构的几年里，她的角色也是老师，最初的亲力亲为，亲自写项目书，亲自去跑项目，为的是给学生提供一个范本，随后放手让学生去做，锤炼学生，使其成长。

“守其初心，始终不变”，初心虽不改，运营机构多年，机构内部与机构外部环境发生了巨大改变，无力改变又不想改其初心时，以壮士断腕之心，退出精心培育起来的机构，静下心来，反思、沉淀……

吕老师一直在反思自己创办机构的经历，反思使人成长，成长比什么都重要。吕老师一直在思考中国社会工作机构的发展困局，一直在思考中国的社会工作教育，她说现在还写不出东西，我知道，那是因为她对社会工作专业爱得深沉，希望中国的社会工作专业发展成熟，希望中国的社会工作机构之路走得坚实。

机构简介

北京市丰台区RF社会服务中心（以下简称RF社会工作机构）是由北京市高校社会工作专业教师于2011年底发起，2012年正式在北京市丰台区民政局注册，以社区综合服务、社会救助等为主要服务领域的一家民办社会工作机构。其英文名称是Rich-Future Social Work，寓意社会工作“丰富的未来”。机构的使命愿景是“生命影响生命、专业铸就品牌”。

2012 年机构正式注册时只有 1 名专职员工、2 名兼职员工，2 个市级政府购买服务项目，项目资金约 30 万元。随着政府购买服务项目的逐渐增多，员工人数和社工服务内容不断扩展。巅峰时期的 2017 年，RF 社会工作机构专兼职员工总数 18 人，大小项目 23 个，项目资金量 300 多万元，在当时的北京市属于中等偏上规模的社会工作机构。服务领域涉及社区困境儿童及家庭、社区老年服务、社区治理、社会救助以及第三方评估项目。此外，机构链接了有助于服务开展的公益基金会、儿童阅读机构、高校社工及志愿者社团等不少社会资源。员工当中，社会工作硕士毕业生占了 70%，助理社会工作师和中级社会工作师持证率约 90%。在全国民办社工服务机构飞速发展、快速扩张的今天，RF 社会工作机构顶多也就算是一个中小型机构，但是就是这样一个规模不大的机构，却因为坚持社会工作服务的专业性收获了很多奖项和荣誉。不但被丰台区民政局评为 5A 级社会组织，入选过世界 500 强某驻华企业的公益供货商名录，而且其多个社会工作服务项目获得了省部级奖励，社工们的服务和事迹也被中央媒体和专业刊物进行过特别报道，还荣获了 2017 年北京市最佳社工服务团队的称号。

即便如此，RF 社会工作机构的发展却并非一帆风顺。在发展过程中，RF 社会工作机构赶上了北京市扶持社会工作机构发展的政策利好时期，也因资金来源单一（95% 的资金来自政府购买服务）、服务形式单一（90% 的服务是项目制），特别是机构内不同人员对 RF 社会工作机构宗旨与使命的认同差异，以及机构治理体制和管理机制的先天不足等，RF 社会工作机构先后经历了人员流失、资金短缺、结构调整甚至生存危机。如今，RF 社会工作机构还处在组织转型当中。

不悔当初　十年坚守

——贺立平副教授访谈录

访谈时间： 2018年12月20日
9:11—12:30；14:00—17:30

访谈地点： 中山大学南校区社会学与社会工作系办公室二楼210室

访 谈 员： 林丽玉　蔡仲姬

受访者简介： 贺立平博士，中山大学社会工作硕士教育中心副主任，中山大学社会学与社会工作系副教授、硕士生导师。中国社会工作教育协会常务理事，广东省社会工作学会常务副会长，广州市中大社工服务中心理事长，益先社会工作研究院院长。1986年毕业于湖南株洲教育学院英语系，1991年毕业于南开大学社会学系（获硕士学位），2001年毕业于北京大学社会学系（获博士学位）。主要研究领域为社会工作、社会保障、社会福利、社区发展和非营利组织管理等。先后参与和主持国家、省、市级课题研究30多项；出版著作12部；发表论文50余篇。

编 者 按： 贺立平副教授为中山大学社会工作专业发展作出了巨大努力。在创办广州市中大社工服务中心以后，贺教授为机构运营及广州市社会工作实践探索倾注了大量时间和心血，为社会工作机构和本土社会工作发展积累了丰富经验。中大社工服务中心所服务的社区也非常幸运地受到中央和地方领导的多次考察，其社会工作服务得到了中央领导的高度肯定，这是我们社工界的骄傲。

一、问题发现，政府助力

（一）最初的发现与困境

十多年前，我就想成立一个社会工作组织，但在当时，社会和政府对社会工作的认知度不高，很多领导不清楚什么是社会工作。我参与过中国社会工作协会（中国社会工作联合会前身）、中国社会工作教育协会的一些工作，1998 年至 2001 年在北京大学读博期间，曾经对中国社会工作者协会（中国社会工作协会前身）进行过专门的研究，对协会的情况和当时的社会工作比较熟悉。

2001 年博士毕业之后来到广东，感觉广东经济发展和社会发展之间是不平衡的，这种不平衡导致了一些社会问题，所以想成立广东省社会工作协会，去应对或者处理这些问题。我到相关部门提出申请时，政府相关部门表示不太了解什么叫作社会工作，婉拒了我的申请，因此行业性的组织在当时没能成立起来。申请成立广东省社会工作协会的事情就这样一直被搁置了。

当时的情况是，社会上很多人对社会工作是不了解，也不认可的，包括政府相关部门。随着时间的推移，社会上出现了一些草根组织，它们自发地成立了一些针对特定群体的服务机构，这些草根组织的出现以及发挥的作用，让政府慢慢觉得购买社会服务是一种新的尝试。随着国家战略转移到社会建设上来，越来越多的社会问题浮现出来，更多的草根组织开展了服务，政府也意识到解决这个问题的迫切性。我记得，在 2008 年以前广州市政府虽然觉得购买服务是一个大趋势，但并不知道购买社会类服务的具体程序，他们只清楚经济类服务的购买模式，譬如建筑工程项目中关于设备的采购，但社会问题的解决、社会的和谐稳定如何通过购买服务来实现，政府并没有经验，因此也导致社会服务的推广较为滞后。

（二）推动政府思维的转变

针对当时政府相关部门的一些疑问，我也跟有关政府领导进行了讨论，并提出在改革开放前沿，有很多问题的解决方式是独特的，没有任何参照，社会的快速变迁带来了大量的外来人口，外来人口家庭的教育资源和医疗资源该如何分配、处理，这些都需要得到解决。如果置之不理，几十年之后，可能就会成为阻碍城市发展的因素。我记得当时政府相关部门召集了一些专家去开座谈会，领导们都有类似的疑问：政府购买服务是政府出钱，政府出钱怎么能给到社会个人呢？政府不能这样操作，政府的所有经费是由政府部门进行年度预算，经核准后采用拨款的方式进行资金投入。当时还有领导说，我邀请你们来做社会服务，这是从来都没干过的事情。

其实，政府在此之前也不是没有干过这样的事情，我向领导澄清，政府其实做过类似的服务，譬如协警的主要工作是维持社会治安，这些都是公共安全的一部分。社会类服务在一定程度上也在维护公共安全。比方说残疾人没有得到应有的照顾，意外身亡了，这会在社会产生不良影响；老人没有得到妥善的照顾，自杀了或是出意外了，这也会对社会稳定造成影响；一些生活在贫困中的人，他们实在过不下去了，可能走上街头闹事，这对社会稳定、和谐发展同样有负面的影响。

之前，政府也有通过购买的方式来为社会做服务的例子，比方说，广州的保洁和创文工作，政府也是通过购买服务的方式来进行的。社会服务的情况也类似，都是为了社会的稳定、社会的平安。如果能把钱用在社会问题的解决上，今后违法犯罪事件就会减少，大家的幸福感也会多一些。很多西方国家就是采用政府购买社会服务的方式解决社会问题的。我国在早期也有类似的打算和计划，希望把全能型政府转化为服务型政府，实现“小政府，大社会”的格局，这个思路一直是存在的。我们一直强调政企分开、政社分开，前者已经作出成效了，后者还需要努力。领导在听到这番解释之后，觉得可以试着做一做社会服务。

（三）争取获得政府支持

政府领导在思想上接受社会服务后，另一个担忧随之而来。他们表示，他们看不到有相关的组织可以承接这种服务。在这个过程中我进行了自荐，我从事这个专业教学已经很长时间了，了解到能够承接社会服务的组织不是没有，只是缺少政府的鼓励，并且由于政策上的原因，很多组织无法成立起来。专业人才也是存在的，只是因为没有对口的工作，毕业之后就到别的领域去工作了。如果通过政府购买服务来扶持社会组织发展，专业人才就会陆续回归。后来，政府设置了一些鼓励措施，社会组织登记注册的流程也简化了，随之而来的是大量社会工作机构的出现，不再像以前那样寥寥无几。

中大社工服务中心是广州市运行家庭综合服务中心最早的机构，无论是街道一级的家庭综合服务中心，还是社区级的家庭综合服务中心，最初的模块都出自中大社工服务中心之手。家庭综合服务中心最初的政府购买合同和拨款方式，也是参考了我们最初的样本。财政拨款方面，当初的市政府征求各方建议，最终选定了对机构较为有利的操作方式。服务不是一锤子买卖，它有一个过程，因此是无法通过一手交钱一手交货的形式来操作的。经过多轮探讨，最后决定根据服务开展的进度需要，按三期拨付经费，合同签订后拨付总经费的55%，中期评估合格后拨付总经费的40%，末期评估合格后拨付剩下的5%。当时的这个拨款方法跟其他的一般采购服务是不同的，我们需要向政府解释为什么要这样做。主要的原因是我们是做人的服务，人力成本是机构最大的支出，要人工作就必须发工资。工资从何而来呢？机构的性质决定了它不会去营利、去创收，因此就要保证政府给予足够的经费满足人力资源的开支。对此，政府很能理解。

（四）社会工作翻天覆地的变化

从2001年政府对社会工作的不了解，到2011年胡锦涛总书记来视察中大社工服务中心北京街项目点，政府前后10年间的思维转变是很大的。之后，广东省成立了社会工作委员会，这个委员会与财经委员会和社会综合治理委员会一样，是规格非常高的管理协调机构，由省委省政府牵头，省委副书记担任主任。由省委副书记亲自挂帅的委员会，是当时仅有的一个高配的格局。随后，广东省和广州市陆续成立了类似的组织。这说明政府意识到这个事情的重要性，他们对社会工作的认识发生了翻天覆地的转变。

除了政府思维的转变，这期间社会组织发展状况也发生了很大改变，实现了从没有到遍地开花的过程。以前，政府想找一些社会机构来提供服务，基本找不到；现今，政府的选择很多，组织之间的竞争也大了。迄今为止，广州市每个街镇至少有一个家庭综合服务中心，实现了整个广州市的全覆盖。从2011年至今，社会工作发展已经走过了8个年头，社会对行业的认知度也在不断加强中，广州市的老百姓虽然不能十分清楚社工是做什么的，但是他们至少听说过这个名字，甚至不少人接受过社工服务。

二、利用优势，稳健起步

（一）怀抱教书育人的初衷成立机构

2006年，社会工作被提及只是一句口号、一项战略决策，没有落实到实践层面来。那个时候我也在思考，这个宏观战略怎样才能够落地呢？当时中山大学面临的情况是：很多社会工作专业的本科毕业生，在找工作的过程中，非常明显地感觉到找不到对口的工作岗位。我们既然是从事社会工作的教学和研究，应该让专业人才能够在这个领域发展，所以，在这种情况下，我就有了既然外面没有合适的机构，我们就自己创办机构的想法。

当时创办机构的动机有几个：

第一，学生就业难，可以供学生实习的机构难找。在这种情况下，我们创办这样的专业机构，起码可以解决学生的实习问题，或者是今后相当一部分人的就业问题。

第二，我们的社会工作实践经验不丰富，尤其是老师。所以我们想通过创办这样的机构为老师接触实践提供一个基地，使得教学过程不会空讲理论知识。实践研究是我们当初的目的之一，所以我们实际上是为了教学实践和教学研究，来创建一个实习基地、科研基地。

第三，当时的广州没有几家社会工作机构。如果我们创办这样的机构，可以把知道的很多理论用于实践，老师也可以通过实践做研究、找资料，把我们的知识转化为生产力，转化为可以作为社会工作实践的一个场所。如果服务对象就在自己的身边，可以跟他们亲密接触，就不会存在找不到研究的方向、场所或者接触不到研究对象的问题了。

当然，还有另外一个创办机构的动机，那就是看到很多社会问题需要去解决。但这个不是最开始、最主要的动机。后来的实践让我们越来越觉得有意义，它确实能解决很多社会问题，缓解阶层之间、群体之间的一些矛盾，达成社会和谐。

（二）利用优势，稳健起步

10年前筹办一个社会组织，过程还是比较艰难的。2008年以前政府对批准社会组织比较谨慎，2008 年广州才开始尝试通过政府购买服务来推行社会工作，当时政府购买的资金非常有限，一年才投入几百万元，分配到各区各街后，只能形成几个小规模的项目，所能体现的成效非常有限。

2008 年的这种状况，让很多机构都没有争取项目的动力，也没有多少人去办机构，政府也不知道社会组织的重要性在哪里。以前的组织登记管理条例中关于注册登记的要求比较烦琐，宏观层面上要求做到双重管理，业务主管单位和登记管理机关都要登记。各种条件限制、注册资金、场地等要求比较高，所以要办起来非常不容易。中大社工服务中心是 2008 年正式着手去思考这个事情的，首先是熟悉申办流程，熟悉各业务部门，跟政府取得联系并提出申请。

大学老师的身份是我的一个优势，我在早期就做过很多培训，2001 年到中山大学任教，陆续在广东省民政厅、广州市民政局等民政系统里做过培训，在这个系统里面也有从中山大学毕业的学生。由于这两层关系，使得我去申办的时候得到比较清晰的指引，当时我严格按照规定准备好相应的材料，按流程步骤提交相应的资料，比较顺利地办理了证件。我们准备了一年时间，2009 年初正式提出申请，当年的 6 月份就批下来了。

由于宏观层面的政策推动，职能部门的思想也在慢慢转变，后来民政部门表态，民政局办公室就可以作为民政业务的主管单位，无须由另外的部门担任业务主管单位，登记统一归在民政局内部进行，手续简化了很多。虽然如此，但当时的政策导向并非像现在一般的宽松。我利用中山大学教师这种身份、一些学生资源以及接触过的官员资源，借由他们对本人的信任，加上资料准备齐全，整个申请过程就比较顺畅了。政府也要有一个熟悉社会组织的过程，如果他不熟悉你，这个过程就会慢一些，有些机构在创办阶段不是太容易的。

我接触社会工作这个行业很久了，在 20 世纪 90 年代初，我就在长沙参与过申办中国社会工作学院的工作，在申办过程中经历了很多，那时候还曾直接到国家教委去办理这些事情，所以我比较熟悉办理社会组织的业务。而且，我曾在长沙民政职业技术学院工作，对民政业务也比较熟悉，自己也学习过社会工作这方面知识，所以理论上也了解，办起来还是比较顺利的。

（三）创办前期筹钱很困难

创办机构不是要一块牌子，主要是要有人做事情，兵马未动，粮草先行，这就牵涉到钱的问题，请人之前就要把钱准备好。中大社工服务中心是 2009

年6月18日注册成功的，我们真正开始运作是2010年3月。当时除了我之外，前期有半年多是没有招聘专业人员的。

关于机构LOGO（标识）的构思，当初是对外征集LOGO图样的，但征集的结果不太令人满意。后来我花了半年多时间去想什么图案能代表机构的理念，基本思路想出来后，我找了个绘画的人，帮我用电脑绘制出来。

2010年3月之后，我们招了几个人，最开始没有具体的服务，只是做一些思考和设计，去洽谈一些项目。真正开始工作是在2010年的10月，广州市黄埔区（原萝岗区）“联和一家”（联和街家庭综合服务中心的简称）开张之后，招聘了20多个人。当时我最开始的顾虑就是钱，身边的同事都劝我，政府没有给钱就没有办法发工资，就不要请人了。但是我想，不请人没法做事，做事的人都没有，跟政府谈合作是没有办法取得信任的，项目自然拿不下来。所以我下定决心自己掏钱去做，就这样带出一支队伍来，队伍里边有总干事等管理人员，也有专业人员。政府对我们团队的信任度高了，谈项目的可能性也高了。因为资金的问题，我也困惑和挣扎过，是先等政府给项目给钱再提供服务，还是先做好服务取得政府的认可，然后政府再通过项目的方式将资金给到机构呢？两种选择都有难处。但作为机构的创办人，若是没有项目，连工资都发不了，那还有什么可能维持机构呢！为了能办成机构，我就横下一条心，先自己想办法筹钱将服务做起来。我的优势是有自己的学生，而且学生大部分是学社会工作专业的，号召一下可以招十多二十多个人，在人员招聘方面困难不大。

招人的问题解决了，还要考虑自筹资金能撑多久的问题。当时是想着自己先垫支，刚开始招的人不多，也就8个人，估算每个人工资大概三四千块钱，一个月支出几万块钱，还是承担得起的。但这笔费用还是比我一个月的工资高很多，所以要动用我的存款来支持运转。因为有很多优势，所以相信自己能比较顺利拿到项目，就算政府出资不会那么利索，我可以动用自己的积蓄，勉强支撑一年左右的时间，如果一年半载还没有项目，我就不干了。

（四）从不懂到挑战管理的困难

机构管理也是最大的困难之一。困难在于我们老师作为创办人，一直从事教学工作，真不懂管理。教书是比较个性化、个体化的脑力劳动，一个人静静地思考也能出效果；管理则需要更多的协调，老师协同很多人做事情的经验的确很少。从最初的 8 个工作人员，到后来发展到 100 多人，机构管理的挑战越来越大。管理的关键是“管人”，人的管理首先要考虑用什么样的架构来管，其次是要考虑用什么规范去管，这两个方面我都不懂。学校管理架构我倒是熟悉，但觉得不适用，企业管理模式和政府管理模式感觉也不能完全模仿，已经熟悉的管理模式都派不上用场，就只能靠自己想办法了。作为机构的创办人，应该是机构思想的灵魂所在，也要做好分工；设置不同的职能部门，定位部门的功能，通过这些工作，架构也就搭起来了。另外，机构的规范应该要有行业的特点，利润不应该成为考量的因素。工资的分配方式也让我很头痛，找到最佳的办法才能更好地调动人的积极性，才能够把事情真正做好。我们一直在寻找最优的安排，也在不断地进步。

在架构设置方面，哪些是直接领导关系，哪些是协作关系，哪些是一般沟通关系，我脑子里想清楚了，然后告诉管理层，管理层就能够比较清晰地去作规划。

当然还有一个是管理的执行力度，就是从规范到执行到位。这当中有很多变数，规范可以写得很清楚，但是执行当中需要有人去监管。所以执行也是管理当中一个很大的困难。

还有一个问题，就是我们员工的自主性和积极性没有充分发挥出来。我觉得社工应该是很主动的，可是目前由于各种制度，尤其是我们的大环境制度，包括评估制度、考核制度等，都把社工的积极性约束了。怎样才能让社工观念转变成“这不是别人要我工作，是我自己要工作”？这是我常常思考的问题。

最后一个问题，是人员的稳定性。尽管我们不断地修改制度，但是现实中人员的稳定性还是与我们的目标有差距。当然我也了解过一些别的地方，社会工作行业人员流动性还是比较大的。流动性大，有外部的环境原因，但与内部管理也有关系。比方说，大环境确实有影响，那我们能不能把小环境营造得更好，弥补员工的归属需要？比方说分配问题，我们能不能通过一些其他措施，使“蛋糕”做大，或者是分配权力下放，使分配的权力能够真正落实到员工自己手上？也就是说，员工要多少工资可以自己说了算，如果能够有这些对策和方法，我想多多少少对稳定员工会有一些帮助。

（五）服务做精还是做大的挣扎

我有时在想，机构生存到底靠什么？要靠服务质量！服务质量是生存的关键因素。

跟别人不太一样，我有时不太按常理出牌。很多人说社会服务是个大市场，应该急速扩张，不要局限在一个地方，要先把这个板块做大做多。对于这样的思路，我是不认可的。我的定位在广州，我要做好战略布局，精心选好根据地，然后把它做精做强，不符合我们战略发展需要的都不去做。因此，我们一直在老城区中轴线、新城区中轴线和未来中轴线的三大轴线上寻找有代表性的项目。关于项目的选取，我有几个想法：第一，我没有盲目扩大规模的想法。如果规模扩张太快，人员招募及人才培养都会跟不上，这样有可能导致服务质量无法得到保障。第二，我不主动去联系、去找市场、去开拓市场。依托百年名校的背景，相信市场会来找我，会来中大社工服务中心跟我谈。有意向的合作方过来，我可以根据合作方的情况和需求，详细地讲解服务的理念，具体应该怎么做，而不仅仅是简单地给合作方一个通用的方案。在这方面，我和别人的思路是不一样的，我觉得急于扩张是给自己添堵，所以我没有这样去做，而是更注重服务质量的提升。

（六）推进服务，创新模式

中大社工北京街家庭综合服务中心项目是做得最早的，当时没有场地，只有一间小小的仓库，现今广州家庭综合服务中心（以下简称“家综”）的模式也是从这个项目开始的。中大社工服务中心的第二个项目点，也是广州最早挂牌的“家综”——黄埔区的“联和一家”。那里原先是一个开发区，区政府财政比较宽裕，可以由区自行掏钱出来做项目，因此场地和运营经费很快就落实了下来。而北京街项目点是市、区两级分别出钱的，进展要稍微慢一些。之后，黄埔区联和街玉树社区服务中心作为广州市首个社区级“家综”项目，也是中大社工服务中心建立起来的。可以说，中大社工服务中心是广州地区“家综”发展的拓荒牛。

我们在做服务的时候还有一些优势，比如说中山大学比较熟悉境外社会工作发展情况，至少知道做哪些服务，至少知道这个场馆要怎么样划分功能室和配置设备。这些优势的确对后来的“家综”发展产生了影响，后来全广州市的“家综”基本上是用这种购买方式，进行类似的服务领域划分，安排相似的功能室。

北京街项目点真正挂牌时间是 2011 年 1 月，挂牌比实际运作稍微晚了一点，这个项目点为整个“家综”的发展奠定了一个基本的模式。由于我们做得早，北京街几乎成为当时参观的重点，各种参观接待应接不暇，成为政府政绩的一个典范。后来，“联和一家”的参观也多起来了，很多参观团体起初是来学习经济发展的，政府顺带把他们引导到“联和一家”来参观，参观团体发现了这种社会服务模式对社会经济发展有着积极的作用。因此，这种服务模式的影响就越来越大，参观越来越多。

三、身份转变是另一种适应和成长

（一）有别于其他高校老师的理念和坚持

有人说，高校老师不应该混在基层社区，你本来应该是在象牙塔里面，为什么要在社区做一些费力不讨好的事情呢？

我觉得作为高校老师，在象牙塔里待久了，对这个社会的底层真实情况其实了解并不多。很多老师以前没有做过服务，不懂如何开展服务，不懂如何管理，也不懂将所学付诸实践，所以高校老师创办机构难度很大。很多人说，如果当时老师是为了倡导或者引导他人从事社会工作服务而创办社会工作机构，那么10年过去了，老师应该逐渐从机构脱离出去，让学生来担任要职，高校老师就不要再掺和了。我曾经也想过这个问题，我是不是不应该再管，并且有计划地慢慢退出管理？创办机构初期，我管得很细，人员聘用、财务支出、服务落实等，什么事都管，现在我慢慢放手，着力思考一些宏观的问题。在思考这些宏观问题后，我觉得作为高校老师，完全脱离社工机构是不应该的。如果高校老师完全脱离实践，又会回到只是空谈知识的教学方式。因为老师没有经历，自己没有切身体会，自然也不能给学生以切身体会。老师没有做过，就说不清楚真实情况是怎样的。老师讲的还是国外的理论，还是国外的案例。而国外的案例、模式套用在中国，未必都行得通。如果学生学习了4年，毕业后才发现情况完全不是老师所讲的那样，出来干不了实事，又要在实践中重新学习才能上手，才能适应这个过程，这对学生来说是一件很浪费时间的事情。我觉得高校老师办机构有它的意义，至少使老师更加深入了解了这个行业，老师能够有一定的实践经验，知道西方的理论如何本土化操作。所以，我个人觉得，高校老师完全退出，不太合适。

现在有很多反对高校老师办机构的声音，说现在很多企业也加入进来办机构，它们有钱，有些甚至不需要政府出钱都可以运转起来，企业还拥有丰富的管理经验，它们可能做得更好。我想它们在某些方面确实比高校老师办机构有优势，但是它们也有不足，我们也有不足，我们希望可以互相学习、取长补短，让这个行业有多种形式的机构存在。此外，企业家创办机构的主要目的是盈利，哪怕它是先投入，不需要政府出钱，最后还是会跟政府谈利润的问题，企业家投入1000万元不能只拿回1000万元，必须要有回报，否则企业家就不干了。而高校老师办机构就不一样了，老师主要是想做实践的，帮助学生找到实习和工作的地方，这是他们的主要目的。你要我做事，我按照我的专业要求把事情做好。高校老师创办机构，更注重专业性。

在社工机构的创办过程中，起初高校老师是倡导者。政府比较信任高校老师，觉得他们在这方面有理论知识，希望借由高校老师开创社会工作服务的新模式，让他们参与到实干中，这种信任关系让社会工作行业有了开端的可能。但现今各种人都参与进来了，社会工作机构如雨后春笋般蓬勃发展，无须再借助老师这样一个身份去进一步推动社会工作机构的发展，因此，高校老师内部也有过一些争论，觉得老师应该回到学校、回到教室，最大限度就是过问一下，做做调研，我觉得这种做法也是可以的。但是广州现在的"家综"评估模式，一般是高校老师担任评估专家，一年到"家综"评估两次。他们这样了解到的信息是不全面的，也可能是不真实的。如果仅仅依靠这些信息，告诉学生这是社会工作行业的全貌，可能会对学生产生误导，也会对行业产生不利影响。基于这个原因，我还是坚持在机构中担任要职。机构运营中遇到的一些具体问题和服务评估我都会参与，与员工一起想办法去解决。这么做的目的是不想在教学中脱离实际，通过深度参与，我能够跟学生讲社会工作的本土历程，讲服务开展状况，讲管理技巧。无论是全国社会工作的发展历史，还是广州本地的发展历史，都可以讲，可以讲很多，也可以讲得很生动，因为我是亲历者，我可以讲他们没有听过的案例，并且这些案例是真实的、活生生的。

（二）放下教师的架子

在创办社会工作机构的过程中，我确实遇到挺多困难。作为知识分子我有知识分子的性格特征，例如比较清高，有时候觉得自己懂得比别人多，觉得自己身份有很大的优势等。但是学校和真正的社会还是有区别的，和社会底层之间还是有距离的。我个人理想主义的成分比较多，现实主义的成分比较少。所以要完全放下这个架子，还挺难，至今我有些东西还是放不下的。但是，通过实践我也在慢慢地改变了。因为跟不同层级的官员接触，免不了要应酬，而我是一个不太喜欢应酬的人。我觉得每天定时定量、粗茶淡饭挺好的，对身体也好。我一不吸烟，二不喝酒，但是在应酬中，你完全不喝好像也不行。有人会说，不通过应酬，也可以解决问题。确实，可以通过到领导办公室汇报工作，但这种正规的汇报工作的方式有时不一定能够拉近彼此的距离。所以后来我也参与饭局，但还是坚持不喝酒，最多端个杯子表示一下，但在观念上，我确实改变了。

虽然我没有衣食之忧，但我对这个机构有着强烈的危机感，总担心哪一天机构不行了。这种危机感逼我放下架子，尽量做到别人能够接受。所以，领导也不会觉得我这个大学教授很清高，对人不理不睬的。他们有什么事情需要我帮忙，我会亲力亲为，这样彼此的关系就建立起来了。还有一点，领导对事物的思考方式是不一样的，同样是“家综”服务，他们要的结果和我们要的不一样，他们需要政绩和场面，他们需要通过宣传得到上级领导的关注。虽然跟我们期待的不矛盾，但我们要的不仅仅是这些，我们希望真正做点好事，而要做好事就要先做点实事，做实事就要先有扎实的服务基础，然后再谈宣传和影响力的问题。

创办机构的过程，与政府领导之间的摩擦还是有的。政府对你的工作不满意，或者觉得你应该做得更好，或者认为你还没有尽最大的努力。政府各职能部门的诉求不一样，有的要求你不仅要把工作做好，还有其他不太合理的要求。

政府的这些要求还是要回应的，不然可能不能继续承接项目了。对于政府的一些要求，我能不能这样做，我该不该这样做？我有我自己的原则和局限，因此无法满足政府的全部要求。但在该过程中我会想别的办法满足政府的需求，做一个需求替代，用合理合规合法的需求来替代那些不太合规的需求，这是我处理的一种办法。这种处理办法目前看来有一定的挑战，但确实是一个比较安全的办法。

跟政府官员打交道，需要保持一种合适的距离，让双方都觉得舒服。当然有的政府官员需求不一样，可能会希望彼此走近点，对于这个我需要看有没有必要，大部分情况下，我会尽量避免。

（三）适应不同领导的处事风格

在与政府官员打交道的过程还会遇到一个问题，就是行政效率比较慢，这是它的机制决定的。效率慢，除了表现在有些事情比较拖拉，还表现在另一方面，就是新的官员不认旧账，有时与上一位政府官员确认的事情，换了新的负责人，可能这个事情就无法落实下去了。新的领导有新的要求，不管以前你做了还是没做，做得怎样，他就希望你按照他的要求来改。

我在整个创业过程中，跟政府的合作还是比较顺畅的，不跟他们较劲。有时候他们表达的和我的想法有差距时，我更多是反思，去改进。我们的服务对象不仅仅是社区居民，街道也是我们的服务对象，他们也需要我们做一些事情，我们也需要让他们感觉到满意。

（四）最大动力来源于学校、同事、家人和朋友的支持

我真正要感谢的首先是中山大学。中大社工服务中心这个名字要征得学校同意才能使用。有创办机构的想法时，我们连办公的场地都没有。我们就向学校递交申请，学校和学院领导非常支持。我们向学院递交申请后，学院向学校申请，这个申请报告还是时任社会学与人类学学院院长蔡禾教授手写的。申请递交后，我们向学校澄清了成立机构的目的，最终得到了校领导的支持。学校领导在研究之后，吩咐我们两件事：第一，要自己承担法律责任，学校不帮机构承担责任。第二，学校没有钱支持机构运营，需要老师自己想办法解决。我们认为这两个要求不高，也非常合理。当时注册需要有场地，学校同意中大社工服务中心免费使用院系的办公室（教师工作室），并且是无期限使用。我感觉，随着机构的发展，学校已把中大社工服务中心视为自己的机构，表现在把机构发生的大事记录到学校的大事件中，并进行宣传报道。所以在此要特别感谢中山大学、社会学与人类学学院、社会学与社会工作系的领导和同事们！他们为中大社工服务中心的成立和成功运作作出了很大贡献！

其次要感谢我的家人，他们尽力支持我的工作。虽然他们对机构要干什么不清楚，当我告诉他们机构服务的对象是困难群众时，他们觉得挺有意义。当然，特别忙的时候，家人还是有些微词的，但大方向不影响，而且也是支持的。我记得在这个过程中，发生了一件对家庭关系影响比较大的事情，当

时也产生了一些误会。事情发生在2011年，当时胡锦涛总书记计划来考察中大社工北京街家庭综合服务中心，为此我们全体员工非常紧张地准备着，省市领导对此高度重视，也亲自到现场监督。那时我非常忙碌，无法顾及家庭，甚至在家半夜也接到电话。社工很多是女性，所以打电话来的也多是女同事，而我一接到电话，自然要急忙赶到项目点了解情况。妻子对此很不理解，有什么重要的事情不能留到明天处理，非要半夜来解决，而且还是女同事打来的电话，为此曾一度怀疑我是否有外遇。而因为国家领导人的考察这个事情是要保密的，所以当时我无法向妻子讲得很清楚。这种状态持续了一段时间，彼此间也多了很多摩擦，而我尽量把能说清楚的都说了，不能说的也只能守口如瓶，等待事情结束后再解释。后来胡锦涛总书记考察结束了，我才把这个事情向妻子解释清楚。

身边朋友的支持，也是我坚持创办和运营机构的动力。当然，朋友中有的是支持我的，有的也不大理解。当我和朋友说我要创办一个机构，经常跑社区、基层，去为困难群众服务的时候，有些朋友是不理解的，没有钱赚的工作为什么要去做？也有些朋友是理解的，他们认为这是个行善积德的事情，不应该仅仅是当作“副业”来做，应该作为重要的事情来做。因为社会上有很多不公平的事情，导致社会风气不好，做这个事情对社会稳定、和谐有好处。因为这些朋友的鼓励，我坚持了下来。

我在学校的同事，很多是机构理事会的成员，同样是老师的身份，他们也非常支持我的做法，机构有需要帮忙的地方，他们都会给予帮助，这给我创办机构增强了信心。我身边的人给我的正能量还是很多的。

四、砥砺奋进，为推进社会工作发展贡献力量

（一）成为地区标准建设的贡献者，引领地区性社会工作发展

中大社工服务中心在广州的创办时间比较早。政府开始动员高校或者社会力量办专业社会工作服务机构，最早是在2008年。我们2008年就着手申办的事情，2009年才获得批准。机构从开始创办到现在，最开始只有8个人。这8个人当时在北京街做调研，连个办公的场所都没有。到了后面，有了黄埔区联和街项目点，才开始算有服务办公的场地。联和街项目点是在

2010 年 10 月 19 日正式揭牌开业的（在此之前的 9 月份还进行了一段时间的试营业），因此到了 2010 年，机构大概有员工 23 人。当时除了联和街项目点，还有北京街项目点的几个人。到了 2011 年，机构的发展规模开始壮大，员工数量增加到 60 名左右。2013 年，机构员工数量达到了 120 人左右。目前除了一些大的项目点，机构还有一些小项目，整体员工人数维持在 140 人左右。

机构服务的购买单位目前主要是政府，民政系统购买社会服务占很大比例，大概占机构业务的 95% 以上。其他一些政府部门，陆续也有购买机构的社会服务，包括妇联、劳动部门、司法、卫健等，但相对来说这些购买规模还比较小。

服务区域开拓方面，最开始我们只做“家综”项目。“家综”项目，是属于街道级的社区综合服务项目，我们机构在这方面的服务做了很长时间。后来在联和街“家综”项目之下，发展出了一些社区（以居委为片区）一级的“家综”服务，最突出的是联和街玉树社区家庭服务中心，该项目点是广州市第一个社区级的“家综”。在机构发展规划方面，我们抱着这样的发展思路：在我们“家综”的行政区域内增加的小项目，我们要努力争取去承接，比方说辖内开展的就业项目、日托项目、创投项目等。目前我们承接大大小小的项目已经有 10 多个了。

服务内容方面，根据现在广州市的社会服务购买情况来看，我们扩展的速度比较慢，在尝试发展一些新的服务方向，比如说，司法项目、海珠区青少年健康服务项目等，我们尝试去做，希望做深做精，不盲目扩展。

其他方面，例如管理方面，我们也在持续完善。最开始的管理是人盯人的管理，到现在比较规范化、制度化了，并且与互联网接轨，引进有效的办公软件，比方说钉钉办公软件。目前也在考虑开发一些软件，希望通过互联网技术来加强管理，这个目前还在调整中。

中大社工服务中心无论是从人数、项目规模还是服务质量等方面在广州市应该是名列前茅的，具体体现在以下方面：我们机构是广州市最早进行项目服务的。“家综”试点也是做得最早的。它不仅仅是最早的试点，还是试点中最早做服务的。此外，我们的服务得到了胡锦涛总书记、李克强总理的视察，这个影响力是很大的。北京街项目试点运行一年后成效明显，于是在 2011 年 8 月 13 日上午，胡锦涛总书记来到北京街家庭综合服务中心进行视察，当时在中心停留了相当长的时间，这个事情电视台和媒体都有详细的报道。我们倡导从社会管理到社会治理的转变，胡锦涛总书记过来视察，看到的就是这种转变的实际操作者、实际操作的过程及变化，看到这种转变，总书记非常高兴。过了几年，2015 年 1 月，李克强总理来到联和街玉树社区家庭服务中心考察。这个社区有个特点，就是外来工很多，我们从 2011 年就开始在这里做服务了，到了 2015 年，服务成果已经非常明显，所以李克强总理就到这里来了解情况。总书记和总理的到点视察，让我觉得是整个国家正在经历从社会管理到社会治理的转向，国家越来越重视基层管理工作了。

另外，我们机构的服务项目很稳定，基本不存在项目变动的情况，这种稳定性持久性，也说明我们的服务是有实力有影响力的。我们的服务得到了第三方评估机构的肯定，评估的优秀率非常高。虽然我们机构规模相较两三百人的机构，人数不算多，规模不是最大，但在整个广州市相对也是比较大的，并且我们做的服务很扎实。我们是广州市少有的几家 5A 级社会组织之一。除了 5A 级社会组织，我们还拿到了广州市品牌社会组织的称号。这些对机构运作来说，它能促使机构不断朝着好的方向去发展。综合这几点来看，在整个广州市，中大社工服务中心是属于最早的几家能够引领整个社会工作发展的机构之一。

机构的创办和发展，至少在广州地区而言，有着举足轻重的地位和作用。

（二）增加教学实操性，提升社会工作专业学生的学习兴趣

机构的存在，在教学方面丰富了老师的教学内容，我很多的教学例子均来自机构的实践。这是我们做过的服务，例子就发生在老师身边，所以教学更为生动，学生很容易接受，这比讲国外“史密斯”的案例好多了。

机构的存在，在实习方面让社会工作专业学生直接受益。广州市几所高校老师创办的社会工作服务机构是很多学校的实习基地，而中大社工服务中心是中山大学学生首选的实习基地，每年都有相当一部分学生选择到中大社工服务中心来实习。当然有的学生研究的方向或兴趣不一样，他会依据自己的需求选择适合的机构去实习。而中大社工服务中心为学生的实习提供了一个很好的平台，在这里，有很多实务经验丰富的一线员工，有一直在践行社会工作价值理念的管理者，最重要的是这里有很扎实的服务基础，学生到这里实习，可以学习到很多专业的知识，对他们来说有很大的帮助。

机构的存在，对学术研究益处多多。我们很多老师有不少研究就是建基于自己的实践，在机构做的申报课题、思考的问题、写出的文章都是从实践中得来的。所以中大社工服务中心在大学社会工作学科专业方面还是作了挺多贡献的，无论是教学、实习还是学术研究，或者是社会影响等都发挥着重要的作用。

中大社工服务中心对所在的专业发展起到了哪些作用？我觉得这个作用还是挺大的。至少它的存在与发展，让大家觉得这个专业没那么陌生，不会那么理论化。这个行业因为有机构的存在，因为有人在专业的理论指导下实施专业的服务内容，所以能让很多人直观地感受到服务的成效。甚至为了让学生直观地体验社会工作服务，大学老师在讲课中也会把社工请进课堂。我自己有些课程就是这样讲的，会有几节请社工来讲，或者是我跟他一起讲，我讲理论，他讲实际操作，然后大家互动。在互动中，学生就能感受到自己看待问题、解决问题与实际工作者的差别。当有些问题学生自己无法想明白，在看到实际工作者的解决过程时，学生对社会工作专业就更有信心了，也会觉得这个专业很有用。再有一点，当在校学生看到实际工作者是往届学长，看到学长们成为负责人，成为各方面的骨干，工资收入还不错等，这给社会工作专业学生树立了信心，大家就会愿意学这个专业并从事这个职业。

跟10年前相比，学生的实习机会多了很多，社工专业学生毕业后就业专业对口的比例也在上升。那时候出去没几个社会工作岗位，学生要花很长时间向别人解释社会工作是什么，很多学生找工作不对口。后来专业发展起来了，大家选择的机会也多了。所以高校老师办机构，能够引起学生的专业兴趣，能够让学生坚持在这个行业做下去。我想大学办学就是这个目的，培养学生能继续在专业方面作出贡献。

（三）推动政府购买社会服务，促进该模式全面推广

中大社工服务中心无论在广东地区，还是在全国，对社会工作专业的发展都作出了一定的贡献。

首先，它提供了一个良好的引领和示范效果。广州市是全国第一个采取专项财政预算来购买社会服务的城市，其他地方有的可能比广州早一点出现政府购买社会服务，但是这种购买大多数没有纳入专项财政预算，它的资金来源可能是福利彩票公益金，也可能是临时在其他政府预算中挤出一部分资金，这种方式的经费是临时的，也是不稳定的。中大社工服务中心在广州市

是最早承接政府购买服务的机构之一，在推广过程中，我们不断探索并提议、改进，最后成为比较规范的模式。后来“家综”服务大规模扩展，是因为我们创建了这样一个模式，此模式得到了政府认可，所以政府才有信心在全广州市去推广。我觉得正是因为我们早期模式的成功，让政府采取财政预算方式购买并推广这种专业服务，这种方式对社会工作发展是一个很大的支持，这在全国来说是最早的。社会服务需要公共财政的支持，以后别的地方政府也可能会借鉴这种模式，以财政预算的方式去购买社会服务。机构在推动这种方式的形成上有着一定的贡献，因为它是实现这种模式的试点之一。

其次，就是在机构服务内容方面的贡献。我们做过不同类型的社区服务，全国各地甚至是国外友人都来参观。这种影响力是很大的，起码通过机构服务，让别人知道了社会工作服务具体做什么。这对全国的学科发展是有贡献的，至少这个实务怎么做，机构起到了示范作用。这是第二个贡献。

再次，就是在管理方面做了一些探索。中大社工服务中心经过这么多年的发展，管理方面有一定的经验。与同行交流这些经验，同行还是认可的。社会工作不仅仅是服务，它跟管理也有一定的关系，现在的服务都是组织化的服务，组织化的服务就牵扯到组织管理的问题，我们在这方面做了大量探索，所以在管理方面也是有所贡献的。

最后，社会工作专业学科的发展，离不开实践，离不开行业机构的支撑。在这方面，中大社工服务中心这个品牌打响了，在整个广州市甚至全国，品牌知晓度比较高，在很多地方一提就知道。这也让大家看到，高校老师是可以办机构的，而且还可以办得比较好，办得有影响力。如果这个专业有这么一些好的组织来支撑，会增强大家对这个专业发展的信心。就像金融行业，如果没有几家特别好的、让人印象深刻的银行，金融行业是没有办法很好地发展的。不论金融理论研究多牛，最后没有实体去践行这些理论，这个行业是发展不了的。所以我想中大社工服务中心就是这样一个实体，有更多这样的实体，对专业学科的发展就会产生更多共性的东西；共性多了，践行的人就可以通过共性研究迸发出新的、对学科发展有利的新的理论。所以，机构的实践对专业学科的发展不可小觑。

（四）积极参与社会治理，推动社区参与

机构在很多方面，特别是在社会治理、社区治理上都有着一定的影响。

社工是做人的工作，我们做人的工作可能跟其他专业做人的工作不大一样。比方说思想政治工作，它做人的思想工作，觉得服务对象思想想通了就可以，他们的重点是给服务对象做思想工作。但我们不是，我们是很综合性的一种服务，我们强调和对方一起工作，这就要求对方参与进来，这体现一种尊重。这种思路对我们的服务对象或者居民，以及整个社区都起到很好的作用。服务对象知道社工尊重他，两者关系是平等的，那么他就会愿意和社工一起工作。当他们愿意一起工作的时候，我们的工作其实就融合在一起了。当社工与服务对象在一起工作的时候，社会治理也好，社区治理也好，就能够很好地找到问题的解决办法。社会工作机构在社区治理方面，还是做了不少工作的。我们的形式是多种多样的，比方说动员他们加入进来，我们一起寻找问题、一起设计服务方案等。近几年，广州新的家综发展模式尤其注重对社区问题的解决，服务中要有社区专案，通过专案解决社区问题。这些社区问题可以由居民提出，也可以由我们和居民一起寻找，然后我们一起设计服务，这样做起来成效相当不错。我们机构的彩虹街项目点，在这方面做得很有影响。当地政府很想将河涌环境整治好，无论是技术方面还是意识宣传方面，以前都想了很多办法，但问题一直没有得到有效解决。“家综”成立后，我们参与其中，虽然项目不是由社工牵头带领，但我们在其中动员了很多社会力量，比方说我们组织热心居民一起开展巡涌服务、定期检测河涌水质、监督河涌的排水等。到后期居民甚至会对一些不良行为进行劝阻，让大家共同关注这个事情。最后这些服务发挥了作用，大家开始重视这条河涌，通过各种方式去爱护它。这也是一种改变，是一种治理的形式。服务的成效还是明显的，至少现在那条河涌在一般情况下还是挺干净的。

机构的另一个项目点北京街也是这样的。这里有很多商业资源，我们希望这个社区各阶层的居民更加融合，促进更多的资源汇集一起服务社区居民，这也是社会治理的一种表现方式。北京街“家综”最初成立的时候，我们装修需要的70万元，都是民间出的，这说明这个社区对“家综”服务是有需求的，他们希望在社区有这样一个活动中心，所以当时即使政府没有出装修的钱，居民也很乐意出钱促进这件事情的完成。如今我们链接了很多这样的资源，发动居民参与服务，比如说“万岁宴”，就是邀请100个老人，开展百岁宴活动，请老人一起吃饭。这样的活动很大型，需要很多资金。如今这类活动的资金绝大部分是通过社工发起号召，动员社会各方捐助。资金来自社会表明什么？表明这个事情大家都在关心，大家都愿意参与其中。老龄化是现在整个社会都关注的问题，大家都关心老年人的生活，因此开展“万岁宴”活动，有钱的捐钱，有物的捐物，能歌善舞的来献上表演，还有很多义工协助活动的开展。这就是社区治理，多元主体都来参与其中。

我们做的社区治理项目很多得到了政府、老百姓的认可。甚至邻近街道或者同行的机构，在了解我们的服务后，都觉得我们机构做得还是相当有效果的。

（五）凭借优质服务吸引媒体报道，扩大社会工作知晓率

机构在提高社会工作的社会知晓程度方面发挥了很大作用。例如，胡锦涛总书记视察北京街项目点的录影和照片经中央电视台《新闻联播》节目和《人民日报》头版头条报道后，大众开始对家庭综合服务中心感到好奇并给予关注，他们会进一步询问“家综”是什么，有的甚至会从各种渠道搜索进一步了解，这至少让大众知道了社会工作者在做“家综”这个事情。借由胡锦涛总书记的视察报道，提高了大众对社会工作的了解，再到后来李克强总理到中大社工玉树社区家庭服务中心视察，又进一步加大了对社会工作的宣传，机构在提高社会工作的知名度上产生了正面积极的影响。

另外，我们这些项目接待了很多团体的参观。在早期，可供参观的社会服务的地方不多，中大社工服务中心作为最早开展社会工作服务的机构之一，我们的工作人员包括我自己，接待了不少来自各省的官员，向他们介绍我们的服务。而我本人，也常会给政府部门的工作人员开展培训。通过参观加培训的形式，社会工作的知晓度也慢慢地扩大了。最早开始接待参观的是联和街“家综”项目点，当时中央人民政府网站（中华人民共和国政府网站）有一大版展示报道我们联和街“家综”的服务，这个报道产生的影响也非常大，很多人开始搜索社会工作服务，同时也吸引了很多团体前来参观学习。

我觉得现在政府越来越多地把社会工作服务和民生服务联系起来了，未来会加大对社会工作服务的投入，把社会工作服务作为基本民生保障的一部分。社会工作服务成为基本民生保障的一部分，这个领域的服务也就会越来越大，越来越多的部门会开始购买社会工作服务。所以现在我们会看到卫生部门、计生部门、工会、共青团、妇联、残联等，都关注并参与到社会工作服务中，包括现在的教育系统也有社工的身影。社会工作的影响越来越大，原来可能不是社会工作服务的领域，其他部门团体看到社会工作的成效，它

就会借鉴这种形式，考虑也来购买社会工作服务。

五、在机构中的角色及未来的期望

（一）专注做决策管理者，提高机构运转效率

从机构创办到现在，我在机构管理中主要担任决策者的角色，这是我一直坚持的，机构管理必须要有个决策者。我是希望权力分散的，因为权力越分散，就会越公平，所以一开始我就把决策权、执行权、操作权分开。人是懒惰的，如果我既做决策又执行的话，很多事情自己说了算，可能有的决策就执行不了了。所以我把决策权、执行权以及具体项目的操作权分开。我只负责决策权，大的方向由我来决定，具体怎么样推动这个机构运作，应该由总干事来执行。比方说他怎么样制订机构的具体服务计划，怎样使这个计划能够付诸实施。操作权，就是把服务输送出去，由具体的服务操作者来行使，在我们机构，操作权由项目总监负责。理事长、总干事和总监这三种角色，就把决策权、执行权、操作权这三种权力分散了。我一直是这样想的，开始有项目的时候也是这样做的。

（二）机构是我无法推卸的责任

我本人在机构管理中投入了相当多的时间。这样做也是没有办法的，不想管这么多事情，但是不管不行。我现在是机构的法定代表人，所有的最终责任都落在我身上。很多事情需要我去作最后的决定。我要作决定，就要了解很多信息，所以占了很多的时间和精力。我跟其他理事也商量过，想轮着来负责中大社工服务中心，想约定一个任期，我做一段时间后，换下一个来做负责人，但是法定代表人更换起来比较麻烦。

（三）不悔当初，正确看待创办机构的正负面影响

很多事情想要获得平衡，关键是知道自己到底要想做什么。高校有教学研究还有服务的功能，很多大学教师将教学与实践脱离，觉得老师只要教学、研究就可以了，把服务当作一个可有可无的部分。大学作为整个社会的有机部分，应该对社会有所贡献。比方说警察是负责公共安全的，他们应该经常

进社区巡视，如果他们都在大楼里面盯着监控看，即使发生紧急情况，他们也可能抓不到人，这样就不能维护一个好的公共秩序。作为高校老师也是这样，以前对服务社会大家都不太重视，大家认为高校就是教知识、育人的地方。但它除了教书育人，还要重视学生走向社会的问题，所以作为教育者本身就要熟悉社会、了解社会。

在创办机构之前就有人提醒过我，开弓没有回头箭。为什么呢？第一，这个社会是需要社会服务的，服务一旦开始做，到了后来需求只会越来越大，因为社会是不断发展的，社会问题也会不断出现，对社会服务的需求会越来越大。如果在中途抽离出来，对社会是不负责任的。就像一个病人越来越依赖医生的医术，然后医生说，“我不干了，我不帮你治了”，那医生就把病人置于一个更加悲惨的境地，还不如一开始就不帮他治。所以一旦开始创办机构，就没法停下来。我曾经也想过回头，但是不行，首先是没人接。接手管理机构，是有风险的，而且随着机构的发展、社会政策的不断变化，风险就会越来越大。所以创办机构对我的影响，至少是压力大了很多。100 多个员工，每天睁开眼睛想到这个月要开支 100 多万元，万一什么时候政府说换机构，我们就没有钱运作了，怎么交出这 100 多万元，我能支撑多久？即使我把房子卖掉，估计也撑不了几个月，所以在经济方面的压力还是很大的。但我觉得这份工作很有趣，也很有价值，所以希望能够一直干下去。而且有压力也挺好，有压力才会有动力，如果完全没有压力，干下去也没有什么动力。

我想尽量坚持做下去，因为我在做一件自己想做的事情。人生难得有机会做自己喜欢的事情，而我恰恰遇到了这样一件我自己选择的、没有任何人强迫我做的事情。当然，我现在完全可以不做，但我放不下这种责任，同时我觉得我喜欢做这个事情，有种使命感，觉得把它做下去有价值。所以在创办机构过程中，虽遇到了一些负面的人和事，但我有一份正规的职业，这份职业让我有基本的保障，所以整体对我的影响不是很大。

我不后悔当初创办了这个机构，甚至在后来这几年。有声音说，高校老师作为创办人要退出机构管理，现在很多企业都创办了社会工作机构，有很多学生已经成长起来了，可以撑起社会工作行业的发展了，还要高校老师掺和在里边干什么？但我始终坚持不退出，还在继续做。我前面讲过，其实一个重要的原因是希望自己作为这一行的老师，可以持续地熟悉这一行的服务。就像你是会计老师，如果你自己连怎么做账都不清楚、没做过，怎么教好学生呢？所以我没有后悔过创办社会工作机构的这个决定。甚至在创办之初遇到过很多困难挫折，也有很多风险，我自己也付出了很多，无论是金钱、精力、时间，我都不后悔，如果现在让我选择，我还是会办的。

（四）继续做机构的守望者

创办人对机构影响很大。他的理念、风格、对未来的思考及判断，管理的思路等，都会直接影响到机构的发展。举例说，我当初如果想壮大机构，是有条件的，承接十个八个家综都没有问题，但我没这样做，这跟我的思路有关系。我认为如果管理跟不上，服务就会做不好，导致服务对象不满意，最直接的就是购买方不满意，最后就会失去一个个项目，这会带来一系列问题。所以我觉得，创办老师在机构运营管理当中的角色非常重要，它起到一种导向、航标、指引的作用，甚至是决定性的作用。

未来，我可能会逐步从具体事务中退出。原因有以下几点：第一是经历了这么多年的发展，机构各方面越来越规范，很多事情可以不用我去管理，一些中高层管理人员开始独当一面，他们可以管理得很好。第二是自己年纪不小，过几年快退休了，我也没有精力去管这么多事了。第三就是我们这个队伍成长起来了，他们自己能管自己，我的精力主要放在战略管理上。比方说我会去规划这个机构今后怎么样发展，在哪些领域我们可以多研究和开拓。然后去监管、评估、评价目前我们机构服务的效果。其实这就是作为机构的守望者角色，在关键的时候提出自己的一些思考和建议，与机构一起共同成长。

访谈员后记

2010 年，正处于广州社会工作发展初期，我在机缘巧合下成为中大社工服务中心的一名社工，在机构工作至今。贺立平老师作为机构的开创者，他的专业理念和专业坚持一直激励着我在工作中勇敢应对困境、努力自我提升。曾经，社会工作专业与实务在广州地区是一个陌生的词语，只偶尔在香港地区电视节目中听说过，直到我进入中大社工服务中心工作，这个专业的社会知晓度仍然非常低。在这样的背景下，我因为工作的缘故认识了贺立平老师。第一次见贺老师，是在中山大学教学楼的一间教师办公室里，老师温文尔雅的谈吐和坚定的神态让我印象深刻。平日里，贺老师会在各种会议场合向同事们诉说对专业的情怀和对机构发展的憧憬，期待大家都可以成为专业的践行者，为专业研究和发展贡献自己的力量。工作中，我一直铭记着老师的教诲和督促，努力让自己成为优秀的社工人。2018 年，贺老师收到了关于高校教师办机构口述史丛书编写的邀稿，我有幸以访谈员身份参与了该工作。从最开始的熟悉访谈提纲、访问贺立平老师，到之后的汇编访谈记录，我对机构创立的背景和初衷、机构理念和发展战略等有了更全面的了解。贺老师应对创立之初的艰辛、对机构管理的思考、对专业发展的努力、对实务转型的尝试，处处体现着坚定、沉稳和勇气，在访谈过程中使我受益良多。贺老师作为机构的守望者继续带领我们前行，相信不久的将来，机构发展和专业发展会迎来更美好的景象。

机构简介

广州市中大社工服务中心是依托中山大学社会工作专业成立的社会工作机构，成立于2009 年 6 月，2010 年 3 月起正式投入运营。中心坚持“社区为本，家庭为重”的项目发展理念和专营社区家庭综合服务的发展模式，秉承“理念先行，品质至上”的原则，致力于现有国内社区家庭综合服务专业水准的提升，并以此为平台为在地居民提供全方位优质的预防、治疗和成长类服务，解困救济是中心工作的宗旨。

自 2009 年 6 月成立以来，中心在广州市相继建立了“6 + 3 + 4”服务网络，包括 6 个“家综”（社工站）、3 个社区服务中心、4 个服务专项。其中，中心承接了广州市首家街道一级的家庭综合服务中心——“联和一家”（联和街社工服务站），广州市首批 20 家社区综合服务中心试点单位之一——北京街家庭服务中心（北京街社工服务站），以及广州市首家社区级家庭服务中心——联和街玉树社区家庭服务中心（玉树社区社工服务站）。研究方面，建立以行动研究为特色、政策与理论实践研究为支撑的研究体系。先后承接天河区社区服务发展“十三五”规划编制、中山南区公益事业发展五年规划编制、广东省第一荣军医院残疾荣军社工服务模式研究、中国青少年发展基金会“新百伦”外来工子弟支持评估等项目。

2011 年 8 月 13 日，中共中央总书记胡锦涛视察了中大社工北京街家庭综合服务中心；2015 年 1 月，国务院总理李克强莅临中大社工玉树社区家庭服务中心调研考察。

2009—2011 年度，机构获评为“广州市先进集体”；2012 年，联和街项目获得民政部全国专业社会工作服务项目评选一等奖；2014 年，机构获选为“广东省社会工作专业人才重点实训基地”，获得 5A 级社会组织称号；2015 年，获得“2015 年度广州最佳服务机构”称号；2016 年，获得“全国百强社会工作服务机构”称号、第二批全国社会工作服务示范单位称号，机构心港 LifeHouse 项目获评为全国计划生育协会工作先进单位（2011—2015 年度）；2017 年，机构获评为 2016 年度广州市异地务工人员工作先进集体，2017 年度广州市社会组织优秀党组织；2018 年，获评为广州市品牌社会组织。

中大社工服务中心坚持专业、规范的工作手法，以严谨务实的专业信念、以开放创新的姿态，着力打造中国优秀社会工作机构的典范。

2019 年 12 月 13 日，中大社工服务中心年终总结大会合影。

求索与坚守

——乔益洁教授访谈录

访谈时间： 2018 年 11 月 19 日

访谈地点： 青海省西宁市儿童福利院

访 谈 员： 叶朕　祁小强

受访者简介： 乔益洁，青海师范大学法学与社会学学院教授、副院长，青海师范大学社会创新中心副主任，青海师范大学 MSW 教育中心主任。中国社会工作教育协会常务理事单位代表，中国社会工作教育协会农村社会工作专业委员会、高校教师社会工作机构专委会副主任委员，民政部社会工作培训基地青海负责人，中国社会工作学会理事。2013 年度中国优秀社会工作人物，青海省泽德社会工作发展中心创办人。

编 者 按： 青海作为西部省份，经济社会发展相对滞后，但青海的社会工作较之国内其他地区，却起步较早，特色鲜明。这得益于本地独特的社会环境，为社会工作发展提供了机遇。青海师范大学的乔益洁教授凭借其对社会工作研究的敏感性和超前的预见性，结合青海省情实际，在 2009 年创办了青海省第一家社会工作机构——青海省泽德社会工作发展中心。“泽德”以牧区为工作场域，以牧民为服务群体，以能力建设为核心，灵活运用专业方法，在改善基本民生、服务困难群众、促进牧区发展和灾后社区恢复重建方面取得显著成绩。“泽德”社工人是牧区社会工作的拓荒者。

我创办这个社会工作机构，在西部地区应该算是比较早的。从 2007 年有了创办机构的想法开始，到现在已经过去了 10 多年，我有幸见证了青海社会工作服务从无到有的发展历程，深感一路走来的艰辛和不易。作为青海省第一个创办社会工作服务机构的高校教师，我在助力推动本地社会工作的发展上做了一些事情，甚为欣慰。

一、萌生念头

2002 年，青海师范大学开始招收社会工作专业本科生。这个新办专业在发展的过程中，问题与机遇同在。

首先是教学团队中没有社会工作专业背景的老师，老师们最早参加专业培训是在 2002 年的暑假，由中国社会工作教育协会组织在长沙民政学院进行的社会工作师资培训，内容为社会工作三大方法和社会工作概论，我和另一个同事参加了培训。我在历史系任教 14 年，当时很多学校和我们一样，在不具备充分的教学条件下开办了社会工作专业。为了提升教师专业能力，学校先后派出 21 位老师去南开大学、华东理工大学、中国青年政治学院等高校进修、访学，参加各种学术会议和培训，又有 5 人先后攻读香港理工大学的 MSW，师资专业水平逐年提高。其次是学生实习的问题，当时大多数学生实习安排在社区，社区工作人员大多不了解社会工作，以为社工就是志愿者。实习没有督导，效果难以评估。还有就是学生就业的问题，2006 年我们学校做过一次普查，以西部地区生源为主的学生中，贫困生占 69%。贫困生借钱读完一个社会认知度低、没有就业岗位的专业，对大多数学生来说，出路是一个大问题。

青海省在社会工作发展过程中，有其特殊的一面，就是我说的机遇。社会工作专业服务进入青海始于 1997 年，香港基督教励行会协助民政部门在西宁市儿童福利院建立了社会工作部，从香港地区派驻专业社工，为残障儿童提供服务，所以青海的社会工作较之国内其他地区，起步还是比较早的。2002 年，青海师范大学历史系毕业生张以勋在广州工作多年后，把中国最早的公益组织——广东慧灵智障人士服务机构引入家乡，在西宁筹办青海“慧灵”。因师生关系，我们相互支持、相互协作开展服务。2004 年夏，广东

"慧灵"创始人孟维娜女士考察青海"慧灵"，应邀来我校介绍残障人士社区服务，在学生中产生强烈反响，"慧灵"成为我们最早的合作伙伴，青海师范大学的学生开始在广州"慧灵"、西安"慧灵"、重庆"慧灵"、万州"慧灵"等地实习。直到今天，"慧灵"的一支力量也来自青海师范大学，商洛"慧灵"、宿迁"慧灵"都是我们学校学生创办的。通过励行会和"慧灵"，让我们同步了解了残疾人社会工作服务以及其在国内的发展现状，同时对民间组织（后称社会组织）的运作和社区服务有了基本认识。

还有一件事儿，对我个人作出创办机构的决定影响很大。2006 年、2007 年两个暑假，我和一位同事先后带着 30 多个学生到海东市民和回族土族自治县的前河乡进行社会调查和需求评估，发现了社会工作介入农村社区有很大的工作空间。我希望有机会深入农村牧区，回应牧民的需求。2007 年，我正在农村实习，突然接到学校老师的电话，说香港理工大学应用社会科学系主任阮曾媛琪教授来西宁了，她要见我。我冒着大雨从前河乡赶回西宁见到了阮教授，了解到阮教授是作为全国妇联港澳执委来青海考察"母亲水窖"项目。经过两次长达 5 个小时的沟通，阮教授对我把工作的重点放在农村给予了充分肯定，认可我创办机构的想法并提出了意见和建议，并提出香港理工大学在师资队伍建设、实习督导等方面可给予支持。阮教授详细介绍了香港理工大学和云南大学在云南平寨开展的服务项目，使我对农村社会工作方法、内容都有了更深的了解。

自从进入社会工作教育领域以后，我密切关注省内、国内社会工作发展的情况，当了解到深圳已有高校老师开始自主创办社会工作服务机构时，给了我很大的启示。结合青海社会工作的实际情况，我想如果自己创办一个机构，一来可以解决学生实习岗位不足且社区专业性服务不强的问题，给青海本地的学生提供一个实习实践的平台，以此内化社会工作的价值观，把书本知识转化为实际服务，提升学生对社会问题的分析能力和解决问题的能力，二来可以为学生就业提供一种选择。我们一个班里 70% 的学生来自青海本地，这些学生了解本地情况，也愿意服务本地社区，我们希望培养能够留下来、用得上的社工。至于创办机构以后的问题，我对学生服务社区的能力信心满满，只是担心能不能够养活学生，怎么能让机构活下来。从后来的发展历程看，这个担心不无道理。

二、好事多磨

考虑成熟以后，创办机构的事情要付诸行动了。2007 年，我校开始实施教育部“提高高校贫困生就业能力”（PHE 系列）项目，由我申请的《社会工作专业见习课程改革》项目获批立项。项目其他内容进展顺利，唯有创办机构的内容质疑声音较大。有人提出，学校老师以教书育人为己任，创办社会工作机构与老师的本职工作无关；也有人说，只听说过在工商部门登记注册公司，没听说过要去民政部门登记一个机构；等等。2008 年上半年，项目即将结题，我再次从实习、就业两个层面向学校说明创办机构的意义。项目主管领导告诉我，只要你能够证明高校教师创办过类似的机构，且对学校和学生有帮助，学校可以考虑同意创办机构一事。我知道云南大学向荣老师创办了“云南连心社区照顾服务中心”，就带着学校的项目秘书长一同去云南，走访了“连心”在昆明市郊布依族集聚社区的服务项目，与在这里实习的学生进行深入交流。回校以后，项目秘书长向学校汇报了考察的情况，详细介绍了社会工作机构既可以为学生提供实习机会、服务社区，同时也能解决学生就业的问题。经过反复讨论，学校终于同意由我作为法人登记注册机构。

创办机构要和民政厅沟通，起初我对这个事情是比较乐观的，即便当时社会上对社会工作了解得还比较少，但民政厅应该最清楚不过了。因为青海省民政厅于 2004 年 6 月就率先成立了“青海省社会工作协会”，这一省级协会的成立在全国同类机构中也是比较早的，民政厅克保厅长担任了青海省社会工作协会会长，足见省厅对社会工作的重视。我是省社会工作协会的理事，作为学校的专业教师，参与协会的工作积极主动，与民政厅相关部门的领导比较熟悉，但当我提出要创办社会工作机构时，民间组织管理局要求我按照双重管理的规定先找一个业务主管单位并拿到批复再来登记注册。我解释说民政厅就是业务主管单位，可民管局说不知道社会工作机构具体做什么，民政厅也不会给民办非企业机构担任业务主管单位。那时候省民政厅还没有成立社会工作处，有关社会工作的业务工作在省厅的人教处，人教处回复说他们负责社会工作人才队伍建设，社会工作机构登记注册不在其业务范围。

在我一筹莫展的时候，民政厅基层政权和社区建设处张作森副处长向我伸出了援手。之前我和张处长一同调研过西宁市的很多社区，在社区服务方面有很多共同的想法，我们一同申请了民政部2008年“和谐社区建设招标课题”之“深化社区管理体制改革，夯实和谐社会基础”项目并获立项。提及创办机构的问题，张处长说社会工作他了解一些，你们要开展的服务不就是在社区嘛！如果你们在社区成立服务中心这是个好事，应该支持你们，你们把机构放在西宁市的虎台社区就可以，注册虎台社区服务中心。我解释说社会工作是面向社区的困难人群，这一群体分布在城市和农村社区，不能放在一个具体的社区，服务范围应是城乡社区。经过一番努力，基层政权和社区建设处同意作为业务主管单位，但机构名称要有“城乡社区”关键词。接下来的事情就非常顺利了，民政厅景占荣副厅长是基层政权和社区建设处、民间组织管理局的主管领导，申请报告递交到景厅长处，很快就批复了，民间组织管理局陈正武副局长以最快的速度按照登记注册的规定，安排登记注册。2009年9月10日教师节这一天，“青海省泽德城乡社区服务中心”成立了。

说起机构名称的由来，仍与我这个高校教师的身份有关。教育部项目立项以后，随着社会工作专业课程体系改革不断深化，我越来越体会到社会工作把服务重心放在农村牧区等困难群体集中的地方的重要性，培养服务于农牧区的社工人是高校培养人才的方向，社工必须熟悉社区的情况，了解群众的需求。从2006年起，我向学校提出建议，希望效仿国内外社会工作专业招生的做法，面试招收学生，向农村牧区学生倾斜。这一请求最终获得学校同意，2009年第一批面试招收的3位牧区学生入学。机构创办初期，就将农村牧区作为工作重心，所以给机构起名的时候，既要考虑到地域特色，还要突出社工角色，将藏文的“善心”的音译“泽德”作为机构的名称。

考虑到我个人的双重身份，兼具民办非企业和学校的特征，机构的业务范围确定为：“开展社区服务；为社区的老年人群、贫困人群、残疾人群、优抚对象、儿童及青少年、妇女、下岗失业人群、外来工及其子女以及社区困难人群提供社会工作专业服务；提供婚姻家庭问题辅导与咨询；提供社会工作专业咨询、培训和督导服务；推动社区志愿者队伍建设；开展社会工作本土化研究，组织举办学术交流活动。”业务范围是我自己草拟的，从注册到目前没有修订过。

机构注册的3万元资金来自项目的支持。考虑到我作为高校教师无法全身心管理机构，我在2005级的毕业生中物色了一个学生作为共同出资人，但注册完成以后，学生认为机构不能养活自己，还是选择去广东的社会工作机构工作了。在注册资金不能提取的前提下，没有后续资金支持运作，机构实际上从注册开始就遇到了极大挑战。

机构最初的办公地点是学校支持的，在办公用房非常紧张的情况下，学校同意在我作为法人前提下，把南校区图书馆二楼一间20平方米的房间借给我们使用。这间房子实际是多功能室，凡与社会工作学生有关的活动都在其中举办。里面存放了可供全体社会工作师生借阅的由中国社会工作教育协会捐赠的第一批图书，也是“青海师范大学社会工作者协会”的办公室。

三、迎难而上

机构注册下来了，没有经费支持开展工作，我们还在等待时机。2010年4月14日早上7点49分，青海玉树发生了7.1级地震，地震造成重大人员伤亡和财产损失。鉴于社会工作介入汶川地震灾后社区恢复重建的经验，学生们跃跃欲试，希望尽快参与恢复重建的工作。玉树震中距离西宁800多千米，大批伤员已经送到西宁市各大医院救治，我们很快把服务重心转移到西宁，为在医院治疗不懂汉语的伤员担任翻译，链接学校周边社区资源为伤员和家属提供洗护等日用品，从塔尔寺筹集了100千克酥油和500千克糌粑分送给伤员和家属。至于要不要去玉树当地参与救援以及社区重建，没有资源支持是没法行动的。

5月初，中华女子学院杨静老师联系我，说民政部要组建专家团队赴玉树调研，推荐了我和另一位同事一起去，我立刻答应了。5月21日，民政部社会工作司甄炳亮、国家减灾中心倖锡金、中山大学张和清、中华女子学院杨静、《中国社会报》张丽霞和青海师范大学老师等8人组成调研小组赴玉树，就社会工作介入玉树灾后社区恢复重建的可行性进行深入调研。我们走访了集聚4万灾民的赛马场，深入社区、民间组织进行访谈，调研组一致认为社会工作介入灾后重建有空间。

从玉树调研回来，中国社会工作教育协会的史柏年老师和香港理工大学古学斌老师马上与我联系，希望在我校以工作坊的形式介绍汶川介入经验，回应玉树需求，为介入玉树做准备。在学校的全力支持下，6月2—5日由青海师范大学牵头，联合青海省社会工作协会共同在青海师范大学举办“青海玉树地震灾区社会工作与护理工作介入工作坊”。工作坊包括“社工与灾难管理：理念与原则”“灾害创伤识别与危机干预”等内容，得到很好响应，青海师范大学社会工作专业全体师生、本地社会组织、工青妇和参与紧急救援的医护人员200多人参加了培训，在汶川从事重建的史柏年、陈涛、史铁尔、古学斌、叶嘉宝、沈文伟、陈会全等老师分享了经验。工作坊结束时，大家共同认为，青海师范大学社会工作专业作为本地高校，有介入社区重建的天然优势——我们有了解牧区情况的老师，有一批来自牧区或对牧区情况熟悉的学生，不惧玉树4000米以上的海拔。但对社工进入灾区的资源由谁提供这个问题，没有答案。

我们的工作并没有因此而停滞。一方面，以2007级为主，在学生中选择暑假去玉树进行深入调研的“精兵强将”（会当地语言，适应高海拔环境，会做饭等）；另一方面，积极和香港理工大学沟通，为进入玉树筹款。因7月初学校就要放假，筹款时间短，进展也不太顺利，一直到放暑假的前一天才筹到了3万元。由于学校马上放假，这笔钱就直接打到了“泽德”的账户上以便使用。这是机构收到的第一笔工作经费，主要用于支付师生的往返路费、购买人身意外伤害保险、在地的吃住行费用和服务开支。学生出发前，我和民政厅玉树救灾前线指挥中心取得联系，由民政厅前线指挥中心给我们提供了救灾帐篷、行军床等基本生活物资。我们是玉树灾后恢复重建过程中唯一的社会工作专业服务团队，之前有心理干预的多支队伍来过，因为自然条件、人文环境等特殊因素，很快就撤了下来。当民政厅牵线指挥中心了解到社工要进入玉树参与重建时，在生活物资方面给予了很大支持。我们将帐篷安置在有4万受灾群众的赛马场，社工学生在老师带领下花了大量时间深入帐篷进行访谈，了解各方需求，为警察减压，开展儿童、老人社会工作服务。调查发现，社区民众的海量需求和问题亟待解决，但同时灾后重建又面临着严峻的考验：一是“抗震救灾”时期遗留下来的诸如资源分配不公、补偿政策落实不到位等关乎民生的问题不断浮现出来，干群关系紧张。二是灾后重建除了房屋、道路、水电等硬件设施的恢复重建外，最艰巨的任务是社区重建，而临时安置区内人口结构复杂、人员流动性大，若在此建立社会工作站，对没有牧区工作经验的社工而言，面临严峻挑战，应选择适当的社区作为长期工作的地点，开展社区服务探索。

四、风雨同舟

2010年的下半年，我们的主要工作一方面是要找到工作站落脚的地点，另一方面是为进入玉树工作筹款。玉树赛马场是一个临时安置点，有来自不同省份的群众，随着重建的逐步完成，受灾群众会逐渐搬离赛马场回到社区，人员流动性高对社工服务挑战很大，而玉树县其他地区全部拆除重建，找不到合适的社区，因此找到合适的村落是开展工作的前提。

地震发生前，我没有去过玉树，要想找到可以工作的村落，就得依靠与玉树有关的伙伴。北京山水自然保护中心成为首选，我曾经参与过该机构在环湖地区实施的“普氏原羚社区协议保护项目”的评估工作，对这个机构的基本情况比较了解。山水自然保护中心的发起人是北京大学吕植教授，在三江源地区从事自然保护工作多年，与当地政府、社区和民间组织有密切合作。吕植老师对我们介入村落开展服务非常认可，提出整合玉树本地的民间组织，以合作方式共同开展服务。2011年4月8日我再赴玉树，参加由九三学社、青海省政府主办，由北京大学自然保护与社会发展研究中心、北京山水自然保护中心、青海玉树自治州政府承办的“三江源的新希望——三江源生态保护与平衡发展暨玉树灾后生态重建实践论坛”。论坛结束后，在青海省三江源生态保护协会伙伴的陪同下，我们前往玉树县结古镇甘达村进行建站实地考察。甘达村位于震中区，距离州府所在地结古镇19千米，交通便利。甘达村在地震中受灾严重，全村的公路、通信、学校、桥梁全面瘫痪，牧民的家园被毁、生计归零。甘达村2010年底就基本完成了重建工作，牧民结束了千百年来游牧分散居住的生活方式集中定居，但面对家庭和生活的巨变，牧民们感到迷茫和无所适从。我们到甘达村与村两委主要成员沟通，村两委一致同意社工进村，并给予了很高期望。

就在此时，香港理工大学也为我们筹到了工作经费，经费依然打入“泽德”账户。2011年5月，甘达村社会工作站启动，2008、2009、2010级21名同学分三批派驻甘达村实习。我们把班上身体条件符合要求（经过医院体检可在高海拔地区工作）的派往甘达村，每批人员在站工作两个月。第一批是建立社工站的主力，搭帐篷等体力活以男生为主。甘达村社会工作站远离城镇，周边没有餐馆，学生每周去结古镇采购菜蔬和米面油，一日三餐都是自己做。

在平均海拔4200米的甘达村，牧区社会工作的探索就这样开始了，困难和挑战远远超出了我们的想象。但是我们并不孤单，和合作伙伴一同为灾后重建搭建了合作平台。基于香港理工大学和青海师范大学两校社会工作专业合作积累的经验，青海省泽德城乡社区服务中心与北京山水自然保护中心、青海省三江源生态保护协会在社区生态保护行动中建立了社区服务网络，社工把书本上的知识运用到牧区，实现牧区社会工作从零到一的勇气和不懈努力，足以丰富本土化社会工作的内容和经验。在地组织把多年积累的牧区工作经验毫无保留地传授给社工，陪伴社工成长，成为社工的督导和良师益友，这些经验弥足珍贵。

五、沉着应对

“泽德”进村以后的工作很多，融入社区是第一步。初期面临的最大挑战是如何在自然环境恶劣、高原反应强烈、语言不通，且心理素质、生活方式和传统习惯等有着鲜明特色的牧区与社区建立关系，被牧民接纳认可。社工在工作策略上采取了灵活多样、适合本土实际的工作方法。建站之时，正值玉树的中小学放虫草假，一些懂汉话的中小学生、在州上打工返乡挖虫草的、未就业赋闲在家的年轻人，成为社工与牧民沟通的桥梁，加上牧区群众友善、接纳、合作的态度，让社工很快进入了家家户户。社工克服了环境和生活方面的诸多困难，近距离观察记录了搬入新居的每户牧民的生产、生活情况，并注重对当地文化的理解、学习和融入，主动邀请退休教师西江担任社工站夜校的老师，每周学习3次，初步掌握了基本生活用语，加快了社工对当地社会生态环境的适应，更好地拓展了与牧民交往的渠道。社工通过参与学校活动，开展文体、集中处理垃圾等活动增进了与牧民的相互了解和感情，获得更多的认同与支持，彼此的信任逐步建立。由于电信网络尚未覆盖牧区，加上地震破坏，大多数时段没有信号，电话打不通，远程督导没有办法实施。我每个月到工作站督导一次，平时社工每晚的会议就是朋辈督导。他们彼此提供心理支持，面对挑战沉着应对，做了大量工作。

“泽德”对全村牧户的家庭人口结构、草场使用及牲畜养殖、家庭收入与支出、国家补助、贫困户、残疾人进行了深入调查，设法链接外部资源为索南等4个当地牧民提供了资助。在牧民虫草期，社工站成员与牧民一起挖虫草，了解虫草对植被保护、对牧民收入的影响。为了配合甘达村的灾后重建工作，帮助牧民直观了解甘达村的基本资源概况，以及创建生态旅游示范村、增加村民旅游方面的收入的前景，社工绘制了一幅包含村庄范围、草场面积、行政区划、山脉、河流、景观以及山水故事在内的甘达村绿色旅游示意图，牧民第一次从地图上看到了甘达村的全貌。社工通过对甘达村饮用水源附近垃圾状况的调查，将垃圾的分布情况拍成照片，制作成幻灯片，在全体村民大会上播放，让牧民了解垃圾对社区的威胁、对牧民健康的危害，发动社区牧民清理垃圾，订立村规民约。

“泽德”与甘达村小学师生建立了良好的关系，承担了部分语文、数学、美术、体育课的教学任务。针对地震带来的家长、教师、学生心理压力大，情绪不稳定，以及学校重建复课后面临的重重困难，社工站积极介入，开展调解矛盾、资源链接、个案辅导、成长小组、生命教育等学校社会工作，将成长小组课程和生命教育课程列入学校课程，帮助学生改变人际关系，促进沟通互动。为了丰富村民文化生活，社工为村民和小学生播放电影14部。影片题材涉及牧区文化生活内容，贴近生活，深受社区牧民的欢迎。社工站成员为此学会了非线性软件编辑应用技术，拍摄并剪辑了1部甘达村纪录片、2部村民婚礼纪录片。

“泽德”结合当地分散居住的实际情况，以入户培训为主、集中培训为辅，对志愿者进行了个人信息填写、银行汇款单信息填写、紧急号码须知、电脑装机及简单办公软件操作培训。玉树灾后要建设一个高原生态旅游城市，为此社工也为村民提供了舞蹈、裁缝和司机导游的培训，让甘达村民了解和认识生态旅游，提高了村民的旅游和保护意识，还可以增加收入。

甘达村社会工作站的运行与我创办机构时的初衷是一样的，由高校教师创办机构，为在校学生提供实习机会，锻炼提升服务社区的能力，并在这一过程中物色愿意从事牧区工作的学生，助其就业，以探索社区永续发展。这一理想化的模式在运行过程中，以学校组织化的形式安排实习容易，难的是找到愿意留下来在机构工作的学生。幸运的是赵文财同学的身影进入了我的视线。甘达村项目要求每批学生在玉树实习两个月后回西宁休整，赵文财同学当即提出要在玉树工作到实习结束。我劝他等过去以后再作决定，而赵文财在玉树连续实习半年以后，实习还没有结束，他决定留下来工作。机构正式注册两年以后，终于有了第一位入职的员工。赵文财在大一暑假时，自愿去家乡贵德县社会福利院曾实习了一个假期，他决定留下在我的预料之中。

六、艰难前行

2011 年 11 月底，因天气严寒，学生无法继续住在帐篷中，且实习期限已至，便结束了实习回到了学校。接下来的两年，除赵文财一个人坚守在甘达村以外，已经无力再给玉树派实习生了。主要原因是资金的限制，每年不足 10 万元的资金在玉树这个服务成本很高的地区，要省着花。再就是报销比较麻烦，最初筹款是由香港理工大学提供的，报销就要去他们学校。第一年玉树很多地方买东西没有发票，打个白条就是凭据，按照财务制度不能报销。这个问题直到叶嘉宝老师第一次到玉树督导，了解了具体情况以后，问题才得到解决，但资金规模这个瓶颈难以突破。还有一个问题，就是我们的帐篷在高紫外线照射下，经历风霜雨雪，四面跑风漏雨，到第二年就不能再用了。

2012 年初，2009 级的学生利用寒假来到位于青海湖畔的共和县黑马河乡，为社区的孩子们辅导寒假作业的同时，开展社区服务，受到社区牧民的欢迎。5 月，这届学生开始实习，他们直接去了黑马河乡，用甘达村的经验开展社区服务，这个决定让我感到十分为难。甘达村的事情还需要我们继续努力做下去，在人手资金不足的情况下，另起炉灶，两地的服务效果都会受影响。但学生已经在黑马河乡工作了近半年，撤出的可能性不大。所以到 2012 年底，在黑马河乡实习的才周加、万玛桑杰已经决定留在“泽德”工作时，我才开始给黑马河乡社工站提供支持，用香港理工大学的资金配备支持工作站的基本办公和生活物资，而三位在黑马河乡实习的学生，除了青海师范大学提供的微薄实习金以外，没有额外的实习津贴。两位留下工作的同学，是我第一批面试招收的社工，他们自觉履行了回到社区、服务社区的承诺。这时候机构仅有 3 名员工，但分布在两个社工站，两个工作站相距 900 千米。面对这样的挑战，经过机构成员的反复沟通，最后决定将甘达村社工站移交甘达村的志愿者，由青海省三江源生态保护协会继续督导运行，“泽德”撤回黑马河乡继续工作。

共和县黑马河乡距离西宁 200 千米，平均海拔 2800 米，109 国道贯穿全境，交通便利，自然条件好于甘达村。距离近了，但资金问题仍然没有得到解决。2012 年，“三区”人才计划开始实施，我们成为青海省第一批获得支持的机构，每位社工每年支持 2 万元。这笔钱是员工的基本薪金，再加每个月 800—1000 元的艰苦工作补贴，社工每月的工资为 2450—2650 元，这个工资水平一直维持到 2019 年底。机构员工最多时 8 人，除一位云南民族大学社会工作系毕业的青海籍学生外，其余都是我的学生。

我们先后申请到一个民政部福彩公益金支持的农村特殊困难老年人服务项目、一个中央财政 C 类项目和一个团中央青少年服务示范项目。2015 年，民政部福彩公益金支持的农村特殊困难老年人项目在执行时，中山大学张和清、香港理工大学古学斌和叶少勤老师一行前往黑马河乡督导工作，对社工因没有公共场地而在牧民的畜棚里开展服务的方式赞赏有加。民政部社会工作司副司长黄胜伟来黑马河乡考察项目，对社会工作在牧区落地生根、有效服务牧民给予了高度评价。但仅仅凭借这几个项目支持，要实现社会工作服务的可持续，几乎还是不可能的。

七、几点思考

高校教师创办社会工作机构，是本土化社会工作起步阶段的一个特殊现象，也是新时期社会工作发展中教育先行的产物。这类机构的创办，在一定程度上缓解了社会工作教育发展初期实习机构不足、专业性不强、职业化岗位开发滞后等问题，为高校服务本地探索了最初的实践路径，为本地培养了一批社工，为社会工作服务机构承接政府购买专业服务岗位推动职业化起了积极作用。回首过往，我想回答一直以来很多人提出的问题。

首先，高校教师创办社会工作机构是不是“不务正业”？一般来说，人文社会科学类的高校教师按照传统的教学模式完成教学工作即可，其“正业”是以课堂为主教书育人，课堂满足不了“育人”的全部需求时，有实习基地承担实践实训的任务，教师无须亲力亲为去解决学生实习、就业中的具体问题。创办社会工作机构前，我已在高校工作了 20 年，解决学生实习、就业不是我考虑的问题。做了社会工作教师以后，遇到了前所未有的挑战，除了和工作有密切相关的人以外，社会上绝大部分人都不了解社会工作，很多自以为了解社工的人都将其称为“志愿者”。有件事印象深刻，一家民营福利院主动要求我们派实习生进入，学生去了以后，福利院让学生把厨房等多年没有彻底打扫的地方清扫干净以后，告诉学生说你们可以做的事情已经完成了，后面就不用再来了。实习中遇到了很多这样的事情，不胜枚举。社会工作的专业性无法在当时的环境下得到训练，想解决这些问题，只有提高教师的领导力和自主性，而创办机构成为当时最好的选择。机构以提高学生在实践中的服务意识和服务能力为主，是课堂的延伸，对完善培养过程的不足有一定的帮助。但不可否认的是，创办社会工作机构使教师的工作量“倍增”，需要花费更多时间处理与教学工作“关联度”不高的事情，比如要和各级政府部门沟通，与社区建立关系，与伙伴协同工作，与有资源的各方对接博弈，等等。但我认为这是了解中国社会工作发展全貌必不可少的过程，也是教学内容的必要组成部分。

其次，高校教师创办社会工作机构回应了谁的需求？如前所述，我以为回应了几个方面的需求。一是回应了学生的需求。机构解决了学生实习流于形式、实习专业不对口、没有实习督导等一系列问题。实践中学生有很大的空间反思，实习生带着教科书去了玉树，可是翻遍教科书也没有找到解决现实问题的灵丹妙药。更多时候，他们要从在地的民间组织、牧民那里获得经验，通过反复讨论确定工作方案。特别是牧区，社会工作没有经验积累，实践是从零开始的，更加需要师生共同在地实践，摸索一套符合实际的本土化工作方法。二是回应了教师的需求。教师没有牧区督导经验，迫切需要把理论转化应用到实践中去，有了社工站这个平台，可边实践边反思，提高指导实践的能力，更好地服务教学。三是回应了学校的需求。社会工作专业设立的目标是要把来源以本省为主体的学生，输送到有需要的岗位，培养成接地气的合格专业人才，社会工作专业的创新改革为此而作了有益的探索和实践。青海师范大学成为中国社会工作教育协会常务理事单位，获批民政部首批社会工作人才培训基地，获批社会工作专业硕士（MSW）学位授权点，与我们的工作和付出有着密切关系。四是回应了社区的需求。青海省的牧区人口占全省总人口的20%以上，面积占全区总面积96%，世代居住在这里的牧民在城镇化发展的过程中，为我们社会工作者创新工作方法、提高服务能力都有巨大的空间。社工介入给社区治理带来了新的活力。

最后，高校教师是不是通过创办机构赚得“盆满钵满”？教师创办社会工作机构使得工作量“倍增”，且多数工作不在学校考核的范围内，如此辛苦总有所图吧?! 联想到机构拿到一些服务资源，很多人认为我“占了便宜”。“便宜”我还是占了一些，获得“中国社会工作学会理事”“2013 年度中国社会工作优秀人物”“青海省优秀教师”“青海师范大学师德标兵”等荣誉和称号，都是我付出的“回报”。至于收入，除了工作站的车船费以外，我没有领过一分钱工资和补贴。我没有将这些成绩全部归在个人的功劳簿上，我希望为学生成长和发展提供一个平台。2013 年，赵文财就接替我担任了机构法人和主任，并非常称职地完成了工作。在牧区这样一个艰苦的环境下，学生经受住了考验，我的初衷和愿望实现了。

访谈员后记

经过近十年的不断探索和艰苦实践，青海牧区社会工作取得了显著的成绩，获得了业内的广泛认可，成为我国牧区社会工作的亮点和样本。乔益洁老师的现代社会工作理念、执着的奉献精神和艰辛的实践创新在这一探索中发挥了关键性的作用，她和她的团队勇于创新、敢想敢干，不畏艰苦、持续努力，已将社会工作的理念深植于牧区这片沃土。我们相信在不远的将来，这颗社会工作的种子必将在西部广大牧区茁壮成长，广泛而专业化的社会工作绿色森林也将覆盖西部大地。

机构简介

青海省泽德社会工作发展中心于 2009 年 9 月在青海省民政厅登记注册，是由青海师范大学社会工作专业乔益洁老师发起建立的省内第一家社会工作服务机构，也是青海师范大学社会服务机构孵化器，先后孵化了青海省曙光社会工作服务中心、西宁睦邻社会工作服务中心等机构。多年来，“泽德”社工秉持“尊重文化多元，以互助合作的方式实现人与自然和谐，营造可持续健康生活”的理念，秉承“理念先行，品质至上”的原则，专注于牧区社会工作服务，先后创建了玉树县（2013 年设市）结古镇甘达村社会工作站、西宁市劳动路小学社会工作站和海南藏族自治州共和县黑马河乡社会工作站。机构运用参与式方法扎根牧区，先试先行，实现了牧区社会工作从无到有、从虚到实的跨越，初步探索出了一套符合牧区实际的社会工作服务模式。

此生无悔入社工

——张青副教授访谈录

访谈时间： 2019年3月12日10:00—12:00

2019年4月15日10:00—12:00

2019年6月8日10:00—12:00

访谈地点： 沈阳师范大学社会学学院办公室307房间

访 问 者： 冯高杰　曹蕾

整 理 者： 冯高杰　曹蕾　王瑞琦　陈瑜

受访者简介： 张青，博士，沈阳师范大学副教授、社会工作学科负责人、硕士生导师。民政部全国社会工作专业领军人才，2014年创立辽宁省首家高校教师领办专业社会工作机构——青杨社会工作服务中心。

编 者 按： 作为社会工作专业负责人，张青副教授为了给社会工作专业学生提供一个社会实践平台而萌生了创办社会工作机构的想法，这也是许多高校教师特别是社会工作专业负责人创办社会工作机构的主要动机。东北是社会组织和社会工作发展都相对比较滞后的地区，张教授在非常困难的情况下亲力亲为，克服重重困难，寻找各方资源，成立了青杨社会工作服务中心，并将其发展成为东北地区社工人数最多、规模最大的社会工作机构，为专业社会工作教学和地区社会工作发展作出了重要贡献，创造了在社会工作欠发达地区成立和发展社会工作机构的成功典范，值得我们学习。

一、万事开头难

（一）当年初心

我是在2013年的时候有创办机构的这种想法，因为当时沈阳的社会工作机构还是空白状态，没有一家是专业的社会工作机构。2012年，当时省民政厅的领导跟我说："张老师，你能不能去创办一家机构?"我说不能。他说："我们可以给你拿钱来创办这家机构，作为注册资金。"我说那也不能。他说："为什么呀？现在全国各地都在创办机构，你怎么不能做一家啊？我经过多年的了解，发现在沈阳最懂社会工作的就是你，你为什么不做?"我说："第一，我没有精力。第二，我身边没有人。第三，我知道机构创办完之后没有项目。就我们目前的状态，在沈阳地区，或者在辽宁地区，我们很难有这样的项目去支撑社会工作的发展和运营，所以我不能创办机构。"

但在2013年的时候，我萌发了创办机构的想法，是因为2013年中国社会工作教育协会和李嘉诚基金会共同出资，由中央财政购买宁养（临终关怀）社会工作服务示范项目，并在全国18家高校、17座城市共同展开，其中在辽宁地区就选择了我们沈阳师范大学作为合作伙伴，来执行临终关怀服务项目。当时的这个服务项目，就给了我们很大的一个锻炼，特别是我们的学生在做临终关怀项目的时候，我感受到了他们对专业的热情，有很多学生都是一边去做项目，一边回来认认真真地读书。他们给我的反馈就是："老师，因为有这个项目，我们想给这些癌症患者送去关怀，必须从书本中汲取营养。"我感受到学生的实践热情，深切感受到要让教育先行的社会工作能够发展好，需要有一个实践的平台作为载体。所以我就在想，到底有什么东西能帮我去做这个实践呢？我看到了项目，还有机构对于学生的专业学习和成长是非常必要的，所以那个时候，我就萌发了这样一种想法：能不能在省民政厅或者市民政局的帮助下，我们也来做一家机构？我把这个建议给我们院长提出来了，可我们的院长当时刚刚换届，是新上任的，他对社会工作机构和社会工作是什么还是处在模糊状态，所以他对我这块也是比较谨慎，说先等一等，等一等不着急，等我们熟悉了工作环境以后，咱们再来做这家机构。那时是2013年6月。

但是后来紧接着在沈阳地区，2013年8月由化工大学陈晓东院长领衔，注册了辽宁省第一家高校教师领办的社会工作服务机构，这个机构成立之后，给学生提供了大量的实践活动，同时这些活动又支撑它在2014年使化工大学成为民政部社会工作服务基地。而此时我们学院的学生实践活动仍然不能达到800个小时的专业实践目标，所以我就再次向院长提请，能不能我们学院也领办一个这样的机构。院长就跟我说，那这样吧，既然是你一直在提出这件事情，那你给我写一个可行性报告，让我知道这个社会工作机构的发展到底是什么样的状态。所以我就给院长写了一个可行性报告，虽然时间相隔比较长，但我很清楚地记得当时我和院长说，领办机构可以给学生提供实践平台，且让老师有更多田野实践的机会，同时还可以申请拿到一些社会服务项目来弥补我们在实践教学中经费的不足，因为高校办学，实践教学经费是非常紧张的。同时也可以让老师通过不断带学生在这个过程中形成实践共同体、学术共同体，在促进专业实践、专业教学的同时使我们向学理转化，来生产我们的学术知识。院长听完之后觉得很有意义，他说你现在孩子上大学了，身边也没有那么多的家庭负担，咱们学院的这些老师，只有你具备领办机构的得天独厚的条件，所以这个机构就由你来领办吧！其实我提出这个建议的时候，只是觉得我们学院有必要建这样一家机构，并没有想我自己去领办机构，因为我知道办机构很麻烦，会浪费很多时间。但是领导把话放到这块了，我一想，那就办吧！这就是初生牛犊不怕虎，就把这个事情开始往前推了。

可是在办的过程中我发现政府领导换岗了，原领导很支持社会工作机构的发展，可惜他调走了。于是我再去找省厅的领导。当我到了民管局的时候，民管局领导问我什么叫社会工作机构，它的业务范围是什么，它的业务指导机关是谁，做完之后如何盈利，他首先考虑这些问题。这些问题把我也问糊涂了，因为我知道社会工作机构一旦成立，它是要提供政府的公共服务职能的，政府的公共职能本应该由政府来提供，如果政府不提供，就需要政府拿钱购买服务，然后我就向他讲了这些道理。他说，我们辽宁省没有这样的能力，我们的社会组织这一块儿，社会机构这一部分还没有得到上级的通知，我不能通过审批。我碰了壁，但是领导说你们可以考虑到自己市里去看看，所以我又把这个申请提交到沈阳市民政局。由于这些年做社会工作，和市里的领导、省里的领导、主管社会工作的部门也都很熟悉，所以我向他们说省里的领导不批，看市里能不能批。市里说，省里不批我们市里也不敢批，这是太新的事物。我不解，现在南方成立社工机构已经是非常普遍的事情，而在我们这儿为什么不能放开呢？他说，因为省里没有下达文件，所以我们不敢做。然后他说，你可以到县区里看一看，看他们敢不敢给你批，你想去哪儿我可以给你做做工作。于是我开始思考，我们沈阳市有九大区，我到哪里去注册社会工作机构合适呢？这位领导又建议我，想经济上发展得比较好，就应该去沈河区或和平区去注册。后来我就和沈河区民政局联系，沈河区民政局局长特别想改革创新，他说你来，我给你提供个地方，有 800 平方米。然后他就让工作人员带着我去了那个地方。那个地方离我的学校还有我的家很远，早晚一个来回，中间只能在那工作两个小时，不适合。况且，我成立这个机构的初衷是为了给学生提供一个专业实践的平台，让学生有一个更好的载体去提高专业能力。所以我采取了就近原则，最后在大学城驻地的民政局注册成立了这家社会工作组织。

（二）西天取经式的创办历程

创办过程中我也是有顾虑的，首要的问题就是时间和精力。因为高校老师的主要工作是教学、科研，社会服务是第三项内容。我去创办机构，每天要在外面跑，联系各个部门，实际上对我个人的生活和工作是有影响的。当时就担心我的职称还没有达到正教授，如果去做这些事情，必然会影响到我的学术研究，而且后来的事实也证明了它确实对我是有影响的。但是一想到在带专业项目的过程中，学生对于专业的认同还有渴求的那种眼神和期待，就把这些顾虑都放下了，把我个人的得失就放在了后面。

在创办机构的过程中也经历了很多困难。首先是注册。2013 年底，经过院长的几次协调、领导班子内部的几次开会，最后决定由我来领办社会工作机构，这是领导对我的信任。在创办的过程中，真是困难重重。一个是我不会开车，地方太远，每次注册、登记、送各种材料的时候就会发现，原来领办机构是一件非常不简单的事情，后来我才明白，它跟开办企业没什么区别，甚至比开办企业还困难，因为工商注册只要你有一个虚拟地址就行了，但办机构不行，你得有开办场所，有注册资金和业务范围，还得有理事会、监事会、办公室主任等这些内部的机构设置。当时我都不知道理事会是干什么的，整个内部的治理结构我也完全不清楚，所以这是一腔热血就去干了，边干边学边琢磨。我记得当时有件事印象深刻，我的学生开车拉着我，从家里出发到民政局的办事大厅，那天不知怎么突然就感冒了，在车上坐着的时候，身体疼得不得了，等到下车的时候，就动不了了，然后开始呕吐，吐得都进不了屋。后来办事大厅的工作人员发现了我这种状态，就从屋里走出来跟我说："张老师，我知道你们已经放寒假了，你在做机构之前，在社区里面也做过大量的志愿服务，我们都很了解你，所以我来替你做所有的手续，你不用再来了；如果缺什么手续，你就发电子版给我；需要你签字的地方，你来一次就行，剩下的工作，我来替你做。"这件事情给了我莫大的支持，尽管有那么多的困难，但还是有人认同我、支持我，这让我非常欣慰。

接着我们又面临了另外一个困难，就是注册资金。本来这是学校的事情，东北地区的工资又很低，如果我自己出这3万元就意味着我的半年工资没有了。

所以我就找院长说："院长，要拿3万元的注册费，你看看我领办这个机构，咱们学院能不能把这个注册资金给我提供了，然后我接着干活去。"

院长说："咱们的教学经费不能办机构，那不符合资金使用规范，所以这个钱学院还真不能给出。"

我还是得自己去想办法，就琢磨有什么办法能让这个钱少点呢？琢磨来琢磨去，我就发现有一个社区，他们成立了一个社区备案组织，登记注册了。那是2012年，它那个机构也是社会工作机构，由于是社区办的，它的注册资金是1万元。于是我就跟民政部门的领导说，有先例，别的社区1万元注册了机构，我可不可以就花1万元注册机构。领导说："既然别人有先例，那咱也就1万元吧！"所以我自己就拿了1万元当作注册资金交了上去，资金审核通过了。接着碰上的就是办公场所问题。按照民政部门的文件要求，领办的社会工作机构的办公场所应由政府或社区无偿提供。可是我去找了一个社区，因为他们不知道社会工作机构到底是干什么的，而且社区办公用房都很紧张，你要向人家要场地，人家哪能给，所以又卡在场地上了。没有办法，我又动用了我的私人关系，找了民政部门的领导，民政局领导亲自找到街道主任，于是我就有了办公场所。

有了办公场所后，我们还需要去到银行开户，注册资金还需要验资。验资的时候，还需要掏钱，这个钱从哪出呢？没有办法，自己掏腰包吧！验资完事了后，银行说你得去税务局，办了税务代码许可证，我们才能给你开银行开户许可证。我去税务局，税务局说，得银行先给你拿证，我才能给你税务局的证，我就被夹在那块了。我当时就想，这是故意难为我，还是人家就那种程序？咱也不懂。后来我又动用私人关系，因为我的老师是银行行长，我就找他给我找个地方落户，然后落了一个基本户，拿了开户银行的许可证。接着又到了税务局，税务局说："我给你落什么类别啊？你这是小规模，是一般纳税人，还是什么组织？我们不清楚。"因为在他们那里面，没有这样的一个科目叫社会工作机构，没有办法报税，不知道以什么样的方法来征交税收。为了让他们明白我是干什么的，我就当场利用两个小时的时间，跟办税人员介绍我们是做什么的，我们将来能干什么，现在我们已经干了什么，未来我还能做什么。然后他似乎明白了但又不太懂。

后来办税员又跟我说："张老师，我觉得你好像是在做一个志愿者。"

我说："有点像，但这个志愿者和那个志愿者不一样，我们将来是有薪水的，那个志愿者是无偿服务，我们是要有工资的。"

他说："那你需要志愿者吗？"

我说："我需要！"

他又说："张老师，我给你办，将来有一天你需要志愿者的时候，我去跟你做志愿服务。"你看，通过办机构，我把一个税务局的办税人员变成了我们的志愿者。就这样，我们一次一次地、一点一点地克服了这些困难。

在后来的服务过程中，我们还遇到了更可怕的事情。当时我们是给疏于照顾的留守儿童提供三点半课堂学业支援教育，到社区去服务的时候，很多私立培训机构，还有各种托管班，认为我们抢了他们的生意，所以到我们这来"砸场子"，还惊动了派出所。我们的学生在这里做志愿服务，民众不理解，还给我们找各种各样的问题来刁难我们，甚至跟学生动手，然后躺在地上耍赖，说什么心脏病犯了，叫医生，叫急救，还报案找派出所。各种纠纷，这些事情我们都经历过。后来，慢慢地他们明白了，我们是免费给贫困群体提供服务的，即使我们不去提供服务，这些人也不是他们的赚钱对象，一切也就风平浪静了。

说实话，真的是有好多好多的困难，那些困难的克服，我觉得看似我本人的个人魅力，实际上是因为这个社会中大部分人都是身怀正义的，当你去做一件正义的事情，他们就会支持你。所以说，是社会对公平和正义的认同，是这种力量的共同推动，才让社会工作服务事业有了今天的结果。

（三）支持的力量使我不惮前行

开办机构，对于我个人的家庭有着很大的影响。我的先生发现，从 2014

年1月社会工作机构成立以来，我从来没有按正常下班时间回过家，也没有再在家里做过饭，一天三餐都是他忙活的。所以我一直在忙，白天要忙工作、忙教学，晚上利用业余时间忙机构的业务，给学生做项目督导。好在我的先生很支持我，他不懂什么是社会工作，但是他有朴素的想法。他说，你做的都是一些好事，我在家里支持你，就跟你一样有功德，所以他对我很支持。到了寒假和暑假，由于志愿者大部分都是我的学生，他们放假回家了，志愿者短缺得厉害。我的先生、我读大学的儿子还有我的侄子、外甥就和我一起当志愿者，共同来做服务。我的坚持也感召了我身边的人，很多朋友加入我的队伍里共同帮助我，我的同事也积极地参与进来。在此过程中，身边人给了我很大的鼓励，也让我对机构、对未来都充满了希望，也就是有了这些支持，才能让我一路走下来。如果没有他们，我想我不会坚持到今天。

二、发展难

（一）区域特色

从2014年1月10日，我创办青杨社会工作服务中心到现在，我们机构没有专职工作人员，都是我的研究生和本科生来做，大家都是兼职的。但是没有那么多的人不等于活动没有开展。为什么这么说呢？因为在东北地区还没有形成制度化的社会工作服务的购买，不像有些地方形成了制度，年年都有购买，我们这边是领导示范性地搞几个试点，可能今年有项目，明年没项目，还有可能几年都没项目。在这样的情况下，我们不能大规模地招人。我们采取的是“社工+志愿者”的模式，因为我自己有得天独厚的条件，作为高校老师，我们身后有研究生、本科生，这些学生也需要大量的专业实训。而且从效果来看，我们的服务影响力和专业性还是比较强的。

从人数规模、服务和影响力上来看，一个社区学堂每天有30个孩子在我这里接受服务，从周一到周六，包括寒暑假，一周就有180人次，一个月就有720人次，10个月就是7200人次。这只是一个学堂服务，除了学堂服务以外，我们还做家庭行为指导，针对父母及隔代亲人在家庭中如何教育自己的孩子，我们也做了大量的亲子讲座，一方面针对社区学堂，另一方面针对整个社区，乃至我们整个街道。每年我们家庭教育服务受众大约是 1000 人，同时我们还将服务从社区扩展到了学校。由于我们这个地方是城乡接合部，家长和学生基本上是来自外地的，比如我们常年服务的那个学校，有 4800 多名学生，其中 75% 的是外来务工人员子女。我们就采取自我安全教育、自我防护、积极人际关系等方面的小组活动，来帮助他们。再有我们还组织一些团队的活动，比如说带孩子们去看沈阳的发展变化，参观文博展览，让他们知沈阳、爱沈阳，慢慢地融入沈阳。我们围绕着儿童、青少年、家庭、学校展开的各种各样的服务，基本上形成了家庭 - 学校 - 社区协同一体的服务模式，收获了非常好的效果。就目前我们机构在当地社区所处的位置，有人评价说："你是辽宁地区乃至东北地区的社工龙头老大！"可我不这么看，因为什么呢？因为我的机构不是全职在做，就是老师领办。我们的机构规模很小，更看重的是我们专业服务的能力。我们把这些有能力的、有意愿的高校老师连接起来，跟我们的师生一起形成一个共同体，去履行我们社会服务的这样一种功能。所以说，在什么样的位置那都是别人赋予我的。我们机构是全国百强社会工作机构，也是民政部示范单位，同时又是我们教育局尊师重教先进集体，沈阳市妇联授予我们"十佳女性社会组织"称号，这些都是政府等部门这些年来对我们机构持续服务工作的一种肯定。如果非要说它在什么位置，我觉得它应该是在持续的发展过程中，还不能说它有多强多大。

相比国内其他兄弟机构，我们的机构有什么样的独特之处呢？那就是立足自己的能力优势。我们是一所师范大学，学生大部分是师范生，我们就利用自己师范生的优势资源，提供社区教育为主要内容的服务。这个特点决定了我们要与学校、家庭和社区有更多的联系，在这一过程中，也体现了我们的优势。当然有优势也有劣势，劣势之一就是缺少相应的资金支持，另外就是很难扩大规模。不能扩大规模，就没有专职人员。机构是铁打的营盘流水的兵，这给我们的机构督导、我们的老师带来很大压力，我们年年要练新兵，今年他们刚刚熟悉了，明年就可能走了。离开了以后又来了新人，全是"新兵蛋子"，所以又得给他们重新进行训练。

至于经验和教训，我觉得经验谈不上，教训是有的。那就是在做服务的时候，尽量把服务做扎实，不要盲目贪大。摊子大了，人力资源就需要更多，人力资源多了成本就越大，而目前我们还没有形成一种规范化的购买环境，可能导致机构将来生存发展会面临很大的危机。所以，在东北地区，特别像辽宁这样一个经济欠发达的省份，如果想让机构发展得更好的话，深耕细作、稳扎稳打还是非常必要的。

（二）我的特色

我在机构开办过程中一直发挥的是一个督导的角色，为什么这么说呢？因为我只是在专业上给予督导，行政上给予督导。行政督导是我边做边学，去督导学生、锻炼学生。在财务上，我觉得必须要透明和公开，而且必须规范财务治理结构，所以一开始就雇了一个懂得非营利组织财务制度的会计，是专职做账会计，她要完整地管理我们全部的财政事务。我在机构里面就是一个专业督导，直到今天，这个角色也是这样的，在内部治理和内部管理方面，我只是给一些建议和意见。财务上的一些风险问题我要进行把控，也给他们提示风险，让他们朝着良性的方向去发展。

在管理结构这一块，我们的理事会不是一个管理型的理事会，在东北这个地方跟政府要钱是很困难的，所以我在做机构的时候，理事会基本上都是企业家或者一些集团的董事长，他们都很有爱心，愿意做公益服务，当机构发展不下去缺钱的时候，这些理事会成员就会伸出援手，他们企业可以捐赠给我们一些。比如说前些年我们一直在做中央财政的示范项目，我跟政府要不到财政支持，全是这些企业家和他们的企业捐赠。我们有 7 个理事会成员，他们都是企业家，有的还是上市公司的老总。所以对一些小机构来说，你要成立机构的时候，不光是内部管理找同质化的人成为机构的成员或者理事会的成员，也要尽量去找一些异质性的，这样可以形成优势互补，特别是要跟那些有爱心的社会企业家去链接，让他成为理事会的成员，这是非常重要的。我还记得机构刚刚成立的时候，那天有个启动仪式，我有一个伙伴直接揣着 2 万元现金来到现场，他就问："缺钱不？我这个钱先给你用着吧！"我要给他写一个收条，他说："不需要，这是我个人的钱，不是企业的钱。"我拿着这 2 万元做了什么呢？当时我们志愿者的服装、志愿者的标牌、内部的一些管理和行政上的开支，今天我们的黄马甲都是用这些钱买的，包括后来给志愿者发放的服务补贴、盒饭钱、交通补贴等。之后我让我的研究生认认真真记账，这笔钱是怎么花的，我们要跟人家有个交代，这些钱都花到哪去了。在 20 世纪 90 年代，一些人刚开始下海经商，经过 20 多年市场经济历练的人已成为新富阶层，他们有能力也愿意回馈社会，来履行企业社会责任。所以对于初创型的、资金有困难的小机构，我的建议就是：要去寻求社会资源。不要仅仅靠政府，因为政府有一套行政规划，走起程序来可能暂时满足不了你，就好像一个孩子饿得等着吃奶，你不能等着奶牛长大再喂奶一样，这是不现实的。

三、手有余香

（一）我的技能提升

实际上创办机构对我本人还是有很大帮助的。首先在知识学习方面。为了办机构，需要学习社会组织的管理和行政等方面的知识。这些知识给我带来的直接帮助就是我现在成了沈阳市的社会组织评估专家，各地也会经常邀请我去做社会组织讲座，对我整个的社会资源以及行业影响都有很大的提升。其次，因为要管理一个组织，就需要学习怎么做一个好领导，如何进行人际沟通，怎么让员工满意，让志愿者团队能够更好地提升。这些都需要我不断学习，这是一个教学相长的过程。创办机构给我的社会地位也带来了很大的提升。因为我创办了青杨社会工作服务中心，得到了政府和社会的认可，我被推选为沈阳市沈北新区妇联“三八红旗手”、沈北新区兼职妇联副主席，沈阳市妇联兼职副主席，辽宁省妇联执委、辽宁省妇联妇女代表，特别是在2017年，我非常有幸成为民政部的社会工作专业领军人才。2020年我被评为“辽宁省禁毒社会工作先进个人”，获得“最美沈阳人”等荣誉称号。如果没有机构的开办可能也不会有那么多的人认识我、了解我、信任我。这是我做社会工作以来，大家对我的认可。

（二）我的学术提升

还有一个就是对我自己的学术的提升。实际上我自己个人的文章写得很少，但由于我不断地进田野，去实践，进社区，慢慢地对一些研究议题就看得很清楚。所以这些年我指导学生写毕业论文的时候，可以给学生比较前沿的选题，他们的论文选题都很好。这些年我们专业的优秀毕业论文基本上都出自我的指导，我自己没有时间写，但我把自己的发现告诉学生，然后让学生去完成，这样就在老师和学生之间形成了一个学术共同体，共同学习，共同提升。学生的毕业论文选题大多数来自对机构实践的观察，我大致做了一个不完全统计，从2014年我领办机构，学生的毕业论文选题60%来自机构的服务实践，学生的实践获奖大部分也是出自机构的项目实践。我们的学生先后两次获得香港林护社会工作实践奖，都是来自机构的项目实践。这从一个侧面反映出，高校教师领办机构，一方面可以服务社会，另一方面也可以锻炼学生，提升学生的实践与研究能力，基本上实现了高校教师领办机构的目标。

要问我是否后悔创办机构，我觉得现在如果真的能够穿越到2014年，我想我还会办机构。因为这可能是历史赋予我的使命，在中国社会发展过程中有一个非常奇特的现象：在西方国家都是先有了社工职业，然后有社会工作专业教育，来提升这种职业化的能力。但是在我们国家，我们是教育先行，那么在教育先行过程中，如果没有人站出来把这些事情往前推进，推动职业化的进程，那么我想对学生是不负责任的。这个过程中总要有人站出来，总要有人会吃亏，总要有人去付出。在过程中可能会懊悔，在遭遇各种挫折、困扰的时候会有难过，但是今天一路走来，回头审视这一路的收获和成长，我还是会义无反顾地去领办机构。未来我可能会慢慢地从机构退出来，让专职人员去做，我自己只做督导。

实际上我认为高校老师创办机构，有独特的优势。比如说，我在沈阳，当地很多部门都会来找我，包括民政、公安、司法还有群团组织，为什么找我，他们说是因为你跑不了，你是一个高校体制内的人。比如政府交给我一个居家养老服务中心，我说我不会做养老，我只会做儿童青少年的家庭服务，然后他说："你做吧，你去摸索着做，你做什么样都可以，因为我相信你这个人。什么事情我交给别人，他可能做不好甚至还会做坏，交给你，可能做不好但一定不会做坏，所以交给你做我放心。"其实他们除了对我这个人放心之外，还有就是对于我背后的体制放心。所以在中国这样的社会环境下，高校老师创办机构是有他的优势的。我们高校老师也需要利用好这个优势，更努力地去提供社会服务，发挥好政府和社会之间的一个桥梁作用。还有专业优势，我们的社会工作专业、我们的教学实习和学术研究都是机构应有的专业基础。

反过来，机构经验的积累对学校教学和研究也有很好的推动作用。比如说我在上课的时候，就会经常讲一些案例，而这些案例就来自服务项目。如果我没有做机构，没有亲身的体验和经历，有些课程我是教不了的。我再举个社会工作行政这门课程的例子。我刚来到沈阳师范大学的时候，由于社会工作专业刚刚建立，这门课程没有人教，领导就把他给了我，但我发现社会工作行政这门课程我讲不了。因为我没有学过管理学，我也没有做过机构管理。社会工作行政和其他的公共行政、企业管理是有很大区别的，如果没有我办机构的亲身经历，那么这门课程我可能仍然讲不了。所以我讲到一半的时候就把它给别的老师了。但是后来，我办了机构之后，就和那个老师说咱俩换个课呗，我来讲。恰恰是这个经历对我的专业和发展起到了很大的作用。

在办机构的过程中，我对社会工作的学科也有了一定的贡献。在办机构的过程中领着学生做实践，我现在已经写了两本书稿了。一本是关于临终关怀服务的，已经完成了初稿；另一本是基于我带着学生在社区、学校、家庭中转换进行服务，就写了一本学校社会工作方面的书稿。在办机构的过程中，我以我自己的方式参与了社区治理，比如说，在2017年，沈阳市提出“幸福沈阳共同缔造”的口号。由于我办机构的社会影响，宣传部门就找到我说：你看一看，怎么帮我们做这种基层的服务，帮我们提升提升。所以我们就以这样的名义进入到社区里去观察，然后依据党委领导提供给我们的一些材料，通过调研和总结，形成了沈阳市的“1 + 1 + N”的社会治理创新模式。如果没有办社会工作机构的社会影响，可能政府不会找到我们。反过来，如果没有我们长期根植在社区，也很难能够帮助政府总结提升其社会治理模式。这些都是我们在深耕田野的过程中，逐渐地提升和总结出来的。

四、光明未来

（一）立足当下

目前，我们国家本土社会工作的发展特点体现了国家治理中的一个重要特征，就是体制吸纳社会。为什么作出这一判断？你看我们的社会工作机构，本土社会工作的发展，主要在哪里，就是在社区里做事情。实际上，好多事情都是由政府决定的。比如，我们的经费政府管，我们的服务政府购买，我们的服务场地政府提供，如果政府不拿钱，社会工作机构就得关了。所以看似一个独立的社会组织，但实际上却没有太多的独立性。正常来说，国家对它的管理就应该是：自己注册，然后去登记。社会工作机构（非营利组织）一方面从政府吸纳资源，另一方面也应该从社会吸纳资源，甚至也可以采取付费服务的方式，这才是一个常态。在机构开办的时候，收入来源都标注得非常清楚，那就是政府购买服务，还有其他社会组织的委托服务，捐赠收入和营业性收入以及银行的孳息，这些是它的主要经费来源。但是目前看全国的社会工作机构，特别是在辽宁地区，机构经费基本上靠的是政府拿钱购买服务，如果政府不拿钱购买服务，这个社会工作机构就办不下去。所以在我们这里，社会工作机构少部分是活跃的，大部分是僵尸型的，可能在等着政府购买服务和发展的契机。因为大家都知道政府购买服务是未来的趋势，所以他们为未来而准备着。

我觉得我们目前社会工作发展的困境，就是没有搞清楚到底应该是专业性质还是志愿性质的，所以提供的服务让别人有质疑。比如说我们的个案就是聊天，小组就是玩游戏，社区工作就是做活动，这也是别人所诟病的："你的社工到底专业性在哪?"

我们社工提供的服务大多是表面化和浅层化的，还有一个就是活动化的。在社会工作机构发展过程中，我们专业服务的能力还不够。比如，做社区治理方面的社会工作服务，在我所在的地区，这些社会治理服务基本上都是政府的行政单位或者行政事业单位提供，它们是高度垄断的。如果你想去提供这样的服务，必须通过一个体制的购买或者是进入体制才有可能。这就导致了社会工作机构在服务过程中有很多无力感，你不知道走向何处。所以说我们社会工作机构的主要特点就是体制吸纳了社会，我们社会工作在本土化的过程中缺少自主性和独立性，这是它存在的问题。

我觉得，我们本土社会工作的知识体系也需要重新建构。学生在课堂中所学的社会工作知识，基本上都是西方舶来的。西方舶来的社会工作知识来源于宗教组织和宗教思想，西方国家的知识基础是个人主义的；而我们国家的知识基础是集体主义的。这样一些想法和思想，带来的结果就是个人主义和集体主义之间的冲突，这也是社会工作知识体系中一个需要解决的地方。从发展模式和伦理上看，西方的伦理和中国的伦理是不一样的。我举一个简单的例子：我们经常在上课的时候说要保持文化敏感性，要包容、接纳、不批判。可有的时候我们做事情过于一刀切，不接纳、不包容，紧接着就是各种批判。伦理上的接纳和内化，也是我们面前一个很漫长的道路。

在方法和技巧上也存在这样的问题。在我们的社会工作知识体系中，不论是本科生还是研究生的教育，我们特别重视学科化，而不重视专业化和职业化，所有培养都是以研究为取向的，并不是以实务为取向的。实务理论大部分都是舶自西方，它到了中国，就有水土不服的问题。这种学科化的培养，导致我们的学生不断地去做研究，而不去做服务，等到他们进入社会工作的时候，就会发现所学的东西都是纸上谈兵，没有用武之地。这给我们的社工学生带来了一个很大的挫败感，所以我想应该重新建构我们社会工作的知识体系，从学科化走向专业化。我提出这种观点可能会被别人批评，因为社会工作专业要想在高校立足，就必须按照学科化的体系去发展，没有学科，将来可能会面临大问题。

说到社会工作发展存在的问题，我觉得主要的还是如何处理好政府与社会之间的关系问题。我们的社会工作发展是一种依附性发展，因为它是资源依赖性的，社会工作想要发展，就必须要有相应的资源。资源从政府来，由政府给提供。所以我经常和学生开玩笑说，社会工作机构的发展得有资源，就像以前说的兵马未动、粮草先行。政府那么多的部门，哪个部门有云彩，哪个部门能下雨，我们就得跟哪个部门去合作。很多学生在参与项目的过程中发现：政府对社会工作的支持并没有形成规则，有很强的人治色彩，一旦领导变换了岗位，项目可能就会停掉；还有就是前任领导做的事情，新继任的领导由于不了解不熟悉情况，他需要重新学习和形成新的认识，拨款速度可能就会很慢，甚至资金拿不到手，工资暂时解决不了。学生在实践中知道了社会工作机构发展如此艰难，就会不选择社工，一是毕业以后不去做社工，二是没有毕业就转专业了。这些都是社会工作发展中很重要的问题，需要国家在制度层面来加以解决。

再有一个问题就是社工的实践权。社工看似很有能力，但社工经常有无力感。我给大家举一个例子：我们当地一个 12 岁小孩辍学了两年，我们在社区服务时偶然发现这个孩子辍学在家。他爸爸经常酗酒，妈妈是一个智力残障人员。社工团队去评估这个家庭，发现小孩辍学却回不了家，一天只能吃一顿饭。社工找孩子的学校，学校根本就不知道你社工是干吗的；然后我们找妇联，妇联说也不好解决。如果社工有实践权的话，根据相应的规定，我们就可以去链接相关的部门，寻求组织资源，得到政府相关部门的配合，我们社工的介入就会更有成效，我们的工作就更有价值了。实践权的缺失，也是社会工作发展过程中很重要的一个问题。

这些问题之所以发生，还是跟我们社会工作的发展历程有关。一个是我们社会工作发展时间短，另一个就是我们大部分社会工作也好，其他的行业也好，在中国的发展模式一向是先发展起来，再规范。我们缺少一个顶层的制度设计，所带来的结果就是社会工作发展这种乱象。实际上，这对于我们社会工作来说是一个非常大的风险。还有一个是很多政府机关，包括我们的行政部门把社会工作机构和社工从业者当成了志愿者。每年我最悲哀、最难过的时候就是有人把我们社会工作机构评选为志愿者组织。我觉得政府一方面是很重视我们，但另一方面又把我们给曲解了。我们是社工，是专业人士，是一个职业，我们不是志愿服务者。更难过的是很多政府部门和其他组织认为你是志愿者组织，所以给我们购买服务项目的时候，他只给你活动经费，而不给你人员开支。带来的结果就是社会工作机构为了活下去，就会到处去托关系，找资源，更危险的是得不到政府和社会的公信力。我前一段时间听我们当地某领导说："社会工作机构这样的社会组织，不是太少，而是太多，不能相信他们，社会组织只会做假账。"如果社会组织出现了做假账的现象，我想，我们应该思考的是背后哪里出了问题，社会组织为什么需要做假账，这个问题也是我们发展中的一个很大的问题，也是我所担心的。那么社会工作机构怎么能够发展起来，按照王思斌老师所说的是嵌入，要嵌入到原有的行政体制中去。但我觉得原有的行政体制是嵌不进去的，只有人家给你让出空间，你才能嵌入进去，硬嵌入是不行的。

所以，我想只有政府意识到了必须由社会组织来承接一些服务，把空间让出来，然后我们才有嵌入的可能。另外一个，我们不能仅仅考虑嵌入到原有的体制之中，我们还要嵌入社会，也就是说，要双向嵌入，一方面找政府资源，另一方面找社会资源，只有这两者结合起来，社会工作机构、社会工作的发展才有希望。

（二）畅想未来

对我自己的个人定位，我觉得我还是一个高校老师，所以教书育人是我主要的工作和人生任务，我的机构的组织使命是通过社会服务引领学生，然后锻炼学生的专业能力，这是我做机构的初衷。那么我的机构未来的发展，还要秉承这一初衷，通过专业社会服务来锻炼学生的专业能力，实现生命影响生命的愿景。同时我也希望机构能够有更大的发展，能提供更多的服务，

在社区开展亲子教育大讲堂。

同时也能有更多的资金，形成一个非常规范的购买体系，形成可持续的发展目标。然后我会逐步从机构里面退出来。因为，毕竟我是高校老师，由高校老师领办社会工作机构，起到的是引领示范的作用。当将来有一天，社会工作机构已经如火如荼地发展起来，形成星火燎原之势的时候，我们高校老师领办社会工作机构的使命就结束了，就应该回到学校里面去，去做他的本职工作。这是我个人的想法，当然不代表全部，因为我知道有些地方，高校老师在领办机构的过程中，慢慢地从高校里面退出去，不再做教师了。但我自己还是非常热爱教师事业，所以我可能将来会回去，把我这些年在创办机构过程中的所思所想和所观察到的东西，总结成课堂教学素材。那时，我会以一个高校老师的身份再去反观社会工作机构，把更多精力放在推动学术研究上。

给已经创办机构，或者正在创办机构的老师一些建议，就是如何去平衡好教学、科研和创办机构之间的精力分配。因为有的时候，当教师、做学问需要坐住板凳，要静下心来，但是办机构就需要你去寻求各种各样的资源，链接各种各样的关系，同时还要参与一些机构的日常管理事务。人的精力是有限的，需要做好取舍和选择。

我也希望中国的社会工作发展，能够形成更加完备的体系化。首先，什么叫社会工作？它是在一定的社会福利框架下，采取社会工作的专业方法，去实行的助人自助、解决社会问题的工作。它得有一套福利框架。我们的福利框架是什么？就是我们的社会政策和法规。我们的学生在学习的过程中，往往不了解社会政策法规。所以应当把中国现有的社会政策法规，很实务化的这些法规，当作我们的课堂教学内容。因为研究是学科化的，而实务是专业化的，两者应该形成共济共补，让学生真正地学有所用。举个例子，我的学生在做临终关怀服务的时候，想到链接一点资源给这些服务对象。但他们发现，去链接资源的时候完全搞不懂临时救助怎么办、医疗救助怎么办。由于不了解社会政策，不知道到哪里办理，不知道流程，不知道到哪链接资源，带来了很大的困扰。而我们的课堂中，是缺少这一课的。还有我们的“三大方法”，现在我们的学生一问，他都知道社会工作是什么，助人自助，服务对象自决，背得很轻松。但是助人自助背后的意义是什么，服务对象真的能够自决吗？服务对象在多大程度上在什么意义上要自决？这部分内容学生们学不到。还有当问到学生社会工作怎么干，他们的回答就是个案、小组和社区。但是个案、小组和社区，到底应该是什么样的个案工作，什么样的社区工作，什么样的小组工作，都是西方舶来的，学生也好，老师也好，很难能够给予专业的指导和实践。我们的学生在学校里学习了三大方法，但是对于三大方法到底应该如何运用，那些直接服务的技巧如何契合我们本土的文化，目前在我们这里还没有形成专业化。为什么呢？我觉得一方面是我们的老师在实务领域上应该进一步加强，如果老师们不去做实务，将来高校里面培养的学生的水平和质量就难以过关。随着社会工作实务的开展，也许有一天高校从事实务类课程的老师会被学生赶下课堂，这是需要我们警觉的。如何本土化，形成我们自己的特色，践行我们社会工作的专业价值观和适合本土的社会工作的方法，形成一种体系，这可能是我们未来社会工作中都需要去发展和面对的。还有我们的职业化体系，为什么大家做社会工作一两年，就都成老员工了？就是因为我们的职业体系有问题。目前社会工作从业者的薪酬评价还是非常低的，特别是在北方，我们现在还没有形成一个完整的购买体系和薪酬评价体系。如果将来还是没有一个职业体系建构出来，对社会工作的发展还是有很大的阻碍的。南方的社会工作机构可能好一些，已经有专岗和一些部门专门设立的岗位购买。而在我们这里，还是困难重重，发展还是有很大的空间的。欠发达地区的社会工作发展和发达地区的社会工作发展不均衡，与我们国家区域政治经济的发展不均衡是有很大的关联的。

访谈员后记

大学本科毕业的我一开始是没听说过社会工作专业的，更遑论是社会工作机构了。2018 年为了提升自己的学历层次，通过查阅报考指南，看到了社会工作专业硕士。之所以选择这个专业，是因为只需要两年的时间，可以节约自己的读研成本。读研后才对社会工作有了一个模糊的认知，为了做好这次访谈，我和伙伴们认真研读了访谈提纲，直接参与了这次访谈，对社会工作有了更加清晰的认识，也看到了老师在这一过程中的艰难和锲而不舍的精神。中国社会工作正是因为有了这些老师的坚守，才有了今天这样的发展。通过了解老师创办青杨社会工作服务中心的艰辛历程，我才知道专业的社会工作者对于有需要的人们的意义，也知道了在欠发达地区发展社会工作是一件多么艰难的事情，更看到了老师对专业的执着信念，也是被老师这种执着的信念影响，我才对社会工作有了一份坚守。

身为高校教师，张青老师身上有一种教书育人的使命感。访谈过程中，时刻觉察到老师用生命影响生命的社会工作价值观，那满满的正能量时刻传递给我们这一群小伙伴。整个口述史访谈过程中，她都会借用自己的经历教育我们要有责任心，要不断学习提升自己，要对社会有所贡献。无论机构的工作有多辛苦，她都尽量平衡工作和家庭的关系，老师给我们树立了很好的榜样。刚领到采访任务的时候，我是有点畏惧和担心的，因为从来没有做过口述史这方面的工作，担心做不好。可是在访谈的过程中，张老师的娓娓道来，使我放下了包袱，看似艰难的工作，却成为我们学习的过程。社会工作的助人价值观已经在我们心里生根发芽。这是我们做口述史的所得，也恰恰是社会工作的魅力所在。

机构简介

沈阳市沈北新区青杨社会工作服务中心成立于 2014 年，由沈阳师范大学社会学学院张青老师领办。机构成立以来，以扶老弱、助病残、携青幼、建社区的理念，服务于社区中有需要的人群，如残障人士、留守儿童和流动儿童，承接各级各类服务项目 10 余项。机构接受过曾经推动中美乒乓外交的美中关系全国委员会的到访，赢得了国际赞誉。目前机构获得了“民政部基层社会组织示范单位”“全国百强社会工作服务机构”“沈阳市十佳女性社会组织”“沈阳市青教办先进集体”等荣誉称号。随着沈阳地区政府购买服务的开展，青杨社会工作服务中心已有专职社工 170 余人，成为东北地区规模最大的社会工作服务组织。

"有所为，有所不为" 求索在社工道路上

——李娟副教授访谈录

访谈时间：2018年12月6日上午9:00—10:30

下午2:30—4:30

访谈地点：内蒙古大学图书馆讨论室

访谈员、整理者：邓若飞

受访者简介：李娟，内蒙古大学民族学与社会学学院社会工作系副教授，硕士研究生导师。中国社会工作教育协会高校教师社会工作机构专业委员会副会长，内蒙古社会工作协会社区工作委员会副主任兼秘书长，内蒙古自治区党委组织部备案社会服务专家。2017年以来一直是自治区政府领导对口联系的社会服务专家。主持国家、省部级专项基金项目12项，参与编写《司法社会工作实务》《内蒙古家庭教育读本》《公共关系》等教材和专著5部，发表学术论文20余篇。2015年创办呼和浩特市有所社会工作服务中心，兼任理事长。2016年创办呼和浩特市赛恩斯公益组织研究与评估中心，兼任理事长。内蒙古自治区第九届"草原英才"。

编 者 按：内蒙古自治区大部地区属于牧区，开展社会工作服务非常不易，加之当地社会工作发展水平相对比较低，因此，在内蒙古地区创办社会工作机构以推动和开展社会工作服务显得更加难能可贵。李娟副教授正如其机构名称所言，尽其所能，有所作为。与许多创办机构的高校教师一样，李教授的辛勤付出和重要贡献令人尊敬。

一、滴水穿石，坚守本心

我们需要承认一个事实：在社会工作实务方面，内蒙古等诸多内陆地区的发展较沿海地区差距还很大。深圳作为沿海地区社会工作实务发展的标杆，易松国老师2007年就创立了深圳第一家注册社会工作机构，也是中国第一家由大学老师领办的专业社会工作机构。内陆地区起步晚、发展慢，差距将会长期存在。作为内地高校社会工作专业的老师，我觉得，提高自身实务能力，理应成为每位社会工作老师应当承担的责任和应尽的义务。

作为民族学与社会学学院第一批带领学生去南方机构实习的老师之一，两年的南方实习经历，于我而言，收获有很多，感触也很多。对于一个具有民族特色的内陆地区，经济发展和政治发展层面不同，文化形态层面亦有差异，思想认知层面尚未足够开放。学习沿海地区前沿的社会工作经验固然是十分重要的，但是想要在本地区开展社会工作服务，还是要结合本地区的具体情况和民族特色，不断在本地服务经历中提炼出适合本地区的实务方法。

那时已是2014年，我第一次产生了创建一所社会工作机构的想法。决定注册一所社会工作机构需要考虑很多因素，而在长期的思想斗争中，我最终还是决定创办，主要有以下几个方面的考虑。

从实务教学层面，能有一所自己的社会工作机构，学生就可以不必全都千里迢迢到南方去实习，可以为有意愿的学生提供另一种选择。此外，学生可以利用机构的项目，在校期间进行社工兼职，积累更多的实务经验。而我，也可以通过机构这个平台实现理论与实务的结合，不仅能提高我的实务能力和教学质量，也能更好地体现专业性，实现双赢。这大概就是我创办机构的初衷吧！

从专业发展的层面，本地多数人对社会工作的认知度还很低，不知道何为社会工作，社会工作是做什么的，甚至至今我身边仍有人不知道我在做什么。所以，有必要创办一所社会工作机构，让别人知道社会工作能创造什么社会价值、能提供什么社会服务，这对社会工作的专业发展而言是很重要的。

从个人层面，作为一名大学教师，平时的教学工作已经占用了很多时间。而且，作为一个3岁孩子的母亲，照顾孩子也必然需要耗费很多时间。好在孩子到了读幼儿园的年龄，我也稍有了一些自己的时间。

其实后来发现，注册并经营一所社会工作机构并不是原来想象的那么简单，除了时间，还要耗费很多精力、感情。在这个过程中，我感受到压力很大，也无数次想过放弃。最终的坚持，可能还是无法割舍内心对社会工作的那份热爱吧！

虽然很早就着手注册机构，但因为家庭的一些事情，正式成功注册机构的时间是 2015 年 4 月 16 日。说到机构注册过程，真有点令人啼笑皆非。

民族学与社会学学院在学校的南校区，而南校区位于呼和浩特市的玉泉区。考虑到初创机构，经验不足，就没必要做得过大，服务范围在玉泉区就可以。于是我就去了玉泉区民政局，并按照章程申请注册一所社会工作机构。搞笑的是，工作人员不知道社会工作机构是一个什么机构。局内分管社会组织的一位副局长特意找我谈话，说我申请的是非法组织。

我自认为自己还算能言善辩，可当时真的无话可说，或者说我已经失去了解释的欲望。相持下去无疑是浪费时间，于是我果断离开了。在呼和浩特市之下有四个城区，玉泉区是这种情况，推而广之，想必其他三个区也会是同样的情况。想到这，我决定直接去呼和浩特市民政局注册。

令人欣慰的是，呼和浩特市民政局对社会工作机构还是有所了解的，并且有两个专门的科室负责社会工作，一个是社会工作科，另一个是社会组织管理科。但是这两个科室却相互推诿，来回“踢皮球”，于是我就在这两个科室之间徘徊。

我有个特点，就是决定了的事情，不到万般无奈的情况下，我是绝对不会放弃的。慢慢地，即便两个科室之间依然相互推诿，但工作还是一点一点地往前进行。比如他们说章程不合适、业务范围不合适，哪里不合适我就改哪里。改完之后，再让他们审核。再比如他们说申请的资料不全，那我就去补充缺失的材料。总之，一回生二回熟，和他们的关系拉近了很多，之后的工作也进展得顺利了不少。

注册完成后，还需要社会工作科的盖章。当时，我和社会工作科的段科长约好时间去盖章，但因为学校临时有事就耽误了。后来，我再去时，科长已经调走，新科长一直不肯给我盖章。这个章又来来回回耗费了一个月才盖下来。

盖完章，还需要去行政大厅审批。因为社会工作机构的审批环节很复杂，每一步都很困难，行政大厅负责审批的人也说：“别人注册一些社会组织，比如一些协会之类的，就很容易，为什么你注册的这个社会工作机构就那么困难?”慢慢地，我跟他就熟悉了，久而久之，我们也成了很好的朋友。

经过注册社会工作机构的整个过程，让我感触很多。很多事情，我们特别希望它能顺利，但如果真的很顺利，或许当时给你办事的那个人就仅仅是一个过客，他不会对你有任何的影响。而如果当时恰恰因为事情比较曲折和复杂，中间也不乏摩擦，这样反倒是有很多意外的收获，或许就印证了那句话：不打不成交。此外，我还理解了另外一句话：好事多磨。在申办机构之初收获的这些启示，对我以后的为人处世都有很大影响。它让我能以更平静的心态面对生活和事业，不那么期盼每件事情都能很快地完成，当有那么一点点不顺利时，也相信那是一个很好的安排。也许恰恰是因为不顺利，我们与这些人的接触就会多一些，感情就会好一些，也为将来的进一步交往奠定了基础。

呼和浩特市的社会组织还算不少，但从事社会服务的组织却屈指可数——我注册机构的社会组织编号是016。机构少没关系，我们可以慢慢发展；注册过程复杂也没关系，只要一步一步来总会完成；但最让我感受深刻的是，我发现那么多人都不知道社会工作，更不用说社会工作机构。

正因为社会以及社会中的人对社会工作的不了解，也就更促使我一定要办一所社会工作机构。如果大家都不知道我们社会工作这个行业，不知道这个专业，我们这些老师辛辛苦苦培养的学生做什么呢？所以，越是在这个过程中遇到各种困难，想让他们知道社会工作的这个欲望就越强烈。就像恋爱一般，越是父母不同意，他们两个可能就抱得越紧；越是大家不了解社会工作的时候，我就越想能有一个社会工作机构，让更多的人知道什么是社会工作机构，什么是社会工作。虽是叛逆，亦为本心。

二、心无旁骛，负重致远

迄今为止，我仅创办了一所社会工作机构——呼和浩特市有所社会工作服务中心。

创办前，初生牛犊不怕虎，无所顾忌。创办后才发现，很多事情较想象确实骨感了不少，许是因为常居学校一心只顾教学，对社会其他事务鲜有参与的原因吧！机构作为正式的法人单位运营时，一系列的问题就会出现。

即便机构一项业务没有，每个月还是要报税的。报税对我而言是一个生僻的名词，这也直接导致了最初的几个月都没报税。除了要自费交罚款外，还要办理一系列手续。创办前考虑得少，后来才知道，机构只是一个载体，若没有项目支撑，机构本身的运营都会受到冲击，更不用说给学生提供一个实习基地了。

说实话，在创办的过程中，家人并不支持我，尤其是妈妈非常反对。

反对的原因主要有两方面：一方面是我孩子还小，应该把仅有的空闲时间更多地留给孩子；另一方面，在她的观念中，大学教师是非常令人羡慕的好职业，接触的对象都是学生，我却自降身价去成立一个她没听说过的机构，跟形形色色的人打交道。在她的刻板印象中，大学才是阳春白雪。但手续一经办理完成，便无法退回。妈妈就每天拿这件事跟我生气、冷落我。总的来说，在这个过程中，妈妈给我的阻挠还是挺多的。我老公对此并没有明确的态度，没有强烈地反对我，也没有明确地支持我，不过他也觉得专心做一个大学教师更好些。

此外，在创办机构的过程中，提出反对意见的还有我的博士导师。

导师认为我是一个非常有灵性的学生，如果投身学术研究应该会取得很好的成绩，成立社会工作机构需要耗费大量的时间和精力。其间，导师与我进行过数次谈话。每次谈话结束，我其实还是有所动摇的。但后来又想，还是觉得不能放弃机构。那时候，我深切感受到一句话：开弓没有回头箭。导师依然对我很惋惜，因为这几年我的科研成果不多，他觉得我错过了人生中做科研最好的年华。就在今年年前，我打电话给导师问好，导师对我创办机构的事情依然持保留态度。的确，有时一年下来，在机构忙忙碌碌，我原计划的论文没有发表，本应该结项的课题也没有结项。

所以在这个过程中，我压力挺大的。一方面是机构运营过程中碰到的压力，另一方面是我需要对身边重要的人有所交代的压力。

除此之外，还有一些其他顾虑，比如学院领导的态度、同事的态度等。

作为一名大学女教师，不踏踏实实做自己本分的工作而去成立机构，这显然是不安分守己的表现，很大程度上会遭到领导和其他同事的非议。而且很多人都认为，做机构一定是可以挣到钱的。因为我们背后都会有一套判断的逻辑，无利不起早，若无利益可图，谁会心甘情愿去付出呢？考虑到这方面，言语的解释显然没有说服力，唯有比原来更加用心去做本职工作、谨言慎行才能让别人无话可说。

之前并没有仔细考虑过，现在突然觉得其实还有另一个顾虑，或者说很多看似执着于事业的女性都会有的顾虑。在我们的传统思维中，发展事业更多的应该是男性做的事情。一名女性已然是大学教师，工作环境优越且受人尊敬，若还要在外面做机构之类的，他人会觉得这个人太有野心。而当大家认为这个女性太有野心的时候，不仅他人会给这个女性设限，她自身也会不自觉地给自己设限。男性会觉得你太有野心、不好相处，女性也会感觉你有点讨厌，大家都是这样，为何你偏要与众不同？

在这个过程中，风凉话很多，也有很多身边的女性劝我说，女性要以家庭为重，在外做机构会影响孩子、影响家庭等。其实听到这些声音后，我完全不受影响是不可能的，再加上我妈的旁敲侧击，无数次我都有过动摇。而这种情况，也一直持续到现在。

最近我也在自我反省，或许我做机构并没有使出浑身解数，没有尽全力。有时候会很想好好做，有时候受到这些声音的影响，又会觉得做得差不多就行了。总之，我觉得自己并没有尽全力好好运营这个机构。

我觉得，但凡给我建议或对我所做事情持有态度的人，对我而言都是很重要的人。他们的意见和建议我还是很受影响的，所以，我一直期盼着，期望有一天能把机构做好，有机会向他们证明我的选择是没有错的。同时也希望，当我证明过之后，他们能理解我当时的想法。

三、敢为人先，身体力行

呼和浩特市的社会工作机构开展较为迟缓，多数机构专业性较差。有所社会工作服务中心（以下简称“有所”）应该是整个呼和浩特市注册的第三家社会工作机构，属于专业性较强的机构。机构在2014年后半年开始着手准备注册的相关事宜，于2015年4月16日正式登记，从呼和浩特市的社会工作机构当前的状况来看，“有所”也是发展相对较好的机构。

机构注册之初，没有工作人员，全由我一人打理和运营。发展至今，已经有5位稳定的工作人员，当然也有一些兼职社工。而呼和浩特市多数社会工作机构尚没有长期稳定的在职社工，“有所”能长期固定下那么多社工，在呼和浩特市应该是唯一一家。

在呼和浩特市社会工作机构中，“有所”承接过的社会服务是相对较多的，而且如今已经从原来比较“杂”的社会工作服务向相对“精”的社会工作服务靠拢。而我，从原来的迷茫彷徨，到现在方向明确，也已经走过了四五年的时光。

当初，政府有什么项目我们就申请什么项目，申请成功了就做这个项目。不过现在已经有所不同，好多项目都是我们机构在实际推动。也就是说，很多项目原来是没有的，但是经过我们机构在实务过程中的探索，发掘了很多社区乃至社会的需求，然后经过不断倡导和推动，才逐渐有了这些项目。只有经过这样一个不断努力的过程，政府才会在年底预算中留出这部分项目资金，明年才有这个项目的购买。

机构原来提供的服务种类比较多、比较杂，现在有几个已经不再做了。在机构的发展规划中，我们要集中精力在儿童和青少年领域，并在不断的实务过程中，充实这些领域。比如今年，我们会把家庭暴力的一些新内容纳入儿童青少年服务领域中，这样机构的专业性也会越来越好。

我觉得任何一个机构就如同一个企业，这个企业的成败与负责人有很大关系。企业如人，机构如人，在这个过程中还是应该坚持一些机构本来的特点，这样才能走得更远。

我们在走上正轨的过程中，也在不断找寻自己独特的地方。找自己的特色服务以及擅长的领域，以求在市场的细分或者社会服务的细分过程中，发挥自己的优势，不求特别泛、特别广，但求精、专。

机构经过这几年的发展，在组织结构上已经逐渐清晰。而我的角色和作用，也有一个非常大的调整。

机构成立之初没有专职的工作人员，只有我一个人。所有手续的办理、材料的书写，都是我一个人操作完成的。为了不想花费资金请专职会计来报账，我学习了一整套的报账流程。此外，社区的一线服务也是我亲自去做，如社区的小组活动。所以那时，谈不上是机构的管理者，更像是一个做一线服务的社会工作者。后来有了项目和资金，才开始有了第一个专职人员，然后第二个、第三个，慢慢地我也从一线事务中解放出来。

现在，我主要承担三种角色。第一种是机构的管理者，负责机构的发展和整体的方向以及项目的整体运作；第二种是督导者，更多的是在专业层面给一线服务的社工做一些指导；第三种是资源的链接者，主动为大家链接一些资源，争取一些条件，这样开展项目会更加通畅和方便。久而久之，社区的一线服务我做得相对少了一些，但也不是完全不做。对于一些比较典型的个案服务，工作人员缺乏这方面的能力，我是会亲自带领完成的。比如本周，我们打算做一个家暴的个案，社会工作机构的其他工作人员并不具备这方面的知识和能力，这个我是打算要自己做的。

亲自带领做个案的过程中，往往会有一个问题——角色模糊。

现在机构的工作人员中，专职工作人员有50%是我自己的学生，在服务的过程中区分老师和管理者角色不太容易。作为他们的管理者，我可能对他们有更多的要求，很多事情不用让我提醒，他们本应该做到。但作为他们的老师，我又想在他们做得不好的时候，及时纠正或者给出自己的建议。所以说在这个关系的边界上，有时候有些模糊。不过我能意识到，这对管理是十分不利的，而且往后大家可能对领导或者管理者产生一些误解。

当下，机构尚没有形成自己独特的、完备的治理结构和管理模式。因为机构发展到现在，规模上依然不算大，几乎每个人都是身兼数职。现在的基本的管理模式是，双重角色并行。一种角色是，每个人都有一个行政角色，在机构事务或者项目运作上负责一部分；另一种角色是，社会工作者，也就是每个人都能做一线的服务。此外，我还把我的学生尤其是研究生也纳入这个体系里，这算是我对他们非常重要的一种培养模式。

很多社会工作专业学生在学校里尚未接触到真正的社会工作，就放弃了社工这个职业，我感到很惋惜。所以，在心理层面，无论他们是否接受这种培养模式，都要参与其中。我想让他们真正接触到社会工作，再进行自己的职业选择。

此外，从另一个角度看，只有当他们有了充分的实务经验，才能不断发现好的社会工作实务论文选题。虽然做实务确实辛苦，但经过实务过程后，他们写论文也会相对轻松很多。而且，在服务过程中，他们或许会觉得老师的态度特别严格，但当他们走完这个过程的时候，他们会发现自己原来收获了那么多，那种收获与启发不仅仅是停留在论文中，而是能真切感知到的。

所以，不管大家是否理解我，甚至对我怨气冲天，我都会按照我的方式来培养学生。我非常钟爱老师这个职业，我愿意倾尽全力，倾尽我的全部感情来做这件事情。

而机构目前也面临一些问题。

一是人员缺乏。机构当前的首要问题应该就是人员的缺乏。有的机构会在有项目时招人，项目结束了就把人辞退，这对工作人员会造成很大伤害，也是我所不能容忍的。在用人上，我会十分谨慎。即便项目终结了，短期没有合适的项目，我也会拿自己的工资支撑机构工作人员的薪水和整个机构的运营。这意味着我在招人时会十分谨慎，宁缺毋滥。当前的人员短缺或许与这种谨慎有直接关系。

我对这个难题的应对方式就是：每个人都承担相对多一些的工作，相应地也会给予他们更好的待遇。综观呼和浩特市的社会工作机构，"有所"的待遇是非常好的，即使跟一些企业相比，我给的待遇也是不错的。我有一个思路，我希望他们每个人都有一个很好的收入。所以，一方面我精减机构的人员，另一方面在没有项目的时候，我会给他们链接一些外部的资源，他们可以去别的地方进行"兼职"，这样他们的收入就会更高一些。

其实，当机构的分工足够明确的时候，也不会有太多的事情，大家稍微紧一下就可以把工作完成。我不会轻易把任何一个工作人员辞退，除非他不符合工作要求或者他本人已经不愿意继续留下。在机构解聘的员工中，基本上都是因为专业背景或者个人能力不足或者最重要的价值观问题，不适合在机构继续工作，我最终才将其解雇。

二是角色不明确。关键在于我，我的角色分得不太清楚，前面也提到过。因为机构工作人员好几个都是我的学生，我总是会不自觉地以一个老师的态度去培养他们，而非作为一个管理者去要求他们，更多的是注重对他们能力的培养，但他们却不一定会非常珍惜。我想再等机构有一些发展之后，可能会请专门的管理人员来运营机构，我会慢慢地退出机构的管理，主要做专业方面的指导。

三是工作滞后和沟通不畅。因为人员比较少，大家的分工会出现交叉，交叉分工的状况下，可能每个人的角色也不是特别明确。所以，有时候也造成工作滞后或者是沟通不畅。当前由人员不足造成的一系列问题还没有特别好的解决办法，未来一段时间里，还会持续这种状态。当机构项目比较稳定、方向比较明确时，行政人员和一线服务人员肯定是要剥离开的。

我在机构中投入的时间、精力和经费确实非常多。因为一个机构的运营就像培养一个孩子一样，点点滴滴。作为老师，真的相对容易很多。老师负责的往往是课堂上的讲述，哪怕有时候讲得不到位，下节课还可以弥补，就整个教学而言不会产生什么严重的影响。但是，机构工作就不同，哪怕任何一点疏忽，都可能出现问题，所以投入的各方面的资源都会很多。

“有所”的经费，我一直在投入。除去最开始没有项目的时候，后来有了项目，但是这些项目经费依然不足以维持项目的开展以及工作人员的工资。于是我就试图通过项目的执行，去推动政府在这个领域最大限度地购买。这样不仅是我一个机构受益了，整个呼和浩特市的社会工作机构都可以受益。

推动一个项目更大范围地购买是一个很难的过程，这其中有一个很大的问题：如果想推动一个项目的扩大，那么当下的项目就必须要做得更好，也就是要完美达到预期目标甚至超过预期目标，这就必须要有更多的资金再投入，尤其是工作人员的工资。

从2015年正式登记到现在，基本上还是单方面投入。投入的经费已经很多，比如说去年，我应该有好几万元的社会工作师考前培训的讲课费，全花在机构的运营以及项目的拓展上。我常要求我的团队，每个项目都尽可能做得仔细和精巧。我们并不只是去完成一个项目，更重要的是我们要珍惜每一个项目。在完成这个项目的过程中，我们要思考团队的能力得到了什么样的锻炼，知识有了什么样的增长。最重要的是，在我们这个社会工作欠发达的地区，我们对本地区的社会工作行业的发展起到什么样的作用。

关于创办教师在机构运营管理中的角色和作用，不能一概而论。每一个老师创办的背景不同，在机构运营管理中的角色和作用也不尽相同。比如有的老师在创办机构之前，可能就已经有了项目，政府请他来创办机构执行项目，那么他可能从最开始，就是一个管理者的角色。但是我的经历就有所不同，我了解本地区社会工作发展落后的现状，又在南方机构学习的过程中决定要创办一家社会工作机构。这样一来，我的角色从最开始就是一名一线的服务者，直到后来才上升到管理者，但我还会承担一些一线服务。

前面也提到了，如果未来有合适的人选，我会从管理者的角色中退出来，因为它并非我擅长的领域。那之后我可能会去做一些一线的服务，一边做服务一边摸索一些一线服务的模式。还会去做一些督导的工作，以及做资源的链接者或关系的协调者等。这也算是我未来的一个计划吧。

“有所”本身也是一家小机构、新机构。如果这些小机构或新机构真的出现发展困难的情况，我觉得还是有一些办法的。

其一，要相信同样面临困境的机构不止一家，那么机构与机构之间可以抱团取暖，比如联合聘请会计、行政人员合并之类的，节省一些成本。

其二，机构再小、再困难，也要注重培养自己的服务团队，尤其是专业服务方面的人员，这样才会有竞争的可能性，才能在有项目时做好项目，形成自己的竞争优势。

其三，即便是再困难的时候，还是要坚持一些原则和底线，也就是坚持"有所为，有所不为"。有些项目对于机构或服务人员而言不适合，还是不能做。因为即便这个项目被机构拿到了，但在具体实施时因为缺乏各方面的能力和资源，项目执行过程中将会遇到很多麻烦，项目最终的评估也很有可能无法完成。这样会让机构的名誉受到很大影响，让机构处于更加劣势的地位，甚至永无翻身的可能。

其四，我认为作为机构负责人，在经历困难的过程中，需要做到两点：第一，要能坚持。第二，要舍得投入，投入时间、投入精力、投入经费。因为你不投入的话，它是不会自己慢慢变好的。该投入的时候还是要投入，既然选择了创办这个机构，那就必然要为它付出很多。

其五，越是困难的时候，越要寻找自己的特点，找到自己机构和其他机构不一样的地方。找到这个特点很难，但是一旦找到了，当你有了项目时，这将是小机构绝地反杀的一个非常重要的机会。

其六，机构的资金来源需要拓宽。对于一个机构而言，不能太过依赖政府的项目购买。不能说，政府购买你就有项目，政府不购买你就没有项目，这对一个机构的发展是十分不利的。"有所"在发展的过程中，除了政府购买的服务外，也有很多企业委托的项目，这样就给机构在资金来源上创造了更多的渠道，同时也提高了机构抵御风险的能力。

四、初心不改，有所不为

"有所"虽然在全国看来不算大，但在呼和浩特市乃至内蒙古全区来说也算很有影响的。这几年的服务项目覆盖了整个自治区。呼和浩特市的所有城区购买的服务、中央财政项目、呼和浩特市民政局的项目、一些其他单位的项目，基本上各个购买主体的项目，我们都承接过。所以我们还是属于比较幸运，也是相对经验丰富的一家机构。

机构服务方面，我对每个项目都特别珍惜，我会对服务的每个环节都严格把控，所以到目前为止，执行过的每个项目都有让我不尽满意的地方，还不能完全达到我原设想的那种程度。不过对于完成购买方的要求，肯定是绰绰有余的。

在项目实施过程中，我们更多地需要考虑到购买方的意愿，也就是说我们至少有一个底线就是要完成他们的验收。不过有的时候，这可能会违背我们执行项目的意愿。比如，有的项目已经执行几个月，我们可能才把需求了解到，才想更好地提供服务的时候，但它已经要截止了。截止意味着工作内容要完成，经费也基本上花完，当我们想去做一些更具体的事情时，却发现已经没有多余的经费了。这个时候，如果特别想做，那我就需要自己投入。

此外，还有一个问题就是服务经费的不足。我们这个地区，购买社会工作服务和其他服务不进行区分，不能把经费发给工作人员。那么当给员工的工资和补助不足时，无疑会影响到工作人员的工作积极性。

之所以项目执行过程中存在这些问题，我觉得还是因为我的团队专业性不是特别强吧！有时，他们在执行项目时并不能完全按照我原计划设想的那样完全执行下来，还是存在一些执行不到位的情况。

在机构项目和服务方面的建议，我还是想说那句话“有所为，有所不为”，机构不能因为缺项目就什么项目都接，还是应该慢慢归拢自己的项目方向，寻找自己的服务特点。其实身边不乏这样的机构，在做服务的过程中，也不能说是偷工减料，就是常出现一些服务不到位的情况。我个人觉得，机构如人，机构的发展立足于机构每一步的踏踏实实，这很重要。服务的过程要做到位、做踏实，这样与服务对象建立的关系就会好很多，对以后的服务开展也会有很大的帮助。

没有一个机构的运营是一帆风顺的，总会遇到困难。不能因为困难我们就选择放弃，但也不能因为不放弃而选择走“捷径”。走了“捷径”，你最终所得将远少于你丢失的。比如购买方的信任，与居民或服务对象建立的信任关系等，这些影响将是长远的。所以，现在哪怕处于困难时期，我也一样会坚守这样一个底线——“有所为，有所不为”。

五、亡羊得牛，痛亦快乐

创办机构是我非常重要的一个人生体验，在我的职业生涯中也是非常重要的一件事情。尤其是对我的专业知识方面有非常大的丰富和提高。

创办了机构，会获得一线服务的经验，那么这样就可以很好地与课本的知识相结合。比如如何与服务对象建立关系，教材上最多通过一些案例来讲原则，但是当你做了相关服务之后，你会明显感觉到你比别人有了更多的经验，这种分享也会更有说服力和参考意义。这种对自己经验的分享，一方面可以成为学生参考的素材，另一方面也是最主要的，可以开拓学生的思维空间，让他们知道社会工作这个专业是需要不断实践的。即便是其他行业，比如说律师，律师只熟悉法规就能办好案子吗？不是这样的。它需要你在不断实践的过程中，能做到清晰地把控、灵活地运用，这是任何一本教科书都很难讲透的东西。需要更多的实践，实践中去学会这些。

创办机构对我专业知识的丰富和专业能力的提高是不言而喻的，而且这种丰富和提高是非常大的。我庆幸于这样一种体验，让我觉得自己对很多专业的理念和方法有了更多的理解，也让我在专业知识以及能力方面更加自信。

作为一个老师和作为一个机构负责人，它所需要的一些能力和修为是不一样的。创办机构对我来说是一个全新的领域，我要接受很多以前没有接触到的话题、议题，要处理方方面面的事情，这对我来说真的是一个全方位的提高。所以我很庆幸自己创办了机构，这样才让我有机会发现自己也有这方面的潜能。

创办机构很好地拓展了我的社会资源，因为如果按照学校垂直的社会资源，我作为一个女性老师，基本上是轮不到的。那么通过创办机构，我就可以从学校这个垂直的资源链条的机制中跳出，通过机构这个平台拓展了自己的社会资源。在创办机构的过程中认识了许多高校的老师，我的本科学生就业以及研究生推荐之类的，就相对有一些优势。

另外，一些横向的社会资源，比如民政厅、民政局、妇联这些关系，都是在创办机构的过程中建立的。

创办机构对我的人际关系也有很好的拓展，这涉及各行各业、各个领域，比如在做儿童青少年服务的时候，就认识了一些做儿童青少年服务的志同道合的朋友。

就当前而言，创办机构对于学术研究影响是负面的。运营机构必然投入自己大量的精力和时间，而且一线服务现在还无法转化成科研成果。不过，虽然现在没能转化成科研成果，但我认为它的作用会慢慢显现出来，当我的实务经验积累到一定程度的时候，一定是可以转化成学术成果的。在这个过程中，我就必须要先放下一些眼前利益的追求，学着等待，用时间来检验这些成果。

另一个负面影响就是职称的评定。此外，对于收入影响也是有的。因为我把自己学校的一些收入也投入到了机构，本来年轻老师在学校的收入也是比较低的，而我又拿出一部分投入到机构，结果可想而知。所以，这几年我个人的经济状况还是比较紧张的。

对于家庭生活的影响还好。因为在机构投入的时间精力多了，可能在家庭方面投入会比较少。但是换个角度，我在家庭投入的减少，会激发其他家庭成员增加对家庭的投入。这样也会有一个好处，就是在这个家庭中投入得越多，他们也会更爱这个家庭。

对我个人来说，创办机构挖掘了我很多的时间和潜力。因为要做好学校的事情，同时也要做好机构的事情，这可能就牺牲了自己非常多的休息时间，以至于现在基本没有无聊的时候，同样也没有时间去不开心。我是一个容易被人影响情绪的人，但还有很多事情需要我去做，我就觉得没有必要把时间和精力浪费在那些可有可无的小事情上。对我而言，这一点是很有正向促进作用的。人的精力是有限的，把精力投放在机构上，至少我知道那是有意义的。

总体来说，创办机构对我的影响是正向大于负向的。它拓展了我生活的领域，让我有机会发现自己其他方面的潜能，提升了我的专业能力，夯实了我的专业知识，同时也拓展了我的人际关系，这都是非常正向的影响。如果用一句话形容我的总体感受，那应该就是“累并快乐着”。可以这么说，到目前为止，我一点儿也不后悔自己创办机构。虽然其中的付出只有我自己才知道，比如时常操心过度，白发较以前也增加许多，但是所有那些付出我都是愿意的。

如果让我再选择的话，我可能会更加坚定地去创办机构。不管机构将来能发展如何，但是这个过程，足以让我收获很多。这种收获不仅体现在对我的改变上，它更是一种辐射性的，最直接的就是辐射到了我的学生。

机构事务与学校事务不算冲突，如果非要说冲突，可能就是时间、精力的不足。但是机构对于培养学生具有非常重要的意义，我钟爱老师这份职业，我更希望能设法培养好我的学生，而机构给我提供了一个很好的平台，所以我一点也不后悔。以前曾经或许还有些许迷茫和犹豫，但现在只会更加坚定。

对想创办机构的教师的建议，就是首先做一个决定吧，可以对自己创办机构的行为做一个 SWOT 分析：你在这个过程中有什么优势、劣势、机会、挑战，分析过后再决定是否要去创办机构。在决定时一定要慎重，一旦决定了，我觉得不管你遇到什么样的困难，一定要全心投入。当你全心投入之后，一定会有收获，这个是毋庸置疑的。

所以我的建议有三点：第一，要在决定的时候非常慎重。第二，要在做的过程中全心投入。第三，要结合当地的具体情况，在做的过程中不断摸索属于自己的经验。因为别人给你的听起来很美，但是不一定对你真的适用，所以一定在过程中摸索自己的一个经验。

六、博采众长，宽以待人

（一）高校老师创办社会工作机构具有天然的优势

从角色定位上，社会工作专业的高校教师，社会认可度高，其专业性也毋庸置疑。在链接一些资源的时候，天然地比一些其他专业背景的机构或者个人更有优势。高校教师创办机构，其机构的专业性一般会更加好一些。因为老师这个角色根深蒂固，由老师创办的机构也会多多少少带有高校教师的风格。对机构而言，机构的服务也可能表现得更扎实。

高校教师创办社会工作机构对于学校而言是一个非常大的优势，可以很大程度上拓宽学生的学习思路。高校学生通过志愿者的形式参与到项目的执行中，这对未毕业的学生而言是一个非常重要的就业前的工作体验，对他们的就业和择业都有很重要的价值。另外，教师本身的业务能力也将有所提高，这种提高也会反哺到之后的教学科研中。

在机构创办之初，高校教师会在机构里注入社会工作的专业价值观、社会工作伦理、社会工作的基本守则等一些十分专业的知识。经过这种专业培养的服务人员，可以在服务过程中将社会工作的专业性极大限度地反馈给服务对象和社会，这对专业的发展将是十分重要的。

（二）高校教师创办机构的劣势也是很明显的

高校教师这个职业，长期在学校工作，缺乏与社会的充分接触。高校教师可能更擅长本专业的知识，但运营社会工作机构需要多方面的能力，这些也都是高校教师普遍缺乏的。另外在与一些部门对接时，往往会显得呆板，放不下身段。相对于一些企业背景的或个人背景的机构，这都是一些明显的劣势。

另一个可预见的劣势是，教师会在机构里大量投入自己的精力，这样对于科学研究还是有一些影响的。不过作为一门社会科学，科学研究本身就是要和实践相结合，否则何来研究对象？所以从这个角度上看，这个劣势也不一定是劣势，或许从目前来看相对劣势，但从长远看可能是一个优势。

（三）做机构要有的胸怀

有一段时间，在穿衣上很流行一个词语叫“混搭”，而现在更流行一个词语叫“跨界”。作为高校教师，尤其是一些应用学科教师，学会跨界，融入社会，是对自我也是对本专业的一个非常好的补充。可以试想，越来越多的老师可以走出校园，更多地接触社会，完成一些跨界工作。这种互动就是非常良性的，老师可以通过互动知道如何更好地讲授自己的专业知识，社会服务也会因高校老师的参与而更加专业化。比如我现在的一些学生，一边学习，一边参与到机构的项目中，弥补了他们在读研期间未能积累社会经验的弊端。那么，他们在毕业找工作时，显然会有优势，因为他们已经完成了学校与社会的融合，为他们直接走入社会奠定了很好的基础。

对于学科的专业发展，主要体现在实务能力方面的提升。因为学生在亲身经历社工服务的过程中，不断发现问题解决问题，实务能力已然有了很大的提高。当我们这些高校教师从事一线服务久了之后，我们对学生的要求也会有所提高，而且这种高要求我们知道提在哪方面更合适。所以基于自己丰富的经验，我们在修订教学大纲以及培养方案等方面，都能力所能及地作出自己的贡献。

其实，“有所”对于这个城市建设的推动作用要远比对城市中高校的推动更大。起初，我开始创建机构时，一些相关部门和领导对社会工作的了解是比较少的。但是在我们不断地倡导项目、不断地执行项目的过程中，与他们之间也必然产生一些交往、摩擦甚至冲突，这反倒让他们对社会工作有了一个更深刻的了解。有很多的社会工作专项的项目，都是我们机构来推动的。原来那些没有的项目，后来经过我们的推动，他们在做第二年的预算里面就会留出这方面资金来购买服务。

有时候，对于这种改变，我真的感到很欣慰。从开始成立机构，被人认为是成立非法组织，到现在大家对我的认可，尤其对于社会工作的了解和认可，我能感觉到变化真的是很大。

除了改变认知层面的贡献，我们机构另一个非常突出的贡献就是坚持了专业为先。

坚持专业为先，让更多的人了解到社会工作服务和一般志愿服务及一般的居家养老服务之间的区别。

此外，经过我们倡导，政府或者购买方已经允许在项目里开列一部分人员工资，这都是我们机构倡导的结果。

我觉得，做机构要有一种胸怀，不仅要着眼于自己机构的发展，更要着眼于整个行业的发展。记得有一次，我们自己一直推动的项目，在招投标时被别的机构拿走了。不高兴肯定是有的，但是仔细想想也没什么关系，至少这个项目从无到有，有了更多的机构参与进来，这对整个行业的发展是很有利的。只有整个行业发展好了，在这个行业里的机构才会越来越好。如果这个行业的整体环境不好，即便你发展得还可以，终究还是有限的。

其实这也是我做机构的另外一个收获，我觉得自己的心怀比以前宽广很多。因为不光要心怀学校的那些事情，心怀你自己的机构，还要心怀社会工作专业的发展，心怀本地区整个社工职业的发展。这是创办机构对我个人的重要影响。

我们推动了一个行业和地区的发展，然后我们的毕业生就能得到更好的就业；当我们的就业环境良好时，我们的招生质量就会有所提高；当我们的就业和招生好了之后，我们培养人才的信心也会更坚定……

从整体看，这是一个良性循环的过程。

七、社区服务，助人自助

目前，机构参与当地社会治理，主要是以项目推进的方式来进行的。

我所在的地区，如果没有一个项目作为支撑，任何个人或者组织想进入社区都是十分困难的。当然，如果你有项目，那么进社区会相对容易很多，社区给予你的支持力度也会大很多。所以，以项目为依托，参与社区治理，是我们现在最主要的参与社会治理的模式。我们每年都会承接民政厅社区社会工作的项目。

最初，社区居民对社会工作并不了解，对于“三社联动”这种概念就更不了解了。居民对我们的到来十分欢迎，他们也非常期待我们的活动。我们通过办各种活动，让他们享受服务的同时，了解到社工办的活动与以往其他组织或机构办的活动之间的差别。当他们了解到其中的差别时，其实我们就已经悄然改变了社区居民以及社区工作人员对我们机构的认识。

在进行社区参与之前，有一个非常重要的前提就是要先与社区工作人员搞好关系。只有当他们信任我们并觉得需要我们的时候，我们才能进一步参与具体工作。比如说有的社区，最开始社区的工作人员都不太欢迎我们，但信任关系建立之后，他们变得非常欢迎我们，还说：“你们说怎么做，咱们就怎么做。”

有了社区工作人员的支持，我们慢慢和社区的居民也就建立了联系。一旦我们与居民建立了信任的关系，那我们就可以向居民询问和商量一些事情。

这个过程最主要目标就是希望他们能把自己真正的需求告诉我们。关系未建立时，我们询问他们有哪些需求的时候，他们就说到一些十分宏大的需求，其实他们有一些故意刁难的意思。当关系建立好了以后，他们会把一些真实的、切实的需求告诉我们。在回应这些需求的过程中，我们之间就会更加信任。

之后基于这种信任关系，我们可以全面了解这个社区以及社区居民一些真实的需求，再以需求为导向按图索骥，参与到整个社区的治理过程中。在这个参与的过程中，社会工作者依然要秉承社会工作助人自助的原则。我们不希望只有通过我们持续帮扶，他们才能解决这些问题，因为我们终将撤离，唯有将社区居民组织起来，让他们能自己帮助自己才算是真正实现了社会工作“助人自助”的原则。

我们通过多方面的呼吁和整合，孵化了一些社区的自组织，通过这样一些自组织来解决他们后续的一些需求和问题。我们还会把一些自组织孵化成正式注册的社会组织，让他们也能够承接到相应的社区服务项目，来服务本社区的居民。而且，我们还在链接一些其他的社会组织，提供更加丰富多样的服务内容。其实，这也是“三社联动”的雏形。

在这个过程中，我们秉持“三社联动”的方式，秉承居民自治的理念，同时坚守着社会工作专业中的非常重要的一些原则和理念，所以我觉得我们从来都没有跑偏。经过几年的发展，我越来越坚信，做好社会工作，做你擅长的事情，不要去跑偏，就足够了。至于做不了的，可以链接更专业的人员、更专业的社会组织来做。而我们，如果能把社会工作的一些理念以及一些方法贯穿在我们的服务当中，就已经发挥了非常大的作用。

“有所”在本地区创建时间是比较早的，所以对社会工作的引领还是发挥了一些作用的。比如说一些新创办的社会工作机构，他们会积极与我们交流沟通，我们也会尽我们所能给他们做一些指导。对他们，我们希望起到一个规范化的引领作用，所以，在服务提供的过程中，我们都会做得很精细。

另外在社会政策以及人才培养上，我们也发挥了作用。我们在呼和浩特市最主要的服务地区是玉泉区，我们从最开始进社区都很困难，到现在不光是民政局支持，而且组织部也支持我们。比如说今年，玉泉区组织部出台了一项非常重要的扶持政策，当地的社区工作人员如果考取了社会工作师资格证，会根据政策进行工资上的奖励。奖励的额度是非常大的，若考过初级社会工作师每个月每人涨工资 500 元，考过中级社会工作师是每人每月涨工资 800 元。这个力度在其他的行业领域里面也都算是非常大的。

而这一政策的出台，其实与玉泉区当地开展的社区社会工作服务是密切相关的。而且，今年玉泉区还招了 20 位大学毕业生到社区民生岗位，充实我们现有的队伍。同时，鼓励现有队伍通过考取社会工作师证，来了解社区工作，提高专业能力的建设。

正是我们推动的服务让政府领导越来越认识到，社会工作者与普通的社区干部确实不一样，从而愿意培养一些专业的社会工作人才。

创办一家机构，对于社会工作在本地区的社会知晓度和影响力还是有挺大作用的。

在政府层面，从最开始区一级的注册机关认为社会工作机构是一个非法机构，到现在他们对社会工作机构特别了解，甚至还会专门出台一些相应的支持政策。我们对社会组织的孵化，都会以人民政府的名义签发。这样就比民政局一个单位签发，力度会大很多。

在居民层面，以前绝大多数居民对社会工作是不了解的，但是我们现在在很多社区都开展服务，不需要太多关于“我们是什么”“我们是来做什么的”之类的解释。

总而言之，我们高校老师创办社会工作机构，最主要是推动整个社会对于社会工作的认知和了解，推动整个社会工作行业进一步的专业化和本土化。从个人创办机构的体验来说，我认为高校教师创办机构，对于推动社会工作行业整体发展，是一个行之有效的办法。

八、本土服务　任重道远

本土社会工作的主要特点，是在坚持社会工作基本价值观和理念的基础上，结合当地的具体情况，对社会工作的具体方法适当修正。其特点体现在理念的一致性、方法的灵活性以及民族性，比如说要结合当地的地域特色、文化特色、民族特色，以及服务对象本身的需求特色等。

具体在落实的过程中还体现在对于服务模式的改变，对于理论和方法的具体应用，也包括伦理方面的应用。有些行为，可能在一种文化里它不违背伦理，但在另外一种文化里就会违背伦理，所以一定要结合当地的特点。

比如说，在内蒙古这个地区，蒙古族服务对象在语言、文化、服饰以及生活习惯等方方面面，与汉族相比都有非常大的不同。比如蒙古族文化里，对别人的接纳，就是敲开谁家的门儿都可能喝上一口水，这和他们长期的游牧文化有关系。

我们也曾碰到这样的情况：我们去蒙古族家庭做家访的时候，那位蒙古族的老太太特别热情。她早晨熬了奶茶就非请我们喝。但是，我们作为社工，要与服务对象保持一种专业边界，那我们可能不会喝这碗奶茶，但在她看来，那就是我们拒绝了她。所以说，我们还是很有必要去了解一些他们的文化的。有时，这个度可能会难以把握，也会因此碰到一些困难。但如果我们了解了当地文化，当她熬好了这碗奶茶，我们作为社工，如果去家访，不但要喝，还可以总结为家访的一个技巧。

社会工作，是一个不断实践的专业，要结合当地的一些实际情况，更要考虑到当地的文化特点。我们内蒙古大学的专业里，除了函授专业，也有蒙授专业。蒙古族之间，首先民族语言是相通的，他们在交流的过程中，会比用第二语言理解得更加深刻、更加透彻。

就全国社会工作发展的情况看，内蒙古地区近几年的社会工作发展很快。从大家不知道什么是社会工作，到现在很多地区都如火如荼地在培养社会工作的人才队伍，以及培育社会工作的专业机构，这些变化是很明显的。但是这种发展也有一个很严重的问题，那就是地区之间的不平衡。

其主要原因我觉得有两个：第一个原因是，内蒙古地域辽阔，跨度较大。各个地区，除了社会工作的发展，其他行业的发展也存在不均衡情况。社会工作发展的不平衡只是诸多行业发展不均衡的一个缩影。另一个原因，是发展快的地方往往离高校也比较近。高校对于社会工作的推动力是非常大的。而锡林郭勒、阿拉善那边就没有相应的高校，大家对社会工作的了解更是比较缓慢。虽然会通过一些培训来学习社会工作相关知识，但那些地方比较遥远，所能获得的培训资源和机会也相对少一些。

当前内蒙古社会工作发展还有一个亟待解决的问题，就是大家表面上都很重视社会工作，但是把这种重视切实转化到行动上，还有很大的距离。大家现在对社会工作已经有了初步的了解，但真正把社会工作纳入当前的工作体系中，还有一段很长的路要走。

内蒙古地区社会工作起步较晚，后发优势导致近几年社会工作发展的势头比较猛。但当它发展了一段时间之后，也会进入到一个瓶颈期。初期对数量的过分追求，包括对机构数量的追求、对服务对象数量的追求等，都是很不健康的。当做到一定程度之后，必然要回过头来反思存在的一些问题，开始把控机构的质量以及服务的质量。这其实也是诸多发达地区社会工作发展的一个必经之路，我想我们这边也应该是这样的。

九、专业发展　开拓前行

我个人未来的发展与机构的发展，其实是相互关联的。

（一）因为热爱就会坚持

首先，对于社会工作专业的热爱，以及对于机构的热爱是不会变的。努力推动本地区社会工作专业和机构的发展依然是我未来总体的目标和方向。

因为做多了意味着做的服务可能会很“泛”，往往会缺乏更加专业的服务。大家都知道，虽然社会工作在大的价值观和原则，包括一些理论方法上是一致的，但是在做一个分支领域时，还是需要一些更加细微的知识。所以，我对个人和机构的发展，总体目标是不变的，但是会在方向上做精细化的调整。

（二）高校教师办机构对社会工作发展起到重要作用

高校老师创办机构的未来趋势，就我自己而言，我觉得高校教师创办的机构，在我们整个专业、行业的发展中，还会起到非常重要的作用并会持续很长一段时间。但高校教师毕竟还有自己的本职工作。当机构真正步上正轨的时候，作为高校教师，是应该主动退出来的。因为高校教师并不是专业的经营管理者，在不可预见的未来还会碰到更多难以解决的问题。

我们应该遵循一个非常重要的原则，就是专业的人做专业的事。在经营管理方面，还是请专业的人来做。

因为我在创办社会工作机构里面，属于晚辈，所以不敢有太多的建议。对于刚刚创办的机构，我的建议就是，不能太盲目，最好是做一个比较专的领域。

在这个过程中，还要转换好自己的角色，因为，我们往往会用高校老师的一些行为的规范，去要求自己、要求别人，可能会产生一些很大的问题和冲突。

此外，创办机构，一定会牵扯你非常大的精力，甚至经费的投入，所以你一定要做好充足的思想准备。当你选择了委屈就不觉得委屈，如果这是你心甘情愿选择的，你后面承受起来会更加容易一些。

（三）社会工作发展的途径是不断地推进社会工作行业的专业化

其实现在的很多高校，教师本身也不去做实务。非但不做实务，教师对于学生的培养也是存在很大缺陷的。在这种状况下培养出来的学生，在未来定位自己的专业、定位自己职业方向的时候，会对信息的了解不够充分。如我之前所说，当他还不了解什么是社会工作的时候，已然放弃了社会工作，这就是一个非常大的问题。

我希望我们的行业与教育之间能搭建起桥梁，让更多的老师参与到社会工作的实务中。这对我们整个专业的发展以及人才的培养，都能起到非常重要的作用。此外，在这个过程中，教师还有一个非常重要的任务，就是科学研究。研究基于实践，反过来又可以更好地指导实践，这样我们本土的社会工作会有一个更好的发展。

在社会工作人才培养的方案中，应加大社会实践的力度。如需要建立一种考核制度、设立实践时长等。任何事物的发展都需要有一个过程，我相信它以后一定会慢慢地走向正轨。

（四）走向市场

关于中国社会工作发展，其实我有一点感触，就是绝大多数项目都是通过政府购买服务的方式来推动的。我们在实际做的过程中，服务对象都接受并习惯了这种免费的服务，让大家再来付费的时候，大家是不太情愿的。所以说，在走政府购买服务的同时，也要兼顾发挥市场的作用。

当一种服务足够专业化时，可以考虑投入到市场。如果能经得起市场的考验，它就能经久不衰。政府购买服务受到政策的限制因素很多，而且这种模式也不利于社会工作专业的发展。

所以，我也正在努力去寻找这样一种产品，也尝试开发这种服务。这个服务本身具有能够适应市场的能力。这种服务要求很高，但也是我努力的方向。这个产品一旦能够经受住市场的考验，那它就会很少受到政策的影响，它带来的风险也会相对小一些。现在，对一些创新创业小组我也是从这个方向进行指导。

访谈员后记

作为李娟老师的硕士研究生，我接到老师口述史的采访任务还是蛮紧张的，因为我参加过中华女子学院图书馆举办的口述史能力提升专门培训，所以这个任务自然落到了我的身上。访谈的时候认识李娟老师才几个月，也还没上过老师的课，如果用一个词形容，李老师给我的第一印象那就是“冷艳”，老师很漂亮，但感觉有一点点高冷，我还真有点担心自己完不成任务。但是当我们聊起社会工作的时候，老师像变了个人似的，她的眼里充满光芒而不失温和，感觉到她对这个专业的“柔情蜜意”，也让我忐忑的心放了下来。

李娟老师说她与社会工作的相遇充满了故事，是她“山穷水尽疑无路”时的“柳暗花明又一村”，老师读硕士之前是理科生，硕士修读新闻传播学，博士修读的网络传播学，在她的职业规划中从来没有想过社会工作。然而最后一系列的调整让她来到社会工作专业，而兜兜转转原来都是为了最好的相遇，她在自己最喜欢的职业——教师中“遇”到了自己喜欢的专业。老师说这是她迄今为止最幸福的事。老师说她个人的价值观与社会工作的专业价值观非常吻合，身在其中很舒服，做所有的事情都是源自内心，动力十足，而且愿意倾心付出。在对老师的访谈中，我也更加了解了她，她对社会工作、对生活充满了热情，与刚开始对老师的感觉截然相反。她对学生也很和蔼，用“定制化”的思维培养我们，我也暗自庆幸自己能随李娟老师学习，这是我研究生期间的幸福。

李娟老师的机构取名为“有所”，是因为她想时刻提醒自己始终坚持“有所为，有所不为”的原则，努力在专业社会工作的道路上不断求索。正如她所言，她最大的幸福就是从事了自己喜欢的职业——高校教师，而又从事了自己喜欢的专业——社会工作。希望老师在未来能够幸福着自己的幸福，同时坚持着自己“有所为，有所不为”的原则，在自己喜欢的道路上心与灵魂常相伴，不断作出新贡献！

机构简介

呼和浩特市有所社会工作服务中心于2015年4月16日正式登记成立，是内蒙古自治区成立比较早的专业社会工作服务机构。中心遵循社会工作的价值理念，服务领域包括咨询、辅导、科研、学术交流，社会工作人才培训，社区、社会治理与服务等，旨在为服务对象寻觅“身、心、灵栖息之所”（名字来源之一），同时坚持“有所为，有所不为”的原则（名字来源之二），秉承专业理念，提供微观、中观、宏观层面优质服务。名字“有所”的第三个来源是取自《礼记·礼运篇》中“老有所终，壮有所用，幼有所长，鳏寡孤独废疾者皆有所养”，这也恰恰是机构的使命与愿景。

呼和浩特有所社會工作服務中心
YOUSUO SOCIAL WORK SERVICE CENTER

服务中心先后承接了中央财政支持项目，内蒙古自治区民政厅社区社会工作服务、社会组织孵化项目以及呼和浩特市民政局、准格尔旗民政局、达拉特旗民政局的社会工作培训项目，平时也积极参与这些单位的能力提升培训及政策修订、咨询等工作，尤其与呼和浩特市玉泉区民政局合作，于2017年进行了12个社区的资源与需求评估，为社区服务积累了丰富的经验，同时也在承接呼和浩特市未成年人保护、内蒙古自治区团委困境儿童服务、内蒙古自治区妇联困境儿童服务和巾帼志愿服务相关工作，并将主要关注点落在社区。

走在中国社会工作本土化的道路上

——秦琴教授访谈录

访谈时间：2019 年 11 月 30 日 14:00—17:00

2020 年 3 月 22 日 14:00—18:00

访谈方式：腾讯会议线上访谈

访 谈 员：苗菲凡　陈静　段昱成　李科伟

受访者简介：秦琴，武汉理工大学法学与人文社会学院社会学系教授，湖北省社会工作联合会副会长，创办了武汉市逸飞社会工作服务社等多家社会组织。

编 者 按：秦琴教授是全国第一个参观深圳市鹏星社会工作服务社的高校教师。虽然在过去很长一段时间里，武汉的社会工作发展环境并不是很好，政府对社会工作服务的支持力度不大，但以秦琴教授为代表的一大批武汉高校社会工作专业教师持之以恒地在社会工作教育上辛勤耕耘，在社会政策上积极倡导和推动，在社会工作实践上努力践行。从秦琴教授的口述史中，我们可以看到高校教师创办社会工作机构的艰苦历程及其为推动社会工作教育和实践发展作出的重要贡献。

说起办机构，说起“武汉逸飞”的成长，确实有很多故事要与大家分享。

一、从“雨飞”到“逸飞”

和很多社会工作专业教师一样，我是学社会学的。在中国，社会学专业博士从事社会工作专业教学是一种典型的、具有中国特色的社会工作专业教学方式。因为社会工作舶来于西方社会，我们这些社会学出身的老师只能是一边进行社会工作专业知识的学习和教学，一边探索中国社会工作的本土化路径，非常不容易。而申办机构也并非偶然，筹划了很久。做机构主要出于两个方面的考虑：第一，是理论的学习终归要转化到实践中去，对实践进行指导；第二，中国社会工作的本土化道路总要有人去走。

武汉理工大学是2000年开始招收社会工作专业的本科生的，2004、2005和2006级三届毕业生都没能对口就业，因为社会上还没有社会工作者这个职业。当时毕业生都在从事与社会工作相关的一些工作，比如民政系统、学校、社会保障等部门。2006年10月，胡锦涛总书记在党的十六届六中全会上提出要建立一支宏大的社会工作人才队伍。这表明中央开始重视我国社会工作发展了，深圳、上海等沿海地区纷纷响应。直到2007年，我们欣喜地获悉，深圳出现了中国第一批社会工作机构和社工岗位。于是，我带着17个社会工作专业的毕业生直奔深圳。深圳之行让我印象深刻的就是参观了中国第一家社会工作机构——深圳市鹏星社会工作服务社，机构的法人是深圳大学的易松国教授。那是我第一次跟易教授接触，他既干练又儒雅，在带着我们参观了机构之后进行了专业座谈。那次的座谈给了我很大启发，至今还记得易老师说过的一句话：“中国社会工作专业的发展要靠我们这些专业教师来推动，本土化的道路要靠我们来迈出第一步。”也许正是这句话深深地打动了我，也在我心里埋下了办机构的思想种子。

对于武汉理工大学的师生来说，与澳门街坊总会建立实习实践合作关系是一次专业发展的重要推动。2009年10月，我带领第一批8个学生赴澳门开展实习实践，在那里我们参观了澳门多家民间社会工作服务机构，服务对象主要是老人和青少年。他们的专业方法和技巧让我和学生们大开眼界，尤其是专业价值观令我们折服。回校之后，学生们跃跃欲试，开始筹划在武汉开展各种形式的实践活动，如“与学长同行”“项目设计大赛”以及“以项目为核心的实习就业合作项目”等。这些活动不仅直观地让学生们对社会工作专业有了些许认识，而且也把澳门街坊总会社工的专业技巧一点点传给了其他同学。同时，这加深了我想在武汉办机构的想法。

直到2011年，我终于等来了两个优秀的合作伙伴，陈兰兰和谢飞。确切地说，他们俩都是我的学生。陈兰兰是2005级的，谢飞是2011级的。说起他们，我感觉有说不完的话。2009年本科毕业之后，陈兰兰被保送至本院继续读硕士，就读期间一直担任武汉市常青花园青少年空间主任，帮团市委管理当时武汉市打造的青少年社区服务点。她热情、有创意，青少年空间被她管理得井井有条，多次受到各级领导的表彰。我也把这里当成了一个难得的社会工作专业学生实践的场所。基于学生的实践，我和陈兰兰还合作完成了两本著作：《可以玩的阅读课》和《青少年发展教育课程设计》，这两本书应该是当时少有的中国青少年社会工作实务书籍。硕士毕业之后，陈兰兰去了武汉市团校当老师，工作和生活算是趋于稳定了。但她的睿智、她的精力旺盛、她的思想空间无限，以及她的创新能力都深深地刻在了我的心里。2011年9月，我又迎来了新一届的学生，其中有个安徽小伙子引起了我的注意。他精瘦，戴着眼镜，总是有很多新奇的专业想法，最重要的是，他告诉我他的第一志愿填报的是社会工作专业。他对专业的认同让我时刻想关注他的发展，时刻想支持他的发展。当我在课堂上讲述社会工作的实践特性时，他提出了一个“学助研产”的想法。“学”——学习专业知识；“助”——助人自助的志愿服务；“研”——基于学习的研发；“产”——所有工作发展职业化，通过自己的努力打造属于自己的品牌。他的想法让我诧异。可以说，他们俩的出现又把我往办机构的道路上推进了一步。

苦于当时武汉市还没有相应的政策支撑办机构，2012年4月，我只好自己出资指导谢飞组建了一个实践团队——武汉理工大学雨飞志愿服务团队。所谓“雨飞”指的是“雨燕踏浪飞翔”，代表着这群孩子的青春梦想和执着。我永远记得那个周六，这群孩子带着一条一两斤重的小鲤鱼和几种小青菜在我家厨房忙活，畅谈理想，实在是畅快。团队成立了，接下来就是服务对象和目标了。通过几周的讨论，孩子们将服务对象定位在了残疾人，并在网上联系了武汉市各个区的残疾人联合会。幸运的是，武汉市江汉区残疾人联合会的副理事长郭少明是个非常有想法的实干者，他给我们的团队提供了各种实践的机会。同年5月，团队一共走访了84户残疾儿童家庭，通过调查研究形成了研究报告，并针对出现的问题制订了一系列的服务方案，在各个点实施推广。自此，团队初具规模，也探索了一套比较粗糙的运作模式。

2012年，武汉理工大学“雨飞社会工作者团队”（“逸飞”前身）成立。

真正让“雨飞”走向成熟的是武汉理工大学开展的创新创业项目。我当时的想法就是要给孩子们筹一笔经费，于是，我就带着他们申报了学校的国家级创新创业计划，这个计划属于公益创业计划项目。2013年4月，在学校的层层选拔中，我们的项目脱颖而出，在湖北省比赛中取得了金奖，在全国赛中取得了银奖，并获得了第一笔真正的启动资金。接下来就是顺理成章注册机构。“天时”“地利”，只差“人和”了，于是，谢飞邀请陈兰兰加入，最终陈兰兰放弃了团校老师的职位，一起来创办机构。我清楚地记得那个明月的夜晚，我们三人坐在我家客厅的沙发上，无比激动地构想机构的未来和发展方向。“俱怀逸兴壮思飞，欲上青天揽明月”，谢飞最终给机构起了个富有深意的名字“逸飞”。为了注册机构，我和谢飞多次往返于武汉市民政局的各个部门，摆事实、做论证。民政局从最初的质疑到渐渐开始接纳我们。同时，深圳社会工作行业蓬勃发展的势头也推动了武汉社会工作的发展。2013年9月，作为主管单位负责人，武汉市民政局政治处的何小平处长邀请我去她的办公室，就办机构的具体事宜进行讨论。我带着陈兰兰和谢飞把有关创办机构的一些计划和构想详细地进行了汇报，得到了大家的认可和赞许。这样我们终于搭乘武汉市鼓励高校教师办机构的东风注册了机构，“武汉逸飞”终于成为武汉市首批成立的5家社会工作机构之一。武汉市民政局给这5家社会工作机构进行了计划分区，即每个机构负责一个区，政府购买一年的社会服务。我们被分到了武汉市硚口区。

回望机构注册的整个历程，充满了各种偶然。其一，武汉理工大学是一所工科为主的大学，作为理工科学校的文科专业社会工作并未被社会各界重视；其二，我不是个喜欢冒险的人，去做申办机构这种充满着无限风险的事情实属不易；其三，武汉市的政策环境、社会环境并不是社会工作专业发展的最优土壤。但再多的偶然也依然变成了必然，从那一刻起，我们终归是实现了从“雨飞”到“逸飞”的跨越，走在了中国社会工作本土化的道路上。

二、从“逸飞社工”到“理工大公益创业群”

（一）艰难爬坡（2013—2015年）

任何事业的起步都是艰难的。尽管武汉市民政局依托武汉理工大学、华中师范大学、武汉大学等高校成立了社会工作机构，最终通过协商和洽谈的方式确定了各自提供社会服务的区域和范围，同时还借鉴了深圳购买社会工作岗位的方式实施政府购买服务，但政府、社区、社会工作机构都是在摸索中前行。一边向深圳、上海学习先进做法，一边探索适合武汉的发展模式。但总的来说，我们试图在深圳的成功经验基础上进行一些本土化尝试。从这个意义上来讲，我在2007年送到深圳去的第一批学生起到了非常关键的作用。他们经常把深圳的政策、做法和问题反馈给我，我再输出给“逸飞”机构。这使我们少走了很多弯路。然而，初创阶段的道路仍然曲折艰难。

最大的困难应该是资金问题。因为财政拨款很麻烦，有一个周期，而且政府购买服务也是分两笔或三笔拨付的，也就是说首款通常拨50%至70%，等项目中期或末期评估结束后再拨付余下的款项。虽然第一笔钱拨付较多，但是拨付流程却很烦琐，有的时候是项目已经进展到一半了资金才到位。这真是对我们的巨大考验，我经常要拿自己的钱先垫付工资和进行各种周转。

陈兰兰和谢飞也是一样。面对家人的不理解，我们只能坚持。所幸的是武汉市民政局非常重视高校领办的机构，经常邀请我们座谈，听取高校专家的意见和建议，努力探索武汉自己的社会工作机构发展模式。我们在服务的第一站硚口区也得到了区民政局徐春林局长和王道勤副局长的大力支持。直到现在两位局长还和我们是好朋友。我想这体现了武汉市民政系统发展社会工作机构和服务的信心和决心！但探索总归是曲折的。2009 年在武汉团市委的指导下“青少年社会工作协会”成立，试图在市级层面引领武汉市各家社会工作机构实施青少年服务项目。但后来随着人员、模式等原因又销声匿迹了，这说明顶层设计与社会环境之间往往存在差距。好在大家都一直在努力。

当然，在本土化的不断探索过程中，既有困难也有机遇。2014 年 12 月，黄冈市经济和信息化委员会到武汉理工大学洽谈合作，他们对“武汉逸飞”的社会工作服务非常感兴趣。于是，在多方支持下，黄冈逸飞社会工作服务中心于 2015 年 7 月正式注册成立，把武汉社会工作服务的理念和做法辐射到了黄冈、鄂州和荆州等地。2015 年 10 月，为了发挥专业社会工作督导评估的重要作用，提升专业评估和督导服务能力，我们又在湖北省民政厅注册成立湖北省荆楚社会工作服务中心，这是湖北省首家省级专业社会工作评估服务机构。随后的 2016 年，我们关注到了养老服务这个领域，在武汉市民政局的支持下，又注册成立了武汉逸云为老扶弱服务中心，开展“互联网 + 养老”服务。自此，“武汉逸飞”不论是在服务地域，还是在服务范围方面都得到了扩展，成了所谓的“理工大公益创业群”。这些不同领域、不同类型的社会组织，让我们的本科生有机会参与公益创业实践，多次获得省级乃至全国的相关奖项。这些不同组织在“形式上的扩展”，为我们的相关探索搭建了很多架子，还需要丰富、扎实的内容去填充。

这就需要说说“武汉逸飞”另一个人才——尹进飞，大家都叫他胖飞。他不胖，我猜想这是大家认可他、亲近他的一种方式吧！他办过企业、当过推销员，也做过老年服务，是其他机构羡慕的多面手。他是陈兰兰在做活动的时候认识的朋友，所以也经常被同行戏称“路上捡回来的人才”。可以说，尹进飞推动了“逸飞”文化的形成。社会工作服务的方式不同于其他企业，社工都在各项目点驻点，员工非常分散。于是，作为负责人事工作的副总干事尹进飞经常穿梭于各项目点，通过各种团建活动建立员工对机构的归属感，从而培育机构积极向上的文化氛围。同时，尹进飞还向陈兰兰推荐了罗振宇的“逻辑思维”，在那里他们学习了“联盟”的很多思想。最重要的是通过“联盟”，陈兰兰又发现了“樊登读书会”。考虑到机构社工长年的学习需求，向我汇报决定拿下樊登读书企业分会资格的想法。很快，我们成立了樊登读书会逸飞社工分会，给各项目组提供了特定的学习资源，养成听书和学习的习惯。樊登读书选书的水准极高，既有可以提升社工专业素养的心理、亲子和职场的专业类书籍，还有不少扩展社工人文情怀的书籍，更重要的是其精选的管理类书籍，无一不是经典中的经典，对于机构社工整体素养和管理意识的培养至关重要。这一举动，一方面迅速将“逸飞”全员学习的氛围推向高潮，另一方面也极好地增强了逸飞的凝聚力和向心力。当然这样的积累和学习需要时间的积淀，越到后期作用越明显。从这个意义上看，不得不说陈兰兰具有非常敏锐的推动机构成长的直觉。

就在“武汉逸飞”试图稳扎稳打地发展壮大的时候，麻烦和波折也随之而来。2015 年我们接到了第一封“律师函”（非正式的），质疑“武汉逸飞”在所参加的“武汉市社会组织公益创投大赛”中犯规。这是我们第一次参与此类比赛，撞题材的竞争组织提出：“路演前播放的引子宣传视频没有经过保密处理，服务项目没有落地实施点，擅自使用含有其他机构场景的视频素材。”要求取消“武汉逸飞”入选“十佳项目”的资格。虽然后来误会解除，双方和解，但这次“律师函事件”也让我们充分意识到中国社会工作本土化道路上充满了坎坷和艰难。同时，经过这一风波，让“逸飞”社工意识到遵守规则和规范的重要性，在机构后来的发展中，极力将财务管理、人事管理、专业管理等各项管理规范做到极致。另一方面，这场风波在经过及时整合后，也让“逸飞”社工的年轻管理层更加成熟，更加团结，意气风发，斗志昂扬。

打不倒我们的，只会让我们更强大。我们怀揣梦想，奋勇向前，取得了一些小成绩的同时，机构的凝聚力和担当也赢得了主管部门领导的认可。2016 年 6 月的强降雨造成湖北省 17 个市（州、直管市、林区）82 个县（市、区）逾千万人受灾，武汉是最早也是受灾较为严重的城市之一。武汉市民政局首先发布了《关于开展灾害社会工作服务的通知》，时任武汉市民政局法制与社会工作处处长何小平交由“武汉逸飞”牵头，组建武汉市首支灾害社会工作队伍，开展洪涝灾害后期居民安置的协助工作。我机构一方面统筹其他市机构的安置点工作，另一方面从各项目点抽调多名有经验的社工，组建了一支小分队奔赴受灾最严重最偏远的蔡甸安置点开展工作。作为“武汉逸飞”首批救灾社工蔡甸区服务小组长，尹鸽副总干事与安置点民政负责人赵主任取得了联系，以最快的速度到达现场开展工作。那次行动获得了多方的认可和赞扬。尹鸽是陈兰兰一手带出来的“徒弟”，别看她初出大学校门，但那种老练的处事风格，大胆又睿智的专业能力还真让人敬佩不已。后期，省内其他地市州也遭受了严重洪涝灾害，湖北省民政厅发布了《湖北省暴雨洪涝灾害社会工作介入方案》，武汉市前期在安置点的专业服务经验，为其提供了可借鉴的经验。

当时团队的核心力量是陈兰兰、谢飞、尹进飞和尹鸽，他们的共同特点是“哪里需要哪里搬”！可以说，他们的一次次努力让很多人记住了“逸飞”这个名字。对于他们来说，最艰难的应该是2016年。那一年我赴美国访学，实际上我也曾纠结是否应该去。但最终我还是决定放下所有的担忧，因为，孩子们总要成长，他们需要更广阔的天空和更宽泛的自由，他们需要成长。事实证明，他们有能力独立运作“逸飞”团队，甚至把“逸飞”团队带向了更好的状态。初到美国时，陈兰兰每周给我一份“武汉逸飞”的发展报告，我和她一同应对出现的问题和发展机遇。可不到4个月，报告就没有了（陈兰兰后来说实在太忙了，项目太多了）。那时，我在想，他们终于可以独当一面了。果然，接下来好消息是一个接一个，“逸飞”团队不断壮大。我知道，中国社会工作本土化道路上的第一代社会工作者诞生了。

（二）迅速拓展（2016—2017年）

2017年8月，我从美国访学归来。我惊喜地发现，“武汉逸飞”已进入迅速拓展阶段。人员已从2016年底的61人发展到了130人，项目金额也从400余万元突破了1000万元。项目地域上开拓了东西湖、蔡甸、经开区等远城区，项目领域上开发了基层党建、精神康复、居家养老、核查督导、妇女家庭等新项目。在管理上，机构设置专职管理人员，不断培养管理人才，形成管理梯队，完善各项管理制度，党建工作也多次获得上级肯定。专业探索方面，从被要求做项目，到带着思考做项目，机构内逐渐形成学习、探索和创业专业实践的氛围，部分专业项目及案例入选全国、省市级优秀案例。社会影响力大幅提升，“武汉逸飞”入选团中央青少年社会工作实务基地，2017年机构及个人获得十多项市级及以上优秀荣誉，机构的微信公众号宣传平台全国知名，多次被中国社会工作、社工观察等行业大 V 转发，“逸飞”的督导培训足迹遍及全省。

看到这样的成绩我欣喜万分，同时也清醒地认识到，我作为高校教师，领办机构、培养梯队人才、探索中国社会工作本土化路径的使命已经完成了。而且，陈兰兰也在磨炼中走向了成熟，她不仅为“武汉逸飞”投入了全身心，而且也为“武汉逸飞”的发展放弃了本该属于她的各种机会。比如，2017 年她原本被台湾地区中山大学政治学研究所录取为博士研究生，但在“武汉逸飞”发展的关键时期，她选择了放弃读博。接下来，我应该进一步地放手，让这些不断成长起来的第一代社工继续发挥他们的创造性，“海阔凭鱼跃、天高任鸟飞”，摸索中国自己的社会工作方法。于是，我跟陈兰兰和谢飞提出要退出创业团队，但他们坚决不同意。理由是，我是他们的“精神导师”，一刻也不能少。这个词一下子点醒了我，是啊，我的肩上还有培养社会工作专业人才和打造中国本土化社会工作者的重要使命。于是，我将法人转给了陈兰兰，也重新给自己定位——引领者和守护者。

“武汉逸飞”的全家福。

还是那句老话，接下来的两年仍旧是“艰难与机遇并存”。但“武汉逸飞”在以陈兰兰和谢飞为核心的领导团队的带领下，通过反脆弱性和裂变式发展，完成了逆境中的突破。

1. 机构逆境发展的法宝一——具有反脆弱性

2016 年至 2017 年，机构的项目总额从 500 多万元到了 900 多万元，是大发展的时期。这一时期的发展，在某个层面上得益于武汉市社会工作行业的整体发展。2018 年机构平稳过渡，完善和创新各项管理。但此时，我们更应该培育机构的反脆弱性。塔勒布的《反脆弱》告诉我们，任何事物在任何时候都会有多种不确定性。这便是无常世界的真相，未来的变数不可怕，可怕的是我们想要稳定，而不愿应对挑战的心态。什么是反脆弱呢？举个例子，玻璃杯、纸团和乒乓球，谁更有反脆弱性？有人说是杯子，但是它从桌子上摔下来就会碎掉；而纸团不会碎，但是它保持不变，却没有办法更进一步；更有反脆弱性的是乒乓球，不仅不会损坏，还能越弹越高。

为了增强和训练“逸飞”机构的反脆弱性，增强和训练管理团队及社工团队的反脆弱性，我们不但要在风险和变数中保全自己，还要在不确定性中获利和发展。对此我们采取了四个方面的行动。第一，利用过度补偿或过度反应来增强我们的抗风险能力。我们身体会因为注射病毒疫苗而获得免疫能力，我们的组织也应该具备通过小事件或小风险立即响应和完善自我的能力，这不仅是在机构管理中，在每一个项目团队，甚至每一个“逸飞”人身上都是适用的，遇事不找借口不找理由，随即改进和完善自我。第二，做到合理干预和适度放手。机构越大越容易限于科层制的管理僵局，最主要的就是要优化管理策略。就像交通管理，只会告诉大家限定的速度，但不会替大家开车一样。我们的管理，会严格要求专业伦理和价值观，限定专业方法和专业界限，但是不会过多干涉大家的创意和想法，也希望每一个管理者和每个社工，在良好的专业氛围下面，能够尽情发挥和成长，从而使每一个团队、每个社工都具有强悍的独立工作能力和单兵作战的实力。第三，做到提前筹划和多手准备。在机构发展中，不仅要向上发展达到更专业更前沿，也要注意向下发展，把服务做得更全面更扎实；既要争取政府购买，也要开拓商业和社会资源；既要有传统服务，也要有“互联网+”的服务。对于社工来说，既要做好本职岗位工作，也要积极参与裂变项目中；既要在专业层面更精深更全面，也要注意培养自己的其他技术和能力，让自己更全面。第四，掌握非线性的不对称性规律，投入值得的“凸性事件”。很多事物的发展存在大量的不对称性，并不是一分耕耘一分收获，很多时候损失和收益不是完全对应的，“凸性事件”的投入产出关系呈现“微笑曲线”的形状。在这个过程中，会遇到无数次的失败，可是因为低成本的限制，每次损失都很小。然而需要的只是一次成功，而其收益将会彻底抵消前面的损失并且获得无上限的收益。这是一份耕耘多份收获。比如我们机构给大家配读书卡，是在平时花少量的钱和花少量的时间督促大家学习，培养人才；比如我们用心做出一个好的品牌项目。这些事情带给我们的有时会是多种收获。认清了这种规律，我们就会有更多的发挥反脆弱性的空间，就有更多选择。

2. 机构逆境发展法宝二——裂变计划

在对全年项目进行复盘的时候，我们发现机构除了原有的项目续签率特别高之外，还有很多其他行业或方向新增项目，如湖北省民政厅推的“爱满荆楚”项目、武汉市低保核查评估项目、社会工作师考前培训项目，以及“互联网＋”居家养老项目等。更多的增长来自各个项目组纵向挖掘的社区惠民项目或其他小项目，这些项目很多是以裂变的形式，交由各个区域或项目点自主负责。武汉市政府购买社工岗位的标准是7万元/每人每年，这个标准用了近5年。这对于社会工作机构来说是捉襟见肘的。但是很多机构仍然在咬牙坚持，通过依托一些项目制的小项目来补贴给岗位社工。于是，“逸飞”机构大胆创新，开创了裂变计划。

裂变项目“互联网＋居家养老综合服务项目”启动仪式。

裂变式创业是企业的一种管理模式，但它也为社会工作机构人事管理及机构发展提供了全新的路径和模式。裂变式创业的成功源于企业对互联网时代重构员工关系的思考，将员工变成合伙人，留住想创业的人，利用他们裂变新企业，变成新的盈利点。对企业而言，打破边界最难，企业对利润的追逐或者企业老板对利润的把持是天性，要去除这种企业的“私心”是裂变式创业的关键一步。而对社会组织来说，这方面困扰比较小，因为社会组织不以营利为目的，天然具备这种基因。这就需要社会工作组织的掌舵人能够放下权力或掌控欲的“私心”，将所有社工视为合伙人，而不是雇员或下属。

社会工作行业内一般称同事为“同工”，这种“同工”的心态就为社会工作机构重构员工关系、建立合伙人制度提供了可能性。

关于裂变式创业中的优秀青年员工创业意愿，相信在所有青年群体中有创业意愿的人比例应该是一样的。在社会工作行业的发展中，大量新的社会工作机构及其他类社会组织都是离职的优秀青年社工创办的，当然社会工作机构中更多的优秀社工离职是缘于对行业薪酬和职业发展的不满，这种不满是“刚性”的，如不正视，流失就是必然的。唯一的出路就是社会工作机构要合理合法合情地为社工“增收”，让社工在安心做好本职工作的同时，为他们创造多种收入。

再从人才培养来看，目前的社会工作项目对专业人才的关注度远远超过管理人才，政府购买的社会工作项目也在管理型人才的培养上考虑不多，社会工作机构普遍面临着管理人才匮乏、培养速度跟不上流失速度等问题，严重限制了社会工作机构的发展壮大。从企业的裂变尝试来看，创业大赛有助于打造学习型团队，使大量青年管理者快速成长起来，这恰是目前的社会工作机构特别需要的。为了快速培养中层管理者，社会工作机构采用学习裂变式创业是非常必要的。

然而，社会工作机构与企业在学习裂变式创业的管理模式时又存在很多差异性。第一，在项目的选择上，社会工作机构的业务范围有一定的局限性，多为公益慈善类或社区社会服务类，这些类型的项目盈利空间小。第二，在裂变的组织类型上，社会工作机构既可裂变为社会组织，也可裂变成企业。裂变社会组织的话，要考虑与原有组织在业务内容和范围上避免重合；而裂变为企业的话，要考虑如何进行商业运作和管理，这对社工来说是全新的考验。第三，社会工作机构组织内部竞选时，同类型人才（社工）扎堆，会使得团队总体竞争力太弱，影响裂变组织的成功率。第四，企业裂变式创业，员工及高管在评选时如果用“人民币”投票，社会工作机构就会面临价值观风险或伦理风险。

3. “逸飞”社工裂变计划的创新及做法

武汉逸飞所倡导的“社工裂变计划”，分为内部裂变和外部裂变。内部裂变解决社工管理人才培育和社工收入不高的问题，外部裂变解决优秀社工转型和机构多元发展的问题，以期从某个程度上解决优秀人才流失的问题。

内部裂变是指在社会工作机构内部以团队协作的形式，将岗位制购买之外的部分指标型或短期型的项目（10 万元以下）全权交给临时团队来运作，以项目补贴的形式增加参与社工的收入。机构将裂变式项目进行重组规划，就项目指标、预算、人员资质数量等提出要求，社工可自行组队（内部裂变一定是以团队形式做），在机构管理层全员会议或机构员工大会上，举行裂变计划竞演。参与社工尽量以初级管理者、一线社工、新进社工为主，首先需要选择一位“值得信任的负责人”，这来源于对同工平时工作能力、工作态度和个人品质等多方面的考核，可以说团队组选的过程是“民意”所指。当然这名“民意”所向的负责人可能是一名优秀的社工，但并不一定是一个好的领导者。没关系，紧接着在组建团队准备项目竞选过程中，他需要持续赢得信任、做好分工、维持士气、保持激情……还要完成两场以上的演讲。一系列工作准备下来，既促使其加强学习快速成长，也促使其检视自己的管理能力。

接下来，根据项目关联性及管理层级别，组成项目评委会。评委会不是以“人民币”投票，而是以“贡献值”投票，比如时间支持、精力支持、专业性支持、智力支持、宣传支持或者口头支持，不同支持折算成贡献值，最终获得“贡献票”值最多的团队获胜。获胜团队在执行项目中可凭收到的“贡献票”邀请机构同工协助项目。获胜团队负责人可选择两名核心成员做副手，在核心团队的协作下完成项目涉及的关系维护、团队建设、项目管理、专业督导、宣传展示，甚至是财务核算等系列工作。一般来说，一个裂变项目下来，可以培养出两名以上初步具备管理素养的工作人员。

外部裂变针对的是机构中有创业或投资想法的社工，在机构的支持下进行再创业，创办社会组织或企业，旨在解决优秀社工转型和机构多元发展的问题。社工想增加收入绝对是常态，合理合法地增加收入既包括提高收入水平，也包括增加收入来源，最好是既有工资性收入也有资产性收入。老实说，目前大部分的社会工作机构，包括“武汉逸飞”都做不到。但是，如果有这种可能性，总是能让社工看见希望的。简单来说，社会工作机构里的员工可以分三类，第一类是能做好社工工作，但是完全不能创业的，这样的人占相当大一部分；第二类是既能做好社工工作，也能够去创业的，这一类占极少数；第三类是既做不太好社工工作，也不能创业的，这样的人说实话也不少。社会工作机构想留住的肯定应该是前两类人，那么就帮助第一类人参与或支持第二类人去创业，然后给第一类人红利，让想做社工能做社工的人安心做社工，让能创业的人有资本去创业。

“武汉逸飞”的外部裂变就是基于这种理念而做的制度设计：首先，外部裂变发起人要取得裂变资格，即赢得信任（比如工作年限、担任过管理职位、业绩表现出色等）。其次，发起人选择好项目或好方向，设计竞演方案，参与竞争性演说，通过论证，获得一定支持。再次，正式演说，获得小额启动投资。这个阶段发起人须拿出完善的企划案，在机构正式会议上进行演说，获得机构社工差序投资。不同级别、不同年限社工拥有不同额度，级别超高、年限越长，额度越高，当然也可以放弃不投。最后，项目初步成型，争取新一轮投资。这个阶段创业项目初步试水成功，机构社工可以扩大参与或追加投资。

在裂变企业创业初期，“武汉逸飞”会给外出创业的同工保留社保，并给予新创业项目多方支持，协助创业成功。“武汉逸飞”目前已裂变出的社会组织有四个，企业有两个。值得一提的是，裂变的两家企业之一——武汉素朴文化传媒有限公司，是由“武汉逸飞”在职及离职社工联合创办的，负责“社工识堂”的开发、维护和推广工作，在社会工作这个细分领域中，做知识付费和专业服务付费的尝试。另一家企业——武汉市逸静农趣园，是由“武汉逸飞”负责农村项目的同工，根据当地的各种农业政策，将青少年社会工作、家庭社会工作融入农村研学项目，目前处于试水期。我们一边探索，一边进行理论研究。可喜的是逸静农趣园项目于2019年3月9日获得第七届“林护杰出社会工作奖”的实践奖项，并由王思斌老师亲自颁奖。

这些组织或企业都有“武汉逸飞”不同层级的管理层参与，盈利模式稳定后，进一步向其他层面的社工开放。虽然目前的外部裂变项目没有完全成功，但是，正是这种参与感和可能性，才使优秀社工人才愿意留下来，因为留的时间越长或职级越高，可以参与的项目和可能的分红就越多。

“武汉逸飞”将社工裂变式计划归纳为两个要点：真实和信任。真实在于不回避社工薪酬低和职业发展瓶颈的问题，信任在于真心将优秀社会工作人才当作合伙人。是的，是优秀社会工作人才，不是所有人都是合伙人。在社工裂变计划中，他们既收获了一些成功经验，也遇到了很多新的考验和问题。

第一，加强监管，协调内部裂变项目与本职岗位的关系。内部裂变项目哪怕只有一个团队来竞演，也不能节省流程、忽略过程，还是需要竞演团队做好充分准备，竞演不是走过场，是激发仪式感、责任感。一年多的探索，

武汉逸飞逸静农趣园项目获第七届"林护杰出社会工作奖"实践奖。

我们发现，明显经过正式裂变演讲的项目，会做得格外用心，管理也很规范。随着机构内部小项目参与机会的增加，有些社工无法协调或兼顾本职工作与项目工作，最后导致效率降低，起到了相反作用，所以加强监管很必要。

第二，选好方向，避免搬起石头砸自己的脚。由于大多数的社工没有商业运营的经验，所以大部分优秀社工离职后，还是会寻求社会工作或社会服务领域内的创业机会。前面提到"武汉逸飞"裂变了四家社会组织，分别是一家省级的、一家外地的、一家养老方向的、一家区级的。这些社会组织在业务领域或区域上能够与原机构实现互补，尽量避免在同级同领域同业务范围内重复裂变，造成资源和人力的浪费。

第三，运用一些方法选择正确的人。正如前文所说，社工中能独立创业的人极其少，能干好又能一直跟机构同进退的人更少。在一个外地社会工作机构裂变中，由于没按严格的裂变计划流程选人，因为社会工作行业是真正缺人，结果很长时间那家外地机构都完全无法打开局面，一度准备关停。最后还是武汉这边的团队去帮忙解围。虽然现在有项目，但是运营效果一般。因此，一定要保证能够选到正确的人，并且用一切办法去选正确的人。

第四，找精准点，选择关联性强的项目。社会工作机构外部裂变要慎之又慎，不要盲目选择不熟悉的业务领域或行业，要根据现有服务内容或领域，找关键点创业，实现项目间互相支持、优势互补。"武汉逸飞"裂变的第一家公司，是为社会组织提供文化宣传服务的公司，当时是因为发现大多数社区、街道及社会组织做宣传或文化展品时，懂设计的不懂专业，懂专业的审美很差，双方的沟通成本特别高。找到这个突破点，“武汉逸飞”裂变了一家有社工底子懂广告设计的公司，分布在各处的社工既能给公司介绍业务，也减轻了自己的负担。

第五，风险控制，尽量轻资产少投入。鉴于社会工作机构的特殊属性，外部裂变尤其是企业裂变，一定要做好财务管理和风险控制。“武汉逸飞”目前所有的外部裂变都是管理层（还没开放员工投资）自愿投资，“武汉逸飞”的几位创始人投资占比最大。一方面是为了给其他管理层降低风险，另一方面是为企业盈利后，开放其他社工投资提供保障。即便如此，仍然要提醒大家，社会工作机构裂变商业项目，尽量轻资产，减少资金和硬件设施设备等投入，让管理层少资金投入多智力或专业支持，选择项目应该以文化类、专业服务类和创新创意类为主。

综观“逸飞”团队在发展过程中的艰难，其实，说难是真难，但换个角度去看，这也是社工人在中国社会工作本土化道路上不断进行自我反思和突破成长的见证。此时的难，不是之前迟滞发展的“难”，是快速前进中的“难”，是充满机会和挑战的“难”；此时的难，正说明社会工作处在一个上升期，是“朝阳行业”的关口，只有抓住这个“大有可为”的时代机遇，迎难而上，方显“逸飞”社工“积极向上”的本色。

（三）发展壮大（2018 年）

“逸飞”团队的发展壮大得到了业内的多方认可。2018 年 5 月 24 日，湖北省社会工作联合会成立，我也作为业内最大机构的领头人而被推选为副会长。这个荣誉是我个人努力的结果，更是“逸飞”团队多年打拼的结果。

总的来说，发展壮大时期的“武汉逸飞”面对的是四难。第一难“项目”——优化与整合。传统社会工作机构难处在钱，彼时项目太少。然而似乎一夜之间，社会工作行业迎来了遍地项目和机遇的“卖方市场”。从“逸飞”的变化来看，项目内容从传统的老青残社到专业培训、组织培育、精神康复、精准扶贫等新领域。项目半径从中心城区扩展到远城区。购买形式从项目购买、岗位购买转向整体运营。然而越热闹越要冷静，通过走访评估，我们及时发现了部分项目运作有所松懈，深感不安。服务水准和口碑是机构的生命线，有感于此，机构及时对项目进行全面统筹和安排，果断放弃部分项目，集中精力发展特色品牌及优势项目。第二难“人才”——培养及稳定。社会工作行业招人难，留人更难，“逸飞”在快速发展过程中也面临类似挑战。为解决人才队伍问题，我们从“文化创新”“制度创新”“发展创新”三个方面探索出路，不敢自满，只能说是小有成效。文化创新方面，利用自媒体及社群，营造快乐、风趣、个性化和专业性的机构文化氛围，引导员工形成积极的工作和生活态度；制度创新方面，将师徒式督导及同事督导引入管理制度，通过竞聘选拔优秀人才组成不同级别的“管培班”，协助其提升专业能力及管理能力，打通其向上的通道；发展创新方面，引入“裂变式创业”理念，通过内部裂变和外部裂变等形式鼓励员工“牵头创业”，彻底解决其未来发展的顾虑。第三难“关系”——协作与成长。随着政府购买服务和社会工作考试的普及，越来越多的“买家”开始了解并接纳社工。这给机构发展带来了一定的机遇，但也有一些“小烦恼”。机遇在于，凭实力口碑靠“弱关系”拿标变得容易和普遍。然而，因“契约精神缺乏”而带来的小摩擦、由“专业理解误差”而带来的工作干涉，都让我们在与购买方或驻点单位的相处中，带着各种不便与人言的“苦恼”。随着行业的发展，这种“关系处理困境”仍将继续并扩大，不可避免，全看运气和悟性。第四难“督导”——专业发展与创新。督导人才奇缺，却不易培养，经费也严重不足。“逸飞”在多次探索和实践后，将督导和管理合并，采取内部督导为主、外部督导为辅的督导模式，初见成效。然而由于目前的购买标准沿用了3年，督导及管理经费所占比例越来越少，限制了机构运作的空间。

而在上述四点中，人才的储备及其培养在我看来是至关重要的。可以这么说，“武汉逸飞”能在武汉独树一帜、脱颖而出，完全得益于各类人才的储备。而人才的管理也是人才储备的根本保证。就人才培养而言，“逻辑思维”的罗振宇和“樊登读书会”的樊登给了我们极大的启发。陈兰兰提出，我们可以把对社工成长或培训有用的东西，一点点整理出来，开发出“逸飞”社工成长的音频课堂。同时，“逻辑思维”和“樊登读书会”中推荐的书籍，无论是观照内心、体察自我，还是提升专业水平方面，乃至形成自己在社会组织的管理理念方面，都对我们有很大的帮助，如《匠人精神》《干法》《联盟》《幸福的方法》《钝感力》《高绩效教练》《哈佛商学院最受欢迎的领导课》《商业的本质》《管理十诫》等。陈兰兰为了更好融合吸收书中的东西，并且将这些东西传达给社工，开始在机构的微信公众号上录制音频专栏《兰姐叨叨叨》。“逸飞社工”微信公众号坚持工作日更新，就当给公众号添个素材了，根据具体问题导向去寻找解决的方法或解决方向。

从一个一个向身边的人推荐樊登读书会，到由机构报销一部分的购卡费用，到后面机构准备全部配卡，签约樊登读书逸飞社工分会，陈兰兰在机构管理中去尝试形成系统的管理理念和思想，因为要解决社会工作机构的管理和运营问题是一个系统的工程。也是那个时候我们将机构的愿景改成“帮助人们选择积极的生活态度”。

一直以来，社会工作机构最难的都是人才问题。“武汉逸飞”的基础比较好，每一个项目都做得比较认真，加上徐勇、杨斯淇等专业知识过硬的人才的加入，一时人才济济。徐勇是我从深圳引进的专业人才，他硕士毕业于香港理工大学，在深圳做了十几年社工，几乎做遍了所有的岗位，是难得的专业人才。再难得也有突破口，徐勇的夫人余艳萍是我的学生，我在香港城市大学博士毕业之后就把她引进到武汉理工大学任教，这样“一箭双雕”，既为武汉理工大学引进了人才，也为“武汉逸飞”抓住了专业担当。徐勇人称“徐大神”，机构哪里有问题，只要他一点拨，立刻拨云见日，找到症结。杨斯淇（谐音“147”）也是不可多得的人才，从美国密歇根大学硕士毕业后，在美国取得了注册社会工作师的资格，回到国内做社工完全是出于对武汉和母校理工大的喜爱。一时间，“徐大神”和“147”成为业内社会工作行业、民政系统争抢的专业人士。顺便说一下，“武汉逸飞”有个非常有意思的现象，大多数管理层都是武汉理工大学的毕业生，或者是毕业生的家属，再或者是即将成为武汉理工大学的学生。

一将难求，让我们意识到人才培养的重要性，尤其是管理人才的重要性。我们需要大量能带项目的主管和小组长，这样可以减少一线社工的流失对项目的冲击和影响，我们制定了方向——“得中层者得发展”。在普及了樊登读书会后，我们不断地将企业管理的理念和方法在社会工作机构中尝试，进行了一系列课程设计后，开设了第一期管理人员培训班（以下简称管培班），首开给社工不讲专业知识，专门讲各种管理课程的先例。第一届管培班有30多个人报名，后来管培班成为机构社工晋升非常重要的方面，我们也形成了自己的督导式管理理念。

督导式管理是在现实需求和实践探索中总结出来的，随着社会工作行业的快速发展，我们不但要解决管理人才不足的问题，还需要解决督导人才不足的问题，有的时候这两个问题又是一个问题。由于业务素质和工作任务不同，很多社会工作机构在管理机制上，让督导者和管理者分开，不少社工也会在自身职业发展上，考虑自己是走专业路径还是管理路径，仿佛这是截然不同的两个发展方向。然而，从现实情况来看，第一，当前购买经费有限，管理人员又督导人员分设，项目经费根本支撑不起。第二，即使支撑得起，我们也发现将两者分开存在种种弊端，督导者和管理者有可能互相推诿，或者因为沟通不够存在空白区或争议区，导致项目出现各种问题。第三，即便项目经费能支撑，也能很好地解决两头管理的矛盾。当前的现实是，我们要么缺乏督导人才，要么缺乏管理人才，尤其是专业督导的培养是需要时间沉淀的，远不能满足需要。基于这样的现实和前提，探索督导式管理模式，在将督导与管理大部分职能合并的前提下，引入“教练”技巧，对社会工作机构的管理者在自我成长、链接他人、帮助他人成长等方面提出了系列要求，从而能够较有效地应对当前社会工作机构人才培养及督导、管理人才匮乏的问题。

督导式管理主要包括“三个管理原则”和“三个管理者成长”。三个管理原则是从杰克·韦尔奇《商业的本质》和《赢》两书中受到启发，分别是：第一，价值观和认知理念的协同一致。从机构层面上是愿景、使命、信念的一致，从项目上来说是对目的、目标和策略的认同。第二，执行及行动的协同一致。机构层面包括专业性思维、创新性思维、结构性思维的养成，以及团队行动力的养成，具体到项目上就是项目执行时工作的方法和工作技巧的协同。第三，结果和成效的协同一致。从机构层面上是关于反馈（正负面）、授权、激励、评估和沟通机制的形成，具体到项目上，就是对项目的过程评估、结果评估、成效评估和影响力评估的把控。三个管理者成长层次是：第一，自我管理，包括面对放大镜效应、成为团队典范、不断自我修炼和成长。第二，联结（影响）他人，包括成为首席解释者、善于营造团队氛围、释放慷慨基因。第三，帮助他人成长，包括任期制人才培养，接班人和创始型人才培养，督导与教练技术的运用。

随着管培班在培养机构管理人才上的作用凸显，管理层相对比较稳定，保障了机构在快速扩大时期的服务品质。但是机构的人员规模以每年30%至50%的速度发展，一线的社工如何快速融入机构、适应工作，也成了比较突出的问题。从2018年开始，我们开始着手来推“清单式管理”。我们首先在机构行政部推行“清单”，将人事管理、标书制作、宣传推广、财务报销、行政管理等事务流程化、标准化，常规事务列“程序清单”，突发事务列“流程清单”。在项目管理上，让项目主管在常规项目内容上，列出项目执行和项目管理清单，帮助新社工快速融入项目点。在新人培训时，就开始推“清单式社会工作实务”培训，让新进社工尽快熟悉机构基本情况，适应机构环境，明确自身角色定位，了解工作流程、制度规范与岗位要求，明确自身工作职责，较好适应工作岗位。帮助新进社工建立良好的人际关系，增强员工的团队意识与合作精神。

除了机构的管培班和新员工培训外，我们还要求项目组每周集中学习，分区域每月例会兼培训制度，加上要求每周听樊登读书会、每月写原创学习心得，“逸飞”形成了相对比较完善和系统的学习培训制度。随着社会工作机构的发展，从零散的管理意识到系统的督导式管理，进而发展到清单式管理，陈兰兰、谢飞也逐渐完成从社工身份向一个社会组织管理者和领导者角色的转变。最让人高兴的是，2019 年底，“武汉逸飞”被评为武汉市唯一一家 5A 级社会组织，这是对“武汉逸飞”极大的支持和鞭策。

综上，可以说，无论是“管培班”“裂变计划”“社会工作机构的反脆弱”，还是“督导式管理”，都是“武汉逸飞”在中国社会工作本土化过程中的探索与创新。

（四）积淀与输出（2019—）

醉心于公益事业的“武汉逸飞”一路狂奔发展至今，我总感觉应该沉下来做些什么。仔细琢磨发现，积淀和进一步的学习是我们当前应该着力的重点。

一方面，我带着陈兰兰和谢飞南下深圳、东赴上海参加各种学术研讨会，向相关领域专家取经。确定了未来发展的新方向——评估和督导，并与上海同济大学郭强教授合作，注册成立了湖北省博慎评估责任有限公司，试图探索“公益机构”与“市场企业”相结合的社会工作机构发展模式。

另一方面，基于“武汉逸飞”的实务经验，指导和带领武汉理工大学的师生参加国家大学生创新创业训练计划，推广“武汉逸飞”的社会工作实务经验，形成有效的模式，并以点带面辐射其他地区。2014 年至 2018 年连续 5 年获得国家银奖。

同时，“武汉逸飞”与武汉理工大学联合举办多个学术研讨会。比较有影响力的有两个：第一个是 2019 年 3 月 22 日，在湖北省社会工作宣传周举办了“2019 理论·实务融合发展研讨会”。这次研讨会聚集了全省理论和实务方面的专家，大家共聚一堂，探讨如何将社会工作的理论与实务进行融合，走出中国本土的社会工作新路。第二个是 2019 年 10 月 9 日至 11 日，“武汉逸飞”联合武汉理工大学成功举办了“第四届构建全球社会工作网络与体系会议”。会议以“构建人类命运共同体：针对流动人群的全球社会工作实践”为主题，依次进行了青年福利对话工作坊、开幕式、七个分论坛、闭幕式等活动议程。与会专家来自全球 5 个国家，其中东芬兰大学 Janet Anand 教授、德国兰茨胡特应用技术大学 Stefan Borrmann 教授、印度拉贾吉里社会科学学院 Anish K. R. 教授发表了学术演讲，“武汉逸飞”的多名社会工作者也展示了社会工作实务项目。此次会议加强了武汉理工大学师生、“武汉逸飞”社工与国际同行的交流与合作，促进了社会工作专业学科建设，也为中国本土社会工作事业在国际上获得良好的声誉贡献了力量。

积淀的同时也要输出，埋头苦干于公益路上的“武汉逸飞”也是勇于承担社会责任的。2020 年 1 月 23 日，武汉封城。党中央果断开启了春节的“非常模式”，将这个传统假期迅速转变成了防控疫情、与病毒扩散“抢跑”的关键窗口期，要求各级“主动作为、特事特办”，“采取更果断、更有力有序、更科学周密的举措，有效遏制疫情蔓延”。正月初三，习近平主席第三次作出重要指示，强调紧紧依靠人民群众坚决打赢疫情防控阻击战。而打赢疫情防控阻击战的关键，是快速建立社区疫情防控的整套体系和机制。国家卫健委发布了《关于加强新型冠状病毒感染的肺炎疫情社区防控工作的通知》，明确要以社区防控为主、群防群控，有效落实综合性防控措施，防止疫情输入、蔓延、输出，控制疾病传播。

对此，陈兰兰迅速作出反应，联合武汉多家社会工作机构投入到抗疫战役之中。说实话，这个过程是非常艰难的，多方的不信任与质疑让我们无所适从。但最后一个信念让我们战胜了所有的疑难，那就是——大疫当前，抗疫是我们的社会责任。说实话，那一两个月也是异常艰难的。从未经历过这种重大突发公共卫生事件，没有任何专业方法的储备，武汉的社工只能是“摸着石头过河”。最不能理解的是，有些学者就一句话——“我是学者，做不了实务”，然后便“潜心”于提出抗疫模式；最佩服的是北京大学的马弘教授、北京社科院的杨团教授和北京心理协会的翟娟老师，他们几乎第一时间迅速响应武汉社工的抗疫行动，帮助链接各种资源，一时间，心理、医务和社工各个层面的志愿者聚集在一起，共同攻克难关。那段时间，马弘教授不仅从未停歇地参与线上抗疫行动，而且将武汉的抗疫动向直接反馈给国家卫健委；杨团老师隔三岔五打电话给我询问进展，指导方向。说起他们，我内心充满着感激。这才是有社会责任的真正的学者、真正的大家。不是为了自己出名，而是为了拯救人类。随着全国疫情的控制，中国开始向全世界疫情严重的国家施以援手。关注人类命运共同体，“武汉逸飞”也义不容辞，我们联合武汉理工大学校友会组建了线上线下医务、心理援助团队。武汉理工大学校友会负责筹集物资，“武汉逸飞”负责线上志愿进行心理和医务的指导援助。援助从国外的留学生及其家人开始。对此，陈洁、程娟这两位新一代的副总干事倾注了心血。

除了线上组建了援助群之外，“逸飞”社工还针对线上服务的需求，与湖北省志愿者协会、湖北省荆楚社会工作服务中心等合作，开设“抗疫有我，积极生活”30余期的线上直播课程，针对受疫情影响的民众、工作人员及志愿者提供各类心理调适、防护指导、亲子关系、工作技巧、居家保健等培训及服务。相关视频可以反复观看，免费使用，线上直播课程持续更新。这些课程的直播依托湖北省荆楚社会工作服务中心的线上公益教育平台——社工识堂来实现。它是副总干事曹丽欣的创意，曹丽欣于2016年10月进入逸飞，从一名共青团系统的青少年事务社工转到专业社会工作机构，干练、有想法，最关键的是她做事总是那么有条理、思考完备，是带团队、出成果的一把好手。在裂变计划的推动下，她依托湖北荆楚社会工作服务中心，借助互联网媒介，开发出了国内首家社会工作领域的公益传播平台——社工识堂，立足于社工工作中的现实难题，链接专业人士的知识与实践经验，为社会工作者解决问题提供了思想指导。此外，社工识堂还针对重大突发事件开展了一系列的辅助服务，包括提供储备资源共享和建立相关的社区应急体系，将公益项目和社会化媒体相结合。自2019年4月社工识堂上线以来，平台在实践中取得了丰硕的成果。平台累计付费用户2219人，课程最高播放量达17000次，最高单日访问量达25295人次。本次疫情期间，社工识堂积极参与开展服务，线上公益课程直播38场，服务44600人次，线上线下累计服务突破10万人次，所开展的服务赢得居民、志愿者、社区工作人员的一致好评。

所谓“学以致用”“探索以致用”，最终都会落脚在“用”上。“逸飞公益集团”能在中国社会工作本土化的道路上摸爬滚打，实属令人欣慰；能将本土化过程中的专业积累扩展到承担社会责任上，更是让人欣喜。

回首过去，在中国社会工作本土化的道路上，“武汉逸飞”走过的路、跨过的坎，真让人感慨万千。也许萤烛之光不足以照亮世界，但至少可以点亮偏隅。

访谈员后记

作为秦老师的学生，又以访谈员的身份对秦老师进行访谈，我的心情是难以诉说的愉悦和激动。在多年相处中，我知道秦老师时常不遗余力地帮助他人，也非常善于为他人搭建展示自我的平台。但是隔着屏幕如此直视对话，却是头一遭。然而我并不紧张，正是因为我知道，她是最平易近人不过了。整个会谈都在诙谐、放松的状态下有条不紊地进行着。如此地“近距离”也让我看到了一向被人称赞年轻有活力的秦老师也悄悄地“蓄”起了面庞上的纹路，只是岁月从不败美人，她看起来还是一样的意气风发，她为本土社会工作发展所作出的努力也从不曾削减丝毫。

她在平常就总说“社会工作是助人自助的活动”，而为了“助人自助”，她不局限于教授学生知识、培养专业人才，还努力探索专业知识向实践转变的路径。在创业艰难的环境下，秦老师满怀责任感与使命感，像坚定不移的指南针，始终指向前进的方向，与团队一道勇往直前，使得机构能立下足、扎稳根。我曾与秦老师一同工作，也对社会工作如今得来不易的良好的发展环境有所了解，这更让我敬佩秦老师的远见卓识。回想这一路，遇到困难时她总会沉稳冷静地先想怎么解决，从不自乱阵脚，如定盘星一样管理着团队。我想，正是秦老师对专业的认真与付出，才支撑起了“中国十大社工人物”的荣誉称号。这一称号绝不单单是对秦老师的嘉奖，更是对社会工作从业人员的鼓励与支持，是指引我们前进的启明星。

机构简介

武汉市逸飞社会工作服务中心于2013年11月注册成立。机构以“助人自助，服务民生”为宗旨，以“开心做社工”为理念，以“帮助一亿人选择更积极的生活态度”为使命。

机构主要服务领域包括：社会组织孵化培育及基地运营、“三社联动”等社会组织参与社会治理服务；家庭、司法、残障、青少年、老年和妇女等领域社会工作实务服务；社会工作专业培训、志愿者队伍建设、社会组织评估及政府和社会团体委托的其他社会工作。服务覆盖武昌区、江岸区、江汉区、东西湖区、硚口区、蔡甸区、黄陂区、武汉经济技术开发区（汉南区），并逐渐扩展至黄冈、孝感、仙桃、枣阳、荆州等地。

机构已开展的主要服务项目有：2014年6月—2020年6月，湖北省残疾人社会工作服务中心的社工服务项目；2014年7月—2020年7月，湖北省残疾人辅助器具资源中心社会工作专业岗位服务；2017年12月—2020年1月，武汉市社区养老服务设施监督管理项目；2015年12月—2020年10月，江岸区、东西湖区和武汉经济技术开发区等区级社会组织孵化平台运营项目；2017—2019年，武汉市民政局及多个区社会工作者职业水平考试培训项目；2017年8月—2020年1月，江岸区民政局“精神障碍社区康复社会工作”专业服务项目；2017年12月—2018年11月，江岸区“三社联动”支持服务项目；2017年12月—2020年11月，江岸区4个街道社会工作服务中心项目；2017年1月—2018年1月，汉阳区建桥街阳光驿站社工服务项目；2017年9月—2020年4月，东西湖区市民文明过马路劝导服务；2018年12月—2019年12月，东西湖区民政局农村福利院社工服务项目；2017年9月—2019年9月，黄陂区罗汉寺街道社会工作项目；2017年9月—2020年7月，硚口区社会福利院及数个街道社会工作服务项目；2017年10月—2020年5月，蔡甸区民政局农村福利院社工项目；2018年1月—2019年12月，武昌区妇联社工服务项目；2018年1—12月，硚口区民政局购买社会散居孤儿社会工作服务项目；2019年8月—2020年8月，武昌区社会工作服务项目等；2019年7月—2020年8月，仙桃市、枣阳市、荆州区“爱满荆楚”社会工作服务项目。

机构被评为全国青少年社会工作实务基地、全国百强社会工作服务机构以及武汉市5A级社会组织。此外，机构还有多名社工及服务项目荣获全国及省市各种奖项。

让社会工作在中国成为体面的职业

——代曦副教授访谈录

访谈时间：第一次 2019 年 12 月 21 日 10:00—12:00
第二次 2020 年 4 月 20 日 10:00—12:00
第三次 2020 年 5 月 18 日 14:00—17:00
第四次 2020 年 6 月 4 日 14:00—17:00

访谈地点：成都市同行社会工作服务中心

访 问 者：成亮　田园

整 理 者：成亮　田园　李小琬　罗超

受访者简介：代曦，苗族，成都信息工程大学社会工作专业副教授，硕士研究生导师。四川省政协委员，中国民主建国会成都信息工程大学支部副主委。全国社会工作领军人才，民政部社会组织教育培训师资库专家。中国社会工作学会理事，中国社会工作教育协会社会工作督导专业委员会常务理事兼副秘书长，中国社会工作教育协会中国高校教师社会工作机构专业委员会副秘书长，成都市社会组织联合会副会长，成都市同行社会工作服务中心理事长。曾在澳大利亚新南威尔士大学、美国纽约州立大学、巴黎笛卡尔大学访学。

编 者 按：成都的社区治理目前在全国处于领先地位，作出了一些重大创新，尤其是在社会组织参与社区治理方面，制度和机制都比较先进和完善，实践成效也很好。这其中，代曦副教授及其创办的社会工作机构就发挥了重要作用。代教授不仅以专家学者身份对社区治理献计献策，而且还带着她的社会工作机构深度参与社区治理，以社会企业的形式承接相关社区行政事务和社区服务，打造了社会工作机构参与社区治理的新模式。代教授的社会工作机构也因此得到了充分发展。

一、灾难中的成长

有许多人都曾经问过我，为什么想要去开办一家社会工作服务机构？其实，同行社会工作服务中心的成立包括成都市社会工作的提速发展，我个人认为，都缘于那一场灾难——“5·12”汶川大地震，我相信有许许多多的同人都对那场灾难记忆犹新。

那一场大灾难，让我们对自然的力量产生敬畏，感受到生死离别的悲痛与创伤，但同时也让我们看见了人性最美好的光辉。

记得那天下午，无数的人从大楼里涌向开阔地带，交通堵塞，通信中断，每一个人都急切地寻找着自己最爱的人……紧跟着消息传来，北川地震了，汶川地震了！百年罕见的大地震，死亡人数不断攀升……我第一时间作出决定，立刻到成都市慈善总会报到，登记了自己的车辆可以用于运输，捐赠了棉被、雨伞和方便食品，同时，我也在登记册上庄重地写下了我自己的职业——社会工作者。

现在回想起来，正是从那个时候开始，我和我的同事们才真正地有机会去用社会工作者的身份参与社会服务。我们好像才真正地从象牙塔里走出来，用社会工作的专业知识为他人提供专业的服务。面对突如其来的灾难，社会工作群体作为一种专业力量迅速行动起来，以各种方式参与其中——支持灾区、支持灾民及其家庭、支持前线抗灾力量、支持灾后重建队伍，也支持着整个社会，表现出高度的专业自觉和社会责任感。

我和我的同事开办社会工作服务机构最大的动力，其实是因为参与了由联合国儿童基金会支持、国务院妇儿工委直接推动、中国社会工作教育协会承办的儿童友好家园项目。在中国社会工作教育协会史柏年老师的亲自带领下，四川省10家开办有社会工作专业的高等院校的老师和学生参与了该项目，我是其中的一员。我们利用假期的时间由教师带着学生，赴灾区创建了40个儿童友好家园，为在灾害当中饱受苦难的孩子们搭建了一个安全空间。我们尽自己所能，用自己的专业所学来帮助这些孩子从灾害的阴影当中走出来。正是这个项目让我们有机会真正地学习到如何实施社会工作专业项目，从需求评估到方案设计、服务实施、财务管理、成效评估等，一整套的项目管理运行的相关知识由此积淀起来。有的时候不愿意去参与、探索一件事情是因为对事件本身的无知带来的畏难心理，当我们有了这样一些经验基础之后，我们就有了去挑战新的可能的勇气。借这样一个机会，我真的想要表达对史柏年老师的敬意和谢意，正是因为他的带领，让我们有机会创造更多的可能。

随着灾后重建服务项目的不断拓展，我国香港、台湾地区以及新加坡等社会工作给出的专业示范，以及在地社工团队的努力，让党委政府看见了社会工作的专业力量，对社会工作的相关服务给予了高度的认同，我们参与社会工作服务实务的机会也逐渐增加。并且，也由此建立起了和政府部门、社会公益慈善人士以及企业之间良好的信任基础。

“5·12”灾后重建持续了三到五年，我们灾后重建的项目还没有执行完成，我就接到了成都市民政局的邀请，希望我作为社会工作专业老师能够创办一家社会工作专业服务机构，填补成都市社会工作专业机构的空白。

二、“同行”起航

接到邀请的时候，其实心里面蛮高兴的，觉得社会工作的服务终于得到了党委政府的认可，我们有机会通过教育以外的路径来推动社会工作的发展。但真正要去开办一家机构，对当时的我来讲是一个非常重大的决定，为此我也像今天我们做口述史一样去访问了许多的前辈。我找到已经在社会组织提供服务的优秀的社会组织管理人才，向他们请教他们在领办社会组织的时候，自己的动因是什么？机构管理情况？项目推动情况？询问他们，其实也是说服自己的过程。

就在自己为开办机构犹豫不决时，时间一晃两年了，我的学生又毕业了两届了，当时我们有相当部分的学生在参加专业实习之后，回校决定不会选择在社会工作相关领域就业！因为当时我们的专业实习几乎都安排在社区开展，社区两委人员给孩子们提供了较为良好的工作条件，但同时社区工作内容和工作方式，决定了我们专业的孩子们到了这样一个工作场域当中，是极少有机会运用社会工作专业知识进行实习实践的。我们专业对口率一直排名在全学校的倒数第一。于是，在成都还没有社会工作机构的当时，我说服自己开始行动，给了自己最单纯的理由：至少可以让社工们有口专业饭吃！

成都市同行社会工作服务中心（以下简称“同行”）成立之初，我和同行者们共同订下第一个小目标：推动“同行”成为更好的职业发展平台，让我们共同努力奋斗，使每一位同行者有更具幸福感的工作与生活！

三、专业服务探索

因为在机构成立之初就开始与政府部门有了许多的合作，再加上又是成都市第一批社会工作专门服务机构之一，所以我们确确实实有非常良好的基础。在发展的过程中，我们一路创新了社会工作多方面的服务内容，开拓了多方面的服务领域，做出了较大量的示范项目。可以这样讲，在成都社会工作职业化的过程中，我们是亲历者也是参与者，我们骄傲地参与了整个成都市社会工作开拓的全过程。

2012 年机构成立之初，我们承接了成都市第一个失地农民集中安置区社会工作服务站，开始集中安置区社区社会工作的探索。记得我们所服务的第一个集中安置区干群关系非常紧张，街道办事处工作人员的会议可能会换 4 个地方，因为总有老百姓借他们开会的时间群体投诉和上访。那个时候的同行有 3 位老师外加 5 位员工，我们认真地思考，面对那样的情况，我们应当提供哪些服务。我记得我们选择了两条路线：一方面，我们开展各种各样的社区公益活动，吸引老百姓来参加，让他们将自己的心思放在拓展自己的兴趣、爱好，丰富自己的业余生活方面。另一方面，我们也搭建政府和群众沟通的桥梁，通过开坝坝会、喝议事茶等手段和方法，搭建起居民协商议事的平台。大约用了一年的时间，我们自己没有觉得干了什么“大事情”，但整个社区的面貌确实发生了非常大的变化。在社会工作服务机构入驻之前，社区开会商讨任何事情都需要给参与者发钱，社区新年文艺会演也需要给参与者发钱，社区有参访接待活动也需要给参与者发钱……我们服务以后，社区居民更愿意参加社区的公益活动了，年终文艺会演时，各文艺自组织都积极报名参加。在社工的带领下，社区居民组建了 7 支社区自组织——有的关注居民调解，有的关注文化宣传，有的关注兴趣发展，有的关注社区环境……对此，居民和政府对我们的服务都非常地满意。

从那个时候开始，“同行”社工的专业服务就进入一路开挂的发展状态。我们非常幸运，没有像其他机构一样为申报服务项目担忧，没有为自己的生存发展焦虑。由于提供的服务呈现出良好的效果，各区市县、各街道的政府部门，都纷纷找到我们开展社会工作专业服务的合作，为机构的发展创造了非常良好的发展环境。

由于社会工作对政府部门来讲也是非常陌生的领域，因此，我们所接触到的政府部门的相关工作人员都非常愿意倾听社会工作者在专业服务上的建议，并且也十分愿意开放出非常好的空间，为社会工作的专业服务提供相应的支持。

在如此良好的环境当中，“同行”和其他社会工作机构一起都得到了较为良好的发展。近年来，团队承担了国家、省、市、区大量社会工作专业示范类项目，我们开始在各个方面作出相应的探索。这些探索成为成都市社会工作职业化、专业化、规范化发展的一部分。

记得几年前，我们在服务过程中曾遇到这样一个家庭：丈夫患有严重的精神疾病，女儿脑瘫，自己的妈妈长期卧病在床，照顾整个家庭的重责全落在主妇的肩上。这位妇女目光里真的看不见一丝生机，她看不见生活的希望。我们想尽办法帮助这个家庭。当我们开始行动时才发现，政府救助体系相关资源的高效全面运行还有一些障碍，主要表现在：一是救助资源分散，缺少有效整合运用。民政局、残联、工会、妇联、团委、红十字会、慈善会、教育局、人社局、卫计局、公安局、农林局、司法局、房管局、组织部等部门均涉及救助工作，各部门均有相关资金资源用于特殊困难群众救助，但相关资源缺少有效的整合运用。二是救助政策繁多，缺少统一梳理发布。三是资金帮扶为主，缺少精准帮扶手段。多以小额度资金帮扶为主，物质帮扶为辅，帮扶手段较为单一，帮扶活动开展缺少体系。四是受理途径分散，缺少协同办理窗口。此外，社会力量参与渠道还可以进一步拓展，社会上有大量爱心人士有强烈的助人意愿，但由于需求分析不精准、救助项目不精准、供需对接不精准等诸多原因，导致社会力量在救助领域的参与并不充分。同时，支出型贫困等特殊类型困难对象救助缺少制度性安排。

为推动社会力量参与社会救助，确保困难群众得到精准救助和帮扶，提升扶贫实效，我们承接了民政部社会工作示范项目“社会工作介入社会救助”项目。2014 年，成都市率先在全国成立了第一家社会关爱援助中心，我们非常幸运地取得了关爱援助中心的运营资格，开始了社会救助社会工作服务的探索，并且产生了一定的成效。因为有了这样的探索，民政部社会救助司连续两次由司长、副司长带队到成都就关爱援助体系建设进行工作考察。在此基础之上，我们于 2015 年推动建立了全国第一个由专业社会工作者搭建的平台，推动多元主体共同参与社会救助的三级联动体系，并于 2015 年获得

"民政部救助领域最佳创新实践奖"。同年，时任成都市委书记黄新初对社会关爱援助体系运行成效给予了高度认可，将社会关爱援助"三级中心四级网络"的建设纳入民生工程，成都市政府办公厅出台《关于建立城乡一体社会关爱援助体系提升精准扶贫实效的指导意见》（成办发〔2016〕16号），以实现"精准扶贫救助"为目标，建立了"1+2+N"基于多元参与的专业化社会救助体系，初步实现"党委引领，政府救助兜底负责，社会援助有效补充，社会力量多元参与"的社会救助局面，从而基本实现了政府救助与社会关爱援助无缝衔接，建立起明晰体制内外职能、打通体制内外渠道、整合体制内外资源的社会关爱援助工作体系。成都市成为全国第一个建立起由政府兜底保障+社工专业服务+社会力量参与的多元主体参与式社会救助体系。这一体系的建设直接创造了近300个职业化社会工作岗位。2017年，"社会关爱援助三级体系"项目作为社会工作服务首次登上中央电视台《新闻联播》栏目，作为全国所报道的三个项目案例之一，连续7天在中央一台展示，这让我们非常自豪。

我们还执行了民政部社会工作示范项目"老年社区照顾"，民政部"大爱之行"全国重点示范项目"长期病患、晚期癌症患者、高龄老人临终关怀社区照顾"项目，民政部、四川省重点示范项目"乐龄安享——基于互助网络的老年照顾"，民政部、李嘉诚基金会社会工作示范项目"宁养社会工作服务"项目等，其中"乐龄安享——临终关怀项目"入选"成都市十佳优秀项目"，"社区治理改革项目"和"睦邻乐助——特殊困难家庭关爱援助项目"入选"成都社会组织参与社会治理十大创新案例"……通过这些项目的执行，我们开始了老年社会工作的专业探索，因为有了这些项目的执行经验，谁也不敢小看了社会工作者在老年服务领域的专业作用。我们逐步地去推动，逐步地去拓展，到最后我们终于在郫都区承接了第一个养老指导中心的服务项目，正式奠定了社会工作参与老年服务、老年照顾的专业地位。服务中心开始为各养老机构的社会工作服务站提供相应的专业支持，并且制定了5项养老服务地方标准，也由此推动了该领域社会工作的职业化发展。

2014年，我们还参与了一个非常重要的项目，那就是武侯区政府下沉至社区公共服务改革项目。为了更好地推动社区两委自治职能还能归位，更好地提升政府下沉至社区公共服务质量，武侯区委区政府在全国范围内率先整区推动社区服务供给侧改革，将政府下沉至社区的公共服务共计139项整体打包交由社会组织承接，让社区两委从这些政府公共服务当中解放出来，还能归位履行自治职能。这一项目的推动直接为58家机构创造了最少578个工作岗位。由于政府下沉至社区的公共服务是长期而持续的，所以也为这一领域的职业岗位提供了长期发展空间。

2019年，我们又拓展了一个新的领域。成都市的成华区法院开放法院的庭前调解中心，交由社会工作服务机构承接相应服务，为社会工作者参与庭前、庭中、庭后各类司法调解创造了良好的职业环境。在这一领域，我们探索了社会工作者与法律工作者之间的合作，为调解社会工作专业的发展作了一些探索，并收获了较好的成效。2019年，我们完成了4000多个案件的庭外调解，极大地缓解了法院的工作压力，节约了司法成本，我们也期待受这个项目的影响，有更多的法院开放调解中心，为社会工作者创造更多的职业机会。

今年突如其来的新冠肺炎疫情是对我国基层治理和公共卫生防疫的全面检验。习近平总书记2月23日在统筹推进新冠肺炎疫情防控和经济社会发展工作部署会议上的讲话指出，“要发挥社会工作的专业优势，支持广大社工、义工和志愿者开展心理疏导、情绪支持、保障支持等服务”。

社会工作的本质是帮助人、关注人，增强人的社会支持系统，促进社会秩序稳定与和谐。社会工作的专业特长是在“助人自助”理念下，运用专业方法，对困境人群针对性帮助、个别化服务、人性化关怀和强化社会支持网络。

上述特性使社会工作不仅在常态社会服务中优势明显，也使其能在应对突发公共事件时发挥所长。以应对此次新冠肺炎疫情为例。首先，政府在应对疫情中发挥主导作用，社会工作在运行机制上具有灵活性、机动性，且植根民间、深耕基层，在一定程度上可以弥补政府力量之不足。其次，从专业配置看，医护专业、公共卫生专业是应对疫情的主体，但疫情引起的次生灾害以及全局性影响需要其他专业合力应对。例如，医护人员的身心压力、患者或疑似患者的心理创伤、民众的恐慌情绪等急需社会工作提供帮助。最后，疫情发生以来，社会工作在疫情防控中已经取得了一定成效。凭借专业的技能，在社区动员、社区照顾、心理疏导、行业倡导、专业支持等方面科学有效地开展了服务。截至3月10日，成都市共动员230家社会组织（含社会工作机构205家），投入工作人员1.2万人次（含专业社工9600人次），发放防疫宣传资料 20 万份，心理疏导服务困难群众 3100 人次；设立废弃口罩专用垃圾桶 2700 个，累计开展场所消毒 1100 万平方米；开展社会动员，全市接受慈善捐赠资金和物资折款累计约 1.64 亿元，累计支出捐赠资金物资总额约 1.45 亿元。

我们“同行”在这次新冠疫情的防控工作当中，展现出了社会工作机构的优势。在四川省启动突发公共卫生事件一级响应后，2 月 24 日，“同行”237 名社区服务事业部社工和 36 名专业督导与管理人员第一时间返回工作岗位，运用专业的技能，秉承“助人自助”的专业理念，科学有效地开展服务，在社区动员、社区照顾、心理疏导、行业倡导、专业支持等方面发挥了应有的专业作用。

一是扎根社区关怀困难群体，科学有序提供专业服务。为协助政府做好疫情防控工作，科学有效地开展服务，我们率先在全省范围内出台《社会工作者疫情防控工作要则》，明确了统一组织统一行动、属地参与属地管理、党建引领党员示范、扎根社区关爱困难群体、专业人员专业服务、社会倡导多元参与、助人自助自我保护等工作原则。同时发布《成都市同行社会工作服务中心新型肺炎疫情防控社会工作服务手册》，“同行”全体社工按相关要求，通过“三社联动”，依法、科学、有序开展相关服务，坚决做到帮忙不添乱、援助不缺位。“同行”社区服务事业部在民政局统一部署安排下，截至 2 月 19 日，入户排查 158205 户居民，走访排查企业、小区、商铺等 11279 家，张贴发放相关宣传资料 160286 份。“同行”关爱援助事业部将困难群体作为重点服务对象，对原来已开展服务的独居孤寡老人、低保低收入人群、困境残障人士、困境儿童等服务对象，通过电话、短信、微信等形式提供关爱和支持，特别是对生活困难的确诊患者，通过协助落实国家有关政策、链接社会资源，在物质上、心理上提供援助。截至 2 月 19 日，共计服务 1570 户特困家庭，提供超过 2500 人次咨询服务。

二是行业协同社会倡导，推动多元力量共同参与。“同行”作为多个区市县的枢纽平台服务机构，第一时间对接本区域政府部门，协助政府做好社会组织、社会企业、社会工作者科学、有序、专业参与新型肺炎疫情防控工作的动员工作；承接政府交办的组织、协调、调研、统计等工作；开展本区域社会组织、社会工作者参与新型肺炎疫情防控工作情况汇总统计；为本区域社会组织、社会工作者提供新型肺炎的防治知识和疫情防控政策的解读咨询服务；为社区工作者提供新型肺炎的防治知识和疫情防控知识、技巧、社会服务培训；加强对本行业的指导和协调，充分发挥行业组织在疫情防控工作中的作用。我们充分运用成都市社会关爱援助中心平台，通过行业倡导，充分发挥“三级中心，四级网络”社会关爱援助体系优势、社会工作专业优势和多元主体联动优势，以“线上＋线下”工作同步开展，联动37家社会组织共同开展抗疫服务。1月31日，“同行”在发布《成都市公众疫情防控心理疏导自助指南》的基础上，建立首支由60名资深社工组成的心理疏导队伍，并面向社会公布姓名，接受公众心理辅导申请，提供心理援助服务。同时，“同行”发起“共抗疫情”号召，截至2月20日，联动各级关爱援助中心共计募集资金914万元，物资折合人民币43万元，服务61557人次。

三是专业支撑技术支持，助力行业专业高效有序参与。为更好贯彻落实党和政府的工作要求，在本次社会工作参与新冠肺炎社区防控工作中，回应基层一线抗疫社会工作者的实务需求，“同行”在全省范围内，率先制定并发布以下专业支持工具，供社会工作相关单位和社会工作者参考使用:《社会工作者参与新型冠状病毒感染的肺炎疫情防控工作要则》《疫情防控社会工作服务手册》《公共卫生社会工作服务内容》《公共卫生社会工作服务工具包》《成都市公众疫情防控心理疏导自助指南》《致全市社会关爱援助体系救助社工的一封信》《埃博拉疫情期间的社会工作实践问题》《成都市社会关爱援助中心“关爱随行”疫情防控心理健康服务行动指南》等。在提供社会组织疫情防控参与的专业支持的同时，“同行”也同步关注社会组织在疫情防控情况下的生存发展与项目推进。截至3月10日，面向社会组织、社区两委、社会工作者等，共计开展了32场次线上培训，涉及“疫情防控下社会组织财务管理”“社会组织疫情防控下的服务提供”“疫情防控下公益项目的推进与执行”等社会组织关心关注的问题，助力社会组织复工复产。

为此，成都市委、市政府表彰了一批抗疫先进集体，我们“同行”作为社会组织的代表出现在了名单当中。我们深感自豪，党委政府看见了社会组织和社会工作者的力量，给予了我们认可和肯定。作为四川省政协委员，我也充分利用自己的委员身份，及时提交了《加大疫情后社会工作服务机构的扶持力度》和《将社会工作纳入公共卫生防御体系》两个提案，现均被受理。相信在我们的努力下，社会工作的服务领域会越来越宽，社会工作者的职业平台会越来越大。

"同行"在社会工作专业化、职业化和规范化方面的探索，是我们成都社会工作行业发展的一个缩影。正是无数家社会工作机构的共同努力，创造了成都市社会工作职业发展的春天。

四、推动行业发展

我曾在美国和法国访学，重点研究了基层社会治理、社会企业发展和老年社区照顾。以法国为例，6500 万法国人中，超过 1/3 的人加入了 130 万个社会组织，每万人拥有社会组织 200 家，每 4 人中有 1 名志愿者，救助了 3/4 的困难群体。法国政府每年安排预算购买社会服务占社会组织总收入的 51%。购买服务是发达国家政府提供公共服务的主要方式。

在开办机构的这几年，经常会有政府部门的领导对我说，如果说政府不再购买社会工作的专业服务，那你们就没有生存的空间了，因此你一定要按照市场化的思路来实现造血。我每次都会回复说，我们要拓展更多的收入来源，以确保机构可持续的发展，但是政府一定会购买社会工作的专业服务，除非政府不想履行政府职能，换一句话讲，社会工作机构是承接政府职能转移的最佳合作伙伴。比如说，特殊困难群众的帮扶交由专业的社会工作机构来提供相应的服务，应当比公务员直接提供服务效率更高，服务的专业性更好。当公务员队伍很难实现专业服务提供的时候，那么购买社会工作服务，就应当是长期而持续的。

2018 年中国社会组织报告公布，14 亿中国人共有社会组织 80.3 万个，每万人拥有社会组织 5.7 家。我们一直在说，社会治理中"政府、市场、社会"三驾马车中"社会力量"很弱，看看这个对比，大家就更能理解为什么要扶持社会组织发展。成都市委、市政府提出建设高品质和谐宜居生活社区，特别是"一核多元、共治共享"理念，充分明确了社会力量在社区治理中的参与作用。

成都市委书记范锐平在社区发展治理大会讲话时提出，"要立足于城市治理现代化来发展社会组织"。社会组织作为与政府、企业鼎足而立的第三部门，具有通过"以志愿求公益"来弥补政府缺陷和市场不足的一般功能。以"同行"为例，400 多名专职社工，构建了 4000 多人的志愿者队伍。城市善治的达成，不是城市政府的独舞，而是多元主体的共同行动。社会组织以自我组织、自我管理、自我发展的方式提供公益服务和组织互益活动，非常有利于形成独立负责、互助合作、民主协商、律己守则、奉献他人的集体意识和公共精神。

社会工作机构在社会建设中发挥着重要作用。

首先，社会工作机构是公共服务提供的重要力量。社会组织具有较强的社会性，在政府不能做、不便做和做不好的公共服务领域，能充分发挥专业优势，成为政府公共服务的有益补充。比如我市推动的社会关爱援助“三级体系四级网络”建设，创新构建了“政府救助兜底负责，社会援助有效补充”的参与式社会救助模式，荣获全国“最具影响力社工项目”。实践证明，社会工作机构在科教文卫、救助扶贫、社会福利、行业管理、共享经济等诸多领域具有很强的能量储备，其服务优势日益显现。社会工作机构依托各类社会公益慈善资源，开展困境儿童援助、老年社区照顾、残疾人创业就业、行业领域发展、环境生态保护、多元文化交流、家庭健康管理、科学教育发展等丰富多样的公共服务可以有效补充政府服务不足。

其次，社会工作机构是社区建设发展的参与主体。成都社区发展治理的思路、理念和做法在许多方面都站在我国社区建设改革前沿，探索出了宝贵而鲜活的经验。通过社会工作“示范项目”，社会工作机构积极探索，在党建引领下，以社区为平台、社会组织为载体、社会工作为专业支撑的“三社联动”机制，根据社区独特需求，充分整合社会资源、专业资源和社区资源，因地制宜实施社区公益项目，促进社区可持续发展。“公益创投”推动社区社会组织创新治理路径，实施“微治理”行动十分成功，通过建立“收集微心愿、发展微组织、构建微网络、实施微项目、提供微服务”的微治理机制，培育特质鲜明的社区精神，创新探索建立社区发展基金，将自治内容嵌入居民日常生活，让社区自治、民主参与、睦邻互助内化为居民的一种生活习惯，让社区不只是居住之地，更是邻里间温暖、亲近、友好的维系，是你我共有的家园，是留住乡愁的守望空间。“社区营造”从社区生活出发，集合各种社会力量与资源，推动社区居民以组织化的形式，广泛地参与到社区发展中成为重要主体，通过社区居民的共同行动，社区完成自组织、自治理和自发展，社区居民广泛参与社区生计、文化、健康、生态、安全、教育、照顾和互助各方面，利用社区内生动力推动社区整体发展。

最后，社会工作机构是经济社会良序发展的重要支撑。社会工作机构已经成为一个日益强大的第三产业经济部门，它所提供的社会服务等产品价值构成了社会经济总量的一部分，其慈善公益及广泛的服务活动，带动个人、家庭、企业、政府等其他经济主体相应的投资和消费。比如美国社会组织每向最终消费者提供1美元服务，会带来商业领域83美分间接支出。2018年7月16日，“中国社会组织经济规模（N-GDP）测算”发布，全国社会组织经济规模达2789亿元人民币，仅占当年GDP的0.37%，占当年第三产业经济规模的0.73%。中国社会组织在40年改革开放中经历了“复苏发展期”“曲折发展期”“稳定发展期”和党的十八大以来的“增速发展期”四个阶段之后，已经形成一定的气候，正在成为经济与社会建设的生力军，社会组织服务涉及几十个领域，形成各类新兴服务行业，并且大量吸引劳动力，提供了广泛的不断增加的就业空间，已成为创业的新增长点。社会组织的发展壮大，对于丰富产业形态和社会形态，促进经济的可持续健康发展，加快我国城镇化进程都有极为重要的作用。可以期待，其在供给侧多元供给主体中扮演新的重要角色。

社会工作机构能否主动参与社区生活，不仅是衡量社区治理水平的重要标尺，也是决定社区活力的关键要素。社区居民参与不是采取原子化的个体方式，而应通过让居民过有组织的生活，实现社会的再组织化，通过组织化提升社区居民的尊重、信任、协作、参与等共同体意识，改变其价值认知，使其以主人翁状态投入社区建设和发展。

因此，优化社会工作机构发展环境，发挥社会工作机构功能作用十分重要。当党委、政府有了对于社会组织进行扶持发展的这样一个思路，我们就获取了对社会工作机构发展给予支持这样一些机会，承接了大量枢纽平台型项目。“同行”基本实现了从单一实操型机构到实操支持并重的综合型机构的转型。我们承接的平台支持性项目主要包括：2019—2021年金牛区社区发展治理创享中心运行与服务；2017—2019年成都市天府新区社事局“天府新区社区营造服务园”管理运营与“区社区营造”服务提供；2016—2018年成都市温江区民政局“温江区社会组织服务中心”管理运营与服务提供；2016—2021年郫都区社会组织服务园管理运营与服务提供；2017—2021年成都市龙泉驿区社会组织孵化培育中心管理运营与服务提供。同时，“同行”也分别入选了四川省社会工作协会副会长单位、成都市社会组织联合会副会长单位、成都市社会工作协会理事单位、锦江区社会工作协会会长单位、龙泉驿区社会组织联合会会长单位、温江区社会组织联合会会长单位、天府新区社会组织联合会会长单位、郫都区社会工作协会会长单位等。这些平台让我们拥有了良好的推动行业发展的基础。

在行业支持方面，“同行”参与了省市区各级政府部门的专业标准、行业规划与行业制度的制订；开展了社会组织孵化、培育与督导服务；承接了组织评估、项目评审与成效评价等工作；实施了培养方案制订、课程体系建设、培训课程开设等专业人才培养措施。5 年来，“同行”共完成 32 项课题研究，制定完成 12 项标准、规划与行业制度，先后发表论文 20 余篇、出版学术专著 5 部；培育了 23 支公益类社会组织，孵化近 50 支社区自组织；开展上百场次培训、讲座、沙龙与督导，超 2 万人次参与。此外，作为教师，我们充分发挥了专业研究优势，助力社会治理领域规范化建设。近年来，“同行”参与制定了国家标准《中国社会工作督导指南》；主持了《四川省退役军人诚信等级评估标准》《四川省救助社会工作指南》《四川省社会工作督导规范》等省部级标准的制定。同时也形成了专著成果，主要包括《社会工作督导・理论与方法》《社会工作督导・基础知识》《和谐郫都・社区营造》等。

我们和其他的社会组织一起探索社会工作服务的行业规范；一起到政府部门做政策倡导，为社会工作者发展创造更好的基础条件；我们一起助力推动政府部门在购买社会工作专业服务时，一般服务期限从一年延长至三年；一起助力政府部门购买服务时拓展购买服务领域，实现政府职能的转移；一起助力政府业务部门为获取社会工作者职业水平证书的工作人员给予奖励和补贴。真的非常庆幸，我们遇到了成都市民政局各位专家级的领导，他们经过对社会工作的深入研究，用极其开放的胸怀采纳了社会工作机构的众多合理意见，给予了社会工作者最大的发展空间。

我认为，正是“政、校、社”高效联动，使成都市社会工作行业发展一直走在全国的前列。

五、职业平台建设

“同行”成立已经 10 年了，我在前面提到开办“同行”时，我们有一个愿望就是为社会工作者、为我们毕业的孩子们搭建社会工作的职业平台。10

年过去了，推动职业发展的初心没变。在此期间，有好些伙伴都或多或少出现过职业倦怠，这种倦怠主要来自价值不被认同的挫败感。我们可以接受苦接受累接受奔波，但无法接受不被尊重、不被理解，做了好事帮助人还受委屈。为什么商业领域很少见到这样的心态，我很赞同李涛老师的分析："究其原因，商业目的直接利己，公益目的在于利他，前者为自己承受委屈理所当然，而后者为他人承受委屈岂有此理。"我们不能忘了，尽管社工比商业从业者有更纯粹的公益和助人精神，而作为工作本身，社工首先也是需要养家糊口的，也是在助人中实现自我的。社工，是一份职业，是一份有专业技术能力要求的职业，是一份可以养家糊口的职业，是一份利他助人受人尊重的职业。

关于社会工作的职业化平台建设，我经常举到的例子，我自己认为和社会工作专业服务机构职业平台最接近的应该是医院，一家好医院都会有良好的内控与管理，有良好的设施设备、人才培养规划、员工职业发展晋升空间和接受服务的人群，当一家医院拥有了非常良好的职业平台之后，就会有许多的优秀医生利用良好的医院执业平台，开展专业服务。一家优秀的社会工作机构，应当为社会工作者提供良好的服务条件。社会工作机构的内控管理也应当实现专业化，由后勤支持团队专门负责行政管理，由财务工作人员负责财务，由项目专员负责项目管理，由专职督导负责专业支持，由人事专员负责人力资源。只有通过这些规范化的管理，才能够为社会工作者提供良好的服务空间。

要想做到这一点十分不易，这需要使命、战略、结构、制度、机制等一系列组织化建设。"同行"的组织化建设有社会组织的普遍性，也有其独特性，10 年的发展已潜移默化形成了"同行"文化：共同成长。自"同行"成立以来，我们没有一位空降而至的"高级社会工作人才"，所有"同行"人无一例外地从一线社工做起，在机构的发展中成长，与机构一起面对制度建立从无到有的压力，一起经历制度变革的阵痛，一起体味规范管理的"冷血"，一起享受电子审批的便捷。我们激烈讨论，共同确定"同行"的组织构架；我们反复磋商，共同制定"同行"的规章制度；我们不厌其烦，共同适应"同行"的财务规范……就这样，我们共同度过内部人才不足、外部资源狭窄、行业发展起步的最艰难的初创期，团队逐步成长起来，一步一步地成长了自己、成就了"同行"！"同行"今天的成就，每一位"同行"人都可以骄傲地宣布：这是我努力创造的！

近5年来，我们不停地探索社会工作机构内控管理的科学性。目前“同行”采取了直线职能制的管理方式。从职能角度，我们设立了财务部、行政人力资源部、项目部、宣传推广部和督导部，按照“同行”业务领域，我们设立了关爱援助事业部、枢纽平台事业部、社区服务事业部、民政协理事业部、示范项目事业部。“同行”所设立的部门都是经过反复调整，才找到最适合项目执行的方式。

此外，我们在全国范围内率先开发了专业服务软件，实现了机构个案工作、小组工作、社区工作等服务方法的信息化管理。“同行”的社工们在开展服务的过程当中，所有的过程资料都直接在网上进行填报，已经不再使用纸质文档来交流信息。这样既节约了机构的行政成本，同时也利用现代的通信工具极大地提高了交流的效率。

我们也运用了现代的OA系统，实现和完成了机构的信息化内控管理。经费申请、资质印章使用、岗位编制及所有的机构内控审批流程都直接在网上实现和完成。要推动这样的发展，其实是一件非常困难的事情。因为有这些科学的管理，在一定程度上会加大社会工作者的行政规范压力。我们有一些社工因难以适应，而离开了“同行”。每一次的变革都会是一场选择，在“同行”没有旁观者，我们要么选择去适应，要么就只能离开。虽然面对人员流动的压力，但“同行”的核心团队都坚持了下来，大家一致认为应当有规范的内控来建立专业的社会工作者职业发展平台。实践证明，现代的通信工具极大地提升了机构内控管理的效率，我们的探索是对的。我们通过各种各样的能力建设活动，把我们机构的管理经验介绍给其他的社会工作机构，让大家都享受到现代信息系统带来的便捷。

为了推动机构的社会工作专业化建设，机构人力资源部和督导部联合推出人才培养计划，每年都会有新的计划，但固定不变的是每一年都会组织自己的专业社工到我国台湾、香港地区以及新加坡等一些社会工作发展相对较好的地方学习。有的时候我们会推出优秀社工人才的个人成长计划，有的时候我们也会推出社会工作项目团队成长计划，目的只有一个——要让社会工作者有专业发展和学习的机会。

但我们必须看到，“同行”还有诸多不足，下一步要继续推动“同行”成为更规范的社会工作机构。10年来，“同行”直接服务超过10万人次，面向社会为特殊困难群众募集上千万元援助资金，累计获得超过千万元物质支持。所有的服务，我们都是基于“助人自助”的专业理念，实践着社会工作的专业方法，从“个体—家庭—社区—社会”四个维度构建社会支持网络，增强各维度的可持续发展能力。

管理思想学家德鲁克的一句话很适合当下的我们：“预测未来最好的方式，是用自己的方式创造未来。”有立场、有坚持、有情怀，是在每一个平凡工作岗位上与党和国家肝胆相照的最好方式。

六、社区发展治理

我还清晰记得2017年9月2日，成都市委召开城乡社区发展治理大会，“中共成都市委城乡社区发展治理委员会”就此成立，这是全国首创。这项备受关注的探索实践，将通过城乡社区发展治理的小切口，解决部门职能分散、“九龙治水”的大问题，探索特大中心城市治理能力和治理体系的现代化。这是成都的改革气魄和历史担当。

我国自20世纪90年代推动社区建设以来，整个中国的城市进程波澜壮阔，在市场化和改革开放中创造了一系列奇迹，这不仅是中国的奇迹，也是人类的奇迹。但同时也带来系列发展问题：住宅密集排列，无邻里感；社区缺少公共空间，难以形成强有力的社群纽带；高楼与棚户并存；停车难、上学难、看病难……城市治理无法匹配改革开放以来已主动发生的市场转轨与被动发生的社会变革。其实，社区不只是居住之地，更是邻里间温暖、亲近、友好的维系，是你我共有的家园，是留住乡愁的守望空间。社区发展治理，就是要通过城市功能优化、公共服务提升、公共空间建造，激励居民共同参与社区公共事务，培植睦邻守望、友好相助的社区关系，彰显成都“生活城市”“休闲之都”的鲜明特质。

社会力量在城市发展中的参与不足一直是社会治理的突出问题，推动社会组织、企事业单位、志愿服务团队、社区居民关注社区发展，形成独立负责、互助合作、民主协商、律己守则、奉献他人的集体意识和公共精神十分重要。

通过提供公益服务和组织互益活动，可以推动社区居民广泛参与社区生计、文化、健康、生态、安全、教育、照顾和互助各个方面，推动社区整体发展。我想建议大家一起再走走成都这熟悉又陌生的城市，大家一定会发现惊喜、看见变化。比如成华区的致强社区，我很荣幸在那里服务，社区围墙打开了、断头路打通了、公共设备亲民化了、公共空间更大了，这些改变，是在社区居民共同参与下通过集体行动实现的。还有青羊区的清源社区、龙泉驿区的五星社区、武侯区的玉林社区、锦江区的书院街社区、温江区的和林社区、天府新区的安公社区，还有习总书记去过的郫都区的战旗社区……你会发现每一个社区都有自己独特的风格，但共同散发着安全、便捷、包容、接纳的氛围。

我市各区（市）县作出积极探索，为多元主体参与社区发展治理提供了良好土壤。成华区“社团+院落”的微治理模式十分成功，从由谁做、如何做两方面，探索了社区居民组织化参与社区治理的有效路径，“政务服务便民化，便民服务集成化”让老百姓切实感受到了服务便捷；锦江区设立社会组织管理局、成立社会组织发展基金会、建立市民中心回应了社会组织发展过程中的管理、资源和阵地需求；武侯区社区公共服务的“服务社会化、主体多元化、管理网格化”改革，实现了社区服务职业化，不但提升了服务质量，同时推动社区两委还能归位发挥自治作用；温江区从“三社互动”“三社联动”到3.0版本的“三社善动”，为社会组织携同社会资源不断扩大路径，提出“社八件”，明确了社区发展治理的基本标准；龙泉驿区的“1+4+N”的社区综合服务体，搭建了集党组织、政府部门、社会组织、社区居民共建共用的开放空间，实现了多元主体参与平台；天府新区成立“社区发展治理服务园”和“社会发展治理促进会”，为社区发展治理提供项目研发、能力建设、督导支持、评估管理、行业交流、资源拓展等系列支持性服务；郫都区行动起来，已经在全市率先组建了第一批社区规划师队伍，助力优化社区公共空间，构建社区公共空间长效运营机制；青羊区“121社区服务体系”建设，不但在社区规划中直接明确了社区公共空间基本功能，并且进一步完善了各主体在社区发展中的定位……

社区发展治理就是要通过创新治理路径，构建具有更好生活体验的城市，实施“社区睦邻运动”，成立睦邻社团，建设邻里中心，培育特质鲜明的社区精神，构建社区传统与共同记忆，让社区居民利用公共开放空间实现邻里分享。实施“家庭友好计划”，出台家庭友好政策，增加对家庭的外部支持，让幼儿养育、青年发展、老人休养、病人照料等家庭需求，既有政府公共政策的兜底负责，又有社会组织的专业回应，还有睦邻为善、以邻为伴、守望相助的社区互助。

我是2003年开始参与社会工作服务的，至今已有将近17个年头。这期间，有幸亲历并参与了本土社会工作在过去10年的跨越式发展，置身其中，用全部感情在经历与体味，感触颇多。

社会工作正经历着飞跃式发展。一是社会工作从一个空洞的概念正逐步变为专业服务。从最开始我们给所有人“解释”社会工作，到我们用行动给所有人“示范”社会工作，而现在，通过我们大家的服务，当下接受社会工作服务的人群，社会工作对于他们不再是一个含糊不清的概念，而是亲历的感受、真实的存在。二是中国社会工作发展经历了教育先行推动实务发展的阶段，完成了从“学习”到“运用”的华丽转身。三是社会工作服务从个体家庭微观服务正逐步走向“三社联动”的专业引领之路，在社会治理中发挥着重要作用。

亲爱的“同行”人，让我们在社会工作的道路上，用爱与关怀让生命绽放！

访谈员后记

已经是好几次参加口述史的活动，但这一次特别地不同。作为一名社会工作专业的学生，在倾听代曦老师讲述机构发展历史的时候，好像亲历了整个成都市社会工作发展的历程。

我是2010届社会工作专业的毕业生，记得刚毕业的时候，对自己的职业确实非常的茫然，看不到社会工作发展的前景，也不知道自己应当在怎样的职业场景当中去展现自己的专业能力。毕业之后，选择到“同行”就业，其实和很多同人一样，都是因为对代老师专业的信任。

成都市从几家社会工作服务中心发展到现在上千家社会工作机构，从最开始一个一个很小的社会工作专业项目委托到现在成都市每年上亿的资金推动社区发展治理，我们真真实实地看到了成都市社会工作发展的变化，也感受到了党委和政府为社会工作发展所创造的良好土壤和条件。当我们听了代老师的这一段口述史的时候才知道，这所有的成果都得之不易，是一代人共同努力的结果。他们怀揣着对行业发展的梦想，联系到可以联系的各种力量，一点一点地用自己的实际行动，用一件又一件的实事，去推动了整个社会工作职业化、专业化的发展。

这一次口述史的整理对我们影响颇深。如果说之前我们是在为自己的个人职业发展做相应的规划，那么在现在和未来，所有的同行人都会知道，我们将以身作则为推动社会工作整个行业发展做力所能及的事情。

愿社会工作的春天更快地到来！

机构简介

成都同行社会工作服务中心是于2012年1月在成都市民政局登记注册的社会工作专业服务机构。“同行”现有专职社工462名，志愿者4000多人。

机构近年来承担了国家、省、市、区大量社会工作专业示范类项目，例如，民政部社会工作示范项目“社会工作介入社会救助”“老年社区照顾”“宁养社会工作服务”项目，民政部“大爱之行”全国重点示范项目“长期病患、晚期癌症患者、高龄老人临终关怀社区照顾”项目，民政部、四川省重点示范项目“乐龄安享——基于互助网络的老年照顾”项目，是民政部“基层社区治理改革成都观测站”负责人；承担四川省民政厅《社会工作督导规范》制定、四川省民政厅“社会工作服务项目评估与督导”工作；承接成都市民政局《成都市老年社区居家服务全国示范城市建设执行方案》制订、成都市民政局“社会工作服务项目评估”、成都市民政局“社会组织等级评估”工作；承接了成都市天府新区社事局“天府新区社区营造服务园”管理运营与“区社区营造”服务，以及成都市温江区民政局“温江区社会组织服务中心”、锦江区民政局“区社会关爱援助中心”与街道社会关爱援助站、郫都区民政局“区社会关爱援助中心”与街道社会关爱援助站、崇州市民政局“市社会关爱援助中心”、龙泉驿区民政局“区社会关爱援助中心”与街道社会关爱援助站的管理运营与服务。承接了四川省民政厅、成都市民政局以及温江、锦江、天府、龙泉驿、金牛等区民政局等单位委托的社会组织、社会工作公益项目的评估与督导工作以及民政部、四川省民政厅、四川省教育厅、成都市社科院等单位委托的近20项研究项目。

机构获评全国百强社会工作机构、四川省优秀社会组织、成都市服务社区优秀社会组织以及成都市十佳社会工作机构等。机构多个项目先后获评国家、省、市优秀服务项目。中央电视台《新闻联播》曾对机构项目进行了宣传报道。

后　记

《高校教师创办社会工作机构口述史》（第一卷）总共收录了14篇高校教师创办机构访谈录。我认真地阅读了每一篇访谈录。14位受访者从不同角度和侧面讲述了社会工作发展背景以及创办机构的心路历程，从中了解到不同地区社会工作的发展概貌，感受到高校教师创办社会工作机构的艰辛和苦涩。同时，我更加体会到中国社会工作的本土性，更加认识到高校教师办机构对中国社会工作的推动作用，也更加坚定了我编写出版“高校教师创办社会工作机构口述史系列丛书”的决心和信心。

这是我第一次主编口述史著作。这次经历让我感觉到编写出版口述史远比之前想象的困难。不同于发表学术文章或出版学术著作，口述史需要受访者和访谈员之间的良好合作，既要受访者讲得好，也要访谈员问得好、整理得好，二者缺一不可。虽然在组织编写之前对此有所认识和准备，但在实际组织和编写过程中仍然出现了不少问题，其中最大的问题就是访谈员和受访者的合作问题，导致访谈员们首次提交的访谈录存在诸多问题。比如说，在形式上不像口述史访谈录，而是一份深度访谈整理资料或研究报告；内容上缺乏完整体系和层次性；语言上太过学术化或太过口语化。我们针对各个访谈录所存在的问题要求访谈员进行反复修改。最后，我把收到的访谈录交给各位受访老师，请受访老师亲自修改完善。让我感动的是，每一位访谈员都非常认真，每一位受访老师都非常负责。虽然口述史内容还存在一些瑕疵，但能够在如此短的时间内完成这项极具难度和价值的工作实属不易。在此我对所有受访老师和访谈员的大力支持和辛劳工作表示衷心感谢!

王思斌教授是中国社会工作界的泰斗。在我的一再诚意邀请下，王老师终于答应为本书作序。我知道王老师特别忙，故特别提请王老师只对口述史进行简单点评并提出期望。但当看到王老师写的序后，我被深深震撼和感动了。王老师不仅对本口述史进行了高度评价，还系统深入地分析了高校教师创办社会工作机构的社会原因及积极影响，回应了社会上对高校教师办机构的一些质疑，并从方法论层面提出了口述史写作和资料使用的方法。王老师的严谨治学精神值得我们认真学习。在此对王思斌教授在百忙之中为口述史作序表示衷心感谢！

徐永祥教授是本届中国社会工作教育协会会长。徐教授与我亦师亦友，给了我很多指导和帮助，也在我的建议下创办了一家非常有影响的专业社会工作机构。虽然很忙，徐教授仍然答应并高效地完成了他的口述史访谈。徐教授的不幸离世让我万分悲痛。不幸中的万幸是徐永祥教授为我们留下了宝贵史料和殷殷期望，它将激励我们坚守初心、砥砺前行。

李慧波老师、李娟老师和翟进老师参与了口述史的策划和组织。我的研究生朱晨、刘沁、卢彦妃和王贝贝负责口述史编写的跟进工作。深圳市鹏星社会工作服务社是本口述史丛书的支持单位。在此我对几位老师和研究生的辛勤付出以及深圳市鹏星社会工作服务社的大力支持表示衷心感谢！

刘云燕是一个非常有经验和负责任的编辑，从头到尾参与了口述史的策划，并专业高效地完成了本卷口述史的编辑出版工作。在此向刘云燕编辑和中国社会出版社表示衷心感谢！

易松国

2020 年 6 月 26 日

图书在版编目（CIP）数据

高校教师创办社会工作机构口述史．第一卷／易松国主编．—北京：中国社会出版社，2020.11

ISBN 978－7－5087－6434－4

Ⅰ.①高… Ⅱ.①易… Ⅲ.①社会工作－组织机构－概况－中国 Ⅳ.①D669

中国版本图书馆 CIP 数据核字（2020）第 206496 号

书　　名： 高校教师创办社会工作机构口述史（第一卷）
主　　编： 易松国

出 版 人： 浦善新
终 审 人： 王　前
责任编辑： 刘云燕

出版发行： 中国社会出版社　　**邮政编码：** 100032
通联方式： 北京市西城区二龙路甲 33 号
电　　话： 编辑部：（010）58124846
邮购部：（010）58124848
销售部：（010）58124845
传　真：（010）58124856
网　　址： www.shcbs.com.cn
shcbs.mca.gov.cn
经　　销： 全国各地新华书店

中国社会出版社天猫旗舰店

印刷装订： 河北鑫兆源印刷有限公司
开　　本： 170mm×240mm　1/16
印　　张： 23
字　　数： 380 千字
版　　次： 2020 年 11 月第 1 版
印　　次： 2020 年 11 月第 1 次印刷
定　　价： 90.00 元

中国社会出版社微信公众号